Völkerrechtliches und nationales Schifffahrtsrecht

SCHRIFTEN
zum internationalen und zum öffentlichen
RECHT

Herausgegeben von Gilbert Gornig

Band 105

PETER LANG
Frankfurt am Main · Berlin · Bern · Bruxelles · New York · Oxford · Wien

Eva Marie Lischka

Völkerrechtliches und nationales Schifffahrtsrecht

PETER LANG
Internationaler Verlag der Wissenschaften

Bibliografische Information der Deutschen Nationalbibliothek
Die Deutsche Nationalbibliothek verzeichnet diese Publikation in der Deutschen Nationalbibliografie; detaillierte bibliografische Daten sind im Internet über http://dnb.d-nb.de abrufbar.

Zugl.: Marburg, Univ., Diss., 2012

D 4
ISSN 0943-173X
ISBN 978-3-631-62476-0

www.peterlang.de

Meiner Mutter

Vorwort

Die Arbeit hat dem Fachbereich Rechtswissenschaften der Philipps-Universität zu Marburg im Wintersemester 2011/2012 als Dissertation vorgelegen.

Mein besonderer Dank gilt meinem Doktorvater, Herrn Professor Dr. Dr. h.c. mult. Gilbert Gornig, der sich stets Zeit für meine Fragen genommen und das Gutachten sehr schnell verfasst hat. Ich danke ihm auch für die Möglichkeit, meine Arbeit in seiner Schriftenreihe veröffentlichen zu können. Herrn Professor Dr. Christoph Safferling, LL.M. danke ich für die ebenfalls sehr zügige Erstellung des Zweitgutachtens. Ferner möchte ich dem Sekretariat von Herrn Professor Dr. Gornig für die stetige Freundlichkeit und Hilfsbereitschaft danken.

Mein persönlicher Dank gilt meiner Familie und meinen Freunden für viele anregende Gespräche und für jegliche Unterstützung.

Marburg, im Juli 2012 *Eva Marie Lischka*

Inhaltsverzeichnis

Abkürzungsverzeichnis

a. A.	andere Ansicht
a.a.O.	am angegebenen Ort
Abs.	Absatz
AEUV	Vertrag über die Arbeitsweise der Europäischen Union
a. F.	alte Fassung
AFDI	Annuaire français de droit international
AJIL	American Journal of International Law
Alt.	Alternative
AnlBV	Verordnung über das Anlaufen der inneren Gewässer der Bundesrepublik Deutschland aus Seegebieten seewärts der Grenze des deutschen Küstenmeers und das Auslaufen vom 18. Februar 2004
Art.	Artikel
ASEAN	Association of South-East Asian Nations
Atalanta	EU-Antipiratenmission
Aufl.	Auflage
AVR	Archiv des Völkerrechts
AWZ	Ausschließliche Wirtschaftszone
AWZ Nordsee-ROV	Verordnung über die Raumordnung in der deutschen ausschließlichen Wirtschaftszone in der Nordsee vom 21. September 2009
AWZ Ostsee-ROV	Verordnung über die Raumordnung in der deutschen ausschließlichen Wirtschaftszone in der Ostsee vom 10. Dezember 2009
Bd.	Band
BDGV	Berichte der Deutschen Gesellschaft für Völkerrecht
BGBl.	Bundesgesetzblatt
BGH	Bundesgerichtshof
BinSchAufG	Binnenschiffahrtsaufgabengesetz des Bundes in der Fassung der Bekanntmachung vom 5. Juli 2001
BMVBS	Bundesministerium für Verkehr, Bau und Stadtentwicklung
BRZ	Bruttoraumzahl
BSH	Bundesamt für Seeschifffahrt und Hydrographie
BYIL	The British Yearbook of International Law

bzw.	beziehungsweise
CILJ	Cornell International Law Journal
CWILJ	California Western International Law Journal
CYIL	The Canadian Yearbook of International Law
DGV	Deutsche Gesellschaft für Völkerrecht
d. h.	das heißt
Doc.	Document
EEZ	Exclusive Economic Zone
EG	Europäische Gemeinschaft
EPIL	Encyclopedia of Public International Law
EU	Europäische Union
EWG	Europäische Wirtschaftsgemeinschaft
ff.	folgende
FlaggRG	Flaggenrechtsgesetz des Bundes in der Fassung der Bekanntmachung vom 26. Oktober 1994
Fn.	Fußnote
GATT	General Agreement on Tariffs and Trade
GG	Grundgesetz
GGVSee	Verordnung über die Beförderung gefährlicher Güter mit Seeschiffen (Gefahrgutverordnung See) vom 22. Februar 2010
GYIL	The German Yearbook of International Law
h. M.	herrschende Meinung
Hrsg.	Herausgeber
HVK	Havariekommando
ICJ	International Court of Justice
ICJ Rep.	ICJ, Reports of Judgments, Advisory Opinions and Orders
ICLQ	International and Comparative Law Quarterly
IGH	Internationaler Gerichtshof
IJMCL	The International Journal of Marine and Coastal Law
IJIL	Indian Journal of International Law
ILA	International Law Association
ILC	International Law Commission
ILM	International Legal Materials

IMDG-Code	International Maritime Dangerous Goods Code
IMO	International Maritime Organization
ISM-Code	International Management Code for the Safe Operation of Ships and for Pollution Prevention
ISNT	Informal Single Negotiating Text
ISR	Internationales Seeschifffahrtsregister
ISPS-Code	International Ship and Port Facility Security Code
JZ	Juristenzeitung
Kap.	Kapitel
KMÜ	Küstenmeerübereinkommen
lit.	littera
LOSB	Law of the Sea Bulletin
MARPOL	International Convention for the Prevention of Marine Pollution from Ships
MoU	Memorandum of Understanding
m.w.N.	mit weiteren Nachweisen
n.F.	neue Fassung
NJW	Neue Juristische Wochenschrift
No.	Numero
Nr.	Nummer
NYIL	Netherlands Yearbook of International Law
NZWehrR	Neue Zeitschrift für Wehrrecht
ODIL	Ocean Development and International Law
o.g.	oben genannt
Paris MOU	Pariser Memorandum of Understanding on Port State Control
PSC	Port State Control
PSI	Proliferation Security Initiative
RBDI	Revue belge de droit international
RdC	Recueil des Cours de l'Académie de droit international de la Haye
Rep.	Reports
RGBl.	Reichsgesetzblatt
RGDIP	Revue générale de droit international public
Rn.	Randnummer

s.	siehe
S.	Satz, Seite
SchBesV	Schiffsbesetzungsverordnung vom 26. August 1998
SchRegO	Schiffsregisterordnung in der Fassung der Bekanntmachung vom 26. Mai 1994
SchSG	Schiffssicherheitsgesetz des Bundes vom 9. September 1998
SchSV	Schiffssicherheitsverordnung des Bundes vom 18. September 1998
See-ArbZNV	See-Arbeitszeitnachweisverordnung vom 5. Juli 2002
SeeAufG	Seeaufgabengesetz des Bundes in der Fassung der Bekanntmachung vom 26. Juli 2002
SeemG	Seemanngsgesetz vom 26. Juli 1957
SeeSchStrO	Seeschifffahrtsstraßen-Ordnung des Bundes in der Fassung der Bekanntmachung vom 22. Oktober 1998
SOLAS	International Convention for the Safety of Life at Sea
SRÜ	Seerechtsübereinkommen der Vereinten Nationen
sm	Seemeilen
s.o.	siehe oben
sog.	so genannt
StGB	Strafgesetzbuch des Bundes in der Fassung der Bekanntmachung vom 13. November 1998
StIGH	Ständiger Internationaler Gerichtshof
StPO	Strafprozessordnung des Bundes in der Fassung der Bekanntmachung vom 7. April 1987
str.	streitig
s.u.	siehe unten
SUA-Konvention	Übereinkommen zur Bekämpfung widerrechtlicher Handlungen gegen die Sicherheit der Seeschifffahrt
SUA-Protokoll 2005	Protokoll zur SUA-Konvention
Suppl.	Supplementum
u.a.	unter anderem, und andere
u.ä.	und ähnliches
UdSSR	Union der sozialistischen Sowjetrepubliken
UNCLOS	United Nations Conference on the Law of the Sea
USA	United States of America

vgl.	vergleiche
VJIL	Virginia Journal of International Law
VN	Vereinte Nationen
VN-Charta	Charta der Vereinten Nationen vom 26. Juni 1945
Vol.	Volume
VZ	Verkehrszentrale
WaStrG	Bundeswasserstraßengesetz des Bundes in der Fassung der Bekanntmachung vom 23. Mai 2007
WSV	Wasser- und Schifffahrtsverwaltung des Bundes
WTO	World Trade Organization
WVK	Wiener Übereinkommens über das Recht der Verträge vom 23. Mai 1969
z. B.	zum Beispiel
ZaöRV	Zeitschrift für ausländisches öffentliches Recht und Völkerrecht
Ziff.	Ziffer

Einleitung

Die vorliegende Arbeit beschäftigt sich schwerpunktmäßig mit den Rechten und Pflichten der Schifffahrt in völkerrechtlicher Hinsicht unter Berücksichtigung der den Küstenstaaten zustehenden Rechte und den daraus oftmals entstehenden Problemen. Hierzu werden die einzelnen Seezonen (Innere Gewässer, Küstenmeer, Meerengen, Anschlusszone, Archipelgewässer, Ausschließliche Wirtschaftszone und die Hohe See) näher betrachtet und ihre Eigenheiten dargestellt.

Weiterhin werden die Anforderungen an die Schifffahrt in Deutschland und die damit korrespondierenden Rechte und Pflichten untersucht. Die Thematik ist von aktuellem Interesse, da die Bedeutung der Schifffahrt unter anderem für Transportzwecke stetig wächst. In Europa werden 90 % des Außenhandels sowie 45 % des innereuropäischen Warenverkehrs über europäische Wasserwege verschifft[1]. Deutschland als exportstarke Nation trägt einen großen Anteil zu diesen Zahlen bei.

Neben den Rechten und Pflichten für die Schifffahrt sollen jedoch auch die neuen Herausforderungen und Probleme diskutiert werden, denen sich die Schifffahrt zu stellen hat. Hierzu finden sich im Kapitel über die Hohe See das Phänomen der sog. „Billigflaggen" und das immer größer werdende Problem der Piraterie. Es werden Ursachen und Konsequenzen sowie die Handhabungsmöglichkeiten dargelegt.

Nicht Thema dieser Arbeit sind Fragen zu Fischereirechten und dem Meeresumweltschutz.

---

1 Rudolph, in: Ehlers/Lagoni, Maritime Policy of the European Union and Law of the Sea, S. 11 (16).

A. Die inneren Gewässer ("The Internal Waters")

I. Allgemeines

Nach Art. 8 des Seerechtsübereinkommens (SRÜ) werden als *innere Gewässer* diejenigen Gewässer bezeichnet, die landwärts der sog. Basislinie des Küstenmeers eines Staates liegen[2]. Sie befinden sich also zwischen dieser Basislinie und dem tatsächlichen Ende des trockenen Landes[3].

In Deutschland muss bei der Festlegung des tatsächlichen Endes des trockenen Landes wegen der unterschiedlichen Auswirkungen der Gezeiten in der Nord- und Ostsee differenziert werden. In der Nordsee bildet die Linie des mittleren Tidehochwasserstandes, d. h. diejenige Linie, die von einer Flut mittlerer Höhe nicht überschritten wird[4], das Ende des trockenen Landes. In der Ostsee ist die Linie des mittleren Wasserstandes die landwärtige Grenze der inneren Gewässer[5].

In den inneren Gewässern haben die Staaten – wie auch auf ihrem Staatsgebiet – uneingeschränkte Hoheitsgewalt[6], von der sowohl der Luftraum über den inneren Gewässern als auch der Meeresboden und der Meeresuntergrund erfasst sind[7].

II. Festlegung der inneren Gewässer

Die inneren Gewässer werden durch die Basislinien begrenzt[8]. Die Festlegung der Basislinien ist fundamental für jede weitere Abgrenzung, da von der Basislinie aus die inneren Gewässer, das Küstenmeer, die Anschlusszone, die Aus-

---

2 Lagoni, in: Bernhardt, EPIL, Vol. II (1995), S. 1034 (1034).
3 Der Küstenstaat selbst kann durch seine nationale Gesetzgebung das „tatsächliche Ende des trockenen Landes" bestimmen.
4 Breuer, in: Koch/Lagoni, Meeresumweltschutz für Nord- und Ostsee, S. 220.
5 Vgl. hierzu: Petersen, Deutsches Küstenrecht, S. 40; Breuer, in: Koch/Lagoni, Meeresumweltschutz für Nord- und Ostsee, S. 219/220. Sofern jedoch kein „tatsächliches Ende des trockenen Landes" existiert, weil die Gewässer beispielsweise in einen Fluss münden, siehe hierzu die späteren Ausführungen.
6 Dies entspricht auch der Rechtsprechung des ICJ, Case concerning Military and Paramilitary Activities in and against Nicaragua (Nicaragua v. United States of America): ICJ Rep. 1986, S. 111.
7 Gloria, in: Ipsen, Völkerrecht, § 51 Rn. 1.
8 Beazley, in: Bernhardt, EPIL, Vol. I (1992), S. 354-357.

schließliche Wirtschaftszone und auch der Festlandsockel bemessen werden[9]. An dieser Stelle soll jedoch nur ein Überblick über die Basislinienziehung und deren Ausnahmen verschafft werden[10].

Das Seerechtsübereinkommen von 1982 kennt als Regel in Art. 5 die *„normale Basislinie"* und als Ausnahme in Art. 7 die *„gerade Basislinie"*. Beide Methoden sind mittlerweile als Völkergewohnheitsrecht anerkannt[11].

1. Grundsatz der normalen Basislinie

Das Küstenmeer beginnt dort, wo die inneren Gewässer enden. Daher ist für die Berechnung des Beginns des Küstenmeers die Festlegung der Basislinie erforderlich. Nach Art. 5 SRÜ[12] verläuft die normale Basislinie für die Messung der Breite des Küstenmeers dort, wo die Linie des durchschnittlichen Ebbestandes, die sog. Niedrigwasserlinie, liegt. Die Linie verläuft so, wie es in den vom Küstenstaat amtlich anerkannten Seekarten großen Maßstabs eingetragen ist.[13] Die Eintragung der Basislinien in Seekarten und deren Veröffentlichung sind für den Küstenstaat gemäß Art. 16 SRÜ ebenso Pflicht, wie die Hinterlegung einer Ausfertigung davon beim Generalsekretär der Vereinten Nationen. Bei der Bestimmung der Niedrigwasserlinie sind weiterhin die Art. 6, 11 und 13 SRÜ zu beachten.

In Deutschland gehört das Wattenmeer zu den inneren Gewässern, da es bei Flut von Wasser bedeckt ist und bei Ebbe trockenfällt[14].

---

9 Gornig/Despeux, Seeabgrenzungsrecht in der Ostsee, S. 6.

10 Vgl. ausführlich zum Seeabgrenzungsrecht in der Ostsee und insbesondere zu Sondermethoden, die bei der Festlegung deutscher Seegrenzen verwendet wurden: Gornig/ Despeux, Seeabgrenzungsrecht in der Ostsee, S. 278 ff.; weitere detaillierte Ausführungen zur Basislinienziehung finden sich bei: Vitzthum/Talmon, Alles fließt, S. 77 ff.; die Koordinaten der deutschen Basislinien in der Nord- und Ostsee finden sich bei: Beckert/Breuer, Öffentliches Seerecht, Rn. 145/146.

11 Vitzthum/Talmon, Alles fließt, S. 77. Allerdings gibt es viele Proteste gegen exzessive gerade Basislinienziehung, weswegen eine solche gerade Basislinienziehung gemäß Art. 7 SRÜ/4 KMÜ nur unter den in diesen Artikeln normierten Voraussetzungen möglich ist, vgl. hierzu: Heintschel von Heinegg, Seekriegsrecht und Neutralität im Seekrieg, S. 204 ff. (insbesondere 205/206).

12 Art. 5 SRÜ lautet: „Soweit in diesem Übereinkommen nichts anderes bestimmt wird, ist die normale Basislinie für die Messung der Breite des Küstenmeers die Niedrigwasserlinie entlang der Küste, wie sie in den vom Küstenstaat amtlich anerkannten Seekarten großen Maßstabs eingetragen ist."

13 Gloria, in: Ipsen, Völkerrecht, § 51 Rn. 2.

14 Breuer, in: Koch/Lagoni, Meeresumweltschutz für Nord- und Ostsee, S. 219.

2. *Sonderregelung der geraden Basislinien ("straight baselines")*

a. Allgemeines

Eine Sonderregelung zu dem Grundsatz der normalen Basislinie wurde in Art. 7 SRÜ[15] für den Fall geschaffen, dass die Ziehung normaler Basislinien zu problemträchtigen Ergebnissen kommt, weil die Küstenlinie *„tiefe Einbuchtungen und Einschnitte aufweist oder wo sich eine Inselkette entlang der Küste in ihrer unmittelbaren Nähe erstreckt".*

Würde es die Sonderregelung des Art. 7 SRÜ nicht geben, entstünden im Falle von zerklüfteten Küsten (wie in Norwegen) stark gekrümmte Basislinien, welche eine Bestimmung und Abgrenzung der einzelnen Meereszonen erheblich erschweren würden[16], da alle anderen Meereszonen ebenfalls von den Basislinien ab bemessen werden. Das Resultat wären Schwierigkeiten bei der Festlegung und Abgrenzung derjenigen Zone, in der sich ein Schiff gerade aufhält. Dies könnte weitere Unklarheiten nach sich ziehen, beispielsweise bei der Frage, welchen Regeln das Schiff an seinem derzeitigen Ort unterworfen ist[17].

b. Vorgehensweise bei der Ziehung gerader Basislinien

aa. Allgemeine Regelung in Art. 7 Abs. 1 SRÜ

Bei dem Verfahren der *geraden Basislinien* wird eine Basislinie erstellt, indem geeignete Punkte, die aus der Küstenlinie herausragen, miteinander verbunden werden. Das Gebiet zwischen dieser so erlangten Basislinie und dem trockenen Land wird den inneren Gewässern eines Küstenstaats zugewiesen. Der Internationale Gerichtshof (IGH) hatte bereits im *"Anglo-Norwegian Fisheries Case"* das Verfahren der „geraden Basislinien" zugelassen[18] und somit auch die Termininologie geprägt, jedoch keine verlässliche Definition für die Voraussetzungen des Art. 7 SRÜ geliefert. Bislang legten weder das Seerechtsüberein-

---

15 Art. 7 Abs. 1 SRÜ lautet: *„Wo die Küste tiefe Einbuchtungen und Einschnitte aufweist oder wo sich eine Inselkette entlang der Küste in ihrer unmittelbaren Nähe erstreckt, kann zur Festlegung der Basislinie, von der aus die Breite des Küstenmeers gemessen wird, die Methode der geraden Basislinien angewandt werden, die geeignete Punkte miteinander verbinden."*

16 So auch: Peters, Innere Gewässer im Neuen Seerecht, S. 32.

17 So auch: Peters, Innere Gewässer im Neuen Seerecht, S. 32.

18 ICJ, Fisheries Case (United Kingdom v. Norway), vgl. Die Pressemeldung des ICJ vom 18.12.1951, S. 3. Nicht angemessen ist auch die Anwendung des Art. 7 auf den Golf von Martaban und die kolumbianische Karibikküste, vgl.: Heintschel von Heinegg, Seekriegsrecht und Neutralität im Seekrieg, S. 206.

kommen noch der Internationale Gerichtshof die Kriterien fest, wann man von den in Art. 7 SRÜ vorausgesetzten tiefen Einbuchtungen und Einschnitten in der Küste sprechen kann[19]. Nach Ansicht Deutschlands werden unter tiefen Einbuchtungen und Einschnitten *„Zerklüftungen der Küste, wie z. B. schmale Fjorde, aber keine Buchten"* erfasst[20].

bb. Besonderheiten gemäß Art. 7 Abs. 2 SRÜ

Sofern es sich um ein Gewässer mit wechselndem Verlauf der Niedrigwasserlinie (wie ein Delta) handelt, können gemäß Art. 7 Abs. 2 SRÜ die geeigneten Punkte auf der am weitesten seewärts verlaufenden Niedrigwasserlinie gewählt werden.

cc. Einschränkung gemäß Art. 7 Abs. 3 SRÜ

Ein Problem kann auftauchen, wenn zwei Küstenpunkte so weit auseinander liegen, dass die Gefahr besteht, dass das Staatsgebiet durch den großen entstehenden Raum zwischen den beiden Punkten zu weit ausgedehnt wird [21] Diese Konstellation wird von Art. 7 Abs. 3 SRÜ geregelt, welcher festlegt, dass bei Anwendung der Sonderregelung der geraden Basislinien deren Verlauf *„nicht erheblich"* von der allgemeinen Richtung der Küste abweichen darf und dass die innerhalb dieser Linie gelegenen Seegebiete mit dem Landgebiet so eng verbunden sein müssen, dass sie der Ordnung der inneren Gewässer unterstellt werden können. Jedoch ist auch diese Regelung nicht vollständig geglückt, da der Rechtsbegriff *„nicht erheblich"* unbestimmt ist und über seine Auslegungsbedürftigkeit die Gefahr eines Missbrauchs durch die Küstenstaaten besteht.

dd. Einschränkung gemäß Art. 7 Abs. 4 SRÜ

Nach Art. 7 Abs. 4 SRÜ dürfen gerade Basislinien nicht zu und von trockenfallenden Erhebungen gezogen werden, es sei denn, dass ständig über den Wasserspiegel hinausragende Anlagen (beispielsweise Leuchttürme) auf ihnen errichtet sind oder dass die Ziehung der Basislinien in der fraglichen Weise internationale Anerkennung gefunden hat.

---

19 So auch: Vitzthum, in: Vitzthum, Handbuch des Seerechts, Kapitel 2 Rn. 18.

20 So zumindest die Antwort des ehemaligen Bundesaußenministers Genscher vom 23.05. 1986 auf eine kleine Anfrage von Frau Kelly und der Fraktion DIE GRÜNEN, vgl.: BT–Drs. 10/5556 vom 27.05.1986, S. 2.

21 Vitzthum, in: Vitzthum, Handbuch des Seerechts, Kapitel 2 Rn. 22.

ee. Einschränkung gemäß Art. 7 Abs. 6 SRÜ

Die Ziehung gerader Basislinien darf ferner nach der sog. "Not-to-cut-off-Regelung"[22] des Art. 7 Abs. 6 SRÜ regelmäßig nicht so durchgeführt werden, dass dadurch das Küstenmeer eines anderen Staates von der Hohen See oder einer Ausschließlichen Wirtschaftszone abgeschnitten wird.

c. Staatenpraxis

Wie unter 2.b.aa. bereits erörtert, wurde es versäumt, eine verlässliche Regelung dafür zu schaffen, wann man von tiefen Einbuchtungen und Einschnitten der Küstenlinie ausgehen kann. Dies führt dazu, dass die Küstenstaaten vielfach durch die großzügige Anwendung der Sonderregelung des Art. 7 SRÜ die Bereiche ihrer inneren Gewässer vergrößern. Inbesondere Spanien nutzte die fehlende eindeutige Regelung aus und zog 123 gerade Basislinien, obwohl sich die Küstenlinie Spaniens nicht annähernd mit der zerklüfteten Küstenlinie Norwegens vergleichen lässt[23]. Dieses Vorgehen Spaniens erscheint höchst fragwürdig[24], resultiert jedoch aus der undetaillierten Regelung des Art. 7 SRÜ. Auch Deutschland hat in der Nordsee gerade Basislinien gezogen und damit ebenfalls große innere Gewässer gebildet[25].

Einige Staaten protestierten bereits gegen die exzessive Festlegung gerader Basislinien durch andere Staaten[26]. Auch hieraus wird deutlich, dass es einer

---

22 Vitzthum, in: Vitzthum, Handbuch des Seerechts, Kapitel 2 Rn. 22.

23 So auch: Vitzthum/Talmon, Alles fließt, S. 81.

24 Dieser Auffassung ist auch: Scovazzi, ODIL, Vol. 19 (1988), S. 401 (409): "The straight baselines follow the Mediteranean shore for the most of its length even in certain localities where the presence of a deeply indented coast seems questionable." Siehe auch die Grafik Scovazzis zu der spanischen Basislinienziehung: a.a.o., 418.

25 Wolfrum, in: Treves, The Law of the Sea (The European Union and its Member States), S. 199 (200).

26 Siehe zu dieser Problematik auch die Vorgehensweise der deutschen Botschaft in Teheran – unterstützt durch Österreich, Finnland und Schweden –, welche das Ziehen gerader Basislinien durch den Iran massiv kritisierte (LOSB, Vol. 30 (1996), S. 60/61): *"The European Union notes that the Islamic Republic of Iran has employed the method of straight baselines along practically the entire coastline, even where it is not deeply indented and cut into and there is no fringe of islands along the coast in its immediate vicinity."* Vgl. weiterhin die Entscheidung im Fall JAPAN v. KIM SUN-KI (Case No. 35, 1997 des Matsue District Court, Shimane Prefecture [Japan]) vom 15.08.1997 und die kritischen Anmerkungen von Hee Kwon Park, AJIL, Vol. 92 (1998), S. 301 (302/303), zu den Folgen der japanischen Vorgehensweise im Falle eines Fischerbootes, welches sich in einem Bereich aufhielt und fischte, der vor der Ziehung gerader Basislinien außerhalb japanischer Gewässer lag und nun – nach gerader Basislinienziehung – genau innerhalb der japanischen Gewässer. Japan änderte nach Ratifizierung des Seerechts-

genaueren Festlegung der Voraussetzungen bedarf, die erfüllt sein müssen, um die Berechtigung eines Küstenstaats zur Ziehung von geraden Basislinien zu ermitteln[27]. Die bisherige Regelung geht letztlich zu Lasten der Schifffahrt, da die Rechte der Schiffe in den inneren Gewässern eines Küstenstaats (also landwärts der geraden Basislinien) im Vergleich zu denen im Küstenmeer stark eingeschränkt sind. Im Übrigen besteht hier – begünstigt durch den Wunsch vieler Küstenstaaten nach Ausdehnung ihrer inneren Gewässer und damit auch ihrer darin kaum eingeschränkten Hoheitsbefugnisse – die Gefahr einer sog. "creeping jurisdiction" (die schleichende Ausbreitung der küstenstaatlichen Hoheitsmacht), der durch eine klare Regelung, die detaillierte Voraussetzungen enthält, entgegengetreten werden sollte.

3. *Basislinienziehung bei Flussmündungen, Häfen und Buchten*

Für Flussmündungen, Häfen und Buchten existieren weitere Sonderregelungen im Hinblick auf die Basislinienziehung.

a. Flussmündungen und Häfen

Die Basislinienziehung bei Flussmündungen wird in Art. 9 SRÜ geregelt: *„Mündet ein Fluß unmittelbar ins Meer, so ist die Basislinie eine Gerade, die quer über die Mündung des Flusses zwischen den Punkten gezogen wird, die auf der Niedrigwasserlinie seiner Ufer liegen."* In Deutschland kommt bei den Mündungen von Elbe und Weser diese Vorschrift jedoch nicht zur Geltung, da hier bereits eine gerade Basislinie entlang der der Küste vorgelagerten Inselkette gezogen wurde[28].

Für Häfen enthält Art. 11 SRÜ die relevante Regelung für die Abgrenzung der inneren Gewässer vom Küstenmeer: *„Für die Abgrenzung des Küstenmeers gel-*

übereinkommens seine ursprünglich angewandte Methode der normalen Basislinienziehung hin zu der Methode der geraden Basislinienziehung.

27 Zu einem Auslegungsversuch siehe: Vitzthum/Talmon, Alles fließt, S. 81/82; beispielsweise haben die USA drei Voraussetzungen für das Vorliegen einer „tiefen Einbuchtung" aufgestellt: Es muss sich (1) um mindestens drei tiefe Einschnitte handeln; sie müssen (2) eng beieinander liegen und (3) die Tiefe jedes Einschnitts muss größer als die halbe Länge des Basislinienabschnitts an der Stelle des Einschnitts sein." Vgl. hierzu: Vitzthum/ Talmon, S. 82 Fn. 66. Allerdings wird schon aus dieser uneinheitlichen küstenstaatlichen Auslegung deutlich, dass es auch aus Rechtssicherheitsaspekten heraus einer genauen Vorschrift bedarf, so dass nicht jeder Küstenstaat individuell zu dem von ihm gewünschten Ergebnis gelangen kann und somit die Rechte der Schifffahrt schwächen kann.

28 Vitzthum/Talmon, Alles fließt, S. 85.

ten die äußeren ständigen Hafenanlagen, die Bestandteil des Hafensystems sind, als Teil der Küste. Anlagen vor der Küste und künstliche Inseln gelten nicht als ständige Hafenanlagen.“

b. Buchten

Bei der Basislinienziehung in Buchten ist zwischen juristischen, historischen und sonstigen Buchten zu unterscheiden, welche weder juristische noch historische sind[29].

aa. Juristische Buchten

Art. 10 Abs. 2 SRÜ definiert juristische Buchten: *„Eine Bucht im Sinne dieses Übereinkommens ist ein deutlich erkennbarer Einschnitt, dessen Länge in einem solchen Verhältnis zur Breite seiner Öffnung steht, daß er von Land umschlossene Gewässer enthält und mehr als eine bloße Krümmung der Küste bildet. Ein Einschnitt gilt jedoch nur dann als Bucht, wenn seine Fläche so groß oder größer ist als die eines Halbkreises, dessen Durchmesser eine quer über die Öffnung dieses Einschnitts gezogene Linie ist.“*

Von Interesse sind in diesem Zusammenhang auch noch Abs. 4 und 5 des Art. 10 SRÜ:

„(4) Ist die Entfernung zwischen der Niedrigwassermarke der natürlichen Öffnungspunkte einer Bucht nicht größer als 24 Seemeilen, so kann eine Abschlußlinie zwischen diesen beiden Niedrigwassermarken gezogen werden; die so eingeschlossenen Gewässer gelten als innere Gewässer.

(5) Ist die Entfernung zwischen den Niedrigwassermarken der natürlichen Öffnungspunkte einer Bucht größer als 24 Seemeilen, so wird eine Gerade von 24 Seemeilen innerhalb der Bucht in der Weise gezogen, daß mit einer Linie dieser Länge die größtmögliche Wasserfläche eingeschlossen wird.“

Als solche juristischen Buchten gelten in Deutschland unter anderem die Kieler Förde, die Eckernförder Bucht und die Wismar-Bucht[30].

---

29 Gioia, NYIL, Vol. 24 (1993), S. 81 (83–86 und 129/130).

30 Vitzthum/Talmon, Alles fließt, S. 86; siehe zu den anderen deutschen Buchten (Die Deutsche Bucht, Ems-Dollart, Jadebusen, Meldorfer Bucht, Lübecker Bucht, Hohewachter Bucht und die Flensburger Förde): Beckert/Breuer, Öffentliches Seerecht, Rn. 147–152.

bb. Historische Buchten

(1) Voraussetzungen

Der Begriff der „historischen" Bucht wird weder im Küstenmeerübereinkommen von 1958 noch im Seerechtsübereinkommen von 1982 definiert und ist daher nicht unumstritten. Vielmehr wurden historische Buchten sogar eindeutig aus dem Anwendungsbereich beider Übereinkommen herausgenommen[31]. Der Grund hierfür wird von *Bernhardt* in der Angst der Staaten vermutet, durch den Beitritt zu den jeweiligen Konventionen historische Titel verlieren zu können[32], da historische Buchten völkergewohnheitsrechtlich als innere Gewässer angesehen werden[33]. An einer Definition der historischen Bucht versuchte sich bereits der Internationale Gerichtshof im britisch-norwegischen Fischerei-Fall, er führte aus:

> *"By 'historic waters' are usually meant waters which are treated as internal waters but which would not have the character were it not for the existence of an historic title."* [34]

Im Völkergewohnheitsrecht haben sich als Voraussetzung für das Vorliegen einer historischen Bucht herauskristallisiert, dass der Küstenstaat die Bucht über einen genügend langen Zeitraum[35] als inneres Gewässer beansprucht, seine Hoheitsgewalt effektiv über sie ausübt und diese Praxis von anderen Staaten ausdrücklich oder stillschweigend[36] akzeptiert wird[37]. Ob eine Bucht also im

---

31 Vgl. Art. 10 Abs. 6 SRÜ und Art. 7 Abs. 6 KMÜ.

32 Bernhardt, in: Festschrift Berber, S. 47/48; siehe auch: Peters, Innere Gewässer im Neuen Seerecht, S. 45/46.

33 Vitzthum/Talmon, Alles fließt, S. 87.

34 ICJ, Fisheries Case (United Kingdom v. Norway), ICJ Rep. 1951, S. 130; Gloria, in: Ipsen, Völkerrecht, § 51 Rn. 5.

35 Siehe zu diesem unbestimmten Rechtsbegriff: Zimmerman, San Diego Law Review, Vol. 23 (1986), S. 763 (770/771).

36 Die USA sind der Auffassung, dass das bloße Ausbleiben von Protesten nicht ausreichend ist, vielmehr müsse eine Einwilligung vorliegen. Vgl. US Department of State / Bureau of Oceans and International Environmental and Scientific Affairs, Limits in the Seas "United States Responses to Excessive National Maritime Claims", No. 112, S. 14 (http://www.state.gov/documents/organization/58381.pdf). Dies widerspricht jedoch den anerkannten völkerrechtlichen Voraussetzungen und ist daher abzulehnen. – Siehe hierzu auch eine Studie, die im Auftrage der Generalversammlung des VN-Generalsekretariates ausgearbeitet wurde und die von Rechtswirkungen durch „acquiescence" also „qualifiziertes Stillschweigen" anderer Staaten (siehe hierzu ausführlich: Heintschel von Heinegg, in: Ipsen, Völkerrecht, § 18 Rn. 14) ausgeht: UN Doc.A/CN. 4/143 abgedruckt in: ILC Yearbook 1962 II, S. 1–26.

Ergebnis als „historische" Bucht anerkannt wird oder nicht, ist grundsätzlich eine Frage des Einzelfalles und seiner konkreten Umstände.[38] Die Beweislast für das Vorliegen der oben genannten Voraussetzungen liegt in jedem Fall bei demjenigen Staat, der eine historische Bucht beansprucht[39].

(2) Anerkannte historische Buchten

Die folgenden Buchten sind als „historische" Buchten anerkannt[40]: die Delaware Bay (USA, Öffnungsbreite: 10 sm), die Chesapeake Bay (USA, Öffnungsbreite: 12 sm), die Miramichi Bay (Kanada, Öffnungsbreite: 14,5 sm), die Bucht von Cancale (Frankreich, Öffnungsbreite: 17 sm), die Monterey Bay (USA, Öffnungsbreite: 19 sm), die Conception Bay (Kanada, Öffnungsbreite: 20 sm), die Santa Monica Bay (USA, Öffnungsbreite: 29 sm), die Chaleur Bay (Kanada, Öffnungsbreite: 36 sm), die Bucht von Riga (Lettland / Estland, Öffnungsbreite: 51 sm) und der Golf von Fonseca (El Salvador / Honduras / Nicaragua, Öffnungsbreite: 19,75 sm).[41] Zu den größten historischen Buchten gehört die Hudson Bay in Kanada, die doppelt so groß ist wie die Nordsee[42].

---

37 Vitzthum/Talmon, Alles fließt, S. 87. Sofern andere Staaten gegen die Entstehung einer „historischen" Bucht erheblich Widerstand leisten, kann eine solche nicht entstehen. Vgl. hierzu auch: Heintschel von Heinegg, Seekriegsrecht und Neutralität im Seekrieg, S. 207; Gloria, in: Ipsen, Völkerrecht, § 51 Rn. 5; Zimmerman, San Diego Law Review, Vol. 23 (1986), S. 763 (770).

38 Dies geht wohl auch hervor aus der Entscheidung des ICJ, vgl. Case concerning Delimitation of the Maritime Boundary in the Gulf of Maine Area (Canada v. United States of America): ICJ Rep. 1984, S. 315.

39 Bouchez, in: Bernhardt, EPIL, Vol. I (1992), S. 357 (359).

40 Vgl. auch eine Übersicht aller Staaten, die historische Buchten beanspruchen: US Department of State/Office of Ocean Affairs, Limits in the Sea, No. 112 (14992), S. 10 ff.; Held, in: Strupp/Schlochauer, Wörterbuch des Völkerrechts, Bd. I, S. 138 (139).

41 Gloria, in: Ipsen, Völkerrecht, § 51 Rn. 5. Vgl auch: ICJ, The Land, Island and Maritime Frontier Dispute (El Salvador/Honduras: Nicaragua intervening), ICJ Rep. 1992, S. 593: Der IGH entschied in seinem Urteil über den Grenzstreit zwischen El Salvador und Honduras, dass es sich auch bei dem Golf von Fonseca mit einer Öffnungsbreite von 19,75 sm um eine „historische" Bucht handelt. (Zu der Größe der einzelnen oben aufgeführten historischen Buchten siehe auch: Wikipedia). – Nicht als historische Buchten anerkannt sind unter anderem der Golf von Thailand (Thailand), der Golf von Tonkin (Vietnam), der Golf von Tarent (Italien) und die Große Syrte (Libyen), siehe hierzu auch ausführlich: Heintschel von Heinegg, Seekriegsrecht und Neutralität im Seekrieg, S. 207; Francioni, Syracuse Journal of International Law and Commerce, Vol. 11 (1984), S. 311–326.

42 Vitzthum/Talmon, Alles fließt, S. 86.

cc. Sonstige Buchten

Bei den sonstigen Buchten (die weder juristische noch historische sind), verläuft die Basislinie innerhalb der Bucht entlang der Niedrigwasserlinie[43].

III. Abgrenzung zu den Binnengewässern

Die inneren Gewässer müssen jedoch nicht nur zum Küstenmeer, sondern auch zu den Binnengewässern abgegrenzt werden. Diese Abgrenzung gestaltet sich immer dann problematisch, wenn entweder zwei Gewässer ineinander übergehen oder Seehäfen im Landesinneren liegen. In diesen Konstellationen droht wegen unzureichender Regelungen Rechtsunsicherheit.

1. Flussmündungen, Ästuarien, Deltas

a. Problematik

Sobald die landwärtige Grenze nicht das trockene Land ist[44], sondern ein Fluß direkt in das Meer mündet oder es sich um Ästuarien[45] oder Deltas[46] handelt, können mangels ausdrücklicher und einheitlicher Regelung Probleme bei der Abgrenzung der inneren Gewässer von den Binnengewässern auftauchen[47]. Ein solches Problem entsteht etwa, wenn es um die Ausdehnung des Anwendungsbereiches von Meeresumweltschutzübereinkommen geht, welche in der Regel nur in den inneren Gewässern (und nicht mehr in den Binnengewässern) zur Anwendung kommen sollen[48]. Eine Lösung dieses Problems findet sich weder im Seerechtsübereinkommen noch im Küstenmeerübereinkommen[49]. Auch die Staatenpraxis liefert keine sicheren Anhaltspunkte für eine verlässliche Abgrenzung[50], so dass regelmäßig die zwei nachstehenden Abgrenzungsmethoden angewendet werden.

---

43 Siehe hierzu ausführlich: Vitzthum/Talmon, Alles fließt, S. 89/90.
44 Siehe hierzu oben.
45 Ein Ästuar ist „der breite Wasserkörper an der Mündung eines Flusses oder Stroms an einer Senkungsküste“ (Wikipedia).
46 Ein Delta befindet sich meistens im Bereich einer Flussmündung und ist gekennzeichnet durch Aufschüttungen, die durch solche Gegenstände entstehen, die vom Flusslauf angeschwemmt werden (vgl. ausführlich Wikipedia).
47 Vitzthum, in: Vitzthum, Handbuch des Seerechts, Kapitel 2 Rn. 34.
48 Vitzthum, in: Vitzthum, Handbuch des Seerechts, Kapitel 2 Rn. 34.
49 Vitzthum, in: Vitzthum, Handbuch des Seerechts, Kapitel 2 Rn. 34.
50 Siehe hierzu auch: Vitzthum/Talmon, Alles fließt, S. 92/93.

aa. Helsinki-Übereinkommen

Die Herausforderung der Abgrenzung der inneren Gewässer von den Binnengewässern stellte sich auch im Helsinki-II-Übereinkommen vom 9. April 1992[51]. In diesem Übereinkommen wurde der Geltungsbereich für den Schutz der Meeresumwelt auf das „Ostseegebiet“ festgelegt[52] und geregelt, dass der Geltungsbereich die *inneren Gewässer* umfasst (*„d. h. im Sinne dieses Übereinkommens die landwärts der Basislinien, von denen aus die Breite des Küstenmeers gemessen wird, bis zu der durch die Vertragsparteien festgelegten landwärtigen Grenze gelegenen Gewässer.“*)[53]

Das Helsinki-Übereinkommen setzte also voraus, dass die Vertragsstaaten individuell die Binnengewässer von den inneren Gewässern abgrenzen. Die in einem solchen Fall regelmäßig entstehenden Abgrenzungsprobleme sind zunächst darauf zurückzuführen, dass sowohl die inneren Gewässer als auch die Binnengewässer der Souveranität der Küstenstaaten unterfallen und diese meistens keine Notwendigkeit zur Abgrenzung gesehen haben[54]. Sofern die Vertragspartei jedoch dann „intern“, wie vom Helsinki-Übereinkommen gefordert, eine Abgrenzung vornimmt, rügt *Vitzthum* zu Recht die dadurch entstehende subjektive Abgrenzung einer jeden Vertragspartei. Mangels eindeutiger Regelung kann diese nämlich die Kriterien für eine Abgrenzung selbst bestimmen[55].

bb. Süßwassergrenze

Die meisten Meeresumweltschutzübereinkommen stellen wegen dieser Abgrenzungsprobleme auf die „Süßwassergrenze“ ab[56]. Diese Süßwassergrenze, die kennzeichnend für ein Binnengewässer sein soll[57], ist zumindest eine weitest-

---

51 BGBl. 1994 II, S. 1397 ff.; das Helsinki-II-Abkommen ist seit dem 17.01.2000 in Kraft, vgl.: http://www.bmu.de/meeresumweltschutz/downloads/doc/36221.php.

52 Peters, Innere Gewässer im Neuen Seerecht, S. 36.

53 Zitiert nach: Peters, Innere Gewässer im Neuen Seerecht, S. 36; BGBl. 1994 II, S. 1397 ff.

54 Vitzthum/Talmon, Alles fließt, S. 93.

55 Vitzthum, in: Vitzthum, Handbuch des Seerechts, Kapitel 2 Rn. 35.

56 Vitzthum, in: Vitzthum, Handbuch des Seerechts, Kapitel 2 Rn. 34.

57 Diese landwärtige Grenze der inneren Gewässer wird regelmäßig bei Übereinkommen (beispielsweise solchen zum Meeresumweltschutz) relevant, wenn deren Anwendungsbereich zu klären ist. Sofern in einem Übereinkommen keine spezielle Definition (siehe jedoch beispielsweise die Festlegung in Art. 2 des ”Protocol on Protection of the Black Sea Marine Environment against Pollution from Land Based Sources“ vom 21.04.1992, ILM, Vol. 32 (1993), S. 1120 (1122)) festgelegt wird, handelt es sich bei der Süßwassergrenze um *„die Stelle in einem Wasserlauf, an der bei Ebbe und zu einer Zeit schwachen*

gehend objektiv nachweisbare Grenze[58], die subjektive Entscheidungen der Küstenstaaten sicherlich nicht vollständig verhindert, sie aber stark einschränken kann. Auch wenn durch diese Methode immer noch eine Grauzone verbleibt, so vermag sie dennoch zu der am weitest möglichen einheitlichen Beurteilung des Beginnes der landwärtigen Grenze zu führen und ist daher gegenüber der individuellen Abgrenzung durch die Küstenstaaten vorzugswürdig[59].

b. Situation in Deutschland

Auch in Deutschland sind an dieser Stelle Schwierigkeiten denkbar, da die Bestimmung der landwärtigen Grenze der inneren Gewässer teilweise in die Zuständigkeit der Länder fällt[60]. Innerhalb der Bundesländer Deutschlands existieren somit unterschiedliche Regelungen[61], was zu erheblichen Problemen führen könnte, wenn die Vertragspartei eines Übereinkommens „Deutschland" sein soll. In diesem Fall wäre eine einheitliche Handhabung nahezu unmöglich. Auch

---

Süßwasserflusses aufgrund des Vorhandenseins von Meerwasser eine erhebliche Zunahme des Salzgehalts festzustellen ist", vgl. auch das Übereinkommen zum Schutz der Meeresumwelt des Nordostatlantiks (konsolidierte Fassung vom 15.08.2001), Art. 1 lit. c) – http://www.bmu.de/files/pdfs/allgemein/application/pdf/ospar_convention.pdf; hierzu auch: Peters, Innere Gewässer im Neuen Seerecht, S. 40.

58 So auch: Vitzthum, in: Vitzthum, Handbuch des Seerechts, Kapitel 2 Rn. 35.

59 Siehe auch: Vitzthum/Talmon, Alles fließt, S. 93, welcher jedoch überhaupt keine Schwierigkeiten mehr bei der Anwendung dieser Methode sieht.

60 Bei Bundeswasserstraßen ergibt sich die landwärtige Grenze der inneren Gewässer aus § 1 Abs. 1 Nr. 1 BwaStrG.

61 Mecklenburg-Vorpommern regelt in § 1 Abs. 3 des Wassergesetzes des Landes Mecklenburg–Vorpommern (vom 30.11.1992): „Die oberirdischen Gewässer, die nicht Binnenwasserstraßen sind, enden seewärts dort, wo ihr Wasserhaushalt durch das Meer bestimmt wird. Die Grenze zum Küstengewässer wird durch die gradlinige Verbindung der Küstenlinien an der Mündung bei Mittelwasserstand oder durch Siele, Schleusen und Schöpfwerke gebildet. Ist diese Abgrenzung mit Satz 1 nicht vereinbar, kann die oberste Wasserbehörde den Endpunkt anhand des Wasserhaushalts bestimmen". – Niedersachsen hat in § 1 Abs. 3 Satz 2 des niedersächsischen Wassergesetzes (Fassung vom 19.02.2010) folgendes geregelt: „Mündet ein oberirdisches Gewässer in ein Küstengewässer, so wird es diesem gegenüber durch das Siel begrenzt; ist das oberirdische Gewässer eine Bundeswasserstraße, so richtet sich die Begrenzung nach den Vorschriften des Bundeswasserstraßengesetzes (WaStrG)". – Schleswig-Holstein hat sich für folgende Regelung in § 1 Abs. 3 des schleswig-holsteinischen Wassergesetzes (Fassung vom 11.02.2008) entschieden: „Die oberirdischen Gewässer, die nicht Binnenwasserstraßen des Bundes sind, werden seewärts durch Siele, Schleusen und Schöpfwerke begrenzt. Wo derartige Merkmale nicht vorhanden sind, bestimmt die oberste Wasserbehörde durch Verordnung die Begrenzung; sie soll die Küstenlinie an der Mündung der oberirdischen Gewässer zweckmäßig verbinden". Hierzu ausführlich auch: Peters, Innere Gewässer im Neuen Seerecht, S. 37/38.

an diesem Beispiel zeigt sich das Problem des Fehlens einer objektiven Abgrenzung zwischen inneren Gewässern und Binnengewässern. Diesem Problem sollte dringend durch die Vereinbarung einer objektiven Regelung entgegengewirkt werden.

2. *Seehäfen im Landesinneren*

Problematisch ist auch die Abgrenzung zwischen den inneren Gewässern und den Binnengewässern, wenn sich ein Seehafen im Landesinneren befindet (wie London, Rotterdam, Hamburg, Duisburg) und vom Meer aus nur durch einen Fluss oder Kanal zu erreichen ist[62]. Die Regelung des Art. 11 SRÜ[63] ist hier nicht umfassend genug, da nur *„an der oder vor der Küste liegende Seehäfen"*[64] hiervon erfasst werden[65]. Mit *Vitzthum*[66] ist davon auszugehen, dass es notwendig ist, diese Seehäfen (unabhängig von ihrer Entfernung zum Meer und auch unabhängig von der Süßwassergrenze) den inneren Gewässern zuzuordnen[67]. Dies folgt daraus, dass in den Seehäfen der Welt eine identische Rechtsordnung herrschen muss[68], um Rechtsunsicherheit vorzubeugen.

IV. Rechtsstatus der inneren Gewässer

Die inneren Gewässer sind Staatsgebiet des Küstenstaats. Das Staatsgebiet reicht bis an die seewärtige Grenze des Küstenmeers und umfasst somit auch die inneren Gewässer (Art. 2 Abs. 1 SRÜ)[69]. Dies hat zur Folge, dass die inneren

---

62 Vitzthum, in: Vitzthum, Handbuch des Seerechts, Kapitel 2 Rn. 36.

63 Siehe hierzu oben auf S. 7. Art. 11 SRÜ lautet: *„Für die Abgrenzung des Küstenmeers gelten die äußersten ständigen Hafenanlagen, die Bestandteil des Hafensystems sind, als Teil der Küste. Anlagen vor der Küste und künstliche Inseln gelten nicht als ständige Hafenanlagen".*

64 Vitzthum, in: Vitzthum, Handbuch des Seerechts, Kapitel 2 Rn. 36.

65 Vitzthum, in: Vitzthum, Handbuch des Seerechts, Kapitel 2 Rn. 36.

66 Vitzthum, in: Vitzthum, Handbuch des Seerechts, Kapitel 2 Rn. 36.

67 So auch: Degan, NYIL, Vol. 17 (1986), S. 3 (14).

68 Sonst wären beispielsweise Art. 218 Abs. 1 und Art. 220 Abs. 1 SRÜ – welche relevante Vorschriften in Bezug auf die Durchsetzung durch Hafen- bzw. Küstenstaaten bei einem Aufenthalt eines Schiffes in einem ihrer Häfen regeln – nicht anwendbar, da diese mangels Anwendbarkeit (das Seerechtsübereinkommen gilt nur für Meere und Ozeane, nicht jedoch für Binnengewässer) nicht gelten würden, vgl.: Vitzthum/Talmon, Alles fließt, S. 94 (insbesondere Fn. 123).

69 Art. 2 Abs. 1 SRÜ lautet: *„Die Souveranität eines Küstenstaats erstreckt sich jenseits seines Landgebiets und seiner inneren Gewässer sowie im Fall eines Archipelstaats jen-*

Gewässer der territorialen Souveranität des Küstenstaats unterfallen und seine Rechtsvorschriften dort ohne Einschränkung anwendbar sind[70]. Selbstverständlich hat der Küstenstaat auch die Möglichkeit, einzelne Vorschriften nicht auf seine inneren Gewässer zu erstrecken. In Deutschland gilt beispielsweise die Tierschutztransportverordnung[71] gemäß § 1 Abs. 2 Nr. 4 *„nicht für Tiere, die auf fremdflaggigen Schiffen befördert werden, die durch ... den Nord-Ostsee-Kanal fahren."*

Wird ein Teil der inneren Gewässer (etwa eine historische Bucht oder eine Flussmündung) von mehr als einem Staat als Hoheitsgebiet beansprucht, so spricht man von einem kondominialen Gebilde[72]. Grundsätzlich stehen diese kondominialen Gebilde den Küstenstaaten gemeinsam zu (Prinzip des co-ownership) und nur im Falle einer mangelnden Einigungsmöglichkeit zwischen den Küstenstaaten sollte auf eine vertragliche Regelung, die die Berechtigung zur Ausübung von Hoheitsrechten des jeweiligen Küstenstaates normiert, zurückgegriffen werden[73].

V. Rechte dritter Staaten in den inneren Gewässern

Im Rahmen der Rechte dritter Staaten soll zunächst die Berechtigung zum Einlaufen in die inneren Gewässer, die Frage nach einem etwaigen Recht auf friedliche Durchfahrt und die Rechte der Binnenstaaten in den inneren Gewässern thematisiert werden.

1. Einlaufen fremder Schiffe in die inneren Gewässer

Zunächst ist zu untersuchen, ob und unter welchen Voraussetzungen ein fremdes Schiff in die inneren Gewässer einlaufen darf. Hier muss zwischen einem freiwilligen und einem unfreiwilligen Einlaufen unterschieden werden.

---

seits seiner Archipelgewässer auf einen angrenzenden Meeresstreifen, der als Küstenmeer bezeichnet wird".

70 Churchill/Lowe, The Law of the Sea, S. 61.

71 BGBl. 1997 I, S. 348 ff.

72 Vitzthum, in: Vitzthum, Handbuch des Seerechts, Kapitel 2 Rn. 43.

73 Diese erfolgt dann nach geographischen oder administrativen Gesichtspunkten, vgl. Vitzthum, in: Vitzthum, Handbuch des Seerechts, Kapitel 2 Rn. 43.

a. Freiwilliges Einlaufen

Die Frage, ob ein generelles Zugangsrecht für fremde Schiffe zu den inneren Gewässern im Allgemeinen und den Häfen des Küstenstaats im Speziellen besteht oder ob ein Küstenstaat einem fremden Schiff den Zugang verwehren kann, war von Anfang an umstritten[74]. Dass ein Küstenstaat einem fremden Kriegsschiff oder einem Staatsschiff, welches keinen Handelszwecken dient, den Hafenzugang verweigern darf, ist relativ unumstritten[75]. Die meisten Staaten machen den Zugang von Kriegsschiffen von ihrer vorherigen Zustimmung und einzuhaltenden Bedingungen abhängig[76]. Die Frage des generellen Zugangsrechts für Schiffe stellt sich demnach hauptsächlich bei Handelsschiffen.

aa. Zugangsrecht kraft völkerrechtlicher Verträge

Unstreitig kann ein Schiff bei Bestehen eines völkerrechtlichen Vertrages zwischen seinem Flaggenstaat und dem Küstenstaat das Recht zum Einlaufen in die inneren Gewässer haben[77]. Einen solchen völkerrechtlichen Vertrag stellt das – auch heute noch gültige – Genfer Seehäfen-Statut vom 9. Dezember 1923 dar[78]. Art. 2 dieses Statuts regelt Folgendes:

> *"[e]very Contracting State undertakes to grant the vessels of every other Contracting State equality of treatment with its own vessels, or those of any other State whatsoever, in the maritime ports situated under its sovereignty or authority, as regards freedom of access to the port, the use of the port, and the full enjoyment of the benefits as regards navigation and commercial operations which it affords to vessels, their cargoes and passengers.*[79]"

Neben diesem Statut gibt es mittlerweile einige hundert bi- und multilaterale Schifffahrtsverträge, -abkommen und -verordnungen[80]. Auf deutscher Seite sind

---

74 Eine gute Darstellung dieses Problems nimmt de la Fayette vor: IJMCL, Vol. 11 (1996), S. 1 (5 ff.).

75 Vgl. hierzu ausführlich: Degan, NYIL, Vol. 17 (1986), S. 3 (22); Lowe, San Diego Law Review, Vol. 14 (1977), S. 597 (607).

76 Siehe hierzu und zu der Entwicklung dieser Frage seit 1898: Degan, NYIL, Vol. 17 (1986), S. 3 (22).

77 Gloria, in: Ipsen, Völkerrecht, § 51 Rn. 8.

78 RGBl. 1928 II, S. 22 ff.; im Jahre 1998 waren diesem Statut 38 Staaten beigetreten, vgl. Gloria, in: Ipsen, Völkerrecht, § 51 Rn. 8 Fn. 43; Oeter, in: Bernhardt, EPIL, Vol. II (1995), S. 528 ff.

79 Von dieser Regelung ausgenommen waren gemäß Art. 13 und 14 des Statuts Fischerboote, Staats- und Kriegsschiffe.

80 Churchill/Lowe, The Law of the Sea, S. 63.

bislang 18 Veträge zwischen der Bundesrepublik Deutschland und anderen Staaten abgeschlossen worden[81], in welchen den Vertragsstaaten ein Hafenzugangsrecht zugesichert wird. Genannt seien hier einige der neuesten Verträge, nämlich der Vertrag zwischen der Europäischen Gemeinschaft und der Russischen Föderation vom 7. Januar 1991[82], zwischen Deutschland und Litauen vom 28. Juli 1992[83], zwischen Deutschland und Polen vom 20. März 1995[84], zwischen Deutschland und China vom 9. Mai 1995[85] und zwischen Deutschland und Tunesien vom 17. September 1999[86].

Ferner haben Schiffe, die unter der Flagge eines EU-Mitgliedstaates fahren und in diesem auch registriert sind, grundsätzlich das Recht zum Einlaufen in die inneren Gewässer der anderen EU-Mitgliedstaaten[87]. Dies ergibt sich aus Art. 56 des Vertrags über die Arbeitsweise der Europäischen Union (AEUV) (Dienstleistungsfreiheit)[88].

bb. Völkergewohnheitsrechtlich anerkanntes Zugangsrecht

Umstritten ist jedoch, ob es auch ein völkergewohnheitsrechtlich anerkanntes Zugangsrecht zu den inneren Gewässern eines Staates für fremde Schiffe gibt.

---

81 Verträge zwischen Deutschland und: Algerien vom 24.04.1995 (BTDrs. 13/4047; BTDrs. 13/4897); Argentinien vom 21.05.1971 (BGBl. 1972 II, S. 1630); Brasilien vom 07.06. 1972 (BGBl. 1974 II, S. 1251 und vom 04.04.1979 (BGBl. 1983 II, S. 688) und Zusatzprotokoll (BGBl. 1994 II, S. 658, BGBl. 1994 II, S. 761; BGBl. 1995 II, S. 773); Estland vom 20.12.1994 (BGBl. 1996 II, S. 758); Indonesien vom 28.10.1996 (BGBl. 1998 II, S. 754); Kuba vom 29.02.1996 (BGBl. 1998 II, S. 882 ff., sowie die Bekanntmachung BGBl. 1998 II, S. 2911); Lettland vom 05.04.1993 (BGBl. 1995 II, S. 2; BGBl. 1995 II, S. 695); Liberia vom 27.05.1970 (BGBl. 1971 II, S. 953); Niederlande vom 28.10.1968 (BGBl. 1969 II, S. 1121 ff. und 1971 II, S. 235); Portugal vom 29.01.1971 (BGBl. 1972 II, S. 57); Spanien vom 27.08.1968 (BGBl. 1970 II, S. 245; BGBl. 1970 II, S. 1212); Ukraine vom 10.06.1993 (BGBl. 1994 II, S. 3522; BGBl. 1995 II, S. 270) und Vietnam vom 29.06.1993 (BGBl. 1994 II, S. 3518). Hierzu ausführlich auch: Peters, Innere Gewässer in Neuen Seerecht, S. 116.

82 BGBl. 1997 II, S. 847 ff.; Peters, Innere Gewässer in Neuen Seerecht, S. 116.

83 BGBl. 1994 II, S. 100 ff.; Peters, Innere Gewässer in Neuen Seerecht, S. 116.

84 BGBl. 1996 II, S. 2695 ff.; Peters, Innere Gewässer in Neuen Seerecht, S. 116.

85 BGBl. 1996 II, S. 1450 ff.; Peters, Innere Gewässer in Neuen Seerecht, S. 116.

86 BGBl. 1999 II, S. 862 ff.; Peters, Innere Gewässer in Neuen Seerecht, S. 116.

87 Vitzthum, in: Vitzthum, Handburch des Seerechts, Kapitel 2 Rn. 46, welcher sich allerdings noch auf Art. 49 EG a.F. bezieht.

88 Siehe hierzu den “Mary Poppins” Fall und seine Darstellung bei: von Münch, GYIL, Vol. 19 (1976), S. 128 (137–142); O’Connell, The International Law of the Sea, Vol. II, S. 850; Churchill/Lowe, The Law of the Sea, S. 63; Peters, Innere Gewässer im Neuen Seerecht, S. 116, welcher sich ebenfalls noch auf Art. 49 EG a.F. bezieht.

(1) Befürworter

Die Auffassung, dass sich ein Zugangsrecht zu den inneren Gewässern und Häfen aus dem Völkergewohnheitsrecht ergibt, wird in der Literatur vertreten[89]. Als Begründung verweisen die Befürworter regelmäßig auf die Schiedsverhandlung *Saudi Arabien gegen die Arabian American Oil Company (Aramco)* von 1958, welche folgenden Ausspruch geprägt hat:

> *"According to a great principle of public international law, the ports of every State must be open to foreign vessels and can only be closed when the vital interests of the State so require.*[90]"

Lapradelle vertrat weiterhin die Auffassung, dass ein Zugangsrecht und eine damit einhergehende Beschränkung der küstenstaatlichen Souveranität aus dem Prinzip der Freiheit der Meere folge.[91] *Peters* führt ferner an, dass allein zwischen Deutschland und anderen Staaten 18 Verträge, die ein Hafenzugangsrecht regeln, abgeschlossen wurden und dass daher von einem grundsätzlichen Recht auf friedlichen Hafenzugang im Hinblick auf die inneren Gewässer der EU – und somit auch Deutschlands – auszugehen sei[92]. Er weist zwar selbst darauf hin, dass *nur* 18 Verträge abgeschlossen wurden, sieht hierin und in der Tatsache, dass die deutschen Seehäfen aber von weitaus mehr Flaggenstaaten angelaufen werden dürfen als Verträge abgeschlossen wurden, seine Auffassung bestätigt[93].

---

89 Differenzierend hier: Beckert/Breuer, Öffentliches Seerecht, Rn. 364; Colombos, The International Law of the Sea, S. 176 § 181; wohl auch: Peters, Innere Gewässer im Neuen Seerecht, S. 115.

90 International Law Reports, Vol. 27 (1963), S. 117 (212); zitiert auch in: O'Connell, The International Law of the Sea, Vol. II, S. 848; Lowe, San Diego Law Review, Vol. 14 (1977), S. 597 (598).

91 Siehe eine Problemdarstellung bereits bei: Lapradelle, RGDIP, Tome 5 (1898), S. 264 (280 ff.); Lowe, San Diego Law Review, Vol. 14 (1977), S. 597 (618). Eine Darstellung des Meinungsstandes der Vertreter dieser Auffassung findet sich bei: Degan, NYIL, Vol. 17 (1986), S. 3 (16–19); so auch: *Guggenheim*, welcher allerdings noch zwischen Handels- und Kriegsschiffen und See- und Kriegshäfen unterscheidet. Er geht davon aus, dass Seehäfen fremden Handelsschiffen grundsätzlich offen stehen und nur geschlossen werden dürfen, wenn wesentliche Staatsinteressen die Schließung geboten erscheinen lassen. Vgl. hierzu: Lehrbuch des Völkerrechts, Bd. 1, S. 381; Laun, RdC, Tome 15 (1926 V), S. 1 (30 ff.).

92 Peters, Innere Gewässer im Neuen Seerecht, S. 116.

93 Peters, Innere Gewässer im Neuen Seerecht, S. 116.

(2) Gegner

Mit den Vertretern der entgegengesetzten Meinung ist davon auszugehen, dass bislang kein völkergewohnheitsrechtlich anerkanntes Hafenzugangsrecht besteht[94].

Dies folgt zunächst daraus, dass die Vertreter dieser Auffassung zu Recht einwenden, dass die Schiedsrichter im Aramco-Fall nicht über die Autorität verfügt hätten, ein solches *"great principle of public international law"* (wie es ein völkergewohnheitsrechtlich anerkanntes Hafenzugangsrecht wäre) zu stützen[95] bzw. ein solches anzunehmen. Im Übrigen könne auch davon ausgegangen werden, dass es sich bei dieser Schiedsentscheidung nicht um ein Zugangsrecht, sondern um ein Diskriminierungsverbot zwischen den verschiedenen Nutzern eines Hafens gehandelt habe[96].

Ein Zugangsrecht ergibt sich auch nicht – wie *Lapradelle* behauptet – aus der Freiheit der Meere. Dies zeigt sich bereits an der Entwicklung des Hafenzugangsproblems, unter anderem auf der Den Haager Konferenz[97]. Hier wurde die küstenstaatliche Souveranität anerkannt und diese nur durch Durchfahrts- oder Transitrechte (und gerade nicht durch ein uneingeschränktes Hafenzugangsrecht) eingeschränkt[98]. Insbesondere das Institut de Droit International äußerte sich zu der Frage eines unbeschränkten Hafenzugangsrechts sehr deutlich. Es war der Auffassung, dass es einem Küstenstaat sogar frei stehe, seine Häfen für eine andere Nation im Rahmen einer Repressalie zu schließen[99]. Seiner Auffassung blieb das Institut de Droit International auch in späteren Jahren treu, als es in der Amsterdamer Sitzung vom 24. September 1957 Art. 2 Abs. 2 entwickelte[100], welcher dahingehend aufgefasst wurde, dass Küstenstaaten einem Schiff

94 So unter anderem auch: Churchill/Lowe, The Law of the Sea, 63. Siehe auch Fn. 109.

95 Peters, Innere Gewässer im Neuen Seerecht, S. 114; Lowe, San Diego Law Review, Vol. 14 (1977), S. 597 (606).

96 Jaguttis, AVR, Bd. 43 (2005), S. 90 (106); O'Connell, The International Law of the Sea, Vol. II, S. 848; von Münch, GYIL, Vol. 19 (1976), S. 128 (136).

97 Lowe, San Diego Law Review, Vol. 14 (1977), S. 597 (618); vgl. auch: Steinert, Die internationalrechtliche Stellung des Schiffes im fremden Küstenmeer im Frieden, S. 127.

98 Hierzu: Lowe, San Diego Law Review, Vol. 14 (1977), S. 597 (618).

99 Zitiert nach: Lapradelle, RGDIP, Tome 5 (1898), S. 264 (280/281).

100 Hier hieß es: „Sous réserve des droits de passage consacrés, soit par l'usage, soit par convention, l'Etat riverain peut refuser aux navires étrangers l'accès aux eaux intérieures, à moins qu'ils ne se trouvent en état de danger", vgl. Annuaire Institut Droit International 47-II (1957), S. 473 (474); Colombos, The International Law of the Sea, S. 176 § 180; de la Fayette, IJMCL, Vol. 11 (1996), S. 1 (10); Vitzthum, in: Vitzthum, Handbuch des Seerechts, Kapitel 2 Rn. 45; Vitzthum/Talmon, Alles fließt, S. 100.

grundsätzlich den Zugang zu ihren inneren Gewässern verwehren dürfen, es sei denn, es liege ein Notfall vor[101]. Zu diesem Ergebnis kam auch eine Studie des UNCTAD Committee on Shipping, welche die Staatenpraxis untersuchte[102].

Der Auffassung von *Peters* ist sodann entgegenzuhalten, dass auch die hundertfachen multi- und bilateralen Verträge bislang kein Völkergewohnheitsrecht zum Entstehen bringen konnten[103]. Auch wenn es grundsätzlich möglich ist, dass durch eine Kodifikation in völkerrechtlichen Verträgen ungeschriebenes Völkergewohnheitsrecht auf eine gesicherte Grundlage gestellt wird[104], so ist dies hier nicht der Fall. Dies folgt daraus, dass bereits die Voraussetzungen für die Entstehung von Völkergewohnheitsrecht nicht erfüllt sind, so dass es gar nicht erst zu einer Kodifikation – als zweitem Schritt – kommen kann. Die Voraussetzungen für die Entstehung von Völkergewohnheitsrecht sind nämlich einerseits eine subjektive Rechtsüberzeugung (opinio juris) und andererseits eine darauf beruhende lang andauernde objektive Übung (Staatenpraxis)[105]. Beide Voraussetzungen liegen nicht vor, da eine Vielzahl von Staaten sich gegen ein solches Recht auf Zugang ausspricht[106]. Ferner wurde auch bereits überzeugend angeführt, dass diesen Verträgen der fundamentale normgestaltende Charakter (*"fundamentally norm-creating character"*) fehle und dass auch die bloße Wiederholung eines Hafenzugangsrechts noch kein Völkergewohnheitsrecht bilden könne[107]. Daraus folgt im Ergebnis, dass die bestehenden Verträge nur *inter partes* wirken[108].

---

101 So auch: Vitzthum/Talmon, Alles fließt, S. 100; zu dem Vorliegen eines Notfalles siehe weiter unten.

102 Zu dieser siehe: De la Fayette, IJMCL, Vol. 11 (1996), S. 1 (9).

103 Schweisfurth, Völkerrecht, S. 564; Churchill/Lowe, The Law of the Sea, S. 62/63; Jaguttis, AVR, Bd. 43 (2005), S. 90 (111); de la Fayette, IJMCL, Vol. 11 (1996), S. 1 (2); Hasselmann, Die Freiheit der Handelsschiffahrt, S. 356; Lowe, San Diego Law Review, Vol. 14 (1977), S. 597 (619); Steinert, Die internationalrechtliche Stellung des Schiffes im fremden Küstenmeer im Frieden, S. 128; Verdross/Simma, Universelles Völkerrecht, § 1036; Gloria, in: Ipsen, Völkerrecht, § 51 Rn. 8; wohl auch: Oxman, VJIL, Vol. 24 (1984), S. 809 (850); von Münch, Völkerrecht, S. 428; Degan, NYIL, Vol. 17 (1986), S. 3 (19).

104 Hierzu: Heintschel von Heinegg, in: Ipsen, Völkerrecht, § 16 Rn. 49.

105 Von Gadow-Stephani, Der Zugang zu Nothäfen und sonstigen Notliegeplätzen für Schiffe in Seenot, 209.

106 So auch: Churchill/Lowe, The Law of the Sea, 62/63; Hasselmann verweist ebenfalls darauf, dass ein Zugangsrecht nicht nur begründet, sondern auch anerkannt sein muss. Vgl. Hasselmann, Die Freiheit der Handelsschiffahrt, S. 355.

107 Zitiert nach: Lowe, San Diego Law Review, Vol. 14 (1977), S. 597 (619); wohl auch: Steinert, Die internationalrechtliche Stellung des Schiffes im fremden Küstenmeer im

(3) Ergebnis

Nach heutigem Stand ist daher davon auszugehen, dass der Küstenstaat unter Berufung auf seine territoriale Souveranität grundsätzlich[109] einem fremden Schiff das Einlaufen in seine inneren Gewässer versagen darf[110]. Die Tatsache, dass die Küstenstaaten in Friedenszeiten ihre Häfen der internationalen Schifffahrt – aus Eigeninteresse[111] – meistens offen halten, steht dem nicht entgegen[112]. Kraft ihrer küstenstaatlichen Souveranität verbleibt ihnen aber jederzeit die Möglichkeit, alle ihre Häfen oder auch nur einzelne Häfen[113] zu schließen oder nur bestimmte Häfen der internationalen Schifffahrt zu öffnen[114].

cc. Bedingungen für den Hafenzugang

(1) Regelungsbefugnisse der Küstenstaaten

Nach dem oben Gesagten ist ein Küstenstaat bereits berechtigt, über das „Ob" des Hafenzugangs zu entscheiden, so dass ihm dann auch umso mehr die Regelung des „Wie" des Hafenzugangs zusteht. Er kann Bedingungen und Voraussetzungen an einen Hafenzugang knüpfen, die ein Schiff erfüllen muss, um einlaufen zu dürfen[115]. Ferner kann er das Einlaufen auf bestimmte Schifffahrtswe-

---

Frieden, S. 128; McDougal/Burke, The Public Order of the Oceans, S. 116/117; Hasselmann, Die Freiheit der Handelsschiffahrt, S. 355.

108 So auch: Jaguttis, AVR, Bd. 43 (2005), S. 90 (111/112); hinsichtlich des Genfer Seehäfen Statut dies bejahend: Hasselmann, Die Freiheit der Handelsschiffahrt, S. 356.

109 Zu Ausnahmen von diesem Grundsatz siehe weiter unten.

110 Badura, in: Bernhardt, EPIL, Vol. III (1997), S. 1068 (1070); de la Fayette, IJMCL, Vol. 11 (1996), S. 1 (1); Lagoni, AVR, Bd. 26 (1988), S. 261 (267 ff.); Churchill/Lowe, The Law of the Sea, S. 61; Vitzthum, in: Vitzthum, Handbuch des Seerechts, Kapitel 2 Rn. 45, von Münch, Völkerrecht, S. 428; a. A. und hier auch differenzierend: Beckert/ Breuer, Öffentliches Seerecht, Rn. 364; Colombos, The International Law of the Sea, S. 176 § 181.

111 *Degan* weist in diesem Zusammenhang zutreffend darauf hin, dass derjenige Staat, dem der Zugang zu den inneren Gewässern eines Küstenstaats versagt worden sei, seine eigenen inneren Gewässer diesem Staat ebenfalls verschließen werde: NYIL, Vol. 17 (1986), S. 3 (19).

112 Gloria, in: Ipsen, Völkerrecht, § 51 Rn. 8; so wohl auch: Lowe, San Diego Law Review, Vol. 14 (1977), S. 597 (622); Steinert, Die internationalrechtliche Stellung des Schiffes im fremden Küstenmeer im Frieden, S. 130 m.w.N.

113 Beispielsweise aus militärischen Gründen, Umweltschutzgründen, als Zeichen politischer Unverstimmtheit (siehe hierzu: Lachaume, AFDI, Tome 26 (1980), S. 809 (863–865); de la Fayette, IJMCL, Vol. 11 (1996), S. 1 (5 ff.)).

114 Hasselmann, Die Freiheit der Handelsschiffahrt, S. 356; Lowe, San Diego Law Review, Vol. 14 (1977), S. 597 (606) m.w.N.

115 Churchill/Lowe, The Law of the Sea, S. 62; de la Fayette, IJMCL, Vol. 11 (1996), S. 1 (2).

ge oder Verkehrstrennungsgebiete beschränken[116]. Dies ergab sich bereits aus der Entscheidung des Internationalen Gerichtshofes im Nicaragua-Fall[117]:

> *"[...] by virtue of its sovereignty that the coastal State may regulate access to its ports.*[118]"

Durch seine Regelungsbefugnisse kann der Küstenstaat auch verschiedene Maßnahmen aufgrund mangelnder Seetüchtigkeit oder Gefährlichkeit der Ladung ergreifen[119]. So ist es ihm auch möglich, einem konkreten Schiff das Ein- oder Auslaufen zu verbieten, ihm wegen gefährlicher Fracht besondere Liegeplätze oder Reeden zuzuweisen oder lediglich ein Umschlagverbot festzusetzen[120]. Letzteres belässt dem Schiff dann noch die Möglichkeit Proviant und Treibstoff aufzunehmen oder nötige Reparaturen durchzuführen[121]. Hat der Küstenstaat Einlaufbedingungen erlassen, welche das einlaufende Schiff nicht einhält, hat der Küstenstaat bereits im Küstenmeer das Recht „die erforderlichen Maßnahmen" gegen das Schiff zu ergreifen, Art. 25 Abs. 2 SRÜ (vgl. auch Art. 211 Abs. 3 Satz 4 SRÜ).

(2) Regelung durch multilaterale Verträge

Die Einlaufbedingungen in die inneren Gewässer werden zunehmend im Wege von multilateralen Verträgen geregelt. In diesen erklären die Vertragsstaaten beispielsweise keine Schiffe in ihre Häfen einlaufen zu lassen, welche die seitens der SOLAS-[122] und MARPOL-[123]Konventionen festgelegten Kriterien nicht erfüllen.

---

116 Vitzthum, in: Vitzthum, Handbuch des Seerechts, Kapitel 2 Rn. 50.

117 Ähnlich auch die Entscheidung des US Supreme Courts vom 01.06.1903 im Fall *Patterson v. Bark Eudora* (1903): "The implied consent to enter our harbours may be withdrawn, and if this consent may be wholly withdrawn, it may be extended upon such term and conditions as the government sees fit to impose.", vgl. US Supreme Court, US 190 (1903), S. 169 (178), abgedruckt unter.: http://caselaw.lp.findlaw.com/scripts/getcase.pl?navby=search&friend=nytimes&court=US &case=/us/190/169.html.

118 ICJ, Case concerning Military and Paramilitary Activities in and against Nicaragua (Nicaragua v. United States of America): ICJ Rep. 1986, S. 111; de la Fayette, IJMCL, Vol. 11 (1996), S. 1 (2).

119 Lagoni, AVR, Bd. 26 (1988), S. 261 (271).

120 Lagoni, AVR, Bd. 26 (1988), S. 261 (271).

121 So auch: Lagoni, AVR, Bd. 26 (1988), S. 261 (271).

122 Die SOLAS-Konvention ("International Convention for the Safety of Life at Sea") zur Schiffssicherheit von Handelsschiffen ist ein internationales Übereinkommen zum Schutz des menschlichen Lebens auf See. Die Anfänge des SOLAS-Übereinkommens gehen weit zurück. Die erste Konferenz wurde am 12.11.1913 anlässlich des Untergangs

(a) ISM-Code

Bei dem "International Management Code for the Safe Operation of Ships and for Pollution Prevention" (ISM-Code), der in der SOLAS-Konvention in Kapitel IX geregelt ist, geht es um die Gewährleistung eines sicheren Schiffsbetriebes. Die EU (und dies gilt auch für Deutschland als EU-Mitgliedstaat) warnte, dass jedes Schiff, welches die ISM-Kriterien nicht erfüllt, die Häfen der EU entweder gar nicht anlaufen darf oder diese verlassen muss[124]. Die Verweigerungsmöglichkeit des Zugangs zu einem Hafen für Schiffe bei Nichterfüllung dieser Kriterien ist allgemein anerkannt[125]. Auch die USA gaben ein dahingehendes Statement ab[126].

(b) ISPS-Code

Als Folge der Terroranschläge vom 11. September 2001 wurde der "International Ship and Port Facility Security Code (ISPS-Code)" ins Leben gerufen, welcher fortan die SOLAS-Konvention um eine weitere Vorschrift zur Gefahrenabwehr ergänzt[127] und somit auch alle SOLAS-Vertragsstaaten bindet. Nach dem ISPS-Code müssen nahezu alle Schiffe, die einen Hafen anlaufen, vorher explizit mitteilen, welche Ladung sie an Bord haben.

---

der „RMS Titanic" einberufen. Die aktuelle SOLAS-Konvention (die fünfte Version, sog. „SOLAS 74") stammt von 1974 und besteht aus zwölf Kapiteln, die sich mit Bemannung, Sicherheitsmanagement, Technik, Ladung und Rettungsmitteln beschäftigen. Am 01.07.2006 ist das 88. Ergänzungsprotokoll zur SOLAS 74 in Kraft getreten, welches unter anderem Doppelhüllenkonstruktionen aus Sicherheitsgründen verbindlich vorschreibt. Auf Drängen Griechenlands hin wurden jedoch Schiffe, die ausschließlich Flüssiggüter transportieren, (etwa Tanker) hiervon ausgenommen. Vgl. zu dem gesamten Übereinkommen die Homepage der International Maritime Organization: http://www.imo.org/Conventions/contents.asp?topic_id=257&doc_id=647.

123 Die MARPOL-Konvention ("International Convention for the Prevention of Marine Pollution from Ships") vom 02.11.1973 ist ein internationales, weltweit geltendes Übereinkommen zum Schutz der Meeresumwelt. Das Vertragswerk besteht aus dem eigentlichen Übereinkommen, zwei Protokollen und sechs Anlagen. Das Übereinkommen selbst enthält allgemeine Regeln, wie z. B. Begriffsbestimmungen und die Festlegung des Anwendungsbereiches. Siehe zu der Entstehungsgeschichte und den beigetretenen Staaten ausführlich die Homepage der International Maritime Organization: http://www.imo.org/.

124 Report of the Secretary General 1997, UN Doc. A/52/487, Paragraph 152.

125 Siehe hierzu schon: O'Connell, The International Law of the Sea, Vol. II, S. 848.

126 Report of the Secretary General 1997, UN Doc. A/52/487, Paragraph 152.

127 Hierzu auch: Anyanova, in: Ehlers/Lagoni, Maritime Policy of the European Union and Law of the Sea, S. 101 (103). Vgl. weiterhin die Homepage der IMO: http://www.imo.org/ourwork/ security/instruments/pages/ispscode.aspx.

(3) Sonderproblematik bei Schiffen mit gefährlicher Ladung

Bei Schiffen mit gefährlicher Ladung besteht die Gefahr, dass alle Küstenstaaten einer Region einem Schiff wegen seiner gefährlichen Ladung das Einlaufen verbieten. Dies wird oft bei Schiffen relevant, die Sondermüll transportieren. Dieser Problematik wurde durch das Basler Übereinkommen (*"Basel Convention on the Control of Transboundary Movements of Hazardous Wastes and Their Disposal")*[128] vom 22. März 1989 begegnet[129], welchem Deutschland am 20. Juli 1995 beigetreten ist[130].

Art. 4 Abs. 1 lit. b) und c) dieses Übereinkommens regeln beispielsweise, dass der Ausfuhrstaat zum Einlaufen in fremde innere Gewässer vorab eine schriftliche Genehmigung des Einfuhrstaates, dass dieser die Einfuhr zulassen werde, benötigt. Ohne eine solche Genehmigung oder bei einem generellen Einfuhrverbot herrscht für den Ausfuhrstaat ein grundsätzliches Ausfuhrverbot. Art. 8 des Übereinkommens normiert ferner eine Wiedereinfuhrpflicht, also eine Pflicht zur Rücknahme der Abfälle, falls die Einfuhr – aus welchen Gründen auch immer – doch nicht möglich sein sollte.[131]

---

128 Siehe die einzelnen Regelungen des Übereinkommens: http://www.bmu.de/files/pdfs/allgemein/application/pdf/basler_uebereinkommen89.pdf; zu diesem Übereinkommen auch: Vitzthum/Talmon, Alles fließt, S. 108.

129 Bis November 2009 waren dem Basler Übereinkommen ca. 170 Staaten beigetreten. Kein Beitritt erfolgte durch Afghanistan, Haiti und die USA, vgl. hierzu: http://www.basel.int/ratif/ convention.htm.

130 BGBl. 1994 II, S. 2703, und Verordnung zur Änderung von Anlagen zum Basler Übereinkommen vom 22.03.1989 vom 14.11.2003, BGBl. 2003 II, S. 1626 ff.

131 Bevor es das Basler Übereinkommen gab, wurden die Fälle von Sonderabfall oder Gefahrgut transportierenden Schiffen unterschiedlich gehandhabt. Hier kam es zu einigen spektakulären Fällen, wie dem Falle der „Ammersee" (1974), der „Zanoobia" (1988), der „Karin B." (1988) und der „Petersberg" (1988/1989). (Zu diesen Fällen siehe auch: Lagoni, AVR, Bd. 26 (1988), S. 261 (272 ff.). – Im Falle der unter zypriotischer Flagge fahrenden „Ammersee" wurde davon ausgegangen, dass sie Plastiksprengstoff für die baskische Untergrundorganisation ETA transportierte. Daraufhin wurde dem Schiff in mehreren europäischen Häfen das Einlaufen verboten, woraufhin die Besatzung nach über drei Monaten die „Ammersee" verließ und das Schiff im Ärmelkanal trieb. Von französischen Streitkräften wurde die „Ammersee" dann auf Hoher See versenkt (siehe hierzu: Hoog, in: Hecker, Gutachten zum internationalen Recht, Institut für Internationale Angelegenheiten der Universität Hamburg, Werkhefte, Bd. 28 (1975), S. 155). – Die unter syrischer Flagge fahrende „Zanoobia" sollte Sonderabfälle von Italien nach Venezuela transportieren, verfügte jedoch nur über unrichtige Dokumente. In Venezuela wurde ihr daher das Einlaufen verboten, das Schiff fuhr daraufhin nach Italien zurück und lag acht Monate vor der toskanischen Küste ohne Einlaufgenehmigung in einen Hafen und hatte daher keine Möglichkeit die Fracht abzuladen. Hierfür fehlte die erforderliche

dd. Beschränkung der küstenstaatlichen Rechte

Die Küstenstaaten müssen trotz der ihnen zustehenden umfassenden Rechte das allgemeine völkerrechtliche Rechtsmissbrauchsverbot beachten[132]. Daher ist es möglich, dass bestimmte Bedingungen für den Zugang zu einem Hafen oder eine gänzliche Hafenschließung rechtsmissbräuchlich sind und der Küstenstaat hierfür verantwortlich gemacht werden kann[133]. Um von einem Missbrauch sprechen zu können, ist ein diskriminierendes oder unbilliges Verhalten des Küstenstaates erforderlich[134]. Keine Diskriminierung liegt vor, wenn ein Küstenstaat seine Häfen zwar für die normale Handelsschifffahrt öffnet, diese aber

---

Genehmigung seitens der Hafenbehörden (siehe hierzu auch: http://www.spiegel.de/spiegel/print/d-13530582.html). – Erwähnenswert ist auch der Fall des deutschen Frachters „Karin B.", welcher in Nigeria den aus Italien verfrachteten Sonderabfall, der dort mit wohl gefälschten Papieren abgeladen worden war, nach vehementer Aufforderung seitens Nigerias wieder abholte. Der Müll sollte daraufhin nach Ravenna verbracht werden, wo die „Karin B." jedoch keine Einlaufgenehmigung erhielt. Die „Karin B." lag dann einige Zeit 15 sm vor dem Hafen von Cadiz, dann lag sie 13 sm vor Le Havre. Weder Spanien noch die Bundesrepublik Deutschland, Frankreich, die Niederlande oder Belgien waren bereit, den Sondermüll aufzunehmen. Schließlich erklärte sich Italien nach langen und zähen Debatten bereit, den Sonderabfall wieder zurückzunehmen (siehe hierzu auch: Richter, Africa Spectrum, Bd. 23 [1988], S. 315 [327/328]). – Auch aus dem Fall der „Petersberg" wird deutlich, dass es vor dem Basler Übereinkommen keineswegs selbstverständlich war, dass der Herkunftsstaat des Sondermülls diesen bei Problemen und Nichtaufnahme durch andere Staaten wieder zurücknimmt. Die „Petersberg" lief mit einer Ladung leicht kontaminierten Bauschutts mit Ziel Berince (Türkei) aus. Die Türkei verweigerte die Aufnahme. In der Folge verweigerten alle Schwarzmeerstaaten der „Petersberg" das Einlaufen. Nach vielen weiteren Problemen für die „Petersberg" und großem Druck auf Österreich seitens der Bundesrepublik Deutschland nahm Österreich letztlich die radioaktiven Sonderabfälle zurück (vgl. hierzu: von Gadow-Stephani, Der Zugang zu Nothäfen und sonstigen Notliegeplätzen für Schiffe in Seenot, S. 272).

132 Steinert, Die internationalrechtliche Stellung des Schiffes im fremden Küstenmeer im Frieden, S. 130; Dahm, Völkerrecht, Bd. I, S. 634; Churchill/Lowe, The Law of the Sea, S. 63; Hasselmann, Die Freiheit der Handelsschiffahrt, S. 356/357. Das allgemeine Rechtsmißbrauchsverbot im Völkerrecht generell ablehnend: Neuhaus, Das Rechtsmißbrauchsverbot im heutigen Völkerrecht, S. 198 ff.

133 Churchill/Lowe, The Law of the Sea, S. 63.

134 O'Connell, The International Law of the Sea, Vol. II, S. 848; Churchill/Lowe, The Law of the Sea, S. 63; a. A. wohl: von Münch, GYIL, Vol. 19 (1976), S. 128 (135/136), welcher davon ausgeht, dass für die Küstenstaaten völkergewohnheitsrechtlich noch nicht einmal ein Verbot zur wirtschaftlichen Diskriminierung zwischen Staaten besteht: *"Therefore, a realistic view cannot avoid the conclusion that States are not obliged to treat, in their ports, foreign vessels in the same manner as those ships which fly their own flag."*.

für Reaktorschiffe[135], Schiffe mit gefährlicher Ladung oder solche ausgestattet mit elektronischen Überwachungsgeräten, vollständig oder teilweise schliesst[136]. Auch wenn ein Küstenstaat die Einhaltung der MARPOL-Kriterien auch von Nichtmitgliedern der MARPOL-Konvention fordert, liegt keine Diskriminierung vor[137].

Ein Missbrauch durch ein diskriminierendes Verhalten liegt jedoch immer dann nahe, wenn einem Handelsschiff das Einlaufen verwehrt wird, obwohl es die seitens des Küstenstaats festgelegten Bedingungen erfüllt, sein Flaggenstaat mit dem Küstenstaat einen Vertrag hinsichtlich des Hafenzugangs geschlossen hat und das Schiff auch die Bedingungen dieses Vertrages erfüllt[138]. Regelmäßig dürfte ein solches Schiff jedoch vor der Schwierigkeit stehen, einen derartigen Missbrauch nachzuweisen[139]. Dies muss es jedoch, da die Beweislast für den Missbrauch bei dem Schiff liegt, das einen solchen geltend macht (bzw. bei seinem Flaggenstaat).

ee. Deutsche Umsetzung

Hier muss unterschieden werden zwischen (1) dem Einlaufen deutscher Schiffe in fremde innere Gewässer, (2) dem Einlaufen fremder Schiffe in deutsche innere Gewässer und (3) dem Aufenthalt in deutschen inneren Gewässern.

Deutschland hat mit anderen Staaten einige bilaterale Verträge geschlossen, um das Einlaufen deutscher Reaktorschiffe in fremde innere Gewässer zu regeln. Ferner hat Deutschland genaue Bedingungen für den Zugang zu den deutschen inneren Gewässern samt Häfen festgelegt und mit dem „Sicherheitskonzept Deutsche Küste" ein Konzept für die Gewährleistung der Sicherheit und Leichtigkeit des Schiffsverkehrs in den inneren Gewässern ausgearbeitet.

---

135 Im Australian Navigation Amendment Act No. 60 of 1967, 192 c wird die Auflage gemacht, dass sichergestellt werden muss, dass von den Schiffen keine unbillige Strahlung ausgeht und dass sie die Auflagen erfüllen. Spanien entschied im Jahr 1964, dass solche Reaktorschiffe nur dann ausnahmsweise einlaufen dürfen (dies gilt bereits für das Küstenmeer), wenn sie bestimmte Voraussetzungen erfüllen und Garantien abgeben, vgl. für beide: O'Connell, The International Law of the Sea, Vol. II, S. 848.

136 So auch: Hasselmann, Die Freiheit der Handelsschiffahrt, S. 357; O'Connell, The International Law of the Sea, Vol. II, S. 848.

137 Degan, NYIL, Vol. 17 (1986), S. 3 (21).

138 So auch: Degan, NYIL, Vol. 17 (1986), S. 3 (21).

139 So auch: Hasselmann, Die Freiheit der Handelsschiffahrt, S. 356/357.

(1) Einlaufen deutscher Reaktorschiffe in fremde innere Gewässer

Deutschland hat zur Vorbeugung von möglichen Konflikten einige Verträge mit anderen Staaten geschlossen, welche das Einlaufen von deutschen Reaktorschiffen in deren Gewässer und den Aufenthalt in deren Häfen regeln sollen[140]. In diesen Verträgen wurde beispielsweise vereinbart, wie sich ein deutsches Schiff, das einen die Umgebung möglicherweise gefährdenen Unfall verursacht, zu verhalten hat. Ferner verbleibt in den Verträgen zwischen Deutschland und Portugal, Brasilien und Liberia den letztgenannten Staaten zu jedem Zeitpunkt die Möglichkeit, dem betroffenen deutschen Schiff das Einlaufen in die inneren Gewässer zu verbieten[141].

(2) Einlaufen in die deutschen inneren Gewässer

(a) Anlaufbedingungsverordnung

Deutschland hat Voraussetzungen festgelegt, die Schiffe erfüllen müssen, um in die deutschen inneren Gewässer einlaufen zu dürfen. Diese finden sich in der „Verordnung über das Anlaufen der inneren Gewässer der Bundesrepublik Deutschland aus Seegebieten seewärts der Grenze des deutschen Küstenmeers und das Auslaufen“ (AnlBV)[142]. Beweggrund für diese Verordnung war die

---

140 Hier sind folgende Verträge zu nennen: Vertrag vom 07.06.1972 zwischen Deutschland und der Föderativen Republik Brasilien über das Einlaufen von Reaktorschiffen in brasilianische Gewässer und ihren Aufenthalt in brasilianischen Häfen (BGBl. 1974 II, S. 685); Vertrag vom 21.05.1971 zwischen Deutschland und Argentinien über das Einlaufen von Reaktorschiffen in argentinische Gewässer und ihren Aufenthalt in argentinische Häfen (BGBl. 1972 II, S. 68); Vertrag vom 29.01.1971 zwischen Deutschland und Portugal über die Benutzung portugiesischer Gewässer und Häfen durch N.S. „Otto Hahn“ (BGBl. 1972 II, S. 57); Vertrag vom 27.05.1970 zwischen Deutschland und der Republik Liberia über die Benutzung liberianischer Gewässer und Häfen durch N.S. „Otto Hahn“ (BGBl. 1971 II, S. 953). Vgl. zu allen Verträgen: Peters, Innere Gewässer im Neuen Seerecht, S. 122; Vitzthum, in: Vitzthum, Handbuch des Seerechts, Kapitel 2 Rn. 49.

141 Siehe hierzu insbesondere Art. 2 und Art. 5 des Vertrages zwischen Deutschland und Brasilien (BGBl. 1974 II, S. 685 (688)); Art. 10 des Vertrages zwischen Deutschland und Liberia (BGBl. 1971 II, S. 953 [956]) sowie Art. 11 des Vertrages zwischen Deutschland und Portugal (BGBl. 1972 II, S. 57 [60]).

142 BGBl. 1994 I, S. 2246–2259. Die Anlage der Verordnung wurde mehrfach geändert. Siehe: Verordnung vom 07.12.1994, BGBl. 1994 I, S. 3744; Verordnung vom 24.06. 1997, BGBl. 1997 I, S. 1537; Verordnung vom 18.12.1995, BGBl. 1995 I, S. 1938. Vgl. auch die „Elfte Verordnung zur Änderung seeverkehrsrechtlicher Vorschriften“ vom 18.02.2004: BGBl. 2004 I, S. 300 ff., welche erneut und zuletzt geändert wurde durch die „Zweite Verordnung zur Änderung umweltrechtlicher Vorschriften für die Seeschifffahrt“ vom 09.04.2008: BGBl. 2008 I, S. 698 (701/702).

Verhütung, Verringerung und Überwachung der Verschmutzung der Meeresumwelt. Mit der Anlaufbedingungsverordnung wurde ferner die EU-Richtlinie 93/75/EWG des Rates vom 13. September 1993 über die „Mindestanforderungen an Schiffe, die Seehäfen der Gemeinschaft anlaufen oder aus ihnen auslaufen und gefährliche oder umweltschädliche Güter befördern", umgesetzt[143]. Dem einlaufenden Schiff wird unter anderem zur Auflage gemacht, den Abgangs- und Bestimmungshafen und die geladenen gefährlichen und umweltschädlichen Güter zu melden[144]. Die Anlaufbedingungsverordnung verlangt von den Schiffen, dass diese bereits seewärts der Grenze des Hoheitsgebietes dem Havariekommando in Cuxhaven[145] die relevanten schiffs- und ladungsspezifischen Angaben machen. Weiterhin ist ein fremdes Schiff in bestimmten Gebieten verpflichtet, einen Seelotsen an Bord zu nehmen[146].

(b) Weitere Meldepflichten

Schifffahrtspolizeiliche Meldepflichten finden sich ferner in § 58 SeeSchStrO und der Schifffahrtsordnung Emsmündung.

(3) Aufenthalt in den deutschen inneren Gewässern

Auch der Aufenthalt in den deutschen inneren Gewässern, inbesondere den deutschen Häfen, wurde detailliert geregelt.

(a) Aufenthalt in deutschen Häfen

Deutschland verfügt über viele Binnenhäfen[147], weswegen detaillierte Gesetze zur Regelung von verschiedenen Sachverhalten existieren[148]. Beispielhaft sind

---

143 Vitzthum, in: Vitzthum, Handbuch des Seerechts, Kapitel 2 Rn. 51; http://eurlex.europa.eu/LexUriServ/LexUriServ.do?uri=CELEX:31996L0039:DE:HTML.

144 Vitzthum/Talmon, Alles fließt, S. 105.

145 Siehe hierzu die Ausführungen weiter unten.

146 Hierzu zählen Ems, Weser I, Weser II/Jade, Elbe, Nord-Ostsee-Kanal I, Nord-Ostsee-Kanal II/Kieler Förde/Trave/Flensburger Förde, Wismar/Rostock/Stralsund. Dort besteht für manche Schiffe die Pflicht einen Seelotsen an Bord zu nehmen. Für Schiffe, die bestimmte gefährliche Güter als Massengut transportieren, besteht in allen Revieren die Pflicht zur Lotsenannahme. Unter bestimmten Bedingungen sind solche Schiffe sogar bereits verpflichtet, im Küstenvorfeld der Deutschen Bucht einen Lotsen anzunehmen. – Diese Lotsenberatung kann – je nach Einzelfall – sowohl an Bord des Schiffes als auch von Bord eines anderen Schiffes oder von Land aus erfolgen.

147 Die deutschen Binnenhäfen sind folgende: Andernach, Aschaffenburg, Bamberg, Berlin, Bonn, Brake, Braunschweig, Brunsbüttel, Bückeburg-Rusbend, Deggendorf, Dortmund, Dresden, Duisburg, Eberswalde, Emden, Essen, Frankfurt am Main, Frankfurt (Oder), Gelsenkirchen, Gernsheim, Halle (Saale), Hamm, Hanau, Hannover, Heilbronn, Hildes-

hier das Hamburgische Hafenverkehrs- und Schifffahrtsgesetz und die Bremische Hafenordnung zu nennen, welche Vorschriften in Bezug auf das allgemeine Verhalten in diesen Häfen, Verkehrsvorschriften sowie sonstige Ge- und Verbote enthalten[149].

(b) Aufenthalt in den restlichen deutschen inneren Gewässern

Deutschland hat auch den Aufenthalt in den inneren Gewässern ausführlich geregelt. Es existiert unter anderem das „Gesetz über die Aufgaben des Bundes auf dem Gebiet der Binnenschifffahrt" (Binnenschiffahrtsaufgabengesetz – „BinSchAufgG")[150] vom 5. Juli 2001. Dieses wurde aufgrundlage von Art. 74 Abs. 1 Nr. 21 Grundgesetz (GG)[151] erlassen. Im Binnenschiffahrtsaufgabengesetz werden insbesondere die folgenden Gebiete geregelt:

- Die Erlaubnispflichtigkeit und Erlaubniserteilung zur Fahrt auf den Bundeswasserstraßen für Wasserfahrzeuge,
- Die Ermächtigung zum Erlass von Rechtsverordnungen, insbesondere in Bezug auf die Anforderungen an Bau, Ausrüstung und Kennzeichnung des Schiffes sowie die Befähigung der Schiffsbesatzung,
- die Bußgeldvorschriften bei Ordnungswidrigkeiten und

---

heim, Karlsruhe, Kehl, Kehlheim/Saal, Koblenz, Köln, Königs-Wusterhausen, Krefeld, Lingen-Holthausen, Lübeck, Ludwigshafen, Lüneburg (Elbe-Seiten-Kanal), Magdeburg, Mainz, Mannheim, Mehrum, Minden, Mühlheim an der Ruhr, Münster, Neuss-Düsseldorf, Nürnberg, Oldenburg, Osnabrück, Passau, Plochingen, Regensburg, Riesa, Rinteln-Egern, Saarlouis, Salzgitter-Beddingen, Schweinfurt, Stade-Bützfleth, Stuttgart, Trier, Uelzen, Wörth am Rhein (Quelle: Wikipedia).

148 Beispielhaft soll hier die „Zweite Verordnung zur Änderung der Verordnung über die Farbe und Lichtstärke der Bordlichter sowie die Zulassung von Signalleuchten in der Binnenschifffahrt auf Rhein und Mosel" vom 06.09.2001 (vgl. BGBl. 2001 I, S. 2420 ff.) angeführt werden.

149 Beispielhaft sollen hier genannt werden: das Hamburger Hafenverkehrs- und Schiffahrtsgesetz vom 03.07.1979 (Hamburgisches GVBl. S. 177), die Bremische Hafenordnung vom 24.04.2001 (Brem.GBl. S. 291), das Bremische Hafenbetriebsgesetz vom 21.11. 2000 (Brem.GBl. S. 605) und das Bremische Hafensicherheitsgesetz vom 30.04.2007 (Brem.GBl. 65/2009, S. 537). Vgl. hierzu auch noch die Ausführungen bei Beckert/ Breuer, Öffentliches Seerecht, Rn. 212–214 (Hamburg) und 215/216 (Bremen).

150 BGBl. 2001 I, S. 2026 ff., und nach Änderung des Art. 4 siehe das Gesetz zur Änderung seeverkehrsrechtlicher, verkehrsrechtlicher und anderer Vorschriften mit Bezug zum Seerecht vom 08.04.2008: BGBl. 2008 I, S. 706 ff.

151 Näheres zur WSV und zu den weitergehenden Befugnissen für Bund und Länder, siehe weiter unten.

- die Abwehr von Gefahren für die Sicherheit und die Leichtigkeit des Verkehrs sowie die Verhütung von der Schifffahrt ausgehenden Gefahren (Schifffahrtspolizei).

b. Unfreiwilliges Einlaufen

aa. Grundsatz des Hafenzugangsrechts

Ein Fall des unfreiwilligen Einlaufens in die inneren Gewässer eines Küstenstaates liegt immer dann vor, wenn ein Schiff aufgrund von höherer Gewalt (*„force majeure"*) oder Seenot unverschuldet zum Einlaufen gezwungen ist[152]. Dem betroffenen Schiff steht dann grundsätzlich kraft Völkergewohnheitsrecht und aus Gründen der Humanität ein Zugangsrecht zu den inneren Gewässern eines Küstenstaates bzw. zu einem seiner Häfen zu[153]. Die Art des Schiffes (Handels-

---

[152] Ausführungen, wann man von Seenot sprechen kann, finden sich ausführlich bei O'Connell, The International Law of the Sea, Vol. II, S. 855. Dieser zitiert auch auf eine sehr eingängige Definition von Lord Stowell: "It must be an urgent distress; it must be something of grave necessity; such as is spoken of in our books, where a ship is said to be driven in by stress of weather. It is not sufficient to say it was done to avoid a little bad weather, or in consequence of foul winds, the danger must be such as to cause apprehension in the mind of an honest and firm man ... Then again, where the party justifies the act upon the plea of distress, it must not be a distress which he has created himself, by putting on board an insufficient quantity of water or of provisions for such a voyage, for there the distress is only part of the mechanism of the fraud, and cannot be set up in excuse for it; and in the next place the distress must be proved by the claimant in a clear and satisfactory manner." – Diese Definition wurde vom US Supreme Court mit dem Zusatz anerkannt, dass *"the necessity must be urgent and proceed from such a state of things as may be supposed to produce in the mind of a skilful mariner a well-grounded apprehension of the loss of the vessel and cargo, or of the lives of the crew."* Vgl. The New York, Wheaton 3 (1818), S. 59, zitiert nach: O'Connell, The International Law of the Sea, Vol. II, S. 855.

[153] So auch: von Gadow-Stephani, Der Zugang zu Nothäfen und sonstigen Notliegeplätzen für Schiffe in Seenot, 209; Churchill/Lowe, The Law of the Sea, S. 63. An anderer Stelle wurde vertreten, dass dieses Recht ein "enlightened principle of comity" darstelle, vgl. den Fall aus dem Jahre 1929 „The Rebecca": Kate A. Hoff, Administratrix of the Estate of Samuel B. Allison, Deceased (USA) vs. Mexican United States, General Claims Commission, 02.04.1929, Reports of International Arbitral Awards, Bd. IV, S. 444 (447) – http://untreaty.un.org/cod/riaa/cases/vol_IV/444-449.pdf; zu der Frage der Humanität: Verdross/Simma, Universelles Völkerrecht, § 1036; Steinert, Die internationalrechtliche Stellung des Schiffes im fremden Küstenmeer im Frieden, S. 132. Zur allgemeinen Anerkennung dieses Grundsatzes: Gidel, Le Droit international public de la Mer, Tome 2, S. 51/52; Colombos, The International Law of the Sea, S. 177 § 181; Dahm, Völkerrecht, Bd. I, S. 634; zur geschichtlichen Entwicklung siehe ausführlich: Telfer, San Diego Law Review, Vol. 20 (1983), S. 625 (629–632).

schiff, Kriegsschiff, etc.) ist hierbei unerheblich[154]. Dies ist bereits seit dem "Eleanor Case" aus dem Jahre 1809 anerkannt[155]. Ferner hat das in Seenot geratene Schiff einen gewohnheitsrechtlichen Hilfsanspruch gegen die Behörden des Küstenstaats. Diese sind verpflichtet, dem Schiff diejenige Hilfe zu leisten, die auch einem inländischen Schiff geleistet werden würde, wenn es sich in dieser Situation befände[156].

bb. Absolutes Recht?

Problematisch ist in diesem Zusammenhang aber die Beantwortung der Frage, ob ein Schiff, welches sich auf „force majeure" oder Seenot beruft, unter allen Umständen in einen Hafen einlaufen darf, ob dieses völkergewohnheitsrechtlich anerkannte Recht somit für Schiffe ein absolutes Recht darstellt[157]. Dies ist dann umstritten, wenn die Besatzung des Schiffes die Notlage selbst verschuldet hat oder wenn durch das Einlaufen des Schiffes eine Gefahr für den Küstenstaat droht.

(1) Selbst verschuldete Notlage

Streitig ist die Behandlung der Konstellation, dass die Seenot auf ein eigenes Verschulden der Schiffscrew zurückzuführen ist, was etwa bei mangelnden Vorräten oder falscher Navigation der Fall sein kann. Hier wird einerseits die Auffassung vertreten, dass ein eigenes Verschulden irrelevant und ohne Konsequenzen sei, da es auf die objektive (Not-)Situation ankomme[158]. Nach anderer – zutreffender – Ansicht stellt eine selbst verschuldete Notlage jedoch keinen Fall höherer Gewalt dar. Dies folgt daraus, dass in solchen Konstellationen regelmäßig kein überragend wichtiges Rechtsgut bedroht ist, es sei denn, der Mangel an Vorräten hat bereits dazu geführt, dass die Besatzung massiv Hunger leidet und somit auch in ihrer körperlichen Integrität bedroht ist. Wenn es sich jedoch um

---

154 Degan, NYIL, Vol. 17 (1986), S. 3 (11).

155 The Eleanor Case (1809), Edwards 135. Hier betonte Lord Stowell: "Real and irresistible distress must be at all times a sufficient passport for human beings under any such application of human laws." Zitiert nach: Yang, Jurisdiction of the Coastal State over Foreign Merchant Ships in Internal Waters and the Territorial Sea, S. 64 Fn. 308.

156 Lagoni, AVR, Bd. 26 (1988), S. 261 (312).

157 Hierzu ausführlich: Devine, Marine Policy, Vol. 20 (1996), S. 229 (229 ff.).

158 Degan, NYIL, Vol. 17 (1986), S. 3 (11); Lagoni, AVR, Bd. 26 (1988), S. 261 (311); Kate A. Hoff, Administratrix of the Estate of Samuel B. Allison, Deceased (USA) vs. Mexican United States, General Claims Commission, 02.04.1929, Reports of International Arbitral Awards, Vol. IV, S. 444 (447) – http://untreaty.un.org/cod/riaa/cases/vol_IV/444-449.pdf, welche davon ausgeht, dass auch diese Umstände höhere Gewalt darstellen.

schlichte „Unannehmlichkeiten“ handelt, darf die küstenstaatliche Souveranität mangels Erforderlichkeit nicht auf diese Art und Weise umgangen und eingeschränkt werden[159]. Dafür spricht ferner, dass es für ein Schiff sonst zu einfach wäre, sich unter Berufung auf Unannehmlichkeiten den Zugang zu einem Hafen zu „erschleichen“. Die Nachprüfbarkeit solcher Behauptungen ist für den Küstenstaat nämlich regelmäßig kaum möglich. Aus diesem Grunde hat sich das Schiff bei einer selbst verschuldeten Notlage und ohne konkrete Gefahr für die körperliche Integrität seiner Besatzung an den Anlaufbedingungen und dem normalen Einlaufprozess zu orientieren[160].

(2) Gefahr für den Küstenstaat

Die Frage, ob das Hafenzugangsrecht ein absolutes Recht ist, stellt sich auch dann, wenn von dem Schiff eine Gefährdung für den Küstenstaat ausgeht. Dies kann beispielsweise bei einer Havarie von Schiffen mit Kernenergieantrieb oder Öltankern der Fall sein[161]. Hier können massive Schäden sowohl für das Territorium des Küstenstaates als unter Umständen auch für seine Staatsangehörigen drohen. In dieser Konstellation müssen die kollidierenden Interessen und betroffenen Rechtsgüter (insbesondere wenn Menschen auf dem Schiff in Lebensgefahr geraten können) gründlich gegeneinander abgewogen werden. Drohen schwere Schäden für den Küstenstaat, besteht grundsätzlich die Möglichkeit zum Nachteil des Schiffes davon auszugehen, dass dem Schiff kein Recht zum Einlaufen in die inneren Gewässer bzw. Häfen aus völkergewohnheitsrechtlichen Überlegungen heraus zusteht. Die Interessen des Küstenstaates an der Integrität seines Territoriums und unter Umständen auch seiner Bürger können hier – nach einer Einzelfallprüfung – überwiegen[162]. Die Voraussetzungen für die Bejahung einer solchen Gefahr für den Küstenstaat müssen allerdings hoch angesetzt werden[163].

---

159 Siehe hierzu bereits die obigen Ausführungen zur küstenstaatlichen Souveranität und Hasselmann, Die Freiheit der Handelsschiffahrt, S. 355.

160 So auch: Lord Stowell, “The Eleanor” (1809), Edw. 135, zitiert nach: O’Connell, The International Law of the Sea, Vol. II, S. 855; diese Frage offenlassend: Churchill/Lowe, The Law of the Sea, S. 63.

161 Auch Tankschiffe können eine Gefährdung für das Hoheitsgebiet des Küstenstaates darstellen. Zu dieser Problematik, jedoch ohne Lösungsvorschlag: Verdross/Simma, Universelles Völkerrecht, § 1036; hierzu auch ausführlich: Vitzthum/Talmon, Alles fließt, S. 104.

162 So auch: Devine, Marine Policy, Vol. 20 (1996), S. 229 (230); Vitzthum/Talmon, Alles fließt, S. 104; Bolte, Rechte des Uferstaates in Seehäfen über ausländische Handelsschiffe, S. 90; Lagoni, AVR, Bd. 26 (1988), S. 261 (312).

163 So auch: Vitzthum/Talmon, Alles fließt, S. 104.

(3) Ergebnis

Das völkergewohnheitsrechtlich anerkannte Hafenzugangsrecht von Schiffen in Seenot ist kein absolutes Recht. Zwar dürften die Fälle, in denen sich das Schiff nicht auf dieses Zugangsrecht berufen kann, sehr eingeschränkt sein, sie existieren jedoch. Gerade bei einer selbst verschuldeten Notlage und bei einer Gefährdung des Küstenstaates kann nach vorheriger gewissenhafter Abwägung der Hafenzugang entweder abgelehnt oder von dem Einhalten der Anlaufbedingungen abhängig gemacht werden.

2. Rechte für Schiffe der Binnenstaaten

Schiffe der Binnenstaaten stehen regelmäßig vor dem Problem, dass sie grundsätzlich die Gewässer anderer Staaten durchqueren müssen, um einen Meereszugang zu haben. Damit die Binnenstaaten nicht benachteiligt werden, enthält das Seerechtsübereinkommen auch für diese Konstellation Regeln, welche sich in Teil X der Konvention (Art. 124 – 132 SRÜ) wiederfinden[164].

Art. 125 Abs. 1 SRÜ gesteht den Binnenstaaten (und gemäß Art. 124 Abs. 1 lit. d) i) SRÜ konsequenterweise auch ihren Schiffen) *„das Recht auf Zugang zum und vom Meer zur Ausübung der in diesem Übereinkommen vorgesehenen Rechte [...]“* zu. *„Zu diesem Zwecke genießen die Binnenstaaten die Freiheit des Transits durch das Hoheitsgebiet der Transitstaaten mit allen Verkehrsmitteln.“* Selbstverständlich müssen sich auch Schiffe eines Binnenstaates an die seerechtlichen Vorschriften über die Durchfahrt durch die inneren Gewässer eines Küstenstaates halten[165].

Art. 131 SRÜ regelt ferner die Gleichbehandlung von binnenstaatlichen Schiffen mit anderen fremden Schiffen in Seehäfen und ist daher als Diskriminierungsverbot ausgestaltet[166]. Aus diesem Gleichbehandlungsgebot von binnenstaatli-

---

164 Diese eindeutigen Regelungen wurden erst durch das Seerechtsübereinkommen getroffen. Vor Inkrafttreten des Seerechtsübereinkommens wurde die Transitfreiheit in bi- und multilateralen Verträgen – sog. „Servituten“ – geregelt. Unter Servituten versteht man die Beschränkung der grundsätzlich bestehenden ausschließlichen Gebietshoheit eines Staates auf seinem Staatsgebiet zugunsten eines anderen oder mehrerer Staaten hinsichtlich Nutzungsrechten über das gesamte Staatsgebiet oder lediglich einem Teil davon, vgl. Epping/Gloria, in: Ipsen, Völkerrecht, § 23 Rn. 77; die verschiedenen Arten von Servituten sehr schön aufschlüsselnd: Fastenrath, in: Bernhardt, EPIL, Vol. IV (2000), S. 387 (388).

165 Peters, Innere Gewässer im Neuen Seerecht, S. 91.

166 Vitzthum, in: Vitzthum, Handbuch des Seerechts, Kapitel 2 Rn. 47; Peters, Innere Gewässer im Neuen Seerecht, S. 91.

chen und anderen fremden Schiffen in Seehäfen kann jedoch auch auf den Zugang zu Häfen geschlossen werden. Wie auch bei anderen fremden Schiffen muss der Küstenstaat keinesfalls zu jedem Zeitpunkt und jedem binnenstaatlichen Schiff den Hafenzugang ermöglichen. Er kann somit auch gegenüber binnenstaatlichen Schiffen von der Möglichkeit der Verweigerung des Hafenzugangs – wie oben bereits ausgeführt – Gebrauch machen[167]. Sofern der Küstenstaat jedoch mit dem Binnenstaat einen Vertrag über ein Hafenzugangsrecht geschlossen hat, muss er selbstverständlich den Hafenzugang für die binnenstaatlichen Schiffe gewährleisten[168].

3. Kein Recht auf friedliche Durchfahrt

Fremden Schiffen steht in den inneren Gewässern grundsätzlich kein Recht auf friedliche Durchfahrt zu[169]. Ausnahmen von diesem Grundsatz bestehen jedoch etwa bei dem Abschluss von völkerrechtlichen Verträgen, bei Art. 8 Abs. 2 SRÜ und bei Art. 35 lit. a) SRÜ.

a. Völkerrechtliche Verträge

Eine wichtige Ausnahme vom Verbot der friedlichen Durchfahrt durch innere Gewässer ist der Abschluss von völkerrechtlichen Verträgen, in denen den Vertragspartnern genau dieses Recht zugesichert wird. Einen solchen Vertrag haben die Bundesrepublik Deutschland und Polen am 17. Februar 1993 geschlossen[170]. Dieser Vertrag regelt das Recht auf Durchfahrt durch die inneren Gewässer im Bereich der Insel Usedom. Art. 5 Abs. 1 dieses Vertrages legt fest, dass die Durchfahrt den Grundsätzen folgt, die auch für das Recht der friedlichen Durchfahrt durch fremde Küstenmeere gelten. Dennoch behält sich jede Vertragspartei vor, die Durchfahrt von einer vorherigen Anmeldung und der Zurverfügungstellung bestimmter Informationen abhängig zu machen (Art. 5 Abs. 2).

---

[167] Siehe hierzu auch: Vitzthum, in: Vitzthum, Handbuch des Seerechts, Kapitel 2 Rn. 48, welcher jedoch fälschlicherweise davon ausgeht, dass der Küstenstaat keinesfalls alle Häfen für die Schiffe der Binnenstaaten schließen kann. Dieses Recht folgt jedoch aus seiner Souveranität.

[168] So auch: Vitzthum, Handbuch des Seerechts, Kapitel 2 Rn. 48.

[169] Dies kann unter anderem aus Art. 17 SRÜ abgeleitet werden, welcher das Recht der friedlichen Durchfahrt durch das Küstenmeer regelt. Mangels einer solchen Regelung für die inneren Gewässer ist im Umkehrschluss davon auszugehen, dass dieses Recht eben in den inneren Gewässern eines Küstenstaats nicht besteht.

[170] BGBl. 1993 II, S. 1207 ff.; Peters, Innere Gewässer im Neuen Seerecht, S. 88.

b. Art. 8 Abs. 2 SRÜ

aa. Die Regelung und ihre Beweggründe

Eine weitere Ausnahme vom Verbot der friedlichen Durchfahrt durch innere Gewässer stellt die Regelung des Art. 8 Abs. 2 SRÜ dar:

> *„Wo die Festlegung einer geraden Basislinie nach der in Art. 7 bezeichneten Methode dazu führt, daß Gebiete, die vorher nicht als innere Gewässer galten, in diese einbezogen werden, besteht in solchen Gewässern das in diesem Übereinkommen vorgesehene Recht der friedlichen Durchfahrt."*

Art. 8 Abs. 2 SRÜ will verhindern, dass durch die Ziehung gerader Basislinien die Küstenstaaten ihre inneren Gewässer zum Nachteil der Schifffahrt immer weiter ausdehnen und so das Recht der friedlichen Durchfahrt eingeschränkt wird[171]. Dem Art. 8 Abs. 2 SRÜ ging die Regelung des Art. 5 Abs. 2 KMÜ[172] vorweg, welche zwar einen anderslautenden Wortlaut, jedoch dieselben Beweggründe hatte[173]. Es ging den Vertragsparteien darum, einen Kompromiss zwischen den Rechten des Küstenstaates und den Interessen der Schifffahrt zu finden: Die Küstenstaaten sollten fortan die Möglichkeit der Ziehung gerader Basislinien haben, dies sollte jedoch wegen der daraus resultierenden Ausbreitung der inneren Gewässer nicht zu Lasten der Schifffahrt gehen, welche in den inneren Gewässern gerade kein Recht der friedlichen Durchfahrt hat[174]. Aus diesem Grunde besteht zumindest für die Vertragsparteien des Küstenmeerüberein-

---

171 So auch: Vitzthum/Talmon, Alles fließt, S. 106.

172 Art. 5 Abs. 2 KMÜ lautet: *„Hat die Festlegung einer geraden Basislinie gemäss Artikel 4 den Einschluss von Zonen, die vorher als Teil des Küstenmeers oder der Hohen See galten, als Binnengewässer zur Folge, so besteht in diesen Gewässern das in den Artikeln 14 bis 23 vorgesehene Recht der friedlichen Durchfahrt."*, vgl. hierzu auch: Vitzthum/Talmon, Alles fließt, S. 106.

173 Vitzthum/Talmon, Alles fließt, S. 106.

174 Siehe hierzu: McDougal/Burke, The Public Order of the Oceans, S. 117 ff.; Vitzthum/ Talmon, Alles fließt, S. 106; vgl. auch den Kommentar der International Law Commission, abgedruckt in: ILC Yearbook 1956 II, S. 268: *"The question arose whether in waters which become internal waters when the straight baseline system is applied the right of passage should not be granted in the same way as in the territorial sea. Stated in such general terms, this argument was not approved by the majority of the Commission. The Commission was, however, prepared to recognize that if a State wished to make a fresh delimitation of its territorial sea according to the straight baseline principle, thus including in its internal waters parts of the high seas or of the territorial sea that had previously been waters through which international traffic passed, other nations could not be deprived of the right of passage in those waters. Paragraph 3 of the article is designed to safeguard that right."*

kommens und/oder Seerechtsübereinkommens als Ausnahme das Recht der friedlichen Durchfahrt in den in Art. 8 Abs. 2 SRÜ festgelegten Gebieten[175].

bb. Folgen dieser Regelung in der Praxis

In der Praxis versuchen die Küstenstaaten oftmals dieses durch Art. 8 Abs. 2 SRÜ fortbestehende Recht der friedlichen Durchfahrt in ihren inneren Gewässern dadurch zu verhindern, dass sie dort, wo ihre Küste tiefe Einbuchtungen aufweist, keine geraden Basislinien ziehen, sondern historische Buchten beanspruchen[176], da in diesen grundsätzlich kein Recht auf friedliche Durchfahrt besteht.

c. Art. 35 lit. a) SRÜ

Denkbar ist auch, dass innere Gewässer innerhalb einer Meerenge, die der internationalen Schifffahrt dient, liegen. In diesem Fall ist Art. 35 lit a) SRÜ[177] die Entsprechung zu Art. 8 Abs. 2 SRÜ. Art. 35 lit. a) SRÜ regelt, dass den Schiffen in inneren Gewässern innerhalb einer Meerenge kein Recht auf friedliche Durchfahrt zusteht, wenn nicht dieses Gebiet innerer Gewässer durch die Ziehung gerader Basislinien erst neu entstanden ist. Auch hier besteht dem Grunde nach das Recht auf friedliche Durchfahrt fort, wenn durch die Ziehung einer geraden Basislinie Gebiete, die vorher nicht als innere Gewässer galten, nun in die Gebiete der inneren Gewässer einbezogen worden sind.

d. Weitere besondere Regeln

In besonderen Fällen (etwa bei neutralisierten oder internationalisierten/interozeanischen Kanälen [wie dem Suez- oder Panamakanal][178] und in Meerengen[179]) kann neben dem Recht auf friedliche Durchfahrt auch das Recht auf

---

175 Churchill/Lowe, The Law of the Sea, S. 61.

176 Peters, Innere Gewässer im Neuen Seerecht, S. 88; Vitzthum/Talmon, Alles fließt, S. 106.

177 Art. 35 lit a) SRÜ lautet: *„Dieser Teil berührt nicht a) die Gebiete innerer Gewässer innerhalb einer Meerenge, es sei denn, die Festlegung einer geraden Basislinie nach der in Art. 7 bezeichneten Methode führt dazu, daß Gebiete, die vorher nicht als innere Gewässer galten, in diese einbezogen werden;"*.

178 Lagoni, in: Bernhardt, EPIL, Vol. I (1992), S. 523 (526); Churchill/Lowe, The Law of the Sea, S. 65; Vitzthum, in: Vitzthum, Handbuch des Seerechts, Kapitel 2 Rn. 56.

179 Siehe oben unter c.: Art. 35 lit a) SRÜ; Vitzthum, in: Vitzthum, Handbuch des Seerechts, Kapitel 2 Rn. 56.

freie, nicht aussetzbare Transitdurchfahrt[180] durch innere Gewässer bestehen[181]. Von einem interozeanischen Kanal spricht man immer dann, wenn eine künstliche Wasserstraße zwei Meere miteinander verbindet[182]. Ursprünglich galt der Nord-Ostsee-Kanal als ein solcher interozeanischer Kanal, weil er die Nord- und die Ostsee miteinander verband[183]. Zwischenzeitlich wird der Kanal aber nicht mehr als ein interozeanischer Kanal angesehen[184].

VI. Jurisdiktion des Küstenstaates

Bei der Frage nach der anwendbaren Jurisdiktion auf ein Schiff, das sich in den inneren Gewässern eines Küstenstaates aufhält, ist erneut zwischen einem freiwilligen und einem unfreiwilligen Aufenthalt zu unterscheiden.

1. Freiwilliger Aufenthalt

a. Allgemeines

Befindet sich ein Schiff freiwillig im Hafen des Küstenstaates, hat es sich an alle Vorschriften und Gesetze, die dieser erlassen hat, zu halten[185]. Sofern dem Küstenstaat durch das in seinem Hafen liegende Schiff Gefahren drohen, von denen keine Hinnahme seitens des Küstenstaates erwartet werden kann (etwa bei Gefährdung von küstenstaatlichen Gesundheitsinteressen), ist der Küstenstaat berechtigt, das Schiff aufzufordern, den Hafen zu verlassen[186].

Bei dem Aufenthalt eines ausländischen Schiffes in den inneren Gewässern eines Küstenstaates stellt sich regelmäßig die Frage nach der Rechtsstellung dieses Schiffes, wenn es zu einem Zwischenfall kommt. Ist nun der Flaggenstaat oder der Küstenstaat für die Ahndung des entsprechenden Verstoßes zuständig?

---

180 Hierzu siehe später ausführlich.

181 Vitzthum, in: Vitzthum, Handbuch des Seerechts, Kapitel 2 Rn. 56.

182 Epping/Gloria, in: Ipsen, Völkerrecht, § 23 Rn. 22.

183 Lampe, Die völkerrechtliche Situation des Kieler Kanals gestern und heute, S. 97 ff. (insbesonders S. 139 mit Streitständen und der Beleuchtung des historischen Zusammenhangs); Epping/Gloria, in: Ipsen, Völkerrecht, § 23 Rn. 22; hierzu auch, jedoch im Ergebnis unschlüssig: Lagoni, in: Bernhardt, EPIL, Vol. I (1992), S. 523 (526).

184 Peters, Innere Gewässer im Neuen Seerecht, S. 93.

185 So auch: Hasselmann, Die Freiheit der Handelsschiffahrt, S. 359.

186 So auch: McDougal/Burke, The Public Order of the Oceans, S. 110 (diese beziehen dieses küstenstaatliche Recht sogar auf solche Schiffe, welche aus Gründen von force majeure einen Hafen angelaufen haben); Hasselmann, Die Freiheit der Handelsschiffahrt, S. 359.

Relevant wird diese Problematik von vornherein nur bei Handelsschiffen oder Staatsschiffen, die Handelszwecken dienen. Kriegs- und Staatsschiffe dürfen sich in der Regel auf ihre Immunität berufen, weswegen sich hier der Streit nicht stellt[187]. Auf diese Gruppe und relevante Ausnahmen von der Immunität wird im Anschluss gesondert eingegangen.

b. Handelsschiffe oder Staatsschiffe, die Handelszwecken dienen

aa. Strafrecht

Ob die küstenstaatliche Hoheitsgewalt oder die Hoheitsgewalt des Flaggenstaates den Vorrang genießt, ist weder im Seerechtsübereinkommen noch im Küstenmeerübereinkommen klar geregelt. Die Meinungen in der Literatur gehen leicht auseinander.

(1) Zuständigkeit

(a) Konkurrierende Hoheitsgewalten

Es wird einerseits die Auffassung vertreten, dass die Souveranität des Küstenstaates mit der Hoheitsgewalt des Flaggenstaates konkurriere [188]. *Peters* konkretisiert diese Auffassung und führt aus, dass sich die Konkurrenz zwischen küstenstaatlicher Gebietshoheit und der Hoheit des Flaggenstaates in dem Maße verringere, wie sich das Schiff von der Küste entferne[189]. Im Ergebnis geht daher auch *Peters* von einer Konkurrenz zwischen Küsten- und Flaggenstaat aus. Diese Auffassung scheint ein Überrest des französischen Systems zu sein, welches vor vielen Jahren schon mit dem englischen System in Streit stand, als es um die Frage der küstenstaatlichen Strafjurisdiktion über fremde Schiffe in den inneren Gewässern ging[190]. Die Vertreter der französischen Auffassung[191] gingen davon aus, dass der Küstenstaat nur begrenzte Strafgewalt über Handlungen

---

187 Vitzthum, in: Vitzthum, Handbuch des Seerechts, Kapitel 2 Rn. 76.

188 Dieser Auffassung sind beispielsweise: Brownlie, Principles of Public International Law, 2. Aufl., S. 309; Greig, International Law, S. 287.

189 Peters, Innere Gewässer im Neuen Seerecht, S. 112.

190 Siehe hierzu und zu vielen Fällen ausführlich: Churchill/Lowe, The Law of the Sea, S. 66 ff.; siehe auch: Charteris, BYIL, Vol. 1 (1920), S. 45 (46); vgl. hierzu auch den Fall: “People v. Wong Cheng” (1922), Annual Digest of Public International Law Cases, Vol. 1 (1919-1922), S. 110 Case No. 73.

191 Dieser Auffassung folgten auch Italien, Belgien, Portugal, Griechenland, Norwegen, Brasilien, Mexiko und Russland. Die Niederlande folgten der französischen Avis bis ins Jahr 1886. Siehe hierzu: Lenoir, Tulane Law Review, Vol. 10 (1935), S. 13 (16/17 und 19 Fn. 34); Jessup, The Law of Territorial Waters and Maritime Jurisdiction, S. 145–169.

habe, welche auf einem fremden Schiff in seinen Häfen, inneren Gewässern oder auch im Küstenmeer stattgefunden haben. Diese Auffassung vertrat auch der französische Conseil d'Etat am 28. Oktober 1806 in den Fällen "The Sally" und "The Newton", welche durch den französischen Kaiser Napoleon bestätigt wurden[192]. Gegenstand dieser Entscheidungen war jeweils ein US-amerikanisches Schiff, welches in einem französischen Hafen lag[193]. In beiden Fällen griff ein Crewmitglied auf dem Schiff ein anderes Crewmitglied an. Der Conseil d'Etat entschied, dass die küstenstaatliche Jurisdiktion grundsätzlich auf schiffsinterne Vorgänge nicht anwendbar sei[194].

(b) Küstenstaatliche Hoheitsgewalt

Die Vertreter der anderen Auffassung gehen davon aus, dass ein Küstenstaat kraft der ihm zustehenden Souveranität diejenigen Maßnahmen an Bord eines Schiffes vornehmen dürfe, welche er für nötig erachte[195]. Diese Auffassung hat ihre Wurzeln in der früheren englischen Auffassung[196]. Hier wurde davon ausgegangen, dass ein Küstenstaat kraft der ihm in seinen inneren Gewässern zustehenden Souveranität in seinen Häfen die volle Strafjurisdiktion über fremde Schiffe ausüben konnte[197]. Diese Auffassung wurde kontinuierlich durch die englischen Gerichte bestätigt[198].

---

192 Churchill/Lowe, The Law of the Sea, S. 66.

193 Churchill/Lowe, The Law of the Sea, S. 66.

194 Vgl. hierzu: Rousseau: Droit international public, Tome 4, S. 347: *„D'après l'avis rendu par le Conseil d'Etat le 28 novembre 1806 et approuvé par Napoleon Ier le 20 novembre suivant - et qui a la valeur d'une loi, puisque intervenu à une époque où le Conseil d'Etat possédait la compétence législative -, la juridiction française ne connaît pas: a) des délits commis entre les membres de l'équipage; b) des faits intéressant la discipline intérieure du navire. Mais elle connaît: a) des délits commis à bord par ou contre des personnes étrangères à l'équipage, par l'exemple par ou contre des passagers (Cass. Crim., 12 juin 1952, S. 1953.1.79); b) des délits commis à bord (par ex. mutinerie de l'équipage) quand il y a appel à l'intervention de l'autorité locale [...]"*. Siehe zu einem Vergleich zwischen der englischen und der französischen Auffassung sowie Beispielsfälle auch: Lenoir, Tulane Law Review 10 (1935), S. 13 (15 ff.).

195 So wohl auch: Churchill/Lowe, The Law of the Sea, S. 65/68.

196 Dieser folgten neben dem Vereinigten Königreich noch die USA, Österreich-Ungarn, Chile und Ecuador, vgl. Jessup, The Law of Territorial Waters and Maritime Jurisdiction, S. 161, 167, 168, 178 ff.

197 Hall, A Treatise on the Foreign Powers and Jurisdiction of the British Crown, S. 80 ff.

198 Vgl. hierzu die Entscheidungen in den Fällen "Lewis v. Blair" (1858) und "Regina v. Cunningham" (1859), beide abgedruckt bei: Jessup, The Law of Territorial Waters and Maritime Jurisdiction, S. 170/171.

(c) Ergebnis

Sowohl das französische System als auch die Auffassung der Existenz einer konkurrierenden Jurisdiktion von Küsten- und Flaggenstaat müssen abgelehnt werden. Diese Auffassungen vermögen bereits wegen ihrer Ungenauigkeit und der mangelnden Regelungskraft nicht zu überzeugen[199]. Die inneren Gewässer sind ein Teil des Staatsgebietes des Küstenstaates, wodurch für diesen eine umfassende Souveranität besteht[200]. Theoretisch hat demnach der Küstenstaat die Möglichkeit, jede Maßnahme an Bord eines Schiffes vorzunehmen (Untersuchungen, Festnahmen, o. ä.), welche er für nötig erachtet[201]. Bei einer Konkurrenz zu der Hoheit des Flaggenstaates bestünde das Risiko, dass der Küstenstaat der Hoheitsgewalt des Flaggenstaates weichen müsste, sofern dieser auf der Ausübung seiner eigenen Hoheitsgewalt bestünde.

Eine solche Konstellation und eine damit einhergehende Machtlosigkeit des Küstenstaates darf jedoch in den inneren Gewässern – dem Hoheitsgebiet eines Staates – nicht möglich sein.

Da sich das ausländische Schiff in den inneren Gewässern befindet und sich freiwillig auf das Hoheitsgebiet eines anderen Staates begeben hat, muss dem Küstenstaat die Möglichkeit der Ausübung seiner Jurisdiktion verbleiben. Dies folgt auch aus einem „Erst-recht-Schluss" aus Art. 27 (und auch 28) SRÜ, welche die Straf- und Zivilgerichtsbarkeit in Bezug auf fremde Schiffe im Küstenmeer regelt[202]. Wenn der Küstenstaat im Küstenmeer nach Art. 27 Abs. 2 SRÜ in strafrechtlicher Hinsicht das Recht hat, *„alle nach seinen Gesetzen zulässigen Maßnahmen zur Festnahme oder Untersuchung an Bord eines fremden Schiffes zu ergreifen, die nach Verlassen der inneren Gewässer das Küstenmeer durch-*

---

199 So auch: Degan, NYIL, Vol. 17 (1986), S. 3 (22/23); sehr überzeugend hier auch: Gidel, Le Droit international public de la Mer, Tome 2, S. 79/80, welcher ausführt: *„Un conflit à proprement parler ne peut exister que lorsque deux ordres juridiques peuvent faire valoir des prétentions équivalentes à régir une même situation juridique [...]."* Dies ist deshalb überzeugend, weil der behauptete Konflikt wegen des Vorrangs der küstenstaatlichen Hoheitsmacht nicht vorliegt.

200 So auch: Núñez-Müller, Die Staatszugehörigkeit von Handelsschiffen im Völkerrecht, S. 83.

201 Vgl. auch: Gloria, in: Ipsen, Völkerrecht, § 51 Rn. 8: „Fremde Wasserfahrzeuge unterliegen deshalb innerhalb der inneren Gewässer nicht der Gebietshoheit des Flaggenstaates". So wohl auch: Churchill/Lowe, The Law of the Sea, S. 65/68; siehe auch: Lagoni, in: Bernhardt, EPIL, Vol. II (1995), S. 1036 (1037). So auch: Núñez-Müller, Die Staatszugehörigkeit von Handelsschiffen im Völkerrecht, S. 83.

202 Siehe hierzu die Ausführungen zur küstenstaatlichen Jurisdiktion über fremde Schiffe im Küstenmeer.

führt", so muss dies erst recht für den Aufenthalt in den inneren Gewässern gelten[203].

In der Praxis kann beobachtet werden, dass die Küstenstaaten ihr – dem Grunde nach bestehendes – Recht oftmals aus Courtoisiegründen nicht ausüben. Dies lässt jedoch ihr grundsätzlich kraft territorialer Souveranität bestehendes Recht unberührt[204]. Die Jurisdiktion des Küstenstaates ist gegenüber derjenigen des Flaggenstaates vorrangig[205].

(2) Kein Einschreiten des Küstenstaates in der Praxis

Schiffe sind heutzutage eigenverantwortlich und unstreitig in das Rechtssystem und die Kontrolle des Flaggenstaats eingebunden bzw. dieser unterworfen[206]. Daher ist für die Küstenstaaten keine von Anfang an bestehende Notwendigkeit zu verzeichnen, sich unter allen Umständen und in jedem Einzelfall als rechtliche Instanz einzuschalten[207]. Küstenstaaten üben in aller Regel *„aus Gründen der Courtoisie oder einer angenommenen Rechtspflicht"*[208] ihre Hoheitsmacht immer dann nicht aus, wenn sog. „Interna" wie die innere Ordnung des Schiffes (etwa in arbeitsrechtlichen Fragen) oder die Disziplin auf dem Schiff (beispielsweise Straftaten auf dem Schiff) betroffen sind[209]. Um Interna handelt es sich dann regelmäßig nicht mehr, wenn der Frieden oder die gute Ordnung des

---

203 Im Ergebnis auch: Greig, International Law, S. 200.

204 So auch: Churchill/Lowe, The Law of the Sea, S. 65; *Yang* weist darauf hin, dass Küstenstaaten grundsätzlich nur sehr ungern ihre Hoheitsgewalt über fremde Schiffe ausüben und dies regelmäßig auch nur dann tun, wenn bedeutende eigene Interessen verletzt sind. Vgl.: Yang, Jurisdiction of the Coastal State over Foreign Merchant Ships in Internal Waters and the Territorial Sea, S. 90/93.

205 Nicht zutreffend ist deshalb auch die Auffassung *Hasselmanns*, welcher davon ausgeht, dass die Flaggenhoheit und die Gebietshoheit in Konkurrenz treten, mit der Maßgabe, dass letztere jedoch grundsätzlich Vorrang vor ersterer beanspruchen kann. Er weist aber noch darauf hin, dass seiner Meinung nach die Zuständigkeit des Küstenstaats keine ausschließliche ist. Vgl. Hasselmann, Die Freiheit der Handelsschiffahrt, 360. Dies überzeugt allein deshalb nicht, weil die Souveranität des Küstenstaats hinsichtlich seiner inneren Gewässer automatisch zu einer ausschließlichen Zuständigkeit führt. Der Verzicht auf diese Ausübung aus Gründen der Courtoisie kann hier nicht zu einem anderen Ergebnis oder der Annahme einer konkurrierenden Zuständigkeit führen.

206 So auch: Churchill/Lowe, The Law of the Sea, S. 65.

207 So auch: Churchill/Lowe, The Law of the Sea, S. 65.

208 Vitzthum, in: Vitzthum, Handbuch des Seerechts, Kapitel 2 Rn. 80.

209 Siehe hierzu bereits die Amsterdam Resolution des Institut de Droit International vom 24.09.1957: Annex zu dem Artikel von Briggs, Art. III und IV: Briggs, AJIL, Vol. 52 (1958), S. 100 (104/105); Vitzthum, in: Vitzthum, Handbuch des Seerechts, Kapitel 2 Rn. 80.

Hafens ("peace or the good order of the port") beeinträchtigt sind[210]. Hierunter fallen auch Angelegenheiten des Umweltschutzes, der Schiffssicherheit und der Navigation[211]. Weiterhin ist von internen Vorgängen dann nicht mehr auszugehen, wenn sich eine besonders schwere Straftat, wie ein Tötungsdelikt, ereignet hat[212]. Auch wenn diese Straftat möglicherweise nicht die Ordnung des Hafens stört, so verlangt sie dennoch das Einschreiten der küstenstaatlichen Organe. Dieser Grundsatz wurde bereits in der Vorbereitung zu der Haager Kodifikationskonferenz von 1930 herausgearbeitet[213].

(3) Küstenstaatliches Einschreiten in der Praxis

In einer Reihe von Fällen wird der Küstenstaat regelmäßig tätig.

(a) Hilfsanforderung

Der Küstenstaat wird immer dann tätig, wenn er vom Kapitän des Schiffes oder dem Konsul des Flaggenstaates darum gebeten wird[214].

---

210 Churchill/Lowe, The Law of the Sea, S. 66.

211 Vitzthum, in: Vitzthum, Handbuch des Seerechts, Kapitel 2 Rn. 80; Churchill/Lowe, The Law of the Sea, S. 67. *Degan* (NYIL, Vol. 17 [1986], S. 3 [23]) geht hier – als allgemeine Regel – davon aus, dass die Jurisdiktion des Flaggenstaates nur dann greift, wenn der Küstenstaat seine eigene Jurisdiktion nicht ausübt.

212 So entschied auch der französische Cour de Cassation im Falle "The Tempest" im Jahre 1859, vgl. Jurisprudence générale, Tome 1 (1859), S. 88 (92), besprochen auch von: Lenoir, Tulane Law Review, Vol. 10 (1935), S. 13 (23–25). Weitere Staaten haben sich dieser Auffassung angeschlossen, vgl. hierzu: Auffassung der USA in dem Fall "USA v. Wildenhus" (1887), vgl. Jessup, The Law of Territorial Waters and Maritime Jurisdiction, S. 179/180 (besprochen und verglichen mit dem Fall "The Tempest" bei: Lenoir, Tulane Law Review, Vol. 10 (1935), S. 13 [20–23]) und zu einem Fall des verbotenen Opiumkonsums in den US-amerikanischen Territorialgewässern: "People v. Wong Cheng" (1922), Annual Digest of Public International Law Cases, Vol. 1 (1919–1922), S. 110 Case No. 73; "Mexiko in Public Minister v. Jensen" (1894), vgl. hierzu: Jessup, The Law of Territorial Waters and Maritime Jurisdiction, S. 165.

213 Hier bemerkte das Vereinigte Königreich: *"... the State is entitled to exercise jurisdiction over a foreign merchant vessel in its ports and over persons and goods on board." Es wurde weiterhin festgehalten: "In criminal matters it is not usual for the authorities to intervene and enforce the local jurisdiction, unless their assistance is invoked by, or on behalf of the local representative of the flag State, or those in control of the ship, or a person directly concerned, or unless the peace and good order of the ports is likely to be affected: In every case it is for the authorities of the flag state to judge whether or not to intervene."* Zitiert nach: Brownlie, Principles of Public International Law, 2. Aufl., S. 310.

214 Churchill/Lowe, The Law of the Sea, S. 67.

(b) Involvierung von Nicht-Crewmitgliedern und eigenen Staatsangehörigen

Küstenstaaten schreiten regelmäßig auch dann ein, wenn Nicht-Crewmitglieder und eigene Staatsangehörige involviert sind (die ebenfalls nicht zur Schiffsbesatzung gehören)[215]. Dies wurde auch durch Entscheidungen, wie im Falle der *"Cordoba"* in Frankreich (1912) und der *"Redstart"* in Italien (1895) akzeptiert[216].

(c) Festnahme gesuchter Personen / politisches Asyl

In der Staatenpraxis gab es auch einige Vorfälle, bei denen die Küstenstaaten in ihren Häfen das Recht beanspruchten, gesuchte Personen von ausländischen Schiffen zu entfernen. Ein solcher Fall („Eisler-Fall") ereignete sich im Vereinigten Königreich, als die britische Polizei Eisler, der in die USA ausgewiesen werden sollte, trotz Protestes des Kapitäns und der Behörden des Flaggenstaates von einem polnischen Schiff, das gerade in Southampton lag, entfernte[217]. Diese Entscheidung des Vereinigten Königreichs gründete wohl darauf, dass ein Handelsschiff grundsätzlich keiner Person, die vor den lokalen Behörden flüchten möchte, (politisches) Asyl gewähren kann[218]. Im entgegengesetzten Fall haben die küstenstaatlichen Behörden auch nicht die Verpflichtung, ein desertierendes Besatzungsmitglied wieder auf das Handelsschiff zu bringen[219]. Was die Kontrolle und (bürokratische) Unterstützung von Handelsschiffen anbelangt, ist ferner die "Vienna Convention on Consular Relations" von 1963, die die konsularische Jurisdiktion regelt, zu beachten[220].

---

215 Churchill/Lowe, The Law of the Sea, S. 67.

216 Churchill/Lowe, The Law of the Sea, S. 67.

217 Siehe zu diesem Fall: Jennings, BYIL, Vol. 26 (1949), S. 468; in einem anderen Fall, dem *"Medvid Fall"* ging es ebenfalls um Asylfragen. Die USA vertraten hier die Auffassung, dass sie das Besatzungsmitglied „Medvid" – wenn nötig – auch mit Zwang von dem sowjetischen Frachter entfernen dürfen: Nash Leich, AJIL, Vol. 80 (1986), S. 612 (622–627); Churchill/Lowe, The Law of the Sea, S. 67.

218 Degan, NYIL, Vol. 17 (1986), S. 3 (27).

219 A. A.: Das Institut de Droit International hatte sich in Art. 22 und Art. 35 seiner Haager Resolution aus dem Jahre 1898 noch dafür ausgesprochen, dass grundsätzlich Deserteure eines Handelsschiffes von den küstenstaatlichen Behörden wieder bei dem Kapitän des Schiffes abzuliefern sind, vgl. http://www.idi-iil.org/idiF/resolutionsF/1898_haye_01_fr.pdf. Diese Meinung vertrat das Institut de Droit International auch noch in Art. 41 seiner Stockholmer Resolution aus dem Jahre 1928, vgl. http://www.idi-iil.org/idiF/resolutionsF/1928_stock_02_fr.pdf. Allerdings dürfte diese Auffassung heute mangels Vereinbarkeit mit den Menschenrechten nicht mehr haltbar sein.

220 Vgl.: http://untreaty.un.org/ilc/texts/instruments/english/conventions/9_2_1963.pdf. Weitergehende Information hierzu auch bei: Degan, NYIL, Vol. 17 (1986), S. 3 (27).

(4) Situation in Deutschland

(a) Vertragliche Regelungen Deutschlands

Die Niederlande und Deutschland haben am 8. April 1960 den „Ems-Dollart-Vertrag" abgeschlossen, welcher den gewohnheitsrechtlichen Verzicht auf die Ausübung von Hoheitsgewalt/Jurisdiktion des Küstenstaates über die Schifffahrt zu und von den Emshäfen der anderen Partei festlegt[221].

(b) Deutsches Strafrecht

Das deutsche Strafrecht gilt gemäß § 3 Strafgesetzbuch (StGB) für solche Taten, die im Inland begangen werden. Auch die inneren Gewässer gelten als „Inland"[222]. Somit gesteht das deutsche Strafrecht dem deutschen Staat volle Strafgewalt über die Taten zu, die in seinen Häfen oder den sonstigen inneren Gewässern geschehen.

Zur Abstandnahme der Ahndung solcher Taten im Rahmen der Strafprozessordnung (StPO) wird auf die Ausführungen im Rahmen der deutschen Strafgerichtsbarkeit im Küstenmeer verwiesen[223].

bb. Zivilrecht

Für das Zivilrecht gilt das zum Strafrecht Gesagte, der Küstenstaat hat auch hier die volle Kompetenz[224]. Dies folgt neben dem überragenden Argument der territorialen Souveranität auch aus Art. 28 Abs. 3 SRÜ, welcher dem Küstenstaat im Küstenmeer das Recht zugesteht *„in Übereinstimmung mit seinen Rechtsvorschriften Vollstreckungs- und Sicherungsmaßnahmen in Zivilsachen gegen ein fremdes Schiff zu ergreifen, das in seinem Küstenmeer liegt oder dieses nach Verlassen der inneren Gewässer durchfährt."* Auch hier greift wieder die Annahme, dass diese Vorschrift – wenn sie im Küstenmeer gilt – erst recht in den inneren Gewässern gelten muss[225].

---

221 Siehe hierzu und zu dem gesamten „Ems-Dollart-Vertrag" ausführlich: Treviranus, ZaöRV, Bd. 23 (1963), S. 536 (548).

222 Fischer, StGB, vor § 3 Rn. 13.

223 Siehe hierzu weiter unten.

224 So auch: Yang, Jurisdiction of the Coastal State over Foreign Merchant Ships in Internal Waters and the Territorial Sea, S. 95.

225 So im Ergebnis auch: Greig, International Law, S. 290.

c. Kriegsschiffe und sonstige Staatsschiffe, die keinen Handelszwecken dienen

aa. Allgemeines

Für Kriegsschiffe und für Staatsschiffe, die keinen Handelszwecken dienen, gelten die gleichen Voraussetzungen, da die beiden Schiffsarten durch das Seerechtsübereinkommen weitgehend gleichgestellt wurden. Dies folgt daraus, dass in Teil II, Abschnitt 3, Unterabschnitt C des Seerechtsübereinkommens diese beiden Schiffsarten auch gemeinsam behandelt werden (Art. 29–32 SRÜ) und auch die Fragen der Immunität in Art. 32 SRÜ für beide Schiffsarten einheitlich gelten[226].

bb. Immunität

Kriegsschiffe und sonstige Staatsschiffe, die keinen Handelszwecken dienen[227], repräsentieren die Hoheitsgewalt des Flaggenstaates und unterliegen dieser auch ausschließlich[228]. Somit besteht für diese Schiffe und ihre Besatzung Immunität von der küstenstaatlichen Hoheitsgewalt[229]. Diese Immunität wird entweder in bi- oder multilateralen Verträgen geregelt[230] oder sie besteht nach völkerrechtlichen Grundsätzen, wenn das Schiff die Erlaubnis zum Einlaufen in die inneren Gewässer erhalten hat[231]. Dies führt dazu, dass jegliche Maßnahmen gegen ein solches Schiff, seien sie Gegenstand der Gerichtsbarkeit des Küstenstaates oder

---

226 Siehe jedoch zu den früheren Differenzierungen zwischen den beiden Schiffsarten, welche ausführlich dargestellt werden bei: Degan, NYIL, Vol. 17 (1986), S. 3 (34–37).

227 Hierunter fallen Kriegsschiffe, Schiffe des Polizei- und Überwachungsdienstes sowie Hospital-, Hilfs- und Proviantschiffe, vgl.: Vitzthum, in: Vitzthum, Handbuch des Seerechts, Kapitel 2 Rn. 75.

228 Vitzthum, in: Vitzthum, Handbuch des Seerechts, Kapitel 2 Rn. 75.

229 Delupis, AJIL, Vol. 78 (1984), S. 53 (70).

230 Delupis, AJIL, Vol. 78 (1984), S. 53 (54); als Beispiel dient hier das ergänzende Military Agreement zu dem Treaty of Alliance zwischen dem Vereinten Königreich und dem Irak vom 10.10.1922, in welchem ausdrücklich festgehalten wurde, dass die britischen und indischen Streitkräfte (sowie weitere detailliert aufgezählte Personen) "immune from arrest, search, trial, or imprisonment by the civil power in Iraq in respect of criminal offenses, and immune from civil process in respect of any act done in performance of military or official duties" seien. Vgl. hierzu ausführlich King, AJIL, Vol. 36 (1942), S. 539 (553); siehe zu weiteren solcher Vereinbarungen: King, AJIL, Vol. 40 (1946), S. 257 ff.; Barton, BYIL, Vol. 26 (1949), S. 380 (387 ff.); Barton, BYIL, Vol. 27 (1950), S. 186 (187 ff.); Barton, BYIL, Vol. 31 (1954), S. 341 (363 ff.).

231 Vitzthum, in: Vitzthum, Handbuch des Seerechts, Kapitel 2 Rn. 76; Delupis, AJIL, Vol. 78 (1984), S. 53 (55); vgl. hierzu auch bereits Art. 22 KMÜ und Art. 32 SRÜ.

seiner Zwangsgewalt, ausgeschlossen sind[232]. Der Küstenstaat hat damit keine Möglichkeiten, an Bord des Schiffes Hoheitsakte vorzunehmen[233], da die Behörden des Küstenstaates das Schiff ohne die Erlaubnis des Kapitäns nicht einmal betreten dürfen[234]. Der Küstenstaat kann lediglich das Schiff auffordern, seine Vorschriften einzuhalten. Sofern das Schiff diese Aufforderung ignoriert, kann von ihm verlangt werden, die Hoheitsgewässer sofort zu verlassen (vgl. Art. 30 SRÜ[235]). Für die Handlungen eines solchen Schiffes verantwortlich ist grundsätzlich gemäß Art. 31 SRÜ sein Flaggenstaat[236].

---

232 Dies galt bereits nach Art. 3 des Brüsseler Abkommens über die Immunität der Staatsschiffe vom 10.04.1926 (RGBl. 1927 II, S. 484 (487); so im Ergebnis auch: Peters, Innere Gewässer im Neuen Seerecht, S. 125; Vitzthum, in: Vitzthum, Handbuch des Seerechts, Kapitel 2 Rn. 77.

233 Siehe hierzu auch: Vitzthum/Talmon, Alles fließt, S. 124; Oppenheim/Lauterpacht, International Law, Vol. 1, S. 853–854. Dies wurde auch durch die "Brussels Convention for the Unification of Certain Rules Relating to the Immunity of State-Owned Vessels" vom 10.04.1926 bestätigt. Vgl. hierzu Art. 3 § 1: *"The provisions of the two preceding Articles shall not be applicable to ships of war, Government yachts, patrol vessels, hospital ships, auxiliary vessels, supply ships, and other craft owned or operated by a State, and used at the time a cause of action arises exclusively on Governmental and non-commercial service, and such vessels shall not be subject to seizure, attachment or detention by any legal process, nor to judicial proceedings in rem. – Nevertheless, claimants shall have the right of taking proceedings in the competent tribunals of the State owning or operating the vessel, without that State being permitted to avail itself of its immunity:*
(1) In case of actions in respect of collision or other accidents of navigation;
(2) In case of actions in respect of assistance, salvage and general average;
(3) In case of actions in respect of repairs, supplies, or other contracts relating to the vessel."
Vgl.: http://untreaty.un.org/unts/60001_120000/19/4/00036177.pdf.

234 Vitzthum/Talmon, Alles fließt, S. 125; Degan, NYIL, Vol. 17 (1986), S. 3 (30).

235 Auch Art. 30 SRÜ steht in dem Teil des Seerechtsübereinkommens, in welchem das Küstenmeer geregelt ist. Allerdings ist hier ebenfalls der „Erst-Recht-Schluss" anzuwenden, was zu einer Anwendbarkeit des Art. 30 SRÜ auch für die inneren Gewässer führt. Vgl. auch: Vitzthum/Talmon, Alles fließt, S. 125.

236 Vgl. den Wortlaut des Art. 31 SRÜ: *„Der Flaggenstaat ist völkerrechtlich verantwortlich für jeden dem Küstenstaat zugefügten Verlust oder Schaden, der sich aus der Nichteinhaltung der Gesetze und sonstigen Vorschriften des Küstenstaats über die Durchfahrt durch das Küstenmeer oder der Bestimmungen dieses Übereinkommens oder der sonstigen Regeln des Völkerrechts durch ein Kriegsschiff oder ein sonstiges Staatsschiff, das anderen als Handelszwecken dient, ergibt."* Auch hier ist wieder eine Regelung, die eigentlich im Abschnitt der Vorschriften über das Küstenmeer steht, im Wege des Erst-Recht-Schlusses auf die inneren Gewässer anwendbar. Vgl. auch: Vitzthum/Talmon, Alles fließt, S. 125.

cc. *Ausnahmen von der Immunität*

Von der grundsätzlich bestehenden Immunität gibt es verschiedene Ausnahmen, wie die Fallgruppen des unberechtigten oder unfriedlichen Aufenthalts, Spionage oder des heimtückischen Verhaltens.

(1) Unberechtigter oder unfriedlicher Aufenthalt

Eine Ausnahme zu der grundsätzlich bestehenden Immunität liegt immer dann vor, wenn sich das Staatsschiff unberechtigterweise oder unfriedlich in den inneren Gewässern des Küstenstaates aufhält[237]. Diese Ausnahme wird sowohl durch die Rechtsprechung als auch durch die Staatenpraxis gestützt[238]. Im Fall "The Schooner Exchange v. M'Faddon and Others" entschied der U.S. Supreme Court bereits am 3. März 1812, dass fremde Kriegsschiffe immer dann keine Immunität in den Küstengewässern eines anderen Staates genießen, wenn sie sich dort ohne Einwilligung des Küstenstaates befinden[239]. Als Anhaltspunkt für eine Unfriedlichkeit kann die Auflistung der Tätigkeiten im Rahmen des Art. 19 Abs. 2 SRÜ herangezogen werden[240].

Ist eine Unfriedlichkeit des Schiffes oder eine mangelnde Berechtigung zum Aufenthalt festgestellt worden, können die Küstenstaaten auch mit Gewalt gegen solche Schiffe vorgehen, um eine weitere unfriedliche bzw. unberechtigte Durchfahrt zu verhindern[241]. Hierzu führte *Colombos* treffend aus:

> *"Should disturbances occur whereby the peace of the port is endangered, the vessel may be ordered to depart, and, if necessary, force may be used*

---

237 Degan, NYIL, Vol. 17 (1986), S. 3 (29); Mössner, NJW 1982, S. 1196 (1197); sehr stark differenzierend: Delupis, AJIL, Vol. 78 (1984), S. 53 (71/72): sie ist der Auffassung, dass die Immunität eines Staatsschiffes nicht durch unrechtmäßige Handlungen verloren geht, es sei denn diese Handlungen stellen nach völkerrechtlichen Kriterien Straftaten dar. Die Immunität gehe aber regelmäßig dann verloren, wenn der Kapitän, seine Crew oder das Kriegsschiff selber getarnt oder unter falschen Angaben in die inneren Gewässer eines Staates eindringen. In diesem Fall liege unberechtigtes Eindringen vor. Dies liegt jedoch nach *Delupis* noch nicht im Falle eines U-Bootes vor, welches sich lediglich im Tauchmodus befindet und sonst keines der o.g. anderen Kriterien für den Verlust der Immunität erfüllt.

238 So: Vitzthum, in: Vitzthum, Handbuch des Seerechts, Kapitel 2 Rn. 76.

239 Vgl. die Entscheidung des U.S. Supreme Courts, abgedruckt und bearbeitet in: AJIL, Vol. 3 (1909), S. 227 ff.

240 Dieser Art. 19 SRÜ gilt zwar für das Küstenmeer, kann jedoch damit erst recht auf die inneren Gewässer bezogen werden.

241 Vitzthum/Talmon, Alles fließt, S. 124.

for her expulsion, provided that it is strictly limited to measures required to prevent further acts of violence.[242]"

(2) Spionage

Als Spezialfall und als eine weitere Ausnahme von der Immunität ist eine Spionagetätigkeit durch ein Besatzungsmitglied eines Schiffes oder durch ein ganzes Schiff anzusehen. Eine solche Spionagetätigkeit stellt zwar keine Völkerrechtswidrigkeit dar, wird jedoch durch den Küstenstaat regelmäßig als unfriedliches Verhalten gewertet[243]. Aus diesem Grunde unterliegt der Spion – ohne die Möglichkeit einer Berufung auf eine offizielle Mission – den Strafgesetzen des Küstenstaats[244].

(3) Heimtückisches Verhalten

Im Falle eines heimtückischen Verhaltens eines Schiffes (etwa wenn bewaffnete Truppen an Land gehen), kann – nach Einzelfallbeurteilung – ein Notwehrrecht des Küstenstaats einschlägig sein[245]. Dieses Recht gesteht auch Art. 51 der Charta der Vereinten Nationen den Küstenstaaten zu, allerdings mit der Maßgabe, dass nur die zur Abwehr des Angriffs erforderliche Gewalt angewandt werden darf[246].

(4) Asyl

Grundsätzlich darf ein Kriegsschiff einem politisch Verfolgten nach geltendem Gewohnheitsrecht Asyl gewähren. Allerdings kann ein solches Verhalten des Schiffes in Einzelfällen als eine unfriedliche Handlung oder gar als Missbrauch der Gastfreundschaft des Küstenstaats gewertet werden, was wiederum – min-

---

242 Colombos, The International Law of the Sea, S. 273-274 § 287.

243 Siehe hierzu ausführlich: Mössner, NJW 1982, S. 1196 (1198); Cohen, BYIL, Vol. 25 (1948), S. 404 (407); Cohen-Jonathan/Kovar, Annuaire Français de Droit International, Tome 6 (1960), S. 239 (252); hierzu auch:Vitzthum/Talmon, Alles fließt, S. 125.

244 Delupis, AJIL, Vol. 78 (1984), S. 53 (70); Vitzthum/Talmon, Alles fließt, S. 125 Fn. 285.

245 Mössner, NJW 1982, S. 1196 (1197); Degan, NYIL, Vol. 17 (1986), S. 3 (29).

246 So auch: Mössner, NJW 1982, S. 1196 (1198); ausführlich zu allen Voraussetzungen: Fischer, in: Ipsen, Völkerrecht, § 59, und insbesondere zur Verhältnismäßigkeit: Rn. 39. *Mössner* führt a.a.o. hierzu aus, dass unter den Begriff der Gewaltanwendung im Rahmen der Erforderlichkeit bzw. Verhältnismäßigkeit der Notwehrausübung in den internationalen Beziehungen nicht polizeiliche Maßnahmen gegen die Besatzung, beispielsweise auch Verhaftungen zur Strafverfolgung wegen Spionage unter Einsatz von Waffengewalt fallen.

destens – zu einem Verweis des Schiffes aus den inneren Gewässern führen kann[247].

dd. Verhaltensregeln für das Schiff

Sofern der Küstenstaat einem Kriegsschiff oder einem sonstigen Staatsschiff, das keinen Handelszwecken dient, das Einlaufen nur unter bestimmten Bedingungen gestattet hat, muss sich das jeweilige Schiff strikt an diese auferlegten Bedingungen halten. Es muss ferner die Gesetze des Küstenstaates in Bezug auf die Hafenordnung, Hygiene- und Quarantänevorschriften beachten[248]. Werden diese Gesetze und/oder Einlaufbedingungen nicht eingehalten, kann das Schiff – nach vorheriger Aufforderung sich an die Vorschriften zu halten und bei weiterer Missachtung – sofort der inneren Gewässer verwiesen werden[249]. Wird ein Schiff der Hoheitsgewässer eines Küstenstaates verwiesen und weigert es sich, diese zu verlassen, kann ein Notwehrrecht des Küstenstaates bestehen.

2. Unfreiwilliger Aufenthalt

a. Freiheit gegenüber den Gesetzen des Küstenstaates

Sofern sich das Schiff unfreiwillig, also aufgrund von „force majeure" oder Seenot in den inneren Gewässern aufhält, sind dieselben Maßstäbe wie bei einem unfreiwilligen Einlaufen anzulegen. Das unfreiwillige Einlaufen und auch der daraus resultierende unfreiwillige Aufenthalt bedingt, dass keine freiwillige Unterwerfung unter die Souveranität des Küstenstaates vorliegt[250]. Aus diesem Grunde kann das betroffene Schiff grundsätzlich Freiheit gegenüber den Gesetzen des Küstenstaates beanspruchen[251]. Dieser Grundsatz ist jedoch nur dann einschlägig, wenn Gesetze des Küstenstaates aus Gründen von *„force majeure"* verletzt wurden. Im Fall *"The Enterprise"* brachte dies die British-United States Claims Commission auf den Punkt:

> *"A vessel driven by a stress of weather into a foreign port is not subject to the application of the local laws, so as to render the vessel liable to penalties which would be incurred by having voluntarily come within the local*

[247] Degan, NYIL, Vol. 17 (1986), S. 3 (32).
[248] Oppenheim/Lauterpacht, International Law, Vol. I, S. 855.
[249] Vitzthum, in: Vitzthum, Handbuch des Seerechts, Kapitel 2 Rn. 77.
[250] Hasselmann, Die Freiheit der Handelsschiffahrt, S. 357.
[251] Hasselmann, Die Freiheit der Handelsschiffahrt, S. 357; O'Connell, The International Law of the Sea, Vol. II, S. 857.

jurisdiction. The reason for this rule is obvious. It would be a manifest injustice to punish foreigners for a breach of certain laws, unintentionally committed by them, and by reason of circumstances over which they had no control."[252]

Daraus folgt, dass das Schiff der küstenstaatlichen Rechtsordnung nur dann nicht unterworfen ist, wenn direkt durch das unfreiwillige Einlaufen in die inneren Gewässer gegen die Gesetze des Küstenstaates (etwa gegen die Hafenordnung oder Einwanderungs-, Zoll- oder Steuergesetze) verstoßen wurde[253]. In einem solchen Fall hat das jeweilige Schiff ferner auch keine Importsteuer auf seine Fracht zu zahlen[254]. Dies folgt daraus, dass das Schiff in aller Regel keine andere Wahl und auch keine Kenntnis von den einzelnen Gesetzen des Küstenstaates hat. Ihm im Falle mangelnder Entscheidungsmöglichkeiten die vollen Verpflichtungen aufzubürden, wäre unbillig.

Eine heute sicherlich unter dem Gesichtspunkt von humanitären Erwägungen nicht mehr haltbare Entscheidung wurde im *„Creole-Fall"* (1853) getroffen: Hiernach durften Sklaven, die sich auf einem unfreiwillig in den Hafen eingelaufenen Schiff befanden, nicht vom Küstenstaat befreit werden[255].

b. Ausnahmen von der Freiheit gegenüber den Gesetzen des Küstenstaates

Es gibt jedoch auch Konstellationen, in denen sich das Schiff nicht auf eine Freiheit gegenüber den Gesetzen des Küstenstaates berufen kann.

aa. Schiffe, die sich ordnungsgemäß verhalten

Ist ein Schiff, das sich ordnungsgemäß verhalten hat, unfreiwillig in die inneren Gewässer des Küstenstaates eingelaufen, kann es keine Freiheit bzw. Immunität von den küstenstaatlichen Gesetzen beanspruchen, wenn es darum geht, ordnungsgemäße Angaben über die Fracht zu machen[256]. Weiterhin muss sich auch

---

252 Zitiert bei: O'Connell, The International Law of the Sea, Vol. II, S. 857.

253 Vitzthum, in: Vitzthum, Handbuch des Seerechts, Kapitel 2 Rn. 79.

254 Churchill/Lowe, The Law of the Sea, S. 68.

255 "The Creole", zitiert auch bei: O'Connell, The International Law of the Sea, Vol. II, S. 854/855; Churchill/Lowe, The Law of the Sea, S. 68.

256 O'Connell, The International Law of the Sea, Vol. II, S. 857; siehe hierzu auch den Fall "Cushin and Lewis v. The King" (1935), Annual Digest of Public International Law Cases 7 (1933–1934), S. 207 Case No. 87; siehe auch: Churchill/Lowe, The Law of the Sea, S. 68.

ein unfreiwillig einlaufendes Schiff an die Navigations-, Straf-, Gesundheits- und Umweltvorschriften des Küstenstaates halten, welche direkt mit dem Aufenthalt in den inneren Gewässern verbunden sind[257].

bb. Schiffe, die sich nicht ordnungsgemäß verhalten

Ein Schiff, das von der internationalen Staatengemeinschaft missbilligte Zwecke verfolgt (wie den Menschen- und Drogenhandel, die Piraterie und den internationalen Terrorismus), kann sich von vornherein nicht auf eine Freiheit von den küstenstaatlichen Gesetzen berufen[258]. Auch Schiffe, die die Seenot vorsätzlich herbeigeführt haben (beispielsweise um ein Einlaufverbot zu umgehen)[259] oder bei illegalen Maßnahmen gegen den Küstenstaat (wie Schmuggel[260], Spionage, Konspiration[261] oder illegale Rundfunksendungen), in Seenot geraten sind, können sich nicht auf eine Befreiung von den küstenstaatlichen Gesetzen berufen[262].

cc. Schiffe mit einer Mitschuld an ihrer Notlage

Problematisch ist ferner die Konstellation, dass das Schiff eine gewisse (Mit-) Schuld an dem unfreiwilligen Einlaufen trifft. Dies ist immer dann der Fall, wenn es beispielsweise über keine ausreichende Menge an Vorräten oder Treibstoff verfügt, wenn also eine schlechte Kalkulation der Reserven vorliegt.

Lagoni ist hier der Auffassung, dass ein Schiff, welches durch eigenes Verschulden in Seenot geraten ist, nicht anders gestellt werden darf als ein schuldlos in die Notlage geratenes Schiff. Dies folge daraus, dass das Verschulden sich nicht auf das unfreiwillige Einlaufen beziehe[263].

---

257 Vitzthum, in: Vitzthum, Handbuch des Seerechts, Kapitel 2 Rn. 79; ein sehr gutes Beispiel hierfür findet sich bei Vitzthum/Talmon, Alles fließt, 126 Fn. 292: *„Ein Mord an einem Hafenbeamten z. B. kann nicht allein deshalb der Gerichtsbarkeit des Hafenstaats entzogen sein, weil das Schiff, auf dem der Mord begangen wurde, infolge Seenot den Hafen angelaufen ist.“*; siehe auch: Lagoni, AVR, Bd. 26 (1988), S. 261 (312).

258 So auch: Lagoni, AVR, Bd. 26 (1988), S. 261 (313).

259 Lagoni, AVR, Bd. 26 (1988), S. 261 (313).

260 Dahm, Völkerrecht, Bd. I, S. 641.

261 Siehe eine Entscheidung des französischen Cour de Cassation im Falle des Schiffes „Carlo Alberto” aus dem Jahre 1832, ausgeführt bei: O'Connell, The International Law of the Sea, Vol. II, S. 856; vgl. auch: Churchill/Lowe, The Law of the Sea, S. 68.

262 So auch: Yang, Jurisdiction of the Coastal State over Foreign Merchant Ships in Internal Waters and the Territorial Sea, S. 67; Lagoni, AVR, Bd. 26 (1988), S. 261 (313); O'Connell, The International Law of the Sea, Vol. II, S. 856.

263 Lagoni, AVR, Bd. 26 (1988), S. 261 (313).

Diese Auffassung von *Lagoni* kann jedoch nicht überzeugen. Gerade weil die Befreiung von der küstenstaatlichen Rechtsordnung für ein unfreiwillig einlaufendes Schiff völkergewohnheitsrechtlich anerkannt ist und daher eine große Ausnahme von der grundsätzlich bestehenden küstenstaatlichen Souveranität darstellt, ist das Vorliegen der Voraussetzungen für die Anwendbarkeit dieses völkerrechtlichen Grundsatzes restriktiv auszulegen[264]. Handelt die Schiffsbesatzung fahrlässig und damit auch schuldhaft, darf ihr diese Privilegierung nicht zugestanden werden. Vielmehr muss sich das Schiff an die entsprechenden Regeln halten. Dies ist auch nicht unbillig, da die Konsequenz hiervon eben kein Einlauf*verbot*, sondern – wie gezeigt – nur die Anwendung der normalen Regeln auf das jeweilige Schiff ist. Konsequenterweise muss sich daher der Küstenstaat die Fehler der Besatzung nicht entgegenhalten lassen. Tut er dies dennoch, steht ihm dies aus Courtoisie frei. Im Ergebnis steht daher die praktische Handhabung des Problems im Ermessen des Küstenstaates. Dennoch muss klargestellt sein, dass das Schiff keinen gewohnheitsrechtlichen Anspruch auf Gleichbehandlung mit einem sich schuldlos in der Notlage befindenden Schiff hat[265].

3. Auslaufen aus den Inneren Gewässern

a. Allgemeines

Grundsätzlich können Schiffe die inneren Gewässer eines Staates jederzeit wieder verlassen. Hat ein Schiff oder seine Besatzung allerdings gegen den Frieden oder die gute Ordnung des Hafens verstoßen und somit die Sicherheit und Ordnung des Hafenstaates gestört, kann das Schiff am Auslaufen gehindert werden[266]. Ein Beispiel hierfür ist etwa die Nichteinhaltung gewisser Anforderungen an den Zustand des Schiffes[267]. Weitere gängige Beispiele für küstenstaatliche Zurückbehaltungsmöglichkeiten des Schiffes sind die Nichtzahlung von Hafen-, Lotsen- oder Liegegebühren sowie Heuern[268]. Das Schiff wird in diesen Fällen vom Gerichtsvollzieher *„an die Kette gelegt“*[269].

---

264 So auch im Fall “Cushin and Lewis v. The King” (1935), Annual Digest of Public International Law Cases 7 (1933–1934), S. 208 Case No. 87.

265 So wohl auch: Dahm, Völkerrecht, Bd. I, S. 641; *Bolte* stellt die hierzu vertretenen Meinungen sehr gut dar und ist wohl auch der hier vertretenen Auffassung. Vgl. Bolte, Rechte des Uferstaates in Seehäfen über ausländische Handelsschiffe, S. 294 ff.

266 Siehe hierzu ausführlich: Peters, Innere Gewässer im Neuen Seerecht, S. 125.

267 Peters, Innere Gewässer im Neuen Seerecht, S. 125.

268 Peters, Innere Gewässer im Neuen Seerecht, S. 125.

269 Peters, Innere Gewässer im Neuen Seerecht, S. 125; vgl. hierzu ferner: Bolte, Rechte des Uferstaates in Seehäfen über ausländische Handelsschiffe, S. 239 ff.

b. *"Pariser Memorandum of Understanding on Port State Control"*

Geht es um den Zustand des Schiffes, welches im Hafen liegt, erlangt insoweit das *"Pariser Memorandum of Understanding on Port State Control" (Paris MOU)*[270] Bedeutung, zu welchem sich die europäischen Küstenstaaten (und damit auch Deutschland[271]) entschlossen haben.

Das Paris MOU regelt die Hafenstaatkontrolle (Port State Control "PSC") und ist somit ein wichtiger Aspekt zur Gewährleistung eines sicheren und leichten Schiffsverkehrs. Im Paris MOU werden weiterhin die Ausbildung der Inspektoren, einheitliche Maßstäbe zur Besichtigung eines Schiffes und Gründe zur Festhaltung eines Schiffes geregelt. Jeder Hafenstaat hat in seinen Häfen das Recht, Schiffe fremder Flaggen zu kontrollieren, um sicherzustellen, dass die Anforderungen der International Maritime Organization (IMO) eingehalten werden. Gerade durch sog. "sub-standard ships", welche die Anforderungen der IMO nicht erfüllen, werden oftmals Unfälle mit verheerenden Folgen für die Meeresumwelt verursacht[272]. Im Rahmen der PSC wurde zwischen den Parteien vereinbart, dass diese Sicherheitsstandards auch tatsächlich kontrolliert werden und Schiffe, die diese Standards nicht erfüllen, von den Küsten ferngehalten bzw. so lange am Auslaufen gehindert werden, bis die Sicherheitsstandards erfüllt sind[273]. Diese Maßnahmen bewirken den Schutz der Sicherheit und Umwelt

---

270 Alle Regelungen und detaillierte Informationen finden sich auf der Homepage: http:// www.parismou.org/ParisMOU/home/xp/menu.4532/default.aspx.

271 In Deutschland haben die germanische Lloyd und die Dienststelle Schiffssicherheit der Berufsgenossenschaft Verkehr die PSC übernommen.

272 In europäischer Hinsicht sind die Maßnahmen (ERIKA I-III Pakete) interessant, die nach der Havarie der ERIKA und der PRESTIGE eingeleitet wurden. Diese umfassen unter anderem eine größere Hafenstaatkontrolle. Vgl. hierzu: Vatankhah, in: Ehlers/Lagoni, Maritime Policy of the European Union and Law of the Sea, S. 41 (41 ff.).

273 Es existiert in dem Paris MOU hierfür eine Regelung, welche auszugsweise wiedergegeben werden soll: *"In principle, all deficiencies must be rectified before departure of the ship. It is up to the professional judgement of the PSCO to decide that he has to board the ship on a second occasion to check personally if all deficiencies have indeed been rectified. The following are the main criteria for the detention of a ship:*
- *a ship which is unsafe to proceed to sea will be detained upon the first inspection, irrespective of the time the ship is scheduled to stay in port;*
- *the deficiencies on a ship are so serious that they will have to be rectified before the ship sails.*

In case deficiencies are clearly hazardous to safety, health or the environment, the maritime authorities will ensure that the hazard is rectified before the ship is allowed to proceed to sea and for this purpose they will either detain the vessel or issue a formal prohibition of a ship to continue an operation. The flag State will be notified as soon as possible." Vgl. ausführlich http://www.parismou.org/ParisMOU/Organisation/About+Us/De-

des küstenstaatlichen Hoheitsgebietes. Mit dem International Safety Management Code (ISM-Code) der IMO aus dem Jahre 1998 sind die Sicherheitsanforderungen, die Schiffe erfüllen müssen, weiter gewachsen.

Deutschland kommt den internationalen Sicherheitsanforderungen mit dem Schiffssicherheitsgesetz (SchSG)[274] sowie der Schiffssicherheitsverordnung (SchSV)[275] nach.

VII. Pflichten des Küstenstaates

1. Allgemeines

Die weitreichenden Befugnisse des Küstenstaats in seinen inneren Gewässern haben auch eine Kehrseite. Die Küstenstaaten sind gehalten, allen Schiffen in ihren inneren Gewässern Schutz zu gewähren. Dies gelingt vielen Staaten nicht, so dass die Problematik der Piraterie mittlerweile auch vermehrt in Häfen und in den Gewässern auftritt, die der küstenstaatlichen Souveranität unterfallen[276].

2. Deutschland und das „Sicherheitskonzept Deutsche Küste"

Deutschland hat sich zu dem „Sicherheitskonzept Deutsche Küste"[277] entschlossen, in dessen Rahmen die Zufahrten zu den großen deutschen Seehäfen und die Route durch den Nord-Ostsee-Kanal ständig den sich ändernden Sicherheitsbedürfnissen angepasst werden (hierzu zählen unter anderem das Bereitstellen modernster Hilfsmittel für die sichere Navigation und das Vorhalten bestimmter Fahrwassertiefen und -breiten). Weiterhin wird der Schiffsverkehr in der Deutschen Bucht, Teilen der Ostsee und in den Zufahrten zu den deutschen Seehäfen von den Verkehrszentralen (VZ, internationale Bezeichnung: "Vessel Traffic Service Center"[278]) permanent überwacht. Die Verkehrszentralen überwachen sowohl das Revier und seinen Zustand als auch den Schiffsverkehr und den Verkehrsfluss. Ferner unterstützen sie den Schiffsverkehr (beispielsweise mit

---

tention/xp/menu.4380/default.aspx; hierzu auch: Peters, Innere Gewässer im Neuen Seerecht, S. 125.

274 Vgl. das SchSG vom 09.09.1998, BGBl. 1998 I, S. 2860. Zuletzt geändert durch Art. 2 der Verordnung vom 07.04.2010, BGBl. 2010 I, S. 399.

275 SchSV vom 18.09.1998, BGBl. 1998 I, S. 3013 (3023). Zuletzt geändert durch Art. 3 der Verordnung vom 07.04.2010: BGBl. 2010 I, S. 399.

276 Siehe hierzu weiter unten im Kapitel über die Hohe See.

277 Siehe hierzu die Ausführungen weiter unten.

278 Hierzu ausführlich: Plant, Marine Policy, Vol. 14 (1990), S. 71 (72).

Verkehrsinformationen), um dessen Sicherheit und Leichtigkeit sicherzustellen. Zusätzlich stellt das Bundesamt für Seeschifffahrt und Hydrographie (BSH) entsprechende Meeresdaten (etwa den nautischen Warn- und Nachrichtendienst) für die Schifffahrt zur Verfügung[279].

VIII. Seekabotage

Als Kabotage bezeichnet man die Küstenschifffahrt zwischen Inlandshäfen[280]. Hierbei handelt es sich um das Recht des Küstenstaates, den innerstaatlichen Verkehr (Personen- und Güterverkehr) zwischen seinen Inlandshäfen seinen Staatsangehörigen vorzubehalten[281]. Dieses Recht resultiert aus der Souveranität des Küstenstaates über seine inneren Gewässer[282]. Deutschen Schiffen gleichgestellt sind die Schiffe anderer EU-Mitgliedstaaten, sofern sie in einem EU-Mitgliedsland registriert sind und unter seiner Flagge fahren[283]. Diese Gleichstellung findet sich in Deutschland in § 2 Abs. 1 Nr. 3 des Gesetzes über die Küstenschiffahrt[284] und folgt aus dem europäischen Diskriminierungsverbot, das in Art. 18 des Vertrages über die Arbeitsweise der Europäischen Union (AEUV)[285] geregelt ist und welches durch die Seekabotage-Verordnung (EWG) Nr. 3577/92[286] eine detaillierte Regelung erfahren hat[287].

Kraft einer Verordnung über den Betrieb von Küstenschiffahrt durch norwegische Schiffe vom 23. Juli 1997[288] sind weiterhin Schiffe, die in Norwegen registriert sind und unter norwegischer Flagge fahren, berechtigt, in den deutschen inneren Gewässern Küstenschifffahrt zu betreiben[289].

---

279 Die Homepage des BSH ist zu finden unter: http://www.bsh.de/de/index.jsp.

280 Hierauf soll nur in aller Kürze eingegangen werden. Detaillierte Ausführungen finden sich bei: Milbradt, Liberalisierung der Seekabotage unter völkerrechtlichen und europarechtlichen Aspekten, S. 1 ff., und Lane, in: Bernhardt, EPIL, Vol. I (1992), S. 519 (520).

281 Vitzthum, in: Vitzthum, Handbuch des Seerechts, Kapitel 2 Rn. 57.

282 Vitzthum/Talmon, Alles fließt, S. 109.

283 Vitzthum/Talmon, Alles fließt, S. 109.

284 BGBl. 1994 I, S. 2810; hierzu auch: Vitzthum, in: Vitzthum, Handbuch des Seerechts, Kapitel 2 Rn. 57.

285 Art. 18 AEUV lautet: *„Unbeschadet besonderer Bestimmungen der Verträge ist in ihrem Anwendungsbereich jede Diskriminierung aus Gründen der Staatsangehörigkeit verboten.“*

286 ABl. 1992, Nr. L 364.

287 Vitzthum, in: Vitzthum, Handbuch des Seerechts, Kapitel 2 Rn. 57.

288 BGBl. 1997 I, S. 1919.

289 Vitzthum, in: Vitzthum, Handbuch des Seerechts, Kapitel 2 Rn. 57.

IX. Fazit

Die inneren Gewässer eines Küstenstaates bedürfen wegen der Hoheitsmacht des Küstenstaates über diese Gewässer und seine daraus resultierenden Rechte der besonderen Beachtung.

Essenziell zur Bestimmung der Ausdehnung der inneren Gewässern ist die küstenstaatliche Festlegung von Basislinien nach den Vorgaben des Seerechtsübereinkommens in den Art. 5 ff. SRÜ. Hier ist entweder eine normale Basislinienziehung (Art. 5 SRÜ) oder die Ziehung gerader Basislinien (Art. 7 SRÜ) möglich. Für die Ostsee hat Deutschland das Verfahren der normalen Basislinienziehung angewandt, in der Nordsee jedoch das der geraden Basislinienziehung.

Ist die Basislinie festgelegt, so ist sie sodann die Grenze zwischen den inneren Gewässern und dem Küstenmeer, welches sich ab der Basislinie seewärts erstreckt. Landwärts werden die inneren Gewässer durch das tatsächliche Ende des trockenen Landes begrenzt. In Deutschland richtet sich dieses nach den Gezeiten. In der Ostsee wird dieses Ende des trockenen Landes durch die Linie des mittleren Wasserstandes gebildet, in der Nordsee durch die Linie des mittleren Tidehochwasserstandes.

Wichtig ist auch noch die Abgrenzung der inneren Gewässer von den Binnengewässern, weil sich danach die Anwendbarkeit diverser völkerrechtlicher (Meeresumweltschutz-)Übereinkommen – auf die inneren Gewässer – bemisst. Hier ist mangels einer eindeutigeren Regelung auf die sog. „Süsswassergrenze“ abzustellen. Seehäfen im Landesinneren (wie Hamburg) unterfallen jedoch den inneren Gewässern, um eine einheitliche Rechtsordnung und damit Rechtssicherheit zu gewährleisten.

Die Rechte der Schifffahrt in den inneren Gewässern eines Küstenstaates sind wegen dessen Souveranität stark eingeschränkt. Hier ist zweckmäßigerweise zwischem dem Einlaufen, der (friedlichen) Durchfahrt und dem Auslaufen zu unterscheiden.

In Bezug auf das Einlaufen eines fremden Schiffes zum Zwecke des Hafenzugangs besteht – trotz eines seit langer Zeit schwelenden Streites – kein Recht eines fremden Schiffes auf Zugang zu einem küstenstaatlichen Hafen. Zwar werden die Küstenstaaten in der Regel fremden Schiffen das Einlaufen nicht verbieten, weil dann auch ihren eigenen (Handels-)Schiffen Restriktionen drohen, doch muss dieses Recht auf Hafenschließung kraft der küstenstaatlichen

Souveranität dem Grunde nach anerkannt werden. Unter Beachtung des Rechtsmissbrauchsverbots haben die Küstenstaaten somit die Möglichkeit, ihre Häfen vollständig zu schließen bzw. auch einzelnen fremden Schiffen das Einlaufen zu versagen. Eine Ausnahme besteht nur dann, wenn völkerrechtliche Verträge geschlossen werden, die ein Hafenzugangsrecht regeln (diese wurden vielfach von Staaten – unter ihnen auch Deutschland – abgeschlossen) oder sich das Schiff in Seenot befindet (hierzu siehe weiter unten).

Selbstverständlich kann der Küstenstaat daher auch Bedingungen und Modalitäten festlegen, welche seitens des Schiffes erfüllt werden müssen, um einlaufen zu dürfen. Hier ist in deutscher Hinsicht die Anlaufbedingungsverordnung (AnlBV) von Bedeutung. Diese wird ergänzt durch Regelungen, welche nach den Terroranschlägen von 2001 in die SOLAS-Konvention eingeführt wurden. Diese neuen Regelungen werden als sog. ISPS-Code bezeichnet. Nach diesem muss nahezu jedes Schiff, das einen Hafen anlaufen möchte, detailliert mitteilen, was es geladen hat. In einigen Teilen der deutschen Gewässer besteht fernerhin für Schiffe die Pflicht, Seelotsendienste in Anspruch zu nehmen. Die deutschen Häfen haben ferner zur Regelung des Verkehrs und der Sicherheit eigene Hafenverordnungen und Gesetze.

Wie oben bereits erwähnt, ergibt sich für ein Schiff in Seenot ein Zugangsrecht aus dem Völkergewohnheitsrecht. Dieses Recht ist jedoch – auch entgegen einer breiten Gegenmeinung – kein absolutes Recht. Bestehen nämlich erhebliche Risiken für den Küstenstaat durch das Einlaufen eines solchen Schiffes, dann kann er nach einer sorgfältigen Abwägung zwischen seinen eigenen Interessen und denen des Schiffs auch einem solchen Schiff das Einlaufen verweigern.

Ein Recht auf friedliche Durchfahrt steht fremden Schiffen nicht zu. Eine Ausnahme von diesem Grundsatz stellen der Abschluss eines völkerrechtlichen Vertrages sowie Art. 8 Abs. 2 SRÜ und Art. 35 lit. a) SRÜ dar. Art. 8 Abs. 2 SRÜ wurde im Interesse der Schifffahrt eingeführt und hat zur Folge, dass fremde Schiffe immer dann ein Recht auf friedliche Durchfahrt haben, wenn nach der küstenstaatlichen Ziehung gerader Basislinien fortan solche Gewässer als innere Gewässer gelten, welche vor der Ziehung der geraden Basislinien diesen Status noch nicht hatten. Dies ist gerade vor dem Hintergrund des vielfach zu beobachtenden küstenstaatlichen Bestrebens der Ausdehnung des Hoheitsgebietes und den daraus folgenden Einschränkungen für die Schifffahrt begrüßenswert.

Einem Auslaufen des Schiffes aus einem küstenstaatlichen Hafen oder den inneren Gewässern steht die Nichterfüllung von Sicherheitsbestimmungen und

-auflagen entgegen. Grundsätzlich hat nämlich der Küstenstaat in seinen Häfen das Recht, fremde Schiffe auf die Einhaltung von Sicherheitsstandards (wie durch die IMO festgelegt) zu kontrollieren. Deutschland und andere europäische Küstenstaaten haben sich hier zu dem „Pariser Memorandum of Understanding on Port State Control" (Paris MOU) zusammengeschlossen, um einheitliche Kriterien für Untersuchungen und Abläufe festzulegen.

Die Jurisdiktion des Küstenstaates über die in seinen inneren Gewässern befindlichen Schiffe richtet sich zunächst danach, ob es sich um Handelsschiffe oder um Kriegs- bzw. Staatsschiffe handelt. Kriegs- und Staatsschiffe sind in aller Regel von der küstenstaatlichen Jurisdiktion ausgenommen. Bei Handelsschiffen muss danach unterschieden werden, ob sich das jeweilige Schiff freiwillig oder unfreiwillig in den inneren Gewässern aufhält. Bei einem freiwilligen Aufenthalt in den inneren Gewässern unterliegt das fremde Schiff der vollen Jurisdiktion des Küstenstaates. Der alte Streit zwischen dem englischen und dem französischen System in Fragen des Bestehens der Jurisdiktion lebt auch heute noch in den verschiedenen Auffassungen – wenn auch in abgeschwächter Form – fort. Es besteht entgegen anderslautender Auffassungen keine konkurrierende Zuständigkeit zwischen dem Flaggen- und dem Küstenstaat, da sich das Schiff freiwillig in das Hoheitsgebiet des Küstenstaates und somit auch in dessen juristischen Einflussbereich begibt. Dies spiegelt sich auch in § 3 StGB wider, wonach auch Taten in den inneren Gewässern des deutschen Staates vom Geltungsbereich des Strafgesetzbuches und somit der deutschen Strafgewalt erfasst werden. Ungeachtet dessen übt aber der Küstenstaat in der Praxis seine Jurisdiktion aus Gründen der Courtoisie in der Regel nicht aus und überlässt dem Flaggenstaat den Vorrang. Dies ändert jedoch nichts an dem grundsätzlich bestehenden ausschließlichen Recht des Küstenstaates.

Eine Ausnahme ergibt sich für solche Schiffe, die sich – wegen Seenot – nicht freiwillig auf dem Hoheitsgebiet des Küstenstaates befinden. Diese Schiffe unterfallen nicht der Jurisdiktion, wenn es um die Verletzung von Vorschriften geht, welche beim unfreiwilligen Einlaufen verletzt wurden. Sobald sich das fremde Schiff jedoch im Hafen befindet und dort Gesetzesverstöße begeht, unterliegt es – wie auch ein freiwillig einlaufendes Schiff – den Gesetzen und der Jurisdiktion des Küstenstaates.

Nicht unumstritten ist die Frage der Jurisdiktion gegenüber einem solchen Schiff, welches durch Selbstverschulden in eine Seenotlage gerät und daraufhin in die inneren Gewässer einläuft. Einigkeit herrscht darüber, dass ein solches

Schiff immer dann der küstenstaatlichen Jurisdiktion unterworfen sein soll, wenn es die Notlage vorsätzlich herbeigeführt hat. Allerdings muss dies auch bei einer fahrlässigen Herbeiführung der Fall sein, weil einerseits die Privilegierung der Befreiung von der küstenstaatlichen Souveranität restriktiv auszulegen ist und andererseits dem Küstenstaat keine aufwändige Prüfung, ob nun ein vorsätzliches oder doch eher ein fahrlässiges Selbstverschulden vorliegt, zugemutet werden kann. Jegliches Selbstverschulden muss gleich behandelt werden.

Für den Küstenstaat bestehen gegenüber der Schifffahrt auch Pflichten. Deutschland kommt diesen Pflichten unter anderem im Rahmen des „Sicherheitskonzepts Deutsche Küste“ nach, indem alle Zufahrten zu großen Seehäfen und der Nord-Ostsee-Kanal den sich ändernden Sicherheitsanforderungen angepasst werden. Ferner sind Vessel Traffic Service Center eingerichtet, welche in der Deutschen Bucht, Teilen der Ostsee und in den Zufahrten zu den deutschen Seehäfen den Schiffsverkehr permanent überwachen und ihn mit Informationen versorgen, um so seine Leichtigkeit und Sicherheit zu gewährleisten.

B. Das Küstenmeer (“The Territorial Sea”)

I. Allgemeines

Art. 2 Abs. 1 des Seerechtsübereinkommens von 1982 legt fest, dass sich die Souveranität eines Staates über sein Hoheitsgebiet zu Lande und seine inneren Gewässer hinaus (sowie im Falle eines Archipelstaates jenseits seiner Archipelgewässer) auf einen an seine Küste angrenzenden Meerestreifen, der als Küstenmeer bezeichnet wird, erstreckt[290].

II. Abgrenzung des Küstenmeers

1. Historische Entwicklung der Küstenmeerbreite

Die Breite des Küstenmeers und damit einhergehend auch die Befugnisse des Küstenstaates im Küstenmeer beschäftigten die Staaten lange Zeit[291], so dass sich die Ausdehnung des Küstenmeers im Laufe der Zeit immer wieder verändert hat und dadurch fortwährend Gegenstand von Diskussionen war. In weit zurückliegenden Jahrhunderten (ca. 16. und 17. Jahrhundert) endete das Küstenmeer mit der Grenze der Sichtbarkeit[292]. Später betrug die Breite des Küstenmeers etwa 3 sm, dem Grundsatz der „Kanonenschussweite“ folgend: *„Imperium terrae finitur, ubi finitur armorum potestas“.*[293] Dieser Grundsatz galt zu einer Zeit, als es keine Hoheitsmacht über das Küstenmeer gab und der Küstenstaat lediglich in seinen Hafenfestungen über Hoheitsmacht verfügte.[294] Seit dem Ende des 18. Jahrhunderts setzte sich vielfach eine maximale Küstenmeer-

---

290 Gloria, in: Ipsen, Völkerrecht, § 52 Rn. 1.

291 Vgl. hierzu die Ausführungen bei: Fenn, AJIL, Vol. 20 (1926), S. 465–482.

292 Churchill/Lowe, The Law of the Sea, S. 77.

293 Walker, BYIL, Vol. 22 (1945), S. 210 (210); Colombos, Internationales Seerecht, S. 65 § 102; O’Connell, in: Blumenwitz/Randelzhofer, Festschrift Berber, S. 367–375; Anwendung der Kanonenschussweite auch von *Martens* in seinem Schiedsspruch vom 25.02.1897 im Falle *Costa Rica Packet:* La Fontaine, Pasicrisie internationale (1902), S. 511 („la portée du canon à partir de la laisse de la basse mer“); ebenso zitieren: Larson, ODIL, Vol. 18 (1987), S. 411 (411) und Walker (BYIL, Vol. 22, a. A. O. Cornelius van Bynkershoek: *„terrae dominium finitur ubi finitur armorum vis“. Kent* führt die 3 sm Breite nicht auf die Kanonenschussweite, sondern auf den Anspruch nach maritime dominium über eine festgelegte Distanz von der Küste aus entlang der gesamten Küstenlinie nach skandinavischem Vorbild zurück. Vgl. die Ausführungen und Abgrenzungen der verschiedenen Meinungen bei: Kent, AJIL, Vol. 48 (1954), S. 537–553; Churchill/ Lowe, The Law of the Sea, S. 77/78.

294 O`Connell, BYIL, Vol. 45 (1971), S. 303 (320).

breite von 3 sm durch, für welche auch auf der Haager Kodifikationskonferenz im Jahre 1930 eine knappe Mehrheit stimmte[295], welche jedoch letztlich nicht normiert wurde.[296] Der damals herrschende Zustand war mangels Regelung problematisch, da die skandinavischen Staaten trotz der völkerrechtsgewohnheitlich anerkannten 3-sm-Zone für ihr Küstenmeer eine 4-sm-Zone und Russland bereits seit 1912 eine 12-sm-Zone beanspruchte.[297] Auch die Genfer VN-Seerechtskonferenzen von 1958 bis 1960 waren nicht in der Lage eine einheitliche Regelung zu bewirken[298]. Die International Law Commission war während der Vorbereitung zu den Genfer VN-Seerechtskonferenzen der Auffassung, eine Ausdehnung des Küstenmeers über eine Grenze von 12 sm hinaus beeinträchtige den Grundsatz der Freiheit der Hohen See.[299] Im Jahre 1958 entstand sodann das Küstenmeerübereinkommen, in welchem zum ersten Mal eine Annäherung an die maximale Ausbreitung des Küstenmeers vorgenommenen wurde. Hiernach durfte sich gemäß Art. 24 Abs. 2 KMÜ die Anschlusszone, die auf das Küstenmeer folgt, nicht weiter als 12 sm über die Basislinie hinaus erstrecken. Daraus folgte, dass auch die gesamte Breite des Küstenmeers nach dem Küstenmeerübereinkommen 12 sm nicht überschreiten durfte[300].

2. *Aktuelle Regelung und Berechnung der Küstenmeerbreite*

Das Küstenmeer hat eine innere (landwärtige) und eine äußere (seewärtige) Grenze.[301] Die erste verbindliche Regelung zur Breite des Küstenmeers existiert seit dem Seerechtsübereinkommen, wo die Breite des Küstenmeers in Art. 3 SRÜ ausdrücklich geregelt und auf maximal 12 sm angesetzt worden ist[302]. Es bleibt den Küstenstaaten selbstverständlich unbenommen, weniger als diese 12 sm als Grenze festzusetzen[303].

---

295 Gloria, in: Ipsen, Völkerrecht, § 52 Rn. 3.

296 Vitzthum, in: Vitzthum, Handbuch des Seerechts, Kapitel 2 Rn. 97.

297 Bleckmann, Völkerrecht, Rn. 629; Gloria, in: Ipsen, Völkerrecht, § 52 Rn. 3; Verdross/Simma, Universelles Völkerrecht, § 1071. Siehe hierzu ebenfalls: Kent, AJIL, Vol. 48 (1954), S. 537–553; Churchill/Lowe, The Law of the Sea, S. 77/78.

298 Gloria, in: Ipsen, Völkerrecht, § 52 Rn. 3.

299 ILC Yearbook 1956 II, S. 265; vgl. auch: Gloria, in: Ipsen, Völkerrecht, § 52 Rn. 3.

300 So auch: Gloria, in: Ipsen, Völkerrecht, § 52 Rn. 3.

301 Verdross/Simma, Universelles Völkerrecht, § 1070.

302 Art. 3 SRÜ lautet: *„Jeder Staat hat das Recht, die Breite seines Küstenmeers bis zu einer Grenze festzulegen, die höchstens 12 Seemeilen von den in Übereinstimmung mit diesem Übereinkommen festgelegten Basislinien entfernt sein darf.“*

303 So auch: Gloria, in: Ipsen, Völkerrecht, § 52 Rn. 6.

a. Landwärtiger Beginn des Küstenmeers

Damit die Küstenstaaten einheitliche Abgrenzungskriterien zur Verfügung haben, wird der landwärtige Beginn des Küstenmeeres gemäß Art. 3 SRÜ[304] von der Basislinie ab berechnet[305]. Zu den Fragen der Basislinienziehung wird auf die Ausführungen im Rahmen der inneren Gewässer verwiesen[306]. Die Bereiche, die zwischen dem Land und der landwärtigen Grenze des Küstenmeers liegen, gelten allgemein als innere Gewässer (vgl. Art. 8 SRÜ).

b. Seewärtige Grenze des Küstenmeers

Auch die genaue Festlegung der seewärtigen Grenze des Küstenmeers ist nur mithilfe der Basislinie möglich. Art. 4 SRÜ[307] regelt, dass die seewärtige Grenze des Küstenmeers durch eine Linie gebildet wird, auf der jeder Punkt vom nächstgelegenen Punkt der Basislinie um die Breite des Küstenmeers (bei maximaler Ausschöpfung der zulässigen Küstenmeerbreite also 12 sm) entfernt ist.

c. Problem der überlappenden Küstenmeere

Problematisch ist es, wenn die Küsten zweier Staaten sich gegenüber liegen oder aneinander angrenzen, so dass sich die Grenzen des Küstenmeers der jeweiligen Staaten überschneiden, dann würden beide Länder auf ihre 12-sm-Zone bestehen.

In diesem Falle ist eine vertragliche Regelung zur Abgrenzung der Küstenmeere zwischen den betroffenen Staaten vorteilhaft[308]. Liegt eine solche nicht vor, ist keiner der beiden Staaten berechtigt, sein Küstenmeer über die Mittellinie (sog. „Äquidistanzlinie“) auszudehnen[309]. Die Äquidistanzlinie findet ihre Regelung in Art. 15 S. 1 SRÜ und liegt dort, wo – nach dem Wortlaut – *„jeder Punkt gleich weit von den nächstgelegenen Punkten der Basislinien entfernt ist, von*

---

304 Art. 3 SRÜ lautet: *„Jeder Staat hat das Recht, die Breite seines Küstenmeers bis zu einer Grenze festzulegen, die höchstens 12 Seemeilen von den in Übereinstimmung mit diesem Übereinkommen festgelegten Basislinien entfernt sein darf.“*

305 Vitzthum, in: Vitzthum, Handbuch des Seerechts, Kapitel 2 Rn. 99.

306 Vgl. hierzu die Ausführungen auf S. 13–21.

307 Art. 4 SRÜ lautet: *„Die seewärtige Grenze des Küstenmeers ist die Linie, auf der jeder Punkt vom nächstgelegenen Punkt der Basislinie um die Breite des Küstenmeers entfernt ist.“*

308 So im Ergebnis wohl auch: Gloria, in: Ipsen, Völkerrecht, § 52 Rn. 8.

309 Siehe hierzu: Churchill/Lowe, The Law of the Sea, S. 182 ff.; Gloria, in: Ipsen, Völkerrecht, § 52 Rn. 8; hierzu und auch zu anderen – älteren – Abgrenzungsmethoden siehe: Vitzthum, in: Vitzthum, Handbuch des Seerechts, Kapitel 2 Rn. 98 Fn. 256.

denen aus die Breite des Küstenmeers jedes der beiden Staaten gemessen wird"[310]. Nach Art. 15 S. 2 SRÜ findet dieses Verfahren jedoch dann keine Anwendung, *„wenn es aufgrund historischer Rechtstitel oder anderer besonderer Umstände erforderlich ist, die Küstenmeere der beiden Staaten abweichend davon gegeneinander abzugrenzen."*[311]

3. *Staatenpraxis*

a. *Internationale Staatenpraxis*

Von 151 Staaten beanspruchen heute 130 Küstenstaaten eine 12-sm-Zone für die Ausdehnung ihres Küstenmeers.[312] Da nun damit die Mehrheit der Staaten 12 sm für die Küstenmeerbreite beansprucht, kommt dieser 12-sm-Zone durch diese allgemeine Handhabung auch völkergewohnheitsrechtliche Qualität zu.[313]

b. *Praxis in Deutschland*

Mit Bekanntmachung vom 11. November 1994[314] hat die Bundesrepublik Deutschland ihr Küstenmeer in der Nordsee auf 12 sm ausgedehnt. In der Ostsee schöpft die Bundesrepublik Deutschland die erlaubten 12 sm jedoch nicht in allen Gebieten aus, sie hat vielmehr durch Koordinaten die seewärtige Grenze des Küstenmeers festgelegt.[315] In dieser eingeschränkten Ausschöpfung der zulässigen 12 sm liegt jedoch kein Rechtsverzicht auf die zukünftige Ausschöpfung dieser 12 sm.[316]

---

310 Vgl. auch: Gloria, in: Ipsen, Völkerrecht, § 52 Rn. 8.

311 Vgl. auch: Gloria, in: Ipsen, Völkerrecht, § 52 Rn. 8; Dahm/Delbrück/Wolfrum, Völkerrecht, Bd. I/1, § 67 IV Nr. 1.

312 Für Bosnien-Herzigowina, Georgien, die Philippinen und Slowenien liegen keine Angaben vor, diese Staaten sind jedoch auch durch das Seerechtsübereinkommen vertraglich gebunden. Siehe hierzu und einer tabellarischen Aufstellung der beanspruchten Küstenmeerbreite bei: Gloria, in: Ipsen, Völkerrecht, § 52 Rn. 5.

313 Vitzthum, in: Vitzthum, Handbuch des Seerechts, Kapitel 2 Rn. 97; Gloria, in: Ipsen, Völkerrecht, § 52 Rn. 5.

314 BGBl. 1994 I, S. 3428/3429, hierzu auch: Gloria, in: Ipsen, Völkerrecht, § 52 Rn. 5.

315 KüstmProkBek vom 11.11.1994, BGBl. 1994 I, S. 3428; hierzu auch: Gloria, in: Ipsen, Völkerrecht, § 52 Rn. 5.

316 So auch: Gloria, in: Ipsen, Völkerrecht, § 52 Rn. 6.

III. Rechtsstatus des Küstenmeers

Das Küstenmeer unterfällt der territorialen Souveranität des Küstenstaates (Art. 2 Abs. 1 SRÜ). Diese Souveranität des Küstenstaates, von der auch der Luftraum über dem Küstenmeer[317], der Meeresboden und der Meeresuntergrund erfasst sind (Art. 2 Abs. 2 SRÜ), wird nach Maßgabe der Bestimmungen des Seerechtsübereinkommens und der sonstigen Regeln des Völkerrechts ausgeübt (Art. 2 Abs. 3 SRÜ). Infolge dieser Vorschriften ist das Küstenmeer ein Hoheitsgewässer und stellt innerhalb seiner Grenzen ein Gebiet dar, in dem der Staat seine Gebietshoheit vollumfänglich ausüben kann.[318]

IV. Rechte dritter Staaten im Küstenmeer

Als Teil des Staatsgebietes kann der Küstenstaat in seinem Küstenmeer grundsätzlich diejenigen Regelungen treffen, die er für nötig und angemessen hält. Er ist nur insofern beschränkt, als er sich im Falle eines Beitritts entweder zum Küstenmeerübereinkommen oder zum Seerechtsübereinkommen an die dort vereinbarten Einschränkungen seiner Souveranität halten muss[319].

1. Friedliche Durchfahrt

Das sicherlich wichtigste Recht für ein fremdes Schiff im Küstenmeer ist sein Recht auf friedliche Durchfahrt. Dieses Recht ist seit Beginn des 19. Jahrhunderts als Gewohnheitsrecht anerkannt[320], wurde dann im Haager Entwurf von 1930 aufgenommen und in Art. 14 KMÜ verbindlich normiert[321]. Zuletzt wurde das Regime der friedlichen Durchfahrt in Art. 17 ff. SRÜ geregelt[322].

---

[317] O'Connell, BYIL, Vol. 45 (1971), S. 303 (381).

[318] Doehring, Völkerrecht, § 2 Rn. 106; Gloria, in: Ipsen, Völkerrecht, § 52 Rn. 1.

[319] Vitzthum, in: Vitzthum, Handbuch des Seerechts, Kapitel 2 Rn. 118.

[320] ICJ, Case concerning Military and Paramilitary Activities in and against Nicaragua (Nicaragua v. United States of America), ICJ Reports 1986, S. 111/112; Vitzthum, in: Vitzthum, Handbuch des Seerechts, Kapitel 2 Rn. 120.

[321] Churchill/Lowe, The Law of the Sea, S. 81; Vitzthum, in: Vitzthum, Handbuch des Seerechts, Kapitel 2 Rn. 119.

[322] Art. 17 SRÜ lautet: *„Vorbehaltlich dieses Übereinkommens genießen die Schiffe aller Staaten, ob Küsten- oder Binnenstaaten, das Recht der friedlichen Durchfahrt durch das Küstenmeer."*

a. Durchfahrt

Eine Definition des Begriffes der Durchfahrt findet sich in Art. 18 SRÜ:

> *„‚Durchfahrt' bedeutet die Fahrt durch das Küstenmeer zu dem Zweck,*
> *a) es ohne Einlaufen in die inneren Gewässer oder Anlaufen einer Reede oder Hafenanlage außerhalb der inneren Gewässer zu durchqueren oder*
> *b) in die inneren Gewässer einzulaufen oder sie zu verlassen oder eine solche Reede oder Hafenanlage anzulaufen oder zu verlassen."*

Art. 18 Abs. 2 SRÜ erfordert weiterhin eine zügige Durchfahrt ohne Unterbrechung. Hier ist allerdings davon auszugehen, dass die Durchfahrt auf die Wetter- und Meeresbodenverhältnisse abgestimmt werden darf und muss, so dass die Durchfahrt im Hinblick auf Schiff und Besatzung in einer angemessenen und zumutbaren Art und Weise erfolgen soll[323].

Das Kreuzen vor der Küste fällt ebensowenig unter den Tatbestand der Durchfahrt[324] wie das Ankern oder Anhalten, es sei denn, dass dieses zur normalen Schifffahrt gehört oder aus Gründen höherer Gewalt (*„force majeure"*) oder eines Notfalles erforderlich ist[325]. Beruft sich ein Schiff auf *force majeure*, muss es allerdings auch das Vorliegen der Voraussetzungen beweisen, es trägt also die Beweislast[326].

b. Friedlichkeit

aa. Voraussetzungen des Merkmals „friedlich"

(1) Entwicklung dieser Voraussetzung bis zum Seerechtsübereinkommen

Die Friedlichkeit der Durchfahrt wird heute in Art. 19 SRÜ geregelt. Es war von Anfang an eine sehr umstrittene Vorschrift[327], was sich bis zum heutigen Tag nicht geändert hat. Seit Beginn des 20. Jahrhunderts gab es viele verschiedene Ansätze der Küstenstaaten, den Begriff der Unfriedlichkeit zu definieren und

---

323 Siehe auch: Hasselmann, Die Freiheit der Handelsschiffahrt, S. 264.
324 Churchill/Lowe, The Law of the Sea, S. 82.
325 Churchill/Lowe, The Law of the Sea, S. 81; Vitzthum, in: Vitzthum, Handbuch des Seerechts, Kapitel 2 Rn. 120; Gloria, in: Ipsen, Völkerrecht, § 52 Rn. 13.
326 Hasselmann, Die Freiheit der Handelsschiffahrt, S. 264.
327 Churchill/Lowe, The Law of the Sea, S. 82; Vitzthum, in: Vitzthum, Handbuch des Seerechts, Kapitel 2 Rn. 121.

mit Leben zu füllen[328]. Aus diesen diversen Ansätzen wurde jedoch stets deutlich, dass die einzelnen Küstenstaaten grundsätzlich darauf bedacht waren, die ihnen günstigste Variante für Recht zu erklären, um damit eine Durchfahrt durch ihr Küstenmeer gänzlich verhindern zu können[329]. In Art. 14 Abs. 4 Satz 1 des Küstenmeerübereinkommens wurde sodann Folgendes geregelt: *„Die Durchfahrt gilt als friedlich, solange sie nicht den Frieden, die Ordnung oder die Sicherheit des Küstenstaates beeinträchtigt."* Folge dieser Generalklausel war, dass eine Vielzahl von Beanstandungen (wie eine gefährliche Fracht oder ein schlechter Allgemeinzustand des Schiffes) zu einer Unfriedlichkeit der Durchfahrt führen konnte.[330] Art. 19 SRÜ sollte fortan der Klärung dieses Problems dienen[331]. In Art. 19 Abs. 1 SRÜ ist zwar noch eine mit Art. 14 Abs. 4 KMÜ fast identische Formulierung vorhanden:

> *„Die Durchfahrt ist friedlich, solange sie nicht den Frieden, die Ordnung oder die Sicherheit des Küstenstaats beeinträchtigt. [...]"*[332]

Allerdings führt Art. 19 Abs. 2 SRÜ sodann – wie dies im Küstenmeerübereinkommen noch nicht der Fall war[333] – detailliert 12 Tätigkeiten (lit a) – lit l)) auf, bei deren Vorliegen eine Beeinträchtigung in Bezug auf Frieden, Ordnung und Sicherheit[334] des Küstenstaates vorliegt[335]. Bei den Fällen der lit. a) – f) sind

---

[328] Siehe hierzu eine genaue Darstellung bei Vitzthum, in: Vitzthum, Handbuch des Seerechts, Kapitel 2 Rn. 121/122. Beispielsweise konnte sich eine Unfriedlichkeit nach einer Ansicht bereits dann ergeben, wenn eine Durchfahrt ihrer Natur nach die küstenstaatlichen Interessen verletze, siehe hierzu: Brown, The International Law of the Sea, Vol. I, S. 54 ff. Hieraus folgt, dass schon die Präsenz eines Schiffes zur Unfriedlichkeit nach dieser Ansicht führen könnte. Siehe auch: Churchill/Lowe, The Law of the Sea, S. 82.

[329] Churchill/Lowe, The Law of the Sea, S. 85.

[330] Hakapää/Molenaar, Marine Policy, Vol. 23 (1999), S. 131 (132); Hofmann, Das Küstenmeer im Völkerrecht, S. 137; Vitzthum, in: Vitzthum, Handbuch des Seerechts, Kapitel 2 Rn. 123; hierzu allgemein auch: Pharand, CYIL, Vol. 6 (1968), S. 3 (6 ff.).

[331] Siehe zu den verschiedenen Vorschlägen, die während UNCLOS III gemacht wurden: Ghosh, in Caminos, Law of the Sea, S. 37 (48 ff.).

[332] Dies entspricht fast wörtlich der Vorschrift des Art. 14 Abs. 4 KMÜ.

[333] Sinn und Zweck dieser Neuregelung war, den Küstenstaaten weniger Spielraum für eigene Interpretation zu geben und ihnen damit weniger Möglichkeiten zu bieten, ihr Recht auf Aussetzung einer nicht-friedlichen Durchfahrt auszuüben. Vgl. hierzu Churchill/Lowe, The Law of the Sea, S. 85.

[334] Nach einer Auffassung sind diese drei Merkmale nur Beispiele für die schützenswerten „vitalen Interessen" eines Küstenstaates. Zum Begriff der „vitalen Interessen" und der hierzu vertretenen Auffassungen siehe ausführlich: Hofmann, Das Küstenmeer im Völkerrecht, S. 143 ff.

[335] Vitzthum, in: Vitzthum, Handbuch des Seerechts, Kapitel 2 Rn. 121; Hofmann, Das Küstenmeer im Völkerrecht, S. 139.

Sicherheitsinteressen des Küstenstaates betroffen, die lit. g) – k) sind mit den Bereichen vergleichbar, in denen dem Küstenstaat auch eine Regelungbefugnis in seinem Küstenmeer gemäß Art. 21 SRÜ zusteht und lit. l) wird als Auffangtatbestand angesehen[336]. Sofern ein Schiff eine in Art. 19 Abs. 2 SRÜ aufgeführte Tätigkeit vornimmt, liegt keine friedliche Durchfahrt mehr vor. Die Unfriedlichkeit kann ferner nur aus einer Tätigkeit, die im Küstenmeer vorgenommen wurde, resultieren[337]. Wird eine der in Art. 19 Abs. 2 SRÜ aufgelisteten Tätigkeiten in einer anderen Seezone als dem Küstenmeer verübt, so kann dies die Durchfahrt durch das Küstenmeer nicht unfriedlich machen[338].

(2) Art. 19 Abs. 2 SRÜ – abschließende oder beispielhafte Auflistung?

Bei der Betrachtung der in Art. 19 Abs. 2 SRÜ aufgelisteten Tätigkeiten muss die Frage beantwortet werden, ob diese Auflistung abschließend oder beispielhaft ist. Sofern die Auflistung in Art. 19 Abs. 2 SRÜ abschließenden Charakter hätte, würde dies den Anwendungsbereich der friedlichen Durchfahrt erweitern, da die Küstenstaaten erst gegen ein Schiff in friedlicher Durchfahrt vorgehen könnten, wenn eine *Tätigkeit* nach Art. 19 Abs. 2 SRÜ vorgenommen wird[339]. Die Wichtigkeit und gleichzeitig hohe Unsicherheit bei der Auslegung dieser Vorschrift zeigte sich daran, dass die USA und die damalige Sowjetunion eine gemeinsame Interpretation abgegeben hatten[340], in der hervorgehoben wurde, dass die Aufzählung in Art. 19 Abs. 2 SRÜ als abschließend betrachtet werden solle[341].

(a) Beispielhafte Auflistung

Unter Bezugnahme auf diesen Streit wird einerseits vertreten, dass von einer beispielhaften Aufzählung im Rahmen des Art. 19 Abs. 2 SRÜ auszugehen

---

336 Hasselmann, Die Freiheit der Handelsschiffahrt, S. 266.

337 Hasselmann, Die Freiheit der Handelsschiffahrt, S. 266.

338 Dies wird ebenso beurteilt wie die mangelnde Ausübungsmöglichkeit der Strafgerichtsbarkeit des Küstenstaates bei einem Verstoß außerhalb des Küstenmeers, Art. 27 Abs. 5 SRÜ. Siehe auch: Hasselmann, Die Freiheit der Handelsschiffahrt, S. 266.

339 Churchill/Lowe, The Law of the Sea, S. 85.

340 Diese Erklärung wurde wegen der Bedeutsamkeit sogar als "A Move Towards 'Minimum World Order' at Sea" angesehen. Siehe hierzu: Rolph, Military Law Review, Vol. 135 (1992), S. 137 (162/163).

341 "Uniform Interpretation of Norms of International Law Governing Innocent Passage", sog. "Jackson-Hole-Agreement", abgedruckt in: LOSB, Vol. 14 (1989), S. 12/13 und ILM, Vol. 28 (1989), S. 1444 ff. (1446 para. 3); Churchill/Lowe, The Law of the Sea, S. 85.

sei[342]. Es handele sich bei den Tätigkeiten des Art. 19 Abs. 2 SRÜ um (Regel-) Beispiele, die noch um andere Tätigkeiten ergänzt werden können[343]. Diese Auffassung wird hauptsächlich mit dogmatischen Erwägungen begründet. Zunächst wird von den Vertretern dieser Auffassung angeführt, dieses Ergebnis folge aus der Regelung des Art. 19 Abs. 2 lit. l) SRÜ, welche „generalklauselartig“ auf *„eine andere Tätigkeit, die nicht unmittelbar mit der Durchfahrt zusammenhängt“* verweise[344]. Auch Art. 19 Abs. 2 lit. a) SRÜ stelle eine solche weite Regelung – einen Öffnungstatbestand – dar[345]. Hierfür spreche auch der Wortlaut und der Zusammenhang des Abs. 1 mit Abs. 2. Wäre in Abs. 2 eine abschließende Aufzählung getroffen worden, würde der Verweis des Abs. 1 auf die generalklauselartigen und damit ausfüllungsbedürftigen Begriffe (Frieden, Ordnung, Sicherheit) keinen Sinn ergeben[346]. Vielmehr spreche das Zusammenspiel der Absätze untereinander und innerhalb des Abs. 2 die Generalklauseln der lit. a) und l) für eine beispielhafte Aufzählung[347]. Weiterhin könne die Erklärung der USA und der ehemaligen Sowjetunion auch nicht zu einer anderen Auslegung des Seerechtsübereinkommens gemäß Art. 31 des Wiener Übereinkommens über das Recht der Verträge („WVK“) vom 23. Mai 1969 führen[348]. In dem Wiener Übereinkommen über das Recht der Verträge, welches unter anderem das Recht zum Abschluss und zum Inkrafttreten von zwischenstaatlichen Verträgen regelt, wird in Art. 31 normiert, dass durch eine spätere Übereinkunft oder Übung ein ursprünglich bestehender Vertrag (hier das Seerechtsübereinkommen) sodann entsprechend der späteren Übereinkunft oder Übung auszulegen sei. Wäre also die Auffassung der USA und der damaligen Sowjetunion eine solche spätere Übereinkunft/Übung dahingehend, dass die Aufzählung des Art. 19 Abs. 2 SRÜ abschließend sei, so würde Art. 19 Abs. 2 SRÜ fortan von allen Vertragsstaaten dergestalt ausgelegt werden müssen. Nach Auffassung der Vertreter, die von einer beispielhaften Auflistung ausgehen, spreche gegen eine

---

342 Churchill/Lowe, The Law of the Sea, S. 85; Hakapää/Molenaar, Marine Policy, Vol. 23 (1999), S. 131 (132).

343 Hofmann, Das Küstenmeer im Völkerrecht, S. 140.

344 Hakapää/Molenaar, Marine Policy, Vol. 23 (1999), 131 (132); Churchill/Lowe, The Law of the Sea, S. 85; Hofmann, Das Küstenmeer im Völkerrecht, S. 140/141.

345 Churchill/Lowe, The Law of the Sea, S. 85.

346 Siehe hierzu auch: Hofmann, Das Küstenmeer im Völkerrecht, S. 140/141.

347 Churchill/Lowe, The Law of the Sea, S. 85.

348 BGBl. 1985 II, S. 926 (939). Siehe zum Status der WVK die United Nations Treaty Collection: http://treaties.un.org/Pages/ViewDetailsIII.aspx?&src=UNTSONLINE&mtdsg_no=XXIII~1&chapter=23&Temp=mtdsg3&lang=en. Zu der Begründung dieses Argumentes ausführlich: Hofmann, Das Küstenmeer im Völkerrecht, S. 141 ff.

solche spätere Übung oder Übereinkunft gemäß 31 Abs. 3 lit. a), b) WVK jedoch zu Recht, dass lediglich zwei Staaten eine Erklärung abgegeben hätten[349]. Dies erscheine für eine Übereinkunft und Übung, wie Art. 31 WVK sie voraussetzt, zu wenig. Erschwerend komme hinzu, dass die USA und die damalige Sowjetunion zum Erklärungszeitpunkt noch nicht einmal Vertragsparteien des Seerechtsübereinkommens gewesen seien.[350]

(b) Abschließende Auflistung

Gegen die vorstehende Auffassung wird überzeugend eingewandt, dass die Auflistung in Art. 19 Abs. 2 SRÜ abschließend sei[351], da allein aus der Existenz des Art. 19 Abs. 1 Satz 2 SRÜ nicht geschlossen werden könne, dass Art. 19 Abs. 2 nicht abschließend sei[352]. Vielmehr seien die einzelnen Beispiele des Art. 19 Abs. 2 lit. a) – l) SRÜ nur negative Tatbestandsmerkmale des Rechts zur friedlichen Durchfahrt, wohingegen Abs. 1 Satz 2 eine Schranke dieses Rechts verkörpere[353]. Als entscheidendes Argument für eine abschließende Regelung in Art. 19 Abs. 2 SRÜ muss jedoch das Erfordernis von Rechtssicherheit gesehen werden. Gerade bei derart komplizierten Fragen, wie sie im Rahmen einer friedlichen Durchfahrt auftauchen können, besteht ein großes Bedürfnis nach einer eindeutigen und klaren Regelung. Die gemeinsame Erklärung der damaligen Großmächte darf in diesem Zusammenhang ebenfalls nicht unterschätzt werden, sie dient als wertvolle Auslegungshilfe auf dem Weg zu der hier gefundenen Auffassung. Auch wenn ihr selbstverständlich keine Bindungswirkung zukommt, so hilft sie dennoch, den Wortlaut des Art. 19 Abs. 2 SRÜ besser zu verstehen und zu werten[354]. Vor dem Hintergrund der Gewährung des Rechts der friedlichen Durchfahrt ist es für die heute beachtliche Anzahl der Vertragsparteien unerlässlich, dass sie eine klare und eindeutige Vorschrift haben, deren Anwendungsbereich nicht beliebig erweitert werden kann. Das Erfordernis nach Verlässlichkeit und einer einheitlichen Handhabung darf nicht unterschätzt werden, um auch fortan in harmonischer Weise das Recht der friedlichen Durchfahrt

---

349 Hofmann, Das Küstenmeer im Völkerrecht, S. 141.

350 Siehe hierzu ausführlich: Hofmann, Das Küstenmeer im Völkerrecht, S. 141; so auch: Churchill/Lowe, The Law of the Sea, S. 86.

351 Hofmann, Das Küstenmeer im Völkerrecht, S. 141; Vitzthum, in: Vitzthum, Handbuch des Seerechts, Kapitel 2 Rn. 123; Rolph, Military Law Review, Vol. 135 (1992), S. 137 (165); Hasselmann, Die Freiheit der Handelsschiffahrt, S. 266; Froman, San Diego Law Review, Vol. 21 (1984), S. 625 (659).

352 Hasselmann, Die Freiheit der Handelsschiffahrt, S. 266.

353 Hasselmann, Die Freiheit der Handelsschiffahrt, S. 266.

354 So auch: Rolph, Military Law Review, Vol. 135 (1992), S. 137 (165).

ausüben zu können[355]. Würde man die Auflistung in Art. 19 Abs. 2 SRÜ als eine lediglich beispielhafte begreifen, wäre den Küstenstaaten Tür und Tor geöffnet, sich nach Belieben neue Tatbestände einfallen zu lassen, die gegen eine friedliche Durchfahrt sprechen. Die Tatsache, dass insgesamt zwölf Tätigkeiten detailliert ausgeführt wurden, legt im Übrigen den Schluss nahe, dass diesen zwölf Tätigkeiten keine weiteren mehr folgen. Anderenfalls hätte man nicht eine so große Anzahl von Tätigkeiten aufführen müssen, sondern viel eher eine Generalklausel schaffen können, unter die alle seitens der Küstenstaaten gewünschten Tätigkeiten subsumierbar sind. Auch spricht die Tatsache, dass lit. a) und l) großzügiger als die anderen Tatbestände formuliert sind, dafür, dass keine weiteren Tatbestände, die noch nicht einmal unter lit. a) und l) subsumierbar sind, seitens der Küstenstaaten gebildet werden können[356]. Eine andere Handhabung würde zu völlig unüberschaubaren und von Küstenstaat zu Küstenstaat variierenden Regeln führen. Schiffe könnten sich nicht mehr auf die Regelungen des Seerechtsübereinkommens verlassen und müssten permanent mit Behinderungen durch diverse küstenstaatliche Regelungen rechnen, da keine verlässliche Grundlage zur Verfügung stünde und den Küstenstaaten viele weitere Möglichkeiten der Behinderung der Durchfahrt zustünden. Die Missbrauchsgefahr würde in diesem Fall in einem nicht hinnehmbaren Maß bestehen. Daran können sowohl die Küstenstaaten als auch die das Küstenmeer durchfahrenden Schiffe kein Interesse haben. Im Ergebnis ist daher in Art. 19 Abs. 2 SRÜ eine abschließende Regelung zu erblicken.

bb. Fremde Kriegsschiffe im Küstenmeer und das Merkmal „friedlich“

(1) Allgemeines

Eines der am heftigsten und seit langer Zeit umstrittenen Probleme ist die Frage, ob das Recht auf friedliche Durchfahrt durch das Küstenmeer auch für Kriegsschiffe gilt oder ob diese bestimmte Kriterien (wie die Einholung einer Erlaubnis) zu erfüllen haben oder sonstige Regeln beachten müssen[357]. Eine eindeutige Antwort auf diese Frage findet sich weder in den Regelungen des Küstenmeerübereinkommens noch in denen des Seerechtsübereinkommens oder dem Ge-

---

355 So auch: Rolph, Military Law Review, Vol. 135 (1992), S. 137 (166).

356 So auch: Froman, San Diego Law Review, Vol. 21 (1984), S. 625 (659).

357 Siehe zu den vergangenen Streitdarstellungen: Keyuan, ODIL, Vol. 29 (1998), S. 195 (195 ff.) m.w.N.; Dahm/Delbrück/Wolfrum, Völkerrecht, Bd. I/1, § 68 IV; Vitzthum, in: Vitzthum, Handbuch des Seerechts, Kapitel 2 Rn. 127.

wohnheitsrecht[358]. Aus dieser Ungewissheit heraus wurden bilaterale Verträge wie derjenige zwischen den USA und der damaligen Sowjetunion geschlossen. Hierin einigten sich im Jahre 1989 die Parteien, dass für eine Durchfahrt von Kriegsschiffen weder die Einholung einer Erlaubnis noch eine Notifikation erforderlich ist[359]. Dass über diese Frage bis heute Uneinigkeit herrscht, wird unter anderem daraus ersichtlich, dass noch heute circa 40 Staaten für eine friedliche Durchfahrt durch ihr Küstenmeer voraussetzen, dass seitens des Schiffes vorher eine Erlaubnis eingeholt wurde oder zumindest eine Notifikation stattfand[360].

(2) Geschichtliche Betrachtung

Auch in der geschichtlichen Betrachtung werden die vorstehend beschriebenen Unstimmigkeiten deutlich. Bereits im Jahre 1910 beschäftigte sich *Root* mit dieser Frage und kam zu dem Schluss, dass allein die Bezeichnung als „Kriegsschiff" die Friedlichkeit der Durchfahrt ausschließe[361]. Auch auf der Ersten VN-

---

358 Ngantcha, The Right of Innocent Passage, S. 122; Vitzthum, in: Vitzthum, Handbuch des Seerechts, Kapitel 2 Rn. 127/128; Franckx, Marine Policy, Vol. 14 (1990), S. 484 (484).

359 Uniform Interpretation of Norms of International Law Governing Innocent Passage (1989), LOSB, Vol. 14 (1989), S. 12/13; ILM, Vol. 28 (1989), S. 1444 (1446 para. 2): *"All ships, including warships, regardless of cargo, armament or means of propulsion, enjoy the right of innocent passage through the territorial sea in accordance with international law, for which neither prior notification nor authorisation is required."* – Zu der Entwicklung der ursprünglich konträren Positionen der damaligen UdSSR (zunächst keine Genehmigungspflicht für Kriegsschiffe bei Eintritt in das Küstenmeer, diese Auffassung änderte sich jedoch mit der wachsenden Bedeutung der UdSSR als Seemacht) und den USA (Genehmigung für Kriegsschiffe vor Eintritt in das Küstenmeer erforderlich) hin zu der Uniform Interpretation, siehe: Franckx, Marine Policy, Vol. 14 (1990), S. 484 ff.

360 Siehe eine Tabelle dieser Staaten bei: Roach/Smith, United States Responses to Excessive Maritime Claims, S. 266/267; Churchill/Lowe, The Law of the Sea, S. 89/90; Vitzthum, in: Vitzthum, Handbuch des Seerechts, Kapitel 2 Rn. 127; vgl. auch die Deklarationen der Staaten anlässlich ihres Beitritts zum Seerechtsübereinkommen: http://www.un.org//depts/los/convention_agreements/convention_declarations.htm; hier betonten unter anderem Algerien, Bangladesh, China, Iran, Pakistan, Rumänien und der Jemen das Erfordernis einer vorherigen küstenstaatlichen Genehmigung. – Dies wird von wichtigen westlichen Schiffsmächten entweder harsch kritisiert oder in einer Vielzahl von Fällen auch ignoriert. Diese Staaten durchfahren die Küstenmeere dieser Staaten oftmals ohne vorher eine Erlaubnis einzuholen oder sie zu informieren, vgl. hierzu: Churchill/Lowe, The Law of the Sea, S. 89; siehe zu den Protesten der USA: Roach/Smith, United States Responses to Excessive Maritime Claims, S. 266/267.

361 Zu dieser Aussage kam es im Rahmen der North Atlantic Fisheries Arbitration (1910): "Warships may not pass without consent into this zone because they threaten. Merchant ships may pass because they do not threaten." vgl.: Ngantcha, The Right of Innocent Passage, S. 123.

Seerechtskonferenz im Jahre 1958 war diese Frage Gegenstand der Verhandlungen. Zum damaligen Zeitpunkt war die Mehrheit der Staaten für das Erfordernis einer Erlaubnis[362], was daraufhin auch Eingang in den ILC Entwurf[363] fand[364]. Dieser Entwurf wurde zwar zur Abstimmung gestellt, letztlich aber – wie *Vitzthum* es beschreibt – durch *„geschickte Abstimmungsanträge der in der Minderheit befindlichen etablierten Schifffahrtnationen“*[365] (die USA[366], das Vereinigte Königreich[367] und die Niederlande[368]) nicht angenommen[369].

Seit der Ersten VN-Seerechtskonferenz besteht die Ungewissheit darüber weiter, ob Regelungen für eine Durchfahrt existieren oder ob diese genehmigungsfrei möglich ist. Der Streit drehte sich fortan um die Auslegung des Wortlauts von Art. 23 KMÜ[370], welcher folgende sehr unglückliche und mehrdeutige Formulierung enthielt: *„Beachtet ein Kriegsschiff die Vorschriften des Küstenstaates über die Durchfahrt durch das Küstenmeer nicht und missachtet es die Aufforderung, sich diesen Vorschriften zu fügen, so kann der Küstenstaat das Kriegsschiff auffordern, das Küstenmeer zu verlassen.“* Damit enthielt Art. 23 KMÜ einerseits einen Überrest des ILC-Entwurfs, nämlich die Möglichkeit der Aus-

---

362 Vgl. zu der geschichtlichen Betrachtung und insbesondere den verschiedenen Sitzungen: Ngantcha, The Right of Innocence Passage, S. 137. Als Beispiel soll der Vorschlag Spaniens dienen: (First) UNCLOS, Official Records, Vol. III, S. 218 (Spain Proposal: Doc.A/Conf.13/C.1/L.36)

363 Art. 24 des ILC-Entwurfs lautet: *„Der Küstenstaat kann die Durchfahrt von Kriegsschiffen durch das Küstenmeer abhängig machen von einer vorhergehenden Ermächtigung oder Bekanntgabe. In der Regel soll er die friedliche Durchfahrt unter dem Vorbehalt der Beachtung der Bestimmungen der Art. 17 und 18 [beinhalten die Schutzrechte des Küstenstaats und die Pflichten fremder Schiffe während der Durchfahrt] gestatten“.* – Art. 25 des ILC Entwurfs lautet: *„Beachtet ein Kriegsschiff die Vorschriften des Küstenstaats über die Durchfahrt [...] nicht und missachtet es die ihm bekannt gegebene Aufforderung, sich diesen Vorschriften zu fügen, so kann der Küstenstaat das Kriegsschiff auffordern, das Küstenmeer zu verlassen.“*; vgl. die jeweiligen Texte bei: Hoog, Die Genfer Seerechtskonferenzen von 1958 und 1960, S. 74; Ngantcha, The Right of Innocence Passage, S. 137/138.

364 Vitzthum, in: Vitzthum, Handbuch des Seerechts, Kapitel 2 Rn. 127.

365 Vitzthum, in: Vitzthum, Handbuch des Seerechts, Kapitel 2 Rn. 127.

366 (First) UNCLOS, Official Records, Vol. III, S. 222 (United States Proposal: Doc.A/Conf.13/C.1/L.43).

367 (First) UNCLOS, Official Records, Vol. III, S. 218 (United Kingdom of Great Britain and Northern Ireland Proposal: Doc.A/Conf.13/C.1/L.37).

368 (First) UNCLOS, Official Records, Vol. III, S. 224/225 (Netherlands Proposal: Doc.A/Conf.13/C.I/L.51).

369 Vgl. Brown, The International Law of the Sea, Vol. I, S. 65; Vitzthum, in: Vitzthum, Handbuch des Seerechts, Kapitel 2 Rn. 127.

370 Vitzthum, in: Vitzthum, Handbuch des Seerechts, Kapitel 2 Rn. 127.

weisung eines Kriegsschiffes bei Nichtbefolgen der entsprechenden küstenstaatlichen Regelungen, andererseits äußerte sich das Küstenmeerübereinkommen aber nicht zu diesen möglichen küstenstaatlichen Regelungen über eine Durchfahrt (also etwa einer Erlaubnis)[371].

Auch das Seerechtsübereinkommen führte zu keiner Klärung, da hier erneut weder neue noch klarstellende Regelungen eingeführt wurden. Die Diskussion über die vorherige Einholung einer Genehmigung wurde auch noch während der Dritten VN-Seerechtskonferenz (11. Sitzung im Jahre 1982) geführt, bei der sich Rumänien, Marokko, die Philippinen, Panama und andere Staaten erneut für eine Genehmigungspflichtigkeit aussprachen[372]. Dies scheiterte jedoch auch hier wieder am Widerstand der großen Seemächte[373] und Art. 23 KMÜ wurde als jetziger Art. 30 SRÜ[374] übernommen[375].

(3) Schrifttum

Nachdem – wie gezeigt – eindeutige Vorschriften fehlen und auch die Staatenpraxis sehr uneinheitlich ist[376], muss ein Ergebnis durch Auslegung gefunden werden[377]. Hierbei können die Ausführungen und Gedanken helfen, die im Schrifttum im Laufe der Zeit zu diesem Problem entwickelt wurden. Hier finden sich hauptsächlich zwei Meinungen:

---

371 Die nun vorhandene Regelung kommentierte O'Connell folgendermaßen: *"The bizarre result of these procedures was that the Geneva Convention contains no text on the subject of passage of warships through the territorial sea, but nonetheless contains the residue of the International Law Commission's text in Article 23, which states that if a warship does not comply with the regulations of the coastal state, the latter may require it to leave the territorial sea"*, vgl. O'Connell, The International Law of the Sea, Vol. I, S. 289; Vitzthum, in: Vitzthum, Handbuch des Seerechts, Kapitel 2 Rn. 127.

372 Butler, AJIL, Vol. 81 (1987), S. 331 (334).

373 Vgl. hierzu: Butler, AJIL, Vol. 81 (1987), S. 331 (334/335).

374 Art. 30 SRÜ lautet: *„Wenn ein Kriegsschiff die Gesetze und sonstigen Vorschriften des Küstenstaats über die Durchfahrt nicht einhält und eine ihm übermittelte Aufforderung, sie einzuhalten, mißachtet, kann der Küstenstaat von dem Kriegsschiff verlangen, das Küstenmeer sofort zu verlassen."*

375 Vitzthum, in: Vitzthum, Handbuch des Seerechts, Kapitel 2 Rn. 128. – Art. 30 SRÜ lautet: *„Wenn ein Kriegsschiff die Gesetze und sonstigen Vorschriften des Küstenstaates über die Durchfahrt nicht einhält und eine ihm übermittelte Aufforderung, sie einzuhalten, mißachtet, kann der Küstenstaat von dem Kriegsschiff verlangen, das Küstenmeer sofort zu verlassen."*

376 Ngantcha, The Right of Innocence Passage, S. 122.

377 So auch: Vitzthum, in: Vitzthum, Handbuch des Seerechts, Kapitel 2 Rn. 128.

(a) Kein Recht zur friedlichen Durchfahrt

Einerseits wird davon ausgegangen, dass das Recht auf friedliche Durchfahrt nicht für Kriegsschiffe bestehe. Die Vertreter dieser Auffassung berufen sich auf einen unterschiedlichen Wortlaut beim Vergleich von Durchfahrtsrechten[378]. Sie heben den Unterschied im Wortlaut des Art. 17 SRÜ „Schiffe *aller Staaten*“ hervor und betonen, dass etwa Art. 37 SRÜ *„allen* Schiffen“ die Transitdurchfahrt durch Meerengen zugestehe[379]. Hieraus leiten die Vertreter dieser Auffassung ab, dass Art. 17 SRÜ eben nur für Handelsschiffe und nicht für *„alle“* Schiffe (wie Art. 37 SRÜ mit einer unstreitig möglichen Transitdurchfahrt von Kriegsschiffen) gelte[380]. Für diese Ansicht wird außerdem das Argument angeführt, dass sich aus der Bedeutung des Rechtes der friedlichen Durchfahrt (Art. 19 SRÜ) und den Schutzrechten des Küstenstaates (Art. 25 SRÜ) ergebe, dass unter die Ergreifung der „erforderlichen Maßnahmen“ auch das Recht falle, das Erfordernis einer vorherigen Erlaubnis festzulegen[381]. Ein weiteres Argument für das Erfordernis einer Erlaubnis wird letztlich in Art. 30 SRÜ gesehen, welcher festlegt, dass ein Kriegsschiff bei Nichteinhaltung der küstenstaatlichen Vorschriften trotz vorheriger Rüge durch den Küstenstaat aufgefordert werden kann, das Küstenmeer sofort zu verlassen[382].

(b) Recht zur friedlichen Durchfahrt

Die Vertreter der anderen Auffassung – zu der auch die Bundesrepublik Deutschland gehört[383] – gehen jedoch von einem Recht auf friedliche Durchfahrt

---

378 Zu den Argumenten, die die Vertreter dieser Auffassung vorbringen, siehe ausführlich: Vitzthum, in: Vitzthum, Handbuch des Seerechts, Kapitel 2 Rn. 129.

379 Vitzthum, in: Vitzthum, Handbuch des Seerechts, Kapitel 2 Rn. 129.

380 Siehe hierzu: Keyuan, ODIL, Vol. 29 (1998), S. 195 (204); Vitzthum, in: Vitzthum, Handbuch des Seerechts, Kapitel 2 Rn. 129.

381 Siehe hierzu die “Interpretative Declarations” der folgenden Staaten: Rumänien, São Tomé und Principe, Sudan, Jemen, Oman, Iran und Kap Verde: LOSB, Vol. 1 (1983), S. 17/18.

382 So ausgeführt bei: Keyuan, ODIL, Vol. 29 (1998), S. 195 (204); Shao, Marine Policy, Vol. 13 (1989), S. 56 (58); Vitzthum, in: Vitzthum, Handbuch des Seerechts, Kapitel 2 Rn. 129.

383 Dies geht aus der Bekanntmachung Deutschlands über das Inkrafttreten des Seerechtsübereinkommens der Vereinten Nationen vom 15.05.1995 hervor, in der es heißt: *„Keine Bestimmung des Übereinkommens, das insoweit geltendes Völkerrecht widerspiegelt, kann als Berechtigung für einen Küstenstaat betrachtet werden, die friedliche Durchfahrt für eine bestimmte Kategorie fremder Schiffe von einer vorherigen Genehmigung oder Benachrichtigung abhängig zu machen.“*, vgl. hierzu: BGBl. 1995 II, S. 602.

auch für Kriegsschiffe aus[384]. Dies wird mit der Überschrift des Abschnitts 3, Unterabschnitt A des Seerechtsübereinkommens „Regeln für *alle Schiffe*“ begründet, welcher unter anderem die Regeln über das Recht der friedlichen Durchfahrt für *„Schiffe aller Staaten“* (Art. 17 SRÜ) enthält[385].

Vitzthum[386] liefert eine plausible Begründung dafür, dass Art. 30 SRÜ nicht im Unterabschnitt A („Regeln für alle Schiffe“), sondern im Unterabschnitt C („Regeln für Kriegschiffe [...]“) normiert ist. Seiner Meinung nach sei Hintergrund des Art. 30 SRÜ nur die Tatsache, dass Art. 31 SRÜ ausländischen Kriegsschiffen ausdrücklich Immunität zugestehe, welche gerade auch für Verstöße gegen küstenstaatliche Gesetze gelte, die in Bezug auf die Durchfahrt durch das Küstenmeer erlassen wurden und wodurch der Küstenstaat keine Handhabe außer der Ausweisung (Art. 30 SRÜ) habe[387]. Diese Auffassung überzeugt gerade auch aus systematischen Erwägungen, da durch die Überschrift des Unterabschnitts A („Regeln für *alle* Schiffe“) das Recht der friedlichen Durchfahrt eben jeglicher Schiffsgattung zugestanden wird und die Regelung über Kriegs- und Staatsschiffe (in Unterabschnitt C) nur der Spezifizierung beispielsweise in Bezug auf Immunitätsfragen dient. Der Hinweis auf die angeblich unterschiedliche Formulierung im Hinblick auf den Meerengentransit geht daher fehl. Ein weiteres Argument gegen das Erfordernis, vorher eine Erlaubnis einholen zu müssen, liegt in den durch das Seerechtsübereinkommen neu eingeführten Handlungsvarianten des Art. 19 Abs. 2 SRÜ. Die lit. a) bis f) befassen sich ausschließlich mit militärischen Maßnahmen, die nur bei Kriegsschiffen in Betracht kommen[388]. Durch diese Vorschrift wird ebenfalls eine eindeutige Aussage in Bezug auf das Durchfahrtsrecht von Kriegsschiffen getroffen. Bei Vorliegen einer der Handlungen der lit. a) bis f) ist die Durchfahrt als nicht-friedlich zu klassifizieren. Vorher liegt eine friedliche Durchfahrt vor, die dann denknotwendig Art. 17 SRÜ unterfällt. Wäre eine friedliche Durchfahrt von vorne herein nicht möglich, wären die Vorschriften des Art. 19 Abs. 2 lit. a) bis f) SRÜ – wie *Vitzthum* zu Recht betont – *„sinnlos“*[389]. *Vitzthum* bezieht sich zur weite-

---

384 Ausführlich hierzu: Vitzthum, in: Vitzthum, Handbuch des Seerechts, Kapitel 2 Rn. 130.

385 Fitzmaurice, ICLQ, Vol. 8 (1959), S. 78 (90); Treves, in: Dupuy/Vignes, Traité du nouveau droit de la mer (1985), S. 774/775; vgl. hierzu weiterhin: Keyuan, ODIL, Vol. 29 (1998), S. 195 (204).

386 Vitzthum, in: Vitzthum, Handbuch des Seerechts, Kapitel 2 Rn. 130.

387 Vitzthum, in: Vitzthum, Handbuch des Seerechts, Kapitel 2 Rn. 130.

388 Hierzu ausführlich: Vitzthum, in: Vitzthum, Handbuch des Seerechts, Kapitel 2 Rn. 130.

389 So auch: Vitzthum, in: Vitzthum, Handbuch des Seerechts, Kapitel 2 Rn. 130.

ren Untermauerung seiner Auffassung auch noch auf Art. 18 Abs. 2 SRÜ[390], der ebenfalls nur sinnvoll sei, wenn hierunter primär Kriegsschiffe fielen[391]. Dies vermag allerdings nicht zu überzeugen. Die Regelung des Art. 18 Abs. 2 SRÜ ist zu schwach, um als weiteres Indiz für ein Recht auf friedliche Durchfahrt dienen zu können. Vielmehr gibt es neben den Handelsschiffen, die wie *Vitzthum* anführt, regelmäßig nicht vor der Küste kreuzen werden, weil Zeit Geld ist[392], auch noch eine Menge anderer Schiffe, wie Privatschiffe und Kreuzfahrtschiffe, welche durchaus vor der Küste kreuzen. Es überzeugt daher nicht, dass Art. 18 Abs. 2 SRÜ primär auf Kriegsschiffe abstellen soll.

Als abschließendes Argument für ein Recht auf friedliche Durchfahrt von Kriegsschiffen durch das Küstenmeer dient die Verhandlungsgeschichte zu diesem Problemkomplex: Auf der 11. Sitzung der Dritten VN-Seerechtskonferenz wurden diverse Anträge gestellt, die es dem Küstenstaat ermöglichen sollten, eine Durchfahrt von Kriegsschiffen zu verhindern oder eine vorherige Erlaubnis bzw. Notifikation verlangen zu können[393]. Diese Anträge wurden wegen Erfolglosigkeit zurückgezogen[394], was im Umkehrschluss darlegt, dass die Möglichkeit für die Küstenstaaten eine Genehmigungspflicht festzulegen, nicht besteht und auch zukünftig nicht bestehen soll. Es zeigt weiterhin, dass während der Seerechtskonferenz bereits klar war, dass ein Recht auf friedliche Durchfahrt für Kriegsschiffe besteht, da ansonsten die Diskussion um die Einschränkung dieses Rechts nicht hätte geführt werden müssen.

Auch die Tatsache, dass sich die damaligen größten Seemächte (nämlich die damalige Sowjetunion und die USA) zu einem "Joint Statement" haben durch-

---

390 Art. 18 Abs. 2 SRÜ lautet: *„Die Durchfahrt muss ohne Unterbrechung und zügig erfolgen. Die Durchfahrt schließt jedoch das Anhalten und Ankern ein, aber nur insoweit, als dies zur normalen Schiffahrt gehört oder infolge höherer Gewalt oder eines Notfalls oder zur Hilfeleistung für Personen, Schiffe oder Luftfahrzeuge in Gefahr oder Not erforderlich wird."*

391 Vitzthum, in: Vitzthum, Handbuch des Seerechts, Kapitel 2 Rn. 130.

392 Vitzthum, in: Vitzthum, Handbuch des Seerechts, Kapitel 2 Rn. 130.

393 Beispielsweise stellte Gabun den Antrag, Art. 21 Abs. 1 SRÜ um einen Unterpunkt zu erweitern und dem Küstenstaat die Befugnis zu geben, Gesetze über die Durchfahrt von Kriegsschiffen einschließlich der vorherigen Notifikation oder Erlaubnis zu erlassen. Siehe hierzu: Butler, AJIL, Vol. 81 (1987), S. 331 (335); – 29 Staaten beantragten, dass in Art. 21 Abs. 1 lit. h) SRÜ noch das Kriterium „Sicherheit" eingefügt wird, vgl. zu letzterem: Brown, The International Law of the Sea, Vol. I, S. 68 ff.; Butler, AJIL, Vol. 81 (1987), S. 331 (335), und zu allem: Vitzthum, in: Vitzthum, Handbuch des Seerechts, Kapitel 2 Rn. 130; Ngantcha, The Right of Innocent Passage, S. 144/145.

394 Ngantcha, The Right of Innocent Passage, S. 145; Vitzthum, in: Vitzthum, Handbuch des Seerechts, Kapitel 2 Rn. 130.

ringen können, in welchem fremden Kriegsschiffen ein Recht auf friedliche Durchfahrt durch das Küstenmeer zugestanden wird, muss hier als Indiz dafür angesehen werden, dass ein solches Recht auf friedliche Durchfahrt dem Grunde nach besteht[395]. Hierauf nahm auch der Generalsekretär Bezug, als er in seinem Report on the Law of the Sea ausdrücklich nur den folgenden Satz veröffentlichte: "[A]ll ships, including warships, regardless of cargo, armament or means of propulsion, enjoy the right of innocent passage through the territorial sea in accordance with international law, *for which neither prior notification nor authorization is required.*[396]" Diese Hervorhebung der Kernaussage des Joint Statement durch den Generalsekretär muss ebenfalls als starkes Indiz für ein bestehendes Recht auf friedliche Durchfahrt für Kriegschiffe gesehen werden[397].

Nach alledem und vor allem nach der neuerlichen Aufforderung des Generalsekretärs die nationale Rechtslage mit der der Konvention zu harmonisieren, was auch für das erlaubnisfreie Recht der friedlichen Durchfahrt gilt[398], muss nun davon ausgegangen werden, dass auch für Kriegsschiffe im Küstenmeer ein Recht auf friedliche Durchfahrt besteht.

(4) Rückzug auf Gewohnheitsrecht

Während der Konferenzen wurde weiterhin die Auffassung vertreten, dass die beiden großen Konferenzen (die Genfer Konferenz und die Seerechtskonferenz von 1982) die Problematik des friedlichen Durchfahrtsrechtes von Kriegsschiffen durch das Küstenmeer nicht lösen konnten (und dass es auch eigentlich die beste Lösung sei, keine klare Regelung einzuführen[399]). Dies führe zu einer unklaren Rechtslage, weshalb Gewohnheitsrecht einschlägig sei[400]. Diese Auffassung ist jedoch nach dem soeben dargelegten Ergebnis nicht haltbar[401].

---

395 Hierzu auch: Franckx, Marine Policy, Vol. 14 (1990), S. 484 (488); das "Joint Statement" ist auch abgedruckt bei: Juda, ODIL, Vol. 21 (1990), S. 111 (113).

396 Markierungen von der Verfasserin vorgenommen. Report of the Secretary General on the Law of the Sea of 1 November 1989, UN Doc. A/44/650, 56 pp., auch abgedruckt in: Franckx, Marine Policy, Vol. 14 (1990), S. 484 (488).

397 So wohl auch: Franckx, Marine Policy, Vol. 14 (1990), S. 484 (489).

398 UN Doc.A/59/62 vom 04.03.2004, Report of the Secretary-General: http://daccess-dds-ny.un.org/doc/UNDOC/GEN/N04/261/40/PDF/N0426140.pdf?OpenElement.

399 Churchill/Lowe, The Law of the Sea, S. 90.

400 Shao, Marine Policy, Vol. 13 (1989), S. 56 (58 ff./67); O'Connell, The International Law of the Sea, Vol. I, S. 290/291, welcher sich jedoch hier nur auf die Genfer Konferenz bezieht; Kritik zu der Regelung auch von: Brownlie, Principles of Public International Law, 4. Aufl., S. 198.

401 So auch: Hofmann, Das Küstenmeer im Völkerrecht, S. 189; Vitzthum, in: Vitzthum, Handbuch des Seerechts, Kapitel 2 Rn. 131.

(5) Staatenpraxis

In der Praxis ist zu beobachten, dass das Augenmerk der Staaten darauf gerichtet ist, Konfrontationen zu vermeiden[402]. Sofern eine Erlaubnis vorausgesetzt wird, wird auch hier meist ein informeller Weg beschritten. Bevorzugt wird ein lockerer Kontakt zwischen Militärpersonen und lokalen Navy-Offizieren[403].

cc. Schiffe mit gefährlicher Ladung oder nuklearem Antrieb und das Merkmal „friedlich“

(1) Allgemeines

Zu Schiffen mit gefährlicher Ladung oder nuklearem Antrieb gilt dem Grunde nach das soeben zu Kriegsschiffen Gesagte. Auch für diese Schiffe besteht ein allgemeines Recht auf friedliche Durchfahrt durch das Küstenmeer, sofern sie sich an gewisse Voraussetzungen halten. Die entsprechende Regelung hierfür findet sich in Art. 23 SRÜ[404], dessen Wortlaut bereits keinen Zweifel darüber aufkommen lässt, dass auch solchen Schiffen das Recht zur friedlichen Durchfahrt ohne vorherige Erlaubnis und Notifikation zusteht[405]. Das Recht auf friedliche Durchfahrt hängt einzig davon ab, dass das Schiff die erforderlichen Papiere mit sich führt und die international vereinbarten Sicherheitsmaßnahmen einhält[406]. Hierzu zählen unter anderem die SOLAS- und MARPOL-Konventionen sowie die Bestimmungen des International Maritime Dangerous Goods Code (“IMDG-Code”)[407] der IMO[408]. Weiterhin können solche Schiffe gemäß Art. 22

---

402 So auch: Shao, Marine Policy, Vol. 13 (1989), S. 56 (67). Dies wird auch das oben angesprochene “Joint Statement” zwischen der ehemaligen UdSSR und den USA deutlich. So auch: Juda, ODIL, Vol. 21 (1990), S. 111 (113).

403 Churchill/Lowe, The Law of the Sea, S. 90.

404 Art. 23 SRÜ lautet: *„Fremde Schiffe mit Kernenergieantrieb und Schiffe, die nukleare und sonstige ihrer Natur nach gefährliche oder schädliche Stoffe befördern, müssen bei der Ausübung des Rechts der friedlichen Durchfahrt durch das Küstenmeer die Dokumente mitführen und die besonderen Vorsichtsmaßnahmen beachten, die in internationalen Übereinkünften für solche Schiffe vorgeschrieben sind.“*

405 Vitzthum, in: Vitzthum, Handbuch des Seerechts, Kapitel 2 Rn. 132.

406 So auch: Gloria, in: Ipsen, Völkerrecht, § 52 Rn. 18; Hasselmann, Die Freiheit der Handelsschiffahrt, S. 278.

407 Siehe hierzu die Homepage der IMO: http://www5.imo.org/SharePoint/mainframe.asp?Topic_id=158. Abgedruckt ist der IMDG-Code auch auf der Homepage des deutschen Bundesministeriums für Verkehr, Bau und Stadtentwicklung: http://www.bmvbs.de/SharedDocs/DE/Artikel/UI/Gefahrgut/gefahrgut-recht-vorschriften-seeschifffahrt.html?nn=35602; die amtliche Bekanntmachung findet sich in: VkBl., Bd. 4 (2009), S. 102. Siehe hierzu auch ausführlich: Hofmann, Das Küstenmeer im Völkerrecht, S. 192 ff.

408 Siehe hierzu ausführlich: Hofmann, Das Küstenmeer im Völkerrecht, S. 192 ff.

Abs. 2 SRÜ durch den Küstenstaat verpflichtet werden, festgelegte Schifffahrtswege einzuhalten[409].

(2) Staatenpraxis

Einige Staaten halten sich nicht an die klare Bestimmung des Art. 23 SRÜ, sie haben abweichende Bedingungen in ihren nationalen Gesetzen aufgenommen oder Erklärungen gemäß Art. 310 SRÜ abgegeben[410]. Gegen diese Erklärungen wurde von einigen Staaten Widerspruch erhoben, da hierdurch gegen das Recht der friedlichen Durchfahrt verstoßen werde, wie es kraft des Seerechtsübereinkommens und auch nach dem Gewohnheitsrecht bestehe[411].

(3) Deutschland

In Deutschland ist in Bezug auf Schiffe mit gefährlicher Ladung an Bord die „Verordnung über die Beförderung gefährlicher Güter mit Seeschiffen" (Gefahrgutverordnung See – GGVSee)[412] in Kraft. Im Übrigen hat Deutschland gemeinsam mit Dänemark, Estland, Finnland, Lettland, Litauen, Polen und Schweden das Memorandum of Understanding zur Beförderung verpackter gefährlicher Güter mit Ro/Ro-Schiffen[413] in der Ostsee (MoU), welches zum

---

409 Vitzthum, in: Vitzthum, Handbuch des Seerechts, Kapitel 2 Rn. 132; bzgl. der Durchfahrt von Öltankern vgl. Niemann, Die Befugnisse des Küstenstaats zur Verhinderung von Öltankerunfällen, in: Tomuschat, Schutz der Weltmeere gegen Öltankerunfälle, S. 79 (81 ff.).

410 Deklarationen Nuklearschiffe betreffend: Ägypten (LOSB, Vol. 25 [1994], S. 12/13); Malaysia (LOSB, Vol. 33 [1997], S. 8); Malta (LOSB, Vol. 25 [1994], S. 16); Oman (LOSB, Vol. 25 [1994], S. 17); Saudi Arabien (LOSB, Vol. 31 [1996], S. 10); Jemen (LOSB, Vol. 25 [1994], S. 38). – Deklarationen eine gefährliche Fracht betreffend: Ägypten (LOSB, Vol. 25 [1994], S. 12/13); Malta (LOSB, Vol. 25 [1994], S. 16); Oman (LOSB, Vol. 25 [1994], S. 17); vgl. auch: Vitzthum, in: Vitzthum, Handbuch des Seerechts, Kapitel 2 Fn. 364.

411 Churchill/Lowe, The Law of the Sea, S. 92; widersprochen haben die Niederlande (LOSB, Vol. 32 [1996], S. 8); Deutschland (LOSB, Vol. 27 [1995], S. 7); die USA (LOSB, Vol. 31 [1996], S. 39 und das Vereinigte Königreich: Marston, United Kingdom Materials on International Law 1995, BYIL, Vol. 66 (1995), S. 583 (683); vgl. zu hierzu ausführlich: Vitzthum, in: Vitzthum, Handbuch des Seerechts, Kapitel 2 Rn. 132.

412 Diese wurde neu gefasst am 22.02.2010 (vgl. hierzu: BGBl. 2010 I, S. 238 ff.) und zuletzt geändert durch Art. 2 der Verordnung vom 03.08.2010 (vgl. BGBl. 2010 I, S. 1139).

413 Ro/Ro-Schiffe (vom englischen: "Roll on Roll off") sind modernste Transporteinheiten, bei welchen die zu befördernden Güter direkt auf das Schiff gefahren werden. Dies geschieht durch Pkws, Lkws oder gar Züge. Die am 28.09.1994 gesunkene Ostseefähre „Estonia" war ein solches Ro/Ro-Schiff (Quelle: Wikipedia).

1. Januar 2010 in Kraft trat, verfasst[414]. Dieses MoU stellt eine Ausnahme gemäß 7.9.1[415] des IMDG-Codes dar.

dd. U-Boote und das Merkmal „friedlich“

U-Booten steht im Küstenmeer das Recht auf eine friedliche Durchfahrt zu. Die einzig bestehende Voraussetzung für die Anerkennung des Merkmals „friedlich“ ist, dass U-Boote im Küstenmeer über Wasser fahren und ihre Flagge zeigen müssen (vgl. Art. 20 SRÜ).

ee. Die weiteren Probleme des Begriffes der Unfriedlichkeit

(1) Erfordernis des subjektiven Tatbestandes?

Fraglich und umstritten ist, ob die Tätigkeit, die zu einer Unfriedlichkeit führt, rein objektiv vorliegen muss oder ob es auch noch eines subjektiven Tatbestandes bedarf. Muss also das jeweilige Schiff den Verstoß, den es gerade begeht, wollen und somit die Kriterien des Vorsatzes erfüllen oder kann es auch fahrlässig handeln? Sofern ein Vorsatz erforderlich ist, könnte man konsequenterweise bei Vorliegen von Fahrlässigkeit keine Unfriedlichkeit annehmen.

(a) Objektive Theorie

Die Vertreter der objektiven Theorie lassen es für die Bejahung der Unfriedlichkeit genügen, wenn eine konkrete, objektive Handlung des Schiffes vorliegt[416]. Sie betonen, dass die ILC versucht hätte, die Kriterien für die Unfriedlichkeit (damals galt noch das Küstenmeerübereinkommen) zu objektivieren, um jegliche Subjektivität auszulöschen[417].

(b) Subjektive Theorie

Die Vertreter der subjektiven Theorie fordern für das Vorliegen der Unfriedlichkeit neben dem objektiven Tatbestand auch die Erfüllung des subjektiven Tatbestandes[418]. Dieser liege dann vor, wenn die Tätigkeit begangen werde, um

---

414 VkBl., Bd. 24 (2009), S. 782; vgl. auch: http://www.bsh.de/de/Schifffahrt/Sportschifffahrt/Berichtigungsservice_NfS/Schifffahrtsvorschriften/2010/05-2010.pdf.

415 Der Text der Vorschrift des 7.9.1 IMDG-Codes, welcher die zulässigen Ausnahmen regelt, findet sich auf: http://www.bmvbs.de/cae/servlet/contentblob/27850/publicationFile/10292/imdg-code-de-2008-7.pdf.

416 Zu diesem Themenkomplex allgemein: Pharand, CYIL, Vol. 6 (1968), S. 3 (6 ff.); Hofmann, Das Küstenmeer im Völkerrecht, S. 150.

417 Siehe hierzu die Ausführungen von Gross, AJIL, Vol. 53 (1959), S. 564 (581 ff.).

418 Hierzu ebenfalls ausführlich: Hofmann, Das Küstenmeer im Völkerrecht, S. 150 ff.

dem Küstenstaat zu drohen, allerdings auch dann, wenn Personen oder Güter befördert würden, die eine Gefahr für den Küstenstaat darstellen[419].

(c) Ergebnis

Betrachtet man die heutige Regelung in Art. 19 Abs. 2 SRÜ, so ergibt sich aus dem Wortlaut, dass jedenfalls in den Fällen des Art. 19 Abs. 2 lit a), c), d), h) und k) SRÜ eine subjektive Komponente erforderlich ist[420]. Diese Varianten setzen nach ihrem Wortlaut jeweils voraus, dass die entsprechende Handlung auf etwas *„gerichtet ist"*[421]. Im Falle der lit. h) ist sogar ausdrücklich eine „vorsätzliche" Handlung gefordert. Auch bei den verbleibenden Handlungsalternativen ist nicht ersichtlich, wie diese unvorsätzlich begangen werden sollen. Als repräsentatives Beispiel für die anderen Handlungen kann Art. 19 Abs. 2 lit. b) SRÜ dienen. Sofern ein Schiff eine Übung mit Waffen oder ein Manöver durchführt, geschieht dies selbstverständlich absichtlich und nicht durch „Zufall"[422]. Dies lässt die Schlussfolgerung zu, dass für die Begehung aller Tatbestandsalternativen des Art. 19 Abs. 2 SRÜ ein Vorsatz erforderlich ist, dieser sich jedoch regelmäßig bereits aus der Natur der Handlung ergibt[423].

(d) Probleme in der Praxis

Die Ungerechtigkeit, die diese Vorschrift mit sich bringen kann, wird an dem Fall zweier Hochseeangler deutlich, welche unbemerkt und bedingt durch einen technischen Navigationsfehler in das iranische Küstenmeer gelangten und dort weiterhin (selbstverständlich vorsätzlich) der Fischerei nachgingen[424]. Die Hochseeangler wurden deshalb zu 18 Monaten Gefängnis verurteilt und nach circa 15 Monaten Haft entlassen[425]. Grund für die Verurteilung war die Tatsache, dass sich die Hochseeangler wegen der unstreitigen Fischereitätigkeit (Art. 19 Abs. 2 lit. i) SRÜ) nicht auf das Recht der friedlichen Durchfahrt beru-

---

419 O'Connell, The International Law of the Sea, Vol. I, S. 273/274; siehe auch: Ngantcha, The Right of Innocent Passage, S. 47.

420 Siehe hierzu ausführlich: Hofmann, Das Küstenmeer im Völkerrecht, S. 150.

421 So auch: Hofmann, Das Küstenmeer im Völkerrecht, S. 150.

422 So im Ergebnis wohl auch: Hofmann, Das Küstenmeer im Völkerrecht, S. 150 (insbesondere Fn. 692).

423 So auch: Hofmann, Das Küstenmeer im Völkerrecht, S. 151.

424 Hierzu ausführlich: Hofmann, Das Küstenmeer im Völkerrecht, S. 150 ff.

425 Siehe zu diesem Fall und den Konsequenzen: http://www.123recht.net/SWR-18-Monate-Haft-f%C3%BCr-Deutschen-im-Iran-wegen-Grenzverletzung-_a15537.html; http://www.123recht.net/Deutscher-in-Iran-zu-Gefaumlngnisstrafe-verurteilt-_a15590.html; http://www.123recht.net/Deutscher-Hochseeangler-Donald-Klein-im-Iran-frei-_a21596.html.

fen konnten. Hier wird deutlich, wie sehr die Anwendung des Seerechtsübereinkommens von den subjektiven Auslegungen der Küstenstaaten geprägt ist. Unter Betätigung des gesunden Menschenverstandes erscheint es mehr als problematisch, die Hobbyfischerei mit einer „tatsächlichen" Fischereitätigkeit gleichzusetzen, bei welcher dann auch in der Regel große Mengen an Fischen gefangen werden. Allerdings ist – auch wenn die Ungerechtigkeit förmlich greifbar ist – diese Auslegung rein wortlauttechnisch entgegen der Auffassung *Hofmanns*[426] möglich. Es gibt im Seerechtsübereinkommen keine nähere Spezifikation des Art. 19 Abs. 2 lit. i) SRÜ, welche eine „Mindestfischmenge" festlegt oder gar Hobbyangler ausschließt. Aus diesem Grunde übt auch nach dessen Wortlaut ein Hobbyangler eine Fischereitätigkeit aus. *Hofmann* fordert in diesem Zusammenhang ferner, dass sich der Vorsatz im Falle der beiden Hochseeangler auf die Tatsache hätte richten müssen, dass sie sich wissentlich und willentlich im iranischen Küstenmeer befinden[427]. Selbstverständlich hätten die beiden Hochseeangler diese Voraussetzung nicht erfüllt. Sie geht jedoch auch zu weit. Auch wenn im vorliegenden Fall ein hohes Maß an Einzelfallungerechtigkeit zu erblicken ist, kann der Küstenstaat dennoch nicht in jedem Fall die Absichten der vermeintlichen „Täter" eruieren. Dies wäre fast unmöglich und würde durch erhebliche Auslegungsdivergenzen der einzelnen Küstenstaaten und natürlich unter Umständen wegen einer willkürlichen Anwendung durch die Küstenstaaten zu Rechtsunsicherheit führen und damit auch zu Lasten der Schifffahrt gehen. In Bezug auf die Interessen der Küstenstaaten würde die Gefahr bestehen, dass sich auch organisierte Gruppen auf das Fehlen dieses subjektiven Merkmals berufen. Eine solche Entwicklung darf nicht ermöglicht werden. Vielmehr sollte in einem Fall wie dem der beiden Hochseeangler von einer Strafverfolgung abgesehen werden.

(2) Präventive Feststellung der Unfriedlichkeit

Es muss weiterhin noch geklärt werden, ob eine präventive Feststellung der Unfriedlichkeit möglich ist. Wie oben bereits erörtert wurde, kann eine Unfriedlichkeit nicht mehr abstrakt auf einen Umstand (wie die Ladung des Schiffes) gestützt werden. Fraglich ist jedoch, wie es sich verhält, wenn ein Küstenstaat einen Verdacht hat, dass es zu einem konkreten Verstoß durch ein Schiff kommen wird. Kann der Küstenstaat in einem solchen Fall die friedliche Durch-

---

[426] Hofmann, Das Küstenmeer im Völkerrecht, S. 152.
[427] Hofmann, Das Küstenmeer im Völkerrecht, S. 150/151.

fahrt dieses Schiffes aussetzen oder muss tatsächlich erst ein konkreter Verstoß vorliegen?

(a) Keine präventive Feststellung

Bei dieser umstrittenen Frage[428] wird einerseits vertreten, dass nur ein tatsächlich begangener Verstoß im Küstenmeer diesen massiven Eingriff in die Schifffahrtsfreiheit rechtfertigen könne[429]. Begründet wird diese Auffassung damit, dass zu Gunsten der Interessen aller Staaten (ein Küstenstaat kann in einem anderen Zusammenhang ein Flaggenstaat sein und umgekehrt[430]) für die Annahme einer Unfriedlichkeit klare Grenzen aufgezeigt werden müssen[431].

(b) Präventive Feststellung

Die Vertreter der entgegengesetzten Auffassung argumentieren, dass dem Küstenstaat auch präventive Schutzmaßnahmen zustehen sollten[432], wenn seitens des Schiffes auch der subjektive Tatbestand dahingehend erfüllt sei, dass eine die Unfriedlichkeit begründende konkrete Handlung begangen werden solle[433]. Da der subjektive Tatbestand in den meisten Fällen nicht nachweisbar sein dürfte, soll ein dringender Verdacht ausreichend sein, um von Seiten des Küstenstaates präventiv gegen das jeweilige Schiff vorgehen zu dürfen[434].

(c) Ergebnis

Der letztgenannten Auffassung, welche eine präventive Feststellung der Unfriedlichkeit für möglich hält, kann in weitem Maße nicht gefolgt werden, da sie

---

428 Siehe hierzu: Hofmann, Das Küstenmeer im Völkerrecht, S. 154; Ngantcha, The Right of Innocent Passage, S. 51.

429 Burke, Occasional Paper No. 28 (1975), Law of the Sea Institute, University of Rhode Island, S. 12; vgl. auch: Hofmann, Das Küstenmeer im Völkerrecht, S. 154.

430 Siehe Burke, a.a.o. (Fn. 429).

431 Burke (s. Fn. 429) äußerte sich hierzu folgendemaßen: *"Concern for the broad, community interests (including the coastal States interests as a flag State in other contexts) justifies establishing limits on coastal discretion by providing that the innocence, or lack thereof, of passage must be determined only by specific acts occurring during passage in the territorial sea itself."*

432 Hofmann, Das Küstenmeer im Völkerrecht, S. 157; Hasselmann, Die Freiheit der Handelsschiffahrt, S. 279; wohl auch: Vitzthum, in: Vitzthum, Handbuch des Seerechts, Kapitel 2 Rn. 123 Fn. 338; diese Frage offen lassend: Geck, in: Festschrift Mosler, S. 281 (305).

433 Hierzu: Hofmann, Das Küstenmeer im Völkerrecht, S. 155.

434 Siehe hierzu ausführlich: Hofmann, Das Küstenmeer im Völkerrecht, S. 154 ff.; Hasselmann, Die Freiheit der Handelsschiffahrt, S. 279.

die Schifffahrtsfreiheit in einem nicht hinnehmbaren Maße beschränkt[435]. Die Neufassung des Art. 19 SRÜ mit der Auflistung der konkreten Handlungsvarianten in Abs. 2, die zu einer Unfriedlichkeit führen, sollte gerade dazu dienen, den Küstenstaaten keinen allzu großen Spielraum zu belassen, wann die Durchfahrt eines fremden Schiffes ausgesetzt werden kann[436]. Die Missbrauchsmöglichkeiten sollten so weit wie möglich eingedämmt werden[437]. Sofern man nun den Küstenstaaten zugesteht, bei Vorliegen eines dringenden Verdachts gegen ein Schiff einzuschreiten, gibt man dem Küstenstaat erneut ein Instrumentarium in die Hand, um die durch Art. 19 Abs. 2 SRÜ klar definierten Grenzen zu umgehen. Erneut bestünde Rechtsunsicherheit, weil diese Grenzen zu verschwimmen drohen. Selbst *Hofmann* als Vertreter der Gegenmeinung gesteht ein, dass die Fälle, in denen der Küstenstaat im Vorhinein eine sichere Kenntnis vom Vorliegen eines Vorsatzes hat, gering sein dürften[438]. Es würde also durch das Instrumentarium der Möglichkeit einer präventiven Feststellung der Unfriedlichkeit einhergehend mit der Notwendigkeit des Vorliegens eines „dringenden Verdachts" erneut eine Grauzone geschaffen, die – wie dies bei Grauzonen in der Natur der Sache liegt – jeglicher Verlässlichkeit entbehren würde. *Hofmann* möchte, um dem entgegenzuwirken, *„die Anforderungen an die Dringlichkeit des Verdachtes gemäß dem völkerrechtlichen Grundsatz der Verhältnismäßigkeit anheben, wie sich der Umfang und das Gewicht der befürchteten Verstoßhandlung und des erwarteten Schadensumfangs verringern".*[439] Allerdings ändert auch dies nichts daran, dass dadurch der Ermessensentscheidung der Küstenstaaten mit der erheblichen Gefahr des Missbrauchs Tür und Tor geöffnet würde. Wenn ein Küstenstaat also tatsächlich davon ausgeht, einen dringenden Verdacht zu haben, so kann es ihm zugemutet werden, das „verdächtige" Schiff zu beobachten und bei Vorliegen einer konkreten Handlung gemäß Art. 19 Abs. 2 SRÜ sofort gegen das Schiff einzuschreiten. In diesem Falle werden die Interessen aller Beteiligten am meisten gewahrt, die Schifffahrtsfreiheit wird geschützt und es entstehen auch keine Streitigkeiten um etwaige Wiedergutmachungsansprüche für den Flaggenstaat, falls sich ein dringender Verdacht als falsch herausstellt[440].

---

435 Zu einer Ausnahme von diesem Grundsatz siehe weiter unten.
436 Churchill/Lowe, The Law of the Sea, S. 85.
437 Churchill/Lowe, The Law of the Sea, S. 85.
438 Hofmann, Das Küstenmeer im Völkerrecht, S. 156.
439 Hofmann, Das Küstenmeer im Völkerrecht, S. 156.
440 Diese Widergutmachungsansprüche thematisiert auch Hofmann, Das Küstenmeer im Völkerrecht, S. 157.

Sofern – und nur in diesem Falle – eine Gefahr für Leib und Leben von Menschen besteht, ist es zulässig, einen dringenden Tatverdacht ausreichen zu lassen. Diese Möglichkeit dürfte allenfalls im Rahmen des Art. 19 Abs. 2 lit. a) SRÜ zum Tragen kommen. Ausschließlich in diesem Falle und nur bei restriktiver Handhabung darf eine präventive Feststellung der Unfriedlichkeit möglich sein. In allen anderen Fällen ist diese Möglichkeit daher grundsätzlich abzulehnen.

V. Rechte des Küstenstaates

1. Regelungsbefugnisse des Küstenstaates

Art. 25 SRÜ bietet dem Küstenstaat verschiedene Handlungsmöglichkeiten, um die Schifffahrt in seinem Küstenmeer zu beeinflussen.

a. Maßnahmen gegen eine Verletzung des Rechts auf friedliche Durchfahrt

Dem Küstenstaat steht gemäß Art. 25 Abs. 1 SRÜ[441] das Recht zu, die erforderlichen Maßnahmen zu ergreifen, um eine nicht-friedliche Durchfahrt zu verhindern. Dieses Recht ist auch bereits gewohnheitsrechtlich anerkannt[442]. Eine präventive Feststellung der Unfriedlichkeit ist in der Regel nicht zulässig.[443]

b. Maßnahmen beim Einlaufen in die inneren Gewässer oder in eine Hafenanlage

Sofern ein Schiff in die inneren Gewässer oder in eine Hafenanlage außerhalb der inneren Gewässer einlaufen möchte, kann der Küstenstaat unter Berufung auf Art. 25 Abs. 2 SRÜ[444] weiterhin die erforderlichen Maßnahmen ergreifen, um jede Verletzung der Bedingungen zu verhindern, die für das Einlaufen dorthin gelten[445].

---

441 Art. 25 Abs. 1 SRÜ lautet: *„Der Küstenstaat kann in seinem Küstenmeer die erforderlichen Maßnahmen ergreifen, um eine nicht-friedliche Durchfahrt zu verhindern."*

442 Vitzthum, in: Vitzthum, Handbuch des Seerechts, Kapitel 2 Rn. 125; Churchill/Lowe, The Law of the Sea, S. 87.

443 Siehe hierzu die obigen Ausführungen.

444 Art. 25 Abs. 2 SRÜ lautet: *„Der Küstenstaat ist ferner berechtigt, in bezug auf Schiffe, die in seine inneren Gewässer einlaufen oder eine Hafenanlage außerhalb der inneren Gewässer anlaufen wollen, die erforderlichen Maßnahmen zu ergreifen, um jede Verletzung der Bedingungen zu verhindern, die für das Einlaufen solcher Schiffe in die inneren Gewässer oder für ihr Anlaufen solcher Anlagen bestehen."*

445 Hasselmann, Die Freiheit der Handelsschiffahrt, S. 280.

c. *Aussetzen des Rechts auf friedliche Durchfahrt*

Außerdem hat der Küstenstaat gemäß Art. 25 Abs. 3 SRÜ[446] die Möglichkeit in bestimmten Gebieten (etwa Seegebiete vor militärischen Häfen[447]) und nach ordnungsgemäßer Bekanntgabe das Recht auf friedliche Durchfahrt vorübergehend auszusetzen, wobei weiterhin sichergestellt werden muss, dass keine Diskriminierung vorliegt[448]. Im Übrigen darf eine solche Maßnahme ausschließlich dann vorgenommen werden, wenn sie für die Sicherheit des Küstenstaates oder für ein Manöver[449] unerlässlich ist. Art. 25 Abs. 3 SRÜ kann ferner nicht auf international genutzte Meerengen angewendet werden[450].

2. *Die Erhebung von Gebühren*

Grundsätzlich darf der Küstenstaat von den das Küstenmeer durchfahrenden Schiffen keine Gebühren erheben (Art. 26 Abs. 1 SRÜ). Sofern jedoch dem Schiff ein Dienst geleistet wird, ist eine Gebührenerhebung möglich (Art. 26 Abs. 2 SRÜ)[451]. Gebühren können demnach dann erhoben werden, wenn der Dienst dem betroffenen Schiff individuell gewährt wird wie bei Schlepp- oder Lotsendiensten[452].

---

446 Art. 25 Abs. 3 SRÜ lautet: *„Der Küstenstaat kann, ohne fremde Schiffe untereinander rechtlich oder tatsächlich zu diskriminieren, in bestimmten Gebieten seines Küstenmeers die friedliche Durchfahrt fremder Schiffe vorübergehend aussetzen, sofern dies für den Schutz seiner Sicherheit, einschließlich Waffenübungen, unerläßlich ist. Eine solche Aussetzung wird erst nach ordnungsgemäßer Bekanntmachung wirksam."*

447 Diese Sperrung erfolgt oftmals umfassend. Siehe hierzu beispielhaft: Art. 17 des Statuts der Ukraine über die Staatsgrenzen vom 04.11.1991, (LOSB, Vol. 25 [1994], S. 89); vgl. hierzu auch: Vitzthum, in: Vitzthum, Handbuch des Seerechts, Kapitel 2 Fn. 344.

448 Siehe hierzu und zu den unterschiedlichen Fassungen: Hasselmann, Die Freiheit der Handelsschiffahrt, S. 281.

449 Ursprünglich war das Manöver kein Grund für eine Aussetzungsmöglichkeit der friedlichen Durchfahrt. Dieses wurde erst durch einen Antrags Belgiens aufgenommen, vgl.: Hasselmann, Die Freiheit der Handelsschiffahrt, S. 281 Fn. 175; Oxman, AJIL, Vol. 74 (1980), S. 1 (4) Fn. 22.

450 Hasselmann, Die Freiheit der Handelsschiffahrt, S. 281; Vitzthum, in: Vitzthum, Handbuch des Seerechts, Kapitel 2 Rn. 125.

451 Skandinavien betont, dass hierunter das Zurverfügungstellen von Bojen und Leuchtfeueranlagen im Küstenmeer fällt, sog. "lighthouse dues", vgl. Vitzthum, in: Vitzthum, Handbuch des Seerechts, Kapitel 2 Rn. 124. Dies kann jedoch vor dem Hintergrund nicht überzeugen, dass dieser Dienst der gesamten Schifffahrt und eben nicht einem individuellen Schiff gewährt wird, vgl. ILC Yearbook 1956 II, S. 274, Art. 19 Commentary (1).

452 ILC Yearbook 1956 II, S. 274, Art. 19 Commentary (1), vgl. auch: Hasselmann, Die Freiheit der Handelsschiffahrt, S. 283.

3. *Rechtsetzungskompetenz*

a. *Allgemeines*

Der Küstenstaat verfügt in seinem Küstenmeer weiterhin über Legislativkompetenzen, um friedliche Durchfahrten von fremden Schiffen zu organisieren und um seine berechtigten Interessen berücksichtigt zu wissen[453]. In Bezug auf diese Legislativkompetenzen des Küstenstaates war es von Anfang an das Ziel, eine Vereinbarkeit des Rechts der friedlichen Durchfahrt mit der Souveranität des Küstenstaates zu bewirken[454]. Nach alledem steht es dem Küstenstaat gemäß Art. 21 Abs. 1 SRÜ frei, in den dort abschließend[455] aufgelisteten Fällen (etwa gemäß lit. d) zur Erhaltung der lebenden Ressourcen des Meeres) *„Gesetze und sonstige Vorschriften über die friedliche Durchfahrt durch das Küstenmeer [...] zu erlassen"*[456]. Sofern ein Schiff sich jedoch nicht mehr in friedlicher Durch-

---

453 Hierzu siehe: Hofmann, Das Küstenmeer im Völkerrecht, S. 164 ff.

454 Churchill/Lowe, The Law of the Sea, S. 92. Hier werden auch ausführlich die verschiedenen Meinungen aufgeführt, die in Bezug auf Legislativkompetenzen des Küstenstaates in seinem Küstenmeer vertreten werden: *"State practice and doctrine on the question of the extent of a coastal State's rights to enact legislation – its legislative, as opposed to its enforcement, jurisdiction – varied according to whether the territorial sea was regarded as a mere 'bundle of servitudes' or as a belt of maritime territory under the plenary jurisdiction of the State."*

455 Dies stellt die h. M. dar. Siehe hierzu auch: Jaenicke, ZaöRV, Bd. 38 (1978), S. 438 (468); Geck, in: Festschrift Mosler, S. 281 (305); Hasselmann, Die Freiheit der Handelsschiffahrt, S. 270; Vitzthum, in: Vitzthum, Handbuch des Seerechts, Kapitel 2 Rn. 124.

456 Art. 21 Abs. 1 SRÜ lautet: *„Der Küstenstaat kann in Übereinstimmung mit diesem Übereinkommen und den sonstigen Regeln des Völkerrechts Gesetze und sonstige Vorschriften über die friedliche Durchfahrt durch das Küstenmeer in bezug auf alle oder einzelne der folgenden Bereiche erlassen:*
a) Sicherheit der Schiffahrt und Regelung des Seeverkehrs;
b) Schutz der Seezeichen und Navigationseinrichtungen und anderer Einrichtunge oder Anlagen;
c) Schutz von Kabeln und Rohrleitungen;
d) Erhaltung der lebenden Ressourcen des Meeres;
e) Verhütung von Verstößen gegen die Fischereigesetze und diesbezüglichen sonstigen Vorschriften des Küstenstaates;
f) Schutz der Umwelt des Küstenstaats und Verhütung, Verringerung und Überwachung ihrer Verschmutzung;
g) wissenschaftliche Meeresforschung und hydrographische Vermessungen;
h) Verhütung von Verstößen gegen die Zoll- und sonstigen Finanzgesetze, Einreise- oder Gesundheitsgesetze und diesbezüglichen sonstigen Vorschriften des Küstenstaats".

fahrt befindet, kann der Küstenstaat seine gesamte Rechtsordnung auf das ausländische Schiff anwenden und ist keinen Beschränkungen mehr unterworfen[457].

b. *Einschränkungen*

Bei dem Erlass von Gesetzen nach Art. 21 Abs. 1 SRÜ darf der Küstenstaat Schiffe nicht diskriminieren (etwa nach dem Staat ihrer Herkunft oder ihres Auftrags) oder ihr Recht auf friedliche Durchfahrt durch das Küstenmeer behindern[458]. Diese Verbote ergeben sich bereits aus Art. 24 Abs. 1 Satz 1 und Satz 2 lit. b) SRÜ[459] und sollen eine Begrenzung der küstenstaatlichen Macht zu Gunsten der Freiheit der Schifffahrt darstellen[460]. Weiterhin wird von den Küstenstaaten gemäß Art. 21 Abs. 3 SRÜ verlangt, dass die jeweiligen Gesetze und Vorschriften ordnungsgemäß veröffentlicht werden.

c. *Ausnahmen von der Rechtsetzungskompetenz*

Gemäß Art. 21 Abs. 2 SRÜ ist es dem Küstenstaat verboten, Gesetze und Vorschriften zu erlassen, die sich auf *„den Entwurf, den Bau, die Bemannung oder die Ausrüstung von fremden Schiffen erstrecken, sofern sie nicht allgemein anerkannten internationalen Regeln oder Normen Wirksamkeit verleihen.*[461] *"* Diese Vorschrift ist von großer Wichtigkeit für die Freiheit der Schifffahrt, da es

---

457 Dass dieses Recht aus Courtoisie nicht immer angewendet wird, wird unten im Kapitel über die küstenstaatliche Jurisdiktion näher ausgeführt. Vgl. außerdem: Churchill/Lowe, The Law of the Sea, S. 99.

458 Vitzthum, in: Vitzthum, Handbuch des Seerechts, Kapitel 2 Rn. 124.

459 Art. 24 Abs. 1 SRÜ lautet: *„Der Küstenstaat darf, außer in den von diesem Übereinkommen vorgesehenen Fällen, die friedliche Durchfahrt fremder Schiffe durch das Küstenmeer nicht behindern. Insbesondere darf der Küstenstaat bei der Anwendung des Übereinkommens oder der in Übereinstimmung mit ihm erlassenen Gesetze oder sonstigen Vorschriften nicht*

- *fremden Schiffen Auflagen machen, die im Ergebnis eine Verweigerung oder Beeinträchtigung der Ausübung des Rechts der friedlichen Durchfahrt bewirken, oder*
- *die Schiffe eines bestimmten Staates oder Schiffe, die Ladung nach oder von einem bestimmten Staat oder in dessen Auftrag befördern, rechtlich oder tatsächlich diskriminieren."*

460 So auch: Hasselmann, Die Freiheit der Handelsschiffahrt, S. 271, welcher zu Recht darauf hinweist, dass die detaillierte Aufzählung der Regelungsmaterie in Art. 21 SRÜ zu einer Verbesserung der Rechtssicherheit geführt hat. Das Problem der Rechtsunsicherheit wohnte noch dem unbestimmten Wortlaut des Art. 17 KMÜ inne, wurde jedoch durch Einführung des Art. 21 SRÜ korrigiert.

461 Hierzu zählen die als Hauptnormen die SOLAS-Konvention (siehe hierzu die obigen Ausführungen im Kapitel über die inneren Gewässer) und die MARPOL-Konvention (siehe hierzu die obigen Ausführungen im Kapitel über die inneren Gewässer).

dieser nicht zumutbar und möglich wäre, ein Schiff für die Fahrt durch diverse Küstenmeere jedes Mal den entsprechenden Voraussetzungen anzupassen bzw. umzubauen.

d. Besondere Kompetenzzuweisung: Festlegung von Schifffahrtswegen und Verkehrstrennungsgebieten

Die Kompetenzzuweisung des Art. 21 SRÜ wird verstärkt durch Art. 22 SRÜ, welcher den Küstenstaaten die Möglichkeit gibt, dort, wo es die Sicherheit der Schifffahrt erfordert, von fremden Schiffen in friedlicher Durchfahrt zu verlangen, Schifffahrtswege und Verkehrstrennungsgebiete zu benutzen. Interessant wird diese Option für den Küstenstaat immer dann, wenn es sich um besondere Schiffsarten (wie Tankschiffe, Schiffe mit Kernenergieantrieb und solchen, die gefährliche oder schädliche Stoffe befördern) handelt[462]. Zur Festlegung solcher Wege und Gebiete stellt Art. 22 Abs. 3 SRÜ Richtlinien, unter anderem die Berücksichtigung der Empfehlungen der IMO als zuständiger Organisation, auf[463].

Wie auch bei Art. 21 SRÜ muss der Küstenstaat gemäß Art. 22 Abs. 4 SRÜ die Schifffahrtswege und Verkehrstrennungsgebiete ordnungsgemäß bekannt geben und überdies in Seekarten eintragen.

e. Deutsche Umsetzung

aa. Gesetzgebungskompetenz und Zuständigkeit

In Deutschland existiert eine konkurrierende Gesetzgebungskompetenz des Bundes nach Art. 74 Abs. 1 Nr. 21 Grundgesetz (GG) für *„die Hochsee- und Küstenschiffahrt sowie die Seezeichen, die Binnenschiffahrt, den Wetterdienst, die Seewasserstraßen und die dem allgemeinen Verkehr dienenden Binnenwasserstraßen“*. Somit besteht im Küstenmeer grundsätzlich der Vorrang der Länder gemäß Art. 30, 70, 87 GG, wenn und solange der Bund nicht tätig wird.

Art. 89 GG befasst sich mit der Zuständigkeit des Bundes für die Bundeswasserstraßen. Nach Art. 89 Abs. 2 GG werden dem Bund die Aufgaben der Binnen-

---

462 So auch: Hofmann, Das Küstenmeer im Völkerrecht, S. 166.

463 Hofmann, Das Küstenmeer im Völkerrecht, S. 166; vgl. hierzu weiterhin das Übereinkommen über die Internationale Seeschiffahrts-Organisation, BGBl. 1986 II, S. 424 ff.

schifffahrt und die Aufgaben der Seeschifffahrt durch Gesetz übertragen. Hierzu gehören das Binnenschifffahrtsaufgabengesetz[464] und das Seeaufgabengesetz[465].

bb. Wichtige Gesetze

(1) Seeaufgabengesetz

Sinn und Zweck des Seeaufgabengesetzes (SeeAufgG) ist hauptsächlich die Regelung der Abwehr von Gefahren für die Sicherheit und Leichtigkeit des Seeverkehrs und die Festlegung der verschiedenen Zuständigkeiten auf dem Gebiet der Seeschifffahrt. Zur Gewährleistung der Sicherheit und Leichtigkeit des Verkehrs auf den *„Seewasserstraßen und den nach § 9 Abs. 1 Nr. 1 begrenzten Binnenwasserstraßen sowie in den an ihnen gelegenen bundeseigenen Häfen“* regelt das Seeaufgabengesetz in § 1 Nr. 2 und § 3, wann schifffahrtspolizeiliche Maßnahmen gerechtfertigt sind[466] und dass die Schifffahrtspolizei ihre Aufgaben gemäß § 1 Nr. 3 lit. a) SeeAufgG regelmäßig auch in den Gebieten seewärts des Küstenmeeres ausübt[467]. Ferner befähigen die §§ 9, 9 a-c SeeAufgG das Bundesministerium für Verkehr, Bau und Stadtentwicklung (BMVBS) zum Erlass von Rechtsverordnungen zur Abwehr von Gefahren für die Sicherheit und Leichtigkeit des Seeverkehrs, zur Abwehr von Gefahren für die Meeresumwelt und zur Verhütung von seitens der Seeschifffahrt ausgehenden schädlichen Umwelteinwirkungen im Sinne des Bundesimmissionsschutzgesetzes ohne Zustimmung des Bundesrates (etwa in Bezug auf die Begrenzung der Binnenwasserstraßen, auf denen wegen ihrer Bedeutung für den Seeschifffsverkehr internationale Regeln zur Verhütung von Zusammenstößen auf See ganz oder teilweise angewendet werden sollen)[468].

---

[464] BGBl. 2001 I, S. 2026 ff., zuletzt geändert durch Art. 4 des Gesetz vom 08.04.2008, BGBl. 2008 I, S. 706 (712).

[465] BGBl. 2002 I, S. 2876 ff., zuletzt geändert durch Art. 4 des Gesetzes vom 02.06.2008, BGBl. 2008 II, S. 520.

[466] Jenisch, in: Ehlers/Erbguth, Aktuelle Entwicklungen im Seerecht, Bd. I, S. 154 ff.

[467] Hierzu und auch zu der Organisation der Schifffahrtspolizei ausführlich: Beckert/Breuer, Öffentliches Seerecht, Rn. 811 ff.

[468] Weitere mögliche Gebiete zur Regelung gemäß § 9 sind:

- das Verhalten auf Wasserflächen und in Häfen im Sinne des § 1 Nr. 2 und 3 einschließlich der Umsetzung von Empfehlungen internationaler Konferenzen über das Befahren innerer Gewässer;
- unbeschadet des Seemannsgesetzes die Anforderungen an die Besetzung von Wasserfahrzeugen, insbesondere von Traditionsschiffen und Sportfahrzeugen, die Eignung und Befähigung der Führer solcher Fahrzeuge und der auf ihnen tätigen Funker sowie die Voraussetzungen und das Verfahren, nach denen vorbehaltlich des Anwendungs-

Nach § 3 SeeAufgG ist die bundeseigene Behörde für die Abwehr von Gefahren für die Sicherheit und Leichtigkeit des Verkehrs die Wasser- und Schifffahrtsverwaltung (WSV).

(2) Bundeswasserstraßengesetz

Die Aufrechterhaltung und der Betrieb der Wasserstraßen als Verkehrswege wird im Bundeswasserstraßengesetz (WaStrG)[469] geregelt. Nach Art. 87 Abs. 1 Satz 1 GG werden die Verwaltung der Bundeswasserstraßen und die Schifffahrt in bundeseigener Verwaltung mit eigenem Verwaltungsbau nach der Maßgabe des Art. 89 GG[470] geführt. Der Bund ist somit einerseits für die Erhaltung der

---

bereichs des Seesicherheits-Untersuchungs-Gesetzes Befähigungsnachweise und Erlaubnisse solcher Personen erteilt, entzogen oder deren Ruhen angeordnet und Urkunden über den Befähigungsnachweis vorläufig sichergestellt oder eingezogen werden können;

- die Zulassung, Überwachung, die Anforderungen, Bewilligungen, Prüfungen, Abnahmen, Regulierungen ,Kompensierungen, Festlegungen, Erlaubnisse, Zeugnisse und Bescheinigungen im Sinne des § 1 Nr. 4 einschließlich der betrieblichen Abläufe und organisatorischen Vorkehrungen an Bord und an Land zur Gewährleistung eines sicheren Schiffsbetriebs;
- die Prüfung, Zulassung und Überwachung im Sinne des § 1 Nr. 10 a, wobei zur Gewährleistung des Rückbaus von aufgegebenen oder nicht mehr benutzten Anlagen die Leistung einer Sicherheit vorgeschrieben werden kann;
- die Anforderungen an sowie die Prüfung, Zulassung und Überwachung von Anlagen zur Behandlung von Ballastwasser und Sedimenten einschließlich der dafür erforderlichen Verfahrensbestimmungen;
- die Anforderungen für die Beförderung von Gütern, mit Ausnahme von Anforderungen im Sinne des Gesetzes über die Beförderung gefährlicher Güter;
- die von den Schiffsführern und sonstigen für den Schiffsbetrieb Verantwortlichen zu erstattenden Meldungen;
- die innerstaatliche Inkraftsetzung und Ausführung sonstiger Regelungen aufgrund von Änderungen und im Rahmen der Ziele des Internationalen Übereinkommens von 1974 zum Schutz des menschlichen Lebens auf See (BGBl. 1979 II, S. 141) und des Protokolls von 1988 zu diesem Übereinkommen in ihrer jeweiligen Fassung unter Einschluss der Regelungen über die Abwehr äußerer Gefahren für die Schifffahrt.

469 Ausfertigungsdatum 02.04.1968, neugefasst durch Bekanntmachung vom 23.05.2007 (abgedruckt in: BGBl. 2007 I, S. 962 ff. und Berichtigigung der Neufassung vom 14.10. 2008, abgedruckt in: BGBl. 2008 I, S. 1980), zuletzt geändert durch Art. 2 der Verordnung vom 27.04.2010 (abgedruckt in: BGBl. 2010 I, S. 540).

470 Art. 89 GG lautet:
„(1) Der Bund ist Eigentümer der bisherigen Reichswasserstraßen.
(2) Der Bund verwaltet die Bundeswasserstraßen durch eigene Behörden. Er nimmt die über den Bereich eines Landes hinausgehenden staatlichen Aufgaben der Binnenschifffahrt und die Aufgaben der Seeschiffahrt wahr, die ihm durch Gesetz übertragen werden. Er kann die Verwaltung von Bundeswasserstraßen, soweit sie im Ge-

Bundeswasserstraßen in einem für die Schifffahrt erforderlichen Zustand (Strompolizei)[471] als auch für die Gewährleistung der Sicherheit und Leichtigkeit des darauf stattfindenden Schiffsverkehrs (Schifffahrtspolizei)[472] zuständig. Die Durchsetzung von strompolizeilichen Maßnahmen wird regelmäßig von der Polizei der Länder – der Wasserschutzpolizei – übernommen[473].

cc. „Sicherheitskonzept Deutsche Küste"

Um die Verkehrssicherheit zu gewährleisten, hat das BMVBS in Zusammenarbeit mit der WSV das „Sicherheitskonzept Deutsche Küste" entwickelt[474]. Dieses Konzept soll im Wesentlichen die drei folgenden Bereiche abdecken und sicherstellen:

- Sicheres Schiff
- Sicherer Verkehrsweg
- Optimiertes Unfallmanagement

(1) Verkehrswege und Verkehrstrennungsgebiete[475]

Im Rahmen des Sicherheitskonzeptes Deutsche Küste wurde zunächst auf eine besondere – den speziellen Bedürfnissen angemessene – Verkehrswegeführung geachtet. Um den reibungslosen Ablauf der Schifffahrt zu gewährleisten, wurden im Bereich der Nord- und Ostseeküste Verkehrstrennungsgebiete eingerichtet, um so etwa Schiffe mit gefährlichen Gütern an Bord sicher durch die Gewässer leiten zu können.

---

biete eines Landes liegen, diesem Lande auf Antrag als Auftragsverwaltung übertragen. Berührt eine Wasserstraße das Gebiet mehrerer Länder, so kann der Bund das Land beauftragen, für das die beteiligten Länder es beantragen.

(3) [...]"

471 Siehe hierzu die Homepage der Wasser- und Schifffahrtsverwaltung (WSV) des Bundes: http://www.wsv.de/wsa-whv/schifffahrt/strompolizei/index.html. Zu den Aufgaben der Strompolizei siehe auch ausführlich: Beckert/Breuer, Öffentliches Seerecht, Rn. 239 ff.

472 Siehe auch hierzu die Homepage der Wasser- und Schifffahrtsverwaltung (WSV) des Bundes: http://www.wsv.de/wsacux/wir_ueber_uns/Aufgaben_und_Aufbau/Schifffahrtspolizei/index.html.

473 Beckert/Breuer, Öffentliches Seerecht, Rn. 252.

474 Der Text und ausführliche Informationen hierzu finden sich auf der Homepage der WSV: http://www.wsv.de/Schifffahrt/Seeschifffahrt/Sicherheitskonzept_Deutsche_Kueste/.

475 Quelle: Homepage der WSV: http://www.wsv.de/Schifffahrt/Seeschifffahrt/Sicherheitskonzept_ Deutsche_Kueste/.

(2) Gründung der Küstenwache[476]

Im Jahre 1994 wurde ferner die „Küstenwache“ als Koordinierungsverbund der Bundesvollzugskräfte auf See gegründet. Hiermit soll eine Verbesserung der Zusammenarbeit zwischen der WSV, der Bundespolizei, dem Zoll und der Bundesanstalt für Landwirtschaft und Ernährung herbeigeführt werden.

(3) “Point of Contact”[477]

Deutschland führte im Rahmen des Sicherheitskonzepts Deutsche Küste ferner den nach SOLAS XI-2, Regel 7 nunmehr erforderlichen “Point of Contact” ein, der ein zentraler küstenweiter Informationspunkt für eine Kommunikation zwischen der Schifffahrt und den Sicherheitsbehörden in allen Sicherheitsangelegenheiten ist. Er befindet sich seit dem 1. August 2007 im „Gemeinsamen Lagezentrum See“ in Cuxhaven.

(4) Havariekommando[478]

Im Jahre 2005 wurde außerdem die gemeinsame Bund-Länder-Einrichtung „Havariekommando“ (HVK) mit Sitz in Cuxhaven ins Leben gerufen, um ein effektives Krisenmanagement bei schwerwiegenden Seeunfällen zu gewährleisten[479].

---

476 Quelle: Homepage der WSV: http://www.wsv.de/Schifffahrt/Seeschifffahrt/Sicherheitskonzept_Deutsche_Kueste/.

477 Quelle: Homepage der WSV: http://www.wsv.de/Schifffahrt/Seeschifffahrt/Sicherheitskonzept_Deutsche_Kueste/.

478 Quelle: Homepage der WSV: http://www.wsv.de/Schifffahrt/Seeschifffahrt/Sicherheitskonzept _Deutsche_Kueste/.

479 Weitere Informationen siehe auf der Homepage des HVK: http://www.havariekommando.de/. Die Einrichtung des HVK war eine der Maßnahmen, die Deutschland nach der Havarie des unter der Flagge der Bahamas fahrenden Frachtschiffes „Pallas“ am 25.10. 1998 vor der schleswig-holsteinischen Küste ergriffen hat. Das HVK ist zuständig für die deutschen Seewasserstraßen im Sinne des WaStrG, die großen Schifffahrtsstraßen (Elbe, Ems, Nord-Ostsee-Kanal, Trave, Warnow, Weser), die deutsche Ausschließliche Wirtschaftszone und auch für solche Teile außerhalb der Ausschließlichen Wirtschaftszone seewärts, wenn Deutschland aufgrund internationaler Vereinbarungen Pflichten im Bereich der maritimen Notfallvorsorge übernommen hat. – Aufgabengebiet der HVK ist die Planung, Vorbereitung, Übung und Durchführung von Maßnahmen zur Menschenrettung, zur Schadstoffunfallbekämpfung, zur Brandbekämpfung, zur Hilfeleistung sowie zur gefahrenabwehrbezogenen Bergung bei komplexen Schadenslagen auf See. – Weiterhin besteht ein Notschleppkonzept für die Nord- und Ostsee, welches manövrierunfähige Schiffe abschleppt. – Ein aktueller Fall, in welchem das HVK erfolgreich und zeitnah seine Maßnahmen eingeleitet hat, ist der Fall der Ostseefähre Lisco Gloria, welche

4. *Durchsetzungsbefugnisse des Küstenstaates*

a. *Durchsetzungsbefugnisse im Rahmen des Meeresumweltschutzes*

Auch wenn der Meeresumweltschutz von dieser Arbeit nicht erfasst werden soll, ist an dieser Stelle dennoch kurz darauf hinzuweisen, dass dem Küstenstaat gegen ein Schiff, welches die dem Umweltschutz dienenden Gesetze des Küstenstaates verletzt hat, die entsprechenden Durchsetzungskompetenzen gemäß Art. 216 Abs. 1 lit. a) SRÜ und Art. 220 SRÜ (mit einem Verweis auf den Abschnitt 7 des Seerechtsübereinkommens) zustehen[480]. Der Kompetenzkatalog reicht hier von der Einleitung eines Verfahrens gegen das jeweilige Schiff über die Möglichkeit dieses festzuhalten oder eine Untersuchung an Bord vorzunehmen. Allerdings kann sich der Küstenstaat durch unrechtmäßige oder unverhältnismäßige Durchsetzungsmaßnahmen nach Art. 232 SRÜ schadensersatzpflichtig machen.

b. *Sonstige Durchsetzungsbefugnisse*

Sofern ein anderes Gesetz als ein solches über den Meeresumweltschutz betroffen ist, muss sich der Küstenstaat an die entsprechenden konkreten Handlungsvorgaben der jeweils einschlägigen Norm halten[481]. Verfügt eine Norm jedoch über keine konkreten Handlungsvorgaben, stellt sich die Frage der Vorgehensweise der Küstenstaaten und einer möglichen analogen Anwendbarkeit der Bestimmungen des Teils XII, Abschnitt 7 (Art. 223–233 SRÜ)[482]. Mit *Hofmann*[483]

---

am 09.10.2010 mit rund 240 Passagieren an Bord auf der Reise von Kiel nach Klaipėda rund 6 Seemeilen nördlich von Fehmarn in Brand geriet. Kurz nach Mitternacht erreichte das Maritime Rescue Coordination Center der Deutschen Gesellschaft zur Rettung Schiffbrüchiger (DGzRS) in Bremen ein Notruf, woraufhin das HVK unmittelbar die Koordination der Rettungsmaßnahmen übernahm. Alle Passagiere und Besatzungsmitglieder wurden gerettet und von der Fähre Deutschland aufgenommen. – Weiterhin wurde am 06.09.2005 (mit Beginn zum 01.01.2007) in Cuxhaven zwischen dem Bund und den Küstenländern die „Verwaltungsvereinbarung für ein maritimes Sicherheitszentrum" geschlossen. Diese regelt die Zusammenarbeit der WSV, der Bundespolizei, der Zollverwaltung, der Fischereiaufsicht des Bundes, des Havariekommandos und der Wasserschutzpolizei-Leitstelle der Küstenländer. Hierzu siehe wieder die Homepage der WSV: http://www.wsv.de/Schifffahrt/Seeschifffahrt/Sicherheitskonzept_Deutsche_Kueste/.

480 Eine ausführliche Darlegung findet sich bei: Hofmann, Das Küstenmeer im Völkerrecht, S. 178 ff.

481 So wohl auch: Hofmann, Das Küstenmeer im Völkerrecht, S. 182.

482 Zu diesen Erwägungen ausführlich: Hofmann, Das Küstenmeer im Völkerrecht, S. 180 ff.

483 Hofmann, Das Küstenmeer im Völkerrecht, S. 180 ff.

ist davon auszugehen, dass zwar keine analoge Anwendbarkeit der Bestimmungen des Teils XII, Abschnitt 7 des SRÜ möglich ist, dass der Küstenstaat sich aber an diesen Bestimmungen orientieren kann. In diesem Fall muss der Küstenstaat selbstverständlich auch – wie *Hofmann* zu Recht betont – den Verhältnismäßigkeitsgrundsatz wahren[484].

VI. Küstenstaatliche Jurisdiktion über fremde Schiffe

1. Allgemeines

Die Souveranität des Küstenstaates erstreckt sich gemäß Art. 2 Abs. 1 SRÜ auf sein Küstenmeer. Aus diesem Grund unterstehen fremde Schiffe im Küstenmeer einerseits der Rechtsordnung des Küstenstaates, andererseits aber auch nach dem Prinzip der Flaggenhoheit der Zuständigkeit ihres Flaggenstaates[485]. Der Flaggenstaat hat grundsätzlich das Recht, die jeweilige Handlung des Schiffes oder seiner Besatzung nach seinem eigenen Recht zu ahnden[486]. Es muss daher nur noch geklärt werden, wann ein Küstenstaat gegen ein fremdes Schiff, welches sich in seinem Küstenmeer befindet, einschreiten darf und unter welchen Voraussetzungen dies zu geschehen hat.

2. Eröffnung des Anwendungsbereichs

a. Schiffsgattung

Die Frage nach der Möglichkeit eines Einschreitens des Küstenstaates gegen ein Schiff stellt sich in diesem Ausmaß nur bei Handelsschiffen. Im Falle von Kriegs- oder Staatsschiffen steht den Küstenstaaten wegen der Immunität dieser Schiffe keine Gerichtsbarkeit zu[487]. Kriegs- und Staatsschiffen obliegt zwar die Pflicht, sich an die küstenstaatlichen Gesetze zu halten[488], allerdings kann ein Kriegsschiff im Falle einer erstmaligen Zuwiderhandlung nur „abgemahnt" werden (Art. 30 SRÜ) und erst bei einer erneuten oder dauerhaften Zuwiderhandlung zum Verlassen des Küstenmeers aufgefordert werden. Auch wenn Staats-

---

484 Hofmann, Das Küstenmeer im Völkerrecht, S. 180 ff.

485 ILC Yearbook 1956 II, S. 274, Art. 18 Commentary (2).

486 Ngantcha, The Right of Innocent Passage, 116.

487 Shearer, ICLQ, Vol. 35 (1986), S. 320 (325); Churchill/Lowe, The Law of the Sea, S. 99.

488 Näheres dazu siehe oben im Kapitel über das Küstenmeer.

schiffe in Art. 30 SRÜ nicht ausdrücklich erwähnt werden, gilt die Regelung des Art. 30 SRÜ auch für diese[489].

b. *Schiff in friedlicher Durchfahrt*

Die nachstehend zu erörternden Fragen der Zivil- und Strafgerichtsbarkeit sind ausschließlich dann relevant, wenn sich ein fremdes Schiff in friedlicher Durchfahrt befindet. Befindet sich das Schiff aber schon nicht in friedlicher Durchfahrt (etwa weil es an der Friedlichkeit der Durchfahrt fehlt), unterliegt es der vollen Hoheitsgewalt des Küstenstaates[490]. Nicht hiervon betroffen ist gemäß Art. 18 Abs. 2 SRÜ[491] ein Schiff, das seine Durchfahrt wegen schlechter Wetterverhältnisse oder eines Notfalls nicht fortsetzen kann. Eine solche Konstellation stellt eine Ausnahme zu dem Erfordernis der zügigen Durchfahrt dar[492].

3. *Strafgerichtsbarkeit des Küstenstaates im Küstenmeer, Art. 27 SRÜ*

In Bezug auf die Strafgerichtsbarkeit des Küstenstaates in seinem Küstenmeer sollte unterschieden werden zwischen einem Schiff, welches das Küstenmeer ohne Eintritt in die inneren Gewässer durchfahren möchte und einem Schiff, welches das Küstenmeer nur durchfährt, um in die inneren Gewässer des Küstenstaates zu gelangen[493].

---

489 Auch wenn Art. 30 SRÜ nur von „Kriegsschiffen" spricht, so war hiermit nicht beabsichtigt, Staatsschiffe aus dieser Regelung auszuschließen. Vielmehr handelt es sich um ein Versehen. Dies lässt sich aus der Entstehungsgeschichte heraus erklären. Siehe hierzu: Shearer, ICLQ, Vol. 35 (1986), S. 320 (325) Fn. 13.

490 Churchill/Lowe, The Law of the Sea, S. 99; Vitzthum, in: Vitzthum, Handbuch des Seerechts, Kapitel 2 Rn. 126.

491 Art. 18 Abs. 2 SRÜ lautet: *„Die Durchfahrt muß ohne Unterbrechung und zügig erfolgen. Die Durchfahrt schließt jedoch das Anhalten und Ankern ein, aber nur insoweit, als dies zur normalen Schiffahrt gehört oder infolge höherer Gewalt oder eines Notfalls oder zur Hilfeleistung für Personen, Schiffe oder Luftfahrzeuge in Gefahr oder Not erforderlich ist."*

492 Siehe hierzu die obigen Ausführungen im Kapitel über das Küstenmeer.

493 Diese Unterscheidung gab es auch bereits in Art. 14 Abs. 2 KMÜ *(„Als Durchfahrt gilt die Fahrt durch das Küstenmeer zum Zweck, es entweder ohne Berührung der inneren Gewässer zu durchqueren oder in die inneren Gewässer einzulaufen oder von den inneren Gewässern in die Hohe See auszulaufen.")*; auch in dem Entwurf der International Law Commission wird dies deutlich. Vgl. Report of the International Law Commission covering the work of its eighth session (1956), abgedruckt in: AJIL, Vol. 51 (1957), S. 154 (194/195 und 199); Lee, AJIL, Vol. 55 (1961), S. 77 (82).

a. Schiffe, die das Küstenmeer nur durchfahren ohne in die inneren Gewässer einzulaufen oder aus diesen auszulaufen (sog. "lateral passage")

Für die Schiffe, die das Küstenmeer lediglich durchfahren, gelten die Regelungen des Art. 27 SRÜ.

aa. Bestehende Strafgewalt des Küstenstaates

(1) Reichweite der küstenstaatlichen Jurisdiktion nach Art. 27 Abs. 1 SRÜ

Art. 27 Abs. 1 SRÜ lautet:

„Die Strafgerichtsbarkeit des Küstenstaates soll an Bord eines das Küstenmeer durchfahrenden fremden Schiffes nicht ausgeübt werden, um wegen einer während der Durchfahrt an Bord des Schiffes begangenen Straftat eine Person festzunehmen oder eine Untersuchung durchzuführen, außer in folgenden Fällen:

a) wenn sich die Folgen der Straftat auf den Küstenstaat erstrecken;

b) wenn die Straftat geeignet ist, den Frieden des Landes oder die Ordnung im Küstenmeer zu stören;

c) wenn die Hilfe der örtlichen Behörden vom Kapitän des Schiffes oder von einem Diplomaten oder Konsularbeamten des Flaggenstaats erbeten worden ist oder

d) wenn solche Maßnahmen zur Unterdrückung des unerlaubten Verkehrs mit Suchtstoffen oder psychotropen Stoffen erforderlich sind."

Problematisch ist nun, ob Art. 27 Abs. 1 SRÜ mit der Formulierung *„Die Strafgerichtsbarkeit des Küstenstaats soll [...] nicht ausgeübt werden"* (*"should not"*) lediglich eine Courtoisie des Küstenstaates darstellt oder ob der Küstenstaat nur bei den vier Eingriffsbefugnissen des Art. 27 Abs. 1 lit. a) bis d) SRÜ seine Strafgerichtsbarkeit ausüben darf. Für eine Beantwortung dieser Frage muss die Entwicklung dieses Streits näher beleuchtet werden.

(a) Historische Entwicklung

Anfang des letzten Jahrhunderts war über diese Frage ein Streit zwischen den Territorialisten und den Vertretern der Freiheitstheorie entbrannt[494]. Die Gedan-

[494] Der allgemeine Streitstand findet sich ausführlich bei: Hofmann, Das Küstenmeer im Völkerrecht, S. 171 ff.; Briggs, The Law of Nations, S. 349–355; Jessup, The Law of Territorial Waters and Maritime Jurisdiction, S. 115 ff.; Gidel, Le Droit international public de la Mer, Tome 2, S. 165–252.

ken und Auffassungen von damals lassen sich auch heute – nach über 100 Jahren – noch vertreten und bilden die Grundlage für die heutigen Überlegungen.

(aa) Die Auffassung der Territorialisten

Die Territorialisten[495] – als Begründer des „Territorialitätsprinzips" – waren der Auffassung, dass ein Staat immer dann für die Ahndung einer Straftat zuständig sei, wenn ein wesentliches Tatbestandsmerkmal des jeweiligen Straftatbestandes auf seinem Staatsgebiet verwirklicht wurde[496]. Unter Berufung auf dieses Territorialitätsprinzip vertraten sie die Auffassung, dass dem Küstenstaat eine vollständige Strafjurisdiktion zustehe und dass eine etwaige Zurückhaltung des Küstenstaats gegenüber dem Flaggenstaat in der Ausübung dieser Gewalt sich ausschließlich aus Courtoisieerwägungen ergebe[497].

(bb) Die Auffassung der Vertreter der Freiheitstheorie

Die Vertreter der Freiheitstheorie[498] waren zum Schutz der Meeresfreiheit der Auffassung, dass einem Küstenstaat Jurisdiktion ausschließlich auf klar abgegrenzten Gebieten zustünde. Hierunter fielen beispielsweise die Sicherheit, die Navigation, die Fischerei, der Handel und Gesundheitsfragen[499]. Im Gegensatz zu der Jurisdiktion auf diesen Gebieten seien die allgemeinen Straf- und Zivilgesetze eines Staates in seinem Küstenmeer auf fremde Schiffe nicht anwendbar[500].

---

495 Unter ihnen fanden sich Staaten wie das Vereinigte Königreich (welches bereits im 19. und 20. Jahrhundert ein diese Überzeugung wiedergebendes Gesetz, den sog. "Territorial Waters Jurisdiction Act of 1978" erlassen hatte, siehe hierzu: Churchill/Lowe, The Law of the Sea, S. 93), die USA, Deutschland, Japan, die Niederlande und die meisten Staaten des Commonwealth – Francioni, Italian Yearbook of International Law, Vol. 1 (1975), S. 27 (30); Hasselmann, Die Freiheit der Handelsschiffahrt, S. 285.

496 Siehe hierzu den "Lotus Case", Publications of the Permanent Court of International Justice, Series A, No. 10 (1927); vgl. auch: Lee, AJIL, Vol. 55 (1961), S. 77 (92) Fn. 69.

497 Hofmann, Das Küstenmeer im Völkerrecht, S. 171.

498 Zu ihnen zählen Staaten wie Frankreich, Belgien, Griechenland und etliche lateinamerikanische Staaten wie Brasilien, Mexiko, Peru. Siehe hierzu: Francioni, Italian Yearbook of International Law, Vol. 1 (1975), S. 27 (29); bereits auf der Sechsten Internationalen Konferenz Amerikanischer Staaten in Havana 1928 wurde diese Auffassung im sog. "Bustamante Code" niedergelegt, hier insbesondere Art. 281 und Art. 301, vgl. AJIL, Vol. 22 (1928), S. 273 (307 bzw. 309); 15 Staaten ratifizierten diesen Vertrag bis 1956, vgl. hierzu: Lee, AJIL, Vol. 55 (1961), S. 77 (85).

499 Churchill/Lowe, The Law of the Sea, S. 92.

500 Churchill/Lowe, The Law of the Sea, S. 92.

(b) Weitere Entwicklung auf den Seerechtskonferenzen

Auch die aktuelleren Argumente für die eine oder die andere Auffassung, die auf den Seerechtskonferenzen vorgebracht wurden, lassen sich den Territorialisten oder den Vertretern der Freiheitstheorie zuordnen. Sowohl bei der Genfer Seerechtskonferenz[501] als auch bei der Zweiten VN-Seerechtskonferenz setzte sich die Auffassung der Territorialisten[502] durch und wurde normiert[503]. Dies zeigt sich daran, dass die „weiche" Formulierung des *"should not"* gewählt und der Vorschlag, anstelle des *"should not"* ein *"may not"* einzusetzen und somit den Küstenstaaten eine ausdrückliche Grenze für die Ausübung ihrer Strafgerichtsbarkeit aufzuzeigen, verworfen wurde[504]. Art. 19 KMÜ wurde damit unverändert als Art. 27 SRÜ in das Seerechtsübereinkommen übernommen[505]. Diese Regelung kritisierten die Vertreter der Freiheitstheorie[506] massiv und forderten weiterhin eine Jurisdiktion des Küstenstaates für streng begrenzte Zwecke[507].

---

501 Siehe hierzu: (First) UNCLOS, Official Records, Vol. III, Doc. A/Conf.13/C.I/L.41, die Abstimmung auf S. 117 ff., das Dokument findet sich auf S. 221; vgl. auch: Hofmann, Das Küstenmeer im Völkerrecht, S. 171 Fn. 785.

502 Unter ihnen die USA, siehe: Shearer, ICLQ, Vol. 35 (1986), S. 320 (327).

503 Es gab in diesem Zusammenhang heftige Diskussionen, ob statt dem letztlich normierten *"should not"* in der englischen Fassung ein *"may not"* verwendet werden sollte, durch welches dann ein ausdrückliches Verbot normiert worden wäre. Dies wurde seitens der International Law Commission vorgeschlagen, scheiterte jedoch am massiven Widerstand der Delegation der USA. Siehe hierzu: Shearer, ICLQ, Vol. 35 (1986), S. 320 (327); Hofmann, Das Küstenmeer im Völkerrecht, S. 171.

504 Die USA begründeten dies mit einer vollumfänglichen Strafjurisdiktion des Küstenstaates, welche sich aus dem Internationalen Recht ergebe. Sie unterbreiteten auf der Genfer Konferenz den Vorschlag in Bezug auf die Strafjurisdiktion den Begriff "may not" durch "should, generally, not" zu ersetzen: UN Doc.A/Conf.13/C.1/L.41, (First) UNCLOS, Official Records, Vol. III, S. 221; die USA machten diesen Vorschlag bereits im Jahre 1930 auf der Haager Konferenz: U.S. Amendment to Basis of Discussion No. 22, zitiert bei: Lee, AJIL, Vol. 55 (1961), S. 77 (83). – Dies geschah unter anderem aus dem Grund, dass die Gefahr gesehen wurde, dass es bei einer so großen Anzahl von Mitgliedstaaten schnell zu Unklarheiten kommen kann, ob die Durchsetzungskompetenz des Küstenstaates gegeben ist, ob also beispielsweise die Ordnung des Küstenmeers gestört ist. So zumindest: O'Connell, The International Law of the Sea, Vol. II, S. 961. Hierzu ausführlich: Hasselmann, Die Freiheit der Handelsschiffahrt, S. 286.

505 Shearer, ICLQ, Vol. 35 (1986), S. 320 (326); Hasselmann, Die Freiheit der Handelsschiffahrt, S. 286.

506 Unter ihnen die damalige Sowjetunion, siehe: Shearer, ICLQ, Vol. 35 (1986), S. 320 (327); weiterhin auch Norwegen, Dänemark, Israel, Schweden und die Philippinen, siehe O'Connell, The International Law of the Sea, Vol. II, S. 960; Lee, AJIL, Vol. 55 (1961), S. 77 (84).

507 O'Connell, The International Law of the Sea, Vol. II, S. 960.

(c) Aktuelles Schrifttum

Hofmann ist der Auffassung, dass die Befugnisse des Küstenstaates in der Ausübung seiner Strafgerichtsbarkeit sehr weitgehend sind[508]. Er erblickt in diesen weitgehenden Rechten des Küstenstaates eine klare Beeinträchtigung der Schifffahrt und ihres Rechts auf ungehinderte, friedliche Durchfahrt und fürchtet die Schiffe und ihre Besatzung dem *„Zugriff der Küstenstaaten preisgegeben“*[509]. Aus diesem Grund sieht *Hofmann* in der Formulierung des Art. 27 SRÜ („soll“) eine Einschränkung der küstenstaatlichen Strafgewalt. Seiner Meinung nach könne bei der im Seerechtsübereinkommen gewählten Formulierung nicht davon ausgegangen werden, dass die dem Küstenstaat gemäß Art. 27 SRÜ vermeintlich zukommende Entscheidung über die Wahrnehmung seiner Gerichtsbarkeit bloße Courtoisie sei. Vielmehr geht er davon aus, dass nur eine solche Auslegung der dem Küstenstaat nach Art. 27 SRÜ zustehenden Strafgerichtsbarkeit mit dem Seerechtsübereinkommen vereinbar sei, welche in der Formulierung „soll“ die Notwendigkeit einer auch völkerrechtlich überprüfbaren Ermessensentscheidung erblicke und entsprechend umsetze. Diese völkerrechtlich überprüfbare Ermessensentscheidung des Küstenstaates solle sich an dem Prinzip des Ausgleichs zwischen den Rechten des Küstenstaates und denen des Schiffes auf friedliche Durchfahrt orientieren. *Hofmann* geht also im Ergebnis von einer umfassenden Strafgewalt des Küstenstaates in seinem Küstenmeer aus, er verlangt jedoch bei der Ausübung dieser Strafgewalt zusätzlich eine mit dem Seerechtsübereinkommen konforme Auslegung für den Einzelfall[510].

(d) Stellungnahme

Auch wenn *Hofmann* plausible Argumente liefert, so sprechen für die Auffassung der Territorialisten die meisten Gründe. Zu diesen Gründen zählen der Wortlaut des Art. 27 Abs. 1 SRÜ, seine Entstehungsgeschichte und die Systematik.

Der Wortlaut des Art. 27 Abs. 1 SRÜ lässt den Schluss zu, dass die Ausübung der Strafgewalt im Ermessen des Küstenstaates steht. Daran ändert auch die

---

[508] Siehe zu der Auffassung von Hofmann ausführlich: Hofmann, Das Küstenmeer im Völkerrecht, S. 172 ff.

[509] Hofmann, Das Küstenmeer im Völkerrecht, S. 172 ff.

[510] Eine dieser Auffassung sehr ähnliche Meinung findet sich bei: Hasselmann, Die Freiheit der Handelsschiffahrt, S. 287.

Auflistung der vier „Eingriffsbefugnisse" in Art. 27 Abs. 1 lit. a) bis d) SRÜ[511] nichts. Der Gesamtzusammenhang des Absatzes mit der Formulierung „soll" lässt unter Wortlaut-Gesichtspunkten für den Küstenstaat die volle Ausübung der Strafgewalt, die nur in seinem Ermessen steht, zu[512]. Dies wird gestützt durch die Tatsache, dass bereits Art. 1 KMÜ bzw. jetzt Art. 2 Abs. 1 SRÜ den Küstenstaaten die Souveranität über das Küstenmeer – als Staatsgebiet – und damit einhergehend auch die daraus resultierende Jurisdiktion zuweist. Auch die Entstehungsgeschichte der Norm legt die Annahme, dass die Ausübung der Strafgerichtsbarkeit im Ermessen des Küstenstaates steht, nahe[513]. Dies gilt insbesondere vor dem Hintergrund, dass den Küstenstaaten bei der theoretisch möglichen Neuregelung im Seerechtsübereinkommen durch das Verwerfen der Formulierung *"may not"* erneut keine klare Grenze für die Ausübung ihrer Strafgewalt aufgezeigt wurde[514]. Im Übrigen spricht auch die Systematik der Legislativkompetenzen selbst gegen eine Beschränkung der Strafgerichtsbarkeit. Art. 27 Abs. 5 SRÜ[515] regelt explizit ein seitens der Küstenstaaten zu beachtendes Verbot, nämlich wann ein Küstenstaat keine Maßnahmen gegen ein fremdes Schiff ergreifen *„darf"*. Im Gegensatz zu der weichen Formulierung des Absatzes 1 (*"should not"*) wurde hier ausdrücklich die Verbotsformulierung des Nichtdürfens (*"may not"*) beibehalten[516]. Es ist daher davon auszugehen, dass Art. 27 Abs. 5 SRÜ als Beschränkung des Art. 27 Abs. 1 SRÜ zu sehen ist[517].

---

511 Art. 27 Abs.1 SRÜ lautet: *„Die Strafgerichtsbarkeit des Küstenstaates soll an Bord eines das Küstenmeer durchfahrenden fremden Schiffes nicht ausgeübt werden, um wegen einer während der Durchfahrt an Bord des Schiffes begangenen Straftat eine Person festzunehmen oder eine Untersuchung durchzuführen, außer in folgenden Fällen:*
a) wenn sich die Folgen der Straftat auf den Küstenstaat erstrecken;
b) wenn die Straftat geeignet ist, den Frieden des Landes oder die Ordnung im Küstenmeer zu stören;
c) wenn die Hilfe der örtlichen Behörden vom Kapitän des Schiffes oder von einem Diplomaten oder Konsularbeamten des Flaggenstaates erbeten worden ist oder
d) wenn solche Maßnahmen zur Unterdrückung des unerlaubten Verkehrs mit Suchtstoffen oder psychotropen Stoffen erforderlich sind."

512 So wohl auch: Hofmann, Das Küstenmeer im Völkerrecht, S. 170/171.

513 Hasselmann, Die Freiheit der Handelsschiffahrt, S. 286.

514 Hasselmann, Die Freiheit der Handelsschiffahrt, S. 286.

515 Siehe hierzu ausführlich weiter unten.

516 Aus der gesamten Entstehungsgeschichte ist auch kein Hinweis ersichtlich, dass es einem Küstenstaat jemals gestattet sein sollte, ein Schiff wegen einer vor Einfahrt in das Küstenmeer begangenen Straftat zu arrestieren, siehe hierzu auch: O'Connell, The International Law of the Sea, Vol. II, S. 962.

517 So auch: O'Connell, The International Law of the Sea, Vol. II, S. 962; Hasselmann, Die Freiheit der Handelsschiffahrt, S. 286. *Lee* sieht hier neben dieser Auslegung noch eine – nach seiner Auffassung – plausiblere Alternative, nämlich, dass die Beibehaltung der

Da in Art. 27 Abs. 5 SRÜ – wie auch ursprünglich seitens des ILC intendiert[518] – die Formulierung des *"may not"* beibehalten wurde und somit als absolutes Verbot am Ende der Vorschrift über die Strafjurisdiktion steht, kann daraus im Umkehrschluss abgeleitet werden, dass Art. 27 Abs. 1 SRÜ – im Unterschied zu dem ausdrücklichen Verbot in Art. 27 Abs. 5 SRÜ – tatsächlich nur den Ausdruck einer Courtoisie darstellt[519]. Die Fälle, die also nicht dem Verbot des Art. 27 Abs. 5 SRÜ unterfallen und auch nicht von der eindeutigen Ausübungsberechtigung der Jurisdiktion der vier ausdrücklich geregelten Fälle (Art. 27 Abs. 1 lit. a) bis d) SRÜ) umfasst sind, befinden sich demnach höchstens in einer *Grau*zone, aber eben nicht in einer *Verbots*zone. Aus diesem Grunde sprechen die besseren Argumente dafür, dass die Ausübung der Strafgewalt im Ermessen des Küstenstaates steht. Allerdings sollten diese seit langer Zeit bestehenden Unklarheiten über die küstenstaatliche Jurisdiktion beseitigt werden, um Rechtssicherheit zu schaffen. Eine umfassende, ausdrückliche und vor allem eindeutige Regelung wäre daher erstrebenswert.

Trotz des soeben Gesagten zu der bestehenden küstenstaatlichen Jurisdiktion sind die Küstenstaaten gemäß Art. 24 SRÜ gehalten, nichts zu tun, was im Ergebnis eine Verweigerung oder Beeinträchtigung der friedlichen Durchfahrt bewirkt oder Schiffe diskriminiert. Jegliche Form von Willkür oder Rechtsmissbrauch kann daher wegen Art. 24 SRÜ nicht hingenommen werden.

bb. Keine Strafgewalt des Küstenstaates, Art. 27 Abs. 5 SRÜ

Die einzige Beschränkung der küstenstaatlichen Strafgewalt stellt – wie soeben erörtert[520] – Art. 27 Abs. 5 SRÜ[521] dar. Dieser normiert, dass der Küstenstaat

---

Formulierung *"may not"* ein Versehen war und daher eigentlich keine Beschränkung der in Abs. 1 niedergelegten „unbeschränkbaren" Jurisdiktion des Küstenstaates. Allerdings sieht er in den Folgen der beiden möglichen Alternativen keinen Unterschied, vgl.: Lee, AJIL, Vol. 55 (1961), S. 77 (93). Hierzu auch: O'Connell, The International Law of the Sea, Vol. II, S. 962.

518 ILC Yearbook 1956 II, S. 274 ff.; Lee, AJIL, Vol. 55 (1961), S. 77 (92).

519 Im Ergebnis auch: Churchill, The Law of the Sea, S. 95; O'Connell, The International Law of the Sea, Vol. II, S. 961; Lee, AJIL, Vol. 55 (1961), S. 77 (84); Fitzmaurice, ICLQ, Vol. 8 (1959), S. 78 (104); Ngantcha, The Right of Innocent Passage, S. 106.

520 Siehe hierzu die obigen Ausführungen.

521 Art. 27 Abs. 5 SRÜ lautet: *„Abgesehen von der Anwendung des Teiles XII oder von Fällen von Verstößen gegen die in Übereinstimmung mit Teil V erlassenen Gesetze und sonstigen Vorschriften darf der Küstenstaat an Bord eines sein Küstenmeer durchfahrenden fremden Schiffes keine Maßnahmen ergreifen, um wegen einer Straftat, die vor der Einfahrt des Schiffes in das Küstenmeer begangen wurde, eine Person festzunehmen oder*

seine Strafgerichtsbarkeit in der Regel dann nicht ausüben darf, wenn von dem Schiff oder seiner Besatzung eine Straftat begangen wurde, bevor das Schiff in das Küstenmeer eingelaufen ist (also etwa in der Ausschließlichen Wirtschaftszone oder der Anschlusszone) und das Schiff das Küstenmeer nur durchfahren möchte, ohne in die inneren Gewässer einzulaufen[522].

Als Ausnahme von diesem Grundsatz bezieht sich das Seerechtsübereinkommen in Art. 27 Abs. 5 SRÜ auf seine Teile V und XII. Gemäß Art. 27 Abs. 5 SRÜ besteht die Strafgerichtsbarkeit des Küstenstaates auch dann, wenn das das Küstenmeer durchfahrende Schiff gegen die Normen des Teils XII des Seerechtsübereinkommens (Meeresumweltschutz) oder gegen die Gesetze, die der Küstenstaat nach Teil V des Seerechtsübereinkommens in seiner Ausschließlichen Wirtschaftszone erlassen hat, verstoßen hat[523].

b. *Aus- und einlaufende Schiffe aus den bzw. in die inneren Gewässer(n)*

Gegenüber Schiffen, welche aus den inneren Gewässern auslaufen oder in diese einlaufen, hat der Küstenstaat umfangreichere Möglichkeiten als bei solchen Schiffen, die das Küstenmeer nur durchfahren, ohne in die inneren Gewässer einzulaufen oder aus diesen auszulaufen.

aa. *Auslaufendes Schiff*

Nach Art. 27 Abs. 2 SRÜ[524] darf der Küstenstaat Festnahmen und Untersuchungen an Bord eines fremdes Schiffes vornehmen, wenn eine Straftat an Land oder in den inneren Gewässern des Küstenstaats erfolgt ist und entweder das Schiff selbst dieser Straftat verdächtig ist oder sich der Verdächtige auf dem Schiff befindet und dieses Schiff nun den Hafen oder die inneren Gewässer des Küstenstaates verlässt. Bei Vornahme einer Maßnahme nach Art. 27 Abs. 2 SRÜ muss der Küstenstaat ferner noch Art. 27 Abs. 3 SRÜ[525] beachten und gegebenenfalls einen Diplomaten oder Konsularbeamten des Flaggenstaats benachrichtigen.

---

eine Untersuchung durchzuführen, wenn dieses Schiff aus einem fremden Hafen kommt und das Küstenmeer nur durchfährt, ohne in die inneren Gewässer einzulaufen."

522 Churchill/Lowe, The Law of the Sea, S. 98; so auch Butler, AJIL, Vol. 62 (1968), S. 51 (70) zur Handhabung seitens der ehemaligen Sowjetunion.

523 Siehe hierzu auch: Hofmann, Das Küstenmeer im Völkerrecht, S. 171/172.

524 Art. 27 Abs. 2 SRÜ lautet: *„Absatz 1 berührt nicht das Recht des Küstenstaates alle nach seinen Gesetzen zulässigen Maßnahmen zur Festnahme oder Untersuchung an Bord eines fremden Schiffes zu ergreifen, die nach Verlassen der inneren Gewässer das Küstenmeer durchfährt."*

525 Art. 27 Abs. 3 SRÜ lautet: *„In den in Absätzen 1 und 2 vorgesehenen Fällen hat der Küstenstaat, bevor er irgendwelche Maßnahmen ergreift, auf Ersuchen des Kapitäns*

bb. Einlaufendes Schiff

Festnahmen und Untersuchungen darf der Küstenstaat nach Art. 27 Abs. 5 SRÜ[526] auch durchführen, wenn Straftaten vor dem Einlaufen des Schiffes in das Küstenmeer (also etwa in der Ausschließlichen Wirtschaftszone oder der Anschlusszone) begangen wurden und das Schiff im Anschluss in die inneren Gewässer des Küstenstaates einläuft.

Dies ergibt sich aus einem Umkehrschluss bei der Anwendung von Art. 27 Abs. 5 SRÜ. Dieser verbietet dem Küstenstaat ein Einschreiten gegen das jeweilige Schiff in der Regel nur dann, wenn die Straftat vor der Einfahrt des Schiffes in das Küstenmeer begangen wurde und das Schiff das Küstenmeer nur *durchfahren möchte, ohne* in die inneren Gewässer einzulaufen. Im Übrigen scheint es nur ein redaktionelles Versehen zu sein, dass der Küstenstaat die dargestellten Maßnahmen gegen ein in die inneren Gewässer einlaufendes Schiff nur bei Straftaten, welche vor dem Einlaufen des Schiffes in das Küstenmeer begangen wurden, anwenden darf. Im Rahmen eines „Erst-recht-Schlusses" muss es dem Küstenstaat auch möglich sein, diese Maßnahmen vorzunehmen, wenn eine Straftat im Küstenmeer selbst begangen wurde und das Schiff anschließend in die inneren Gewässer einläuft. Dies folgt daraus, dass der Küstenstaat sogar dann einschreiten darf, wenn sich die Straftat außerhalb des Küstenmeers zugetragen hat. Der Küstenstaat muss demnach erst recht einschreiten dürfen, wenn die Straftat in seinem Küstenmeer begangen wurde[527]. Auch bei einem Einschreiten gegen ein einlaufendes Schiff muss der Küstenstaat Art. 27 Abs. 3 SRÜ beachten.

---

einen Diplomaten oder Konsularbeamten des Flaggenstaates zu benachrichtigen und die Verbindung zwischen diesem Diplomaten oder Konsularbeamten und der Besatzung des Schiffes zu erleichtern. In dringenden Fällen kann diese Benachrichtigung erfolgen, während die Maßnahmen durchgeführt werden."

526 Art. 27 Abs. 5 SRÜ lautet: *„Abgesehen von der Anwendung des Teiles XII oder von Fällen von Verstößen gegen die in Übereinstimmung mit Teil V erlassenen Gesetze und sonstigen Vorschriften darf der Küstenstaat an Bord eines sein Küstenmeer durchfahrenden fremden Schiffes keine Maßnahmen ergreifen, um wegen einer Straftat, die vor der Einfahrt des Schiffes in das Küstenmeer begangen wurde, eine Person festzunehmen oder eine Untersuchung durchzuführen, wenn dieses Schiff aus einem fremden Hafen kommt und das Küstenmeer nur durchfährt, ohne in die inneren Gewässer einzulaufen."*

527 So auch: Hasselmann, Die Freiheit der Handelsschiffahrt, S. 287; Shearer, ICLQ, Vol. 35 (1986), S. 320 (326); O'Connell, The International Law of the Sea, Vol. II, S. 958.

c. *Umsetzung im deutschen Strafrecht*

aa. *Strafgesetzbuch*

Die zentralen Vorschriften für die Anwendbarkeit des deutschen Strafrechts im Küstenmeer sind die §§ 3 und 4 StGB[528]. Grundsätzlich unterfallen Taten, die auf einem deutschen Schiff (auch in einem fremden Küstenmeer) begangen werden, gemäß § 4 StGB dem deutschen Strafrecht[529].

§ 3 StGB regelt ferner, dass das deutsche Strafrecht für alle Taten gilt, die im Inland begangen werden. Mit § 3 StGB geht einher, dass die Taten eines Ausländers, die er im Inland begeht, ebenfalls dem deutschen Strafrecht unterliegen[530]. Das Haupt- und Ausgangsprinzip ist daher der Territorialgrundsatz, welcher ohne jeden Vorbehalt und eben völlig unabhängig von der Staatszugehörigkeit des Täters gilt[531].

Die Frage, ob das deutsche Küstenmeer Inland oder Ausland ist und damit einhergehend, ob § 3 StGB auch für das Küstenmeer gilt, war bereits im 19. Jahrhundert stark umstritten. Zwischen den damaligen Gelehrten herrschte ein reger Gedankenaustausch[532]. Heute ist wegen der Souveranität des Küstenstaates, die dieser in seinem Küstenmeer und über dieses hat, davon auszugehen, dass es sich bei dem Küstenmeer um Inland handelt. Dies entspricht auch der mittlerweile herrschenden Auffassung, welche davon ausgeht, dass zum Inland die dem Festland vorgelagerten inneren Gewässer (wie Seehäfen und Meeresbuchten) und das daran oder an das Festland anschließende Küstenmeer gehören[533]. Im Ergebnis unterfällt daher eine Straftat auf einem fremden Schiff im deutschen Küstenmeer der deutschen Strafgerichtsbarkeit.

---

528 § 3 StGB: *„Das deutsche Strafrecht gilt für Taten, die im Inland begangen werden."*
§ 4 StGB: *„Das deutsche Strafrecht gilt, unabhängig von dem Recht des Tatorts, für Taten, die auf einem Schiff oder Luftfahrzeug begangen werden, das berechtigt ist, die Bundesflagge oder das Staatszugehörigkeitszeichen der Bundesrepublik Deutschland zu führen."*

529 Die Taten werden folglich so behandelt, als wären sie im Inland begangen worden, vgl. Eser, in: Schönke-Schröder, StGB, § 4 Rn. 1.

530 Fischer, StGB, vor § 3 Rn. 21; Eser, in: Schönke-Schröder, StGB, vor § 3 Rn. 5.

531 Eser, in: Schönke-Schröder, StGB, vor §§ 3–7 Rn. 5.

532 Vgl. hierzu ausführlich: O'Connell, The International Law of the Sea, Vol. II, S. 950 ff.

533 Fischer, StGB, vor § 3 Rn. 13; Eser, in: Schönke-Schröder, StGB, vor § 3 Rn. 30.

bb. Strafprozessordnung

Im deutschen Strafprozessrecht besteht kraft des Legalitätsprinzips, welches in § 152 StPO[534] niedergelegt ist, die Verpflichtung der Staatsanwaltschaft, gegen alle gerichtlich strafbaren und verfolgbaren Handlungen einzuschreiten. Auch wenn man davon ausgehen kann, dass sicherlich die sog. „schiffsinternen" Taten oft seitens der deutschen Strafverfolgungsbehörden unentdeckt bleiben, so besteht nach der deutschen Strafprozessordnung grundsätzlich eine Eingriffspflicht bei Kenntnis einer möglichen Tat und entsprechendem vorliegendem Anfangsverdacht. Als Ausnahme zu diesem Grundsatz besteht für die Staatsanwaltschaft die Möglichkeit nach § 153c Abs. 1 Nr. 2 StPO[535] von einer Verfolgung abzusehen. Dies ist aber lediglich eine Option für die Staatsanwaltschaft und keine Verpflichtung.

Entscheidet sich die Staatsanwaltschaft einzuschreiten, so regelt § 10 StPO die Zuständigkeit des Gerichts. Diese liegt bei dem Gericht, in dessen Bezirk der Hafen liegt.

Die Einbindung des Küstenmeeres in die deutsche Rechtsordnung und die daraus resultierenden strafprozessualen Konsequenzen legen nahe, dass Deutschland bei der oben aufgeworfenen Frage der Strafgewalt des Küstenstaates ebenfalls von einer umfassenden küstenstaatlichen Souveranität ausgeht und Art. 27 Abs. 1 SRÜ nur als „Soll"-Vorschrift auslegt.

3. Zivilgerichtsbarkeit des Küstenstaates, Art. 28 SRÜ

Die Eingriffsbefugnisse nach Maßgabe der Zivilgerichtsbarkeit des Küstenstaates werden in Art. 28 SRÜ geregelt[536]. Hier muss zwischen Personen und Sachen unterschieden werden.

---

[534] § 152 StPO lautet: *„Zur Erhebung der öffentlichen Klage ist die Staatsanwaltschaft berufen. Sie ist, soweit nicht gesetzlich ein anderes bestimmt ist, verpflichtet, wegen aller gerichtlich strafbaren und verfolgbaren Handlungen einzuschreiten, sofern zureichende tatsächliche Anhaltspunkte vorliegen."*

[535] § 153 c Abs. 1 Nr. 2 StPO lautet: *„Die Staatsanwaltschaft kann von der Verfolgung von Straftaten absehen, die ein Ausländer im Inland auf einem ausländischen Schiff oder Luftfahrzeug begangen hat."*

[536] Art. 28 SRÜ lautet:
„(1) Der Küstenstaat soll ein das Küstenmeer durchfahrendes fremdes Schiff weder anhalten noch umleiten, um seine Zivilgerichtsbarkeit gegenüber einer an Bord des Schiffes befindlichen Person auszuüben.

a. Personen

Art. 28 Abs. 1 SRÜ fordert den Küstenstaat auf, dass er ein fremdes Schiff in friedlicher Durchfahrt durch das Küstenmeer nicht zur Ausübung der Zivilgerichtsbarkeit gegenüber einer an Bord des Schiffes befindlichen Person anhalten oder umleiten *soll*.

Bei Art. 28 SRÜ handelt es sich in Bezug auf Abs. 1 wie auch bei Art. 27 Abs. 1 SRÜ um eine „Soll"-Vorschrift[537]. Hinsichtlich der Jurisdiktion des Art. 28 Abs. 1 SRÜ gegenüber Personen gilt somit das zur Strafgerichtsbarkeit Gesagte, die küstenstaatliche Zivilgerichtsbarkeit ist insoweit grundsätzlich unbeschränkt[538]. Verzichtet der Küstenstaat in einem Fall des Art. 28 Abs. 1 SRÜ auf die Ausübung seiner Zivilgerichtsbarkeit, handelt es sich auch hier um einen Fall küstenstaatlicher Courtoisie[539].

b. Sachen

Art. 28 Abs. 2 SRÜ befasst sich sodann mit der Ausübung der Zivilgerichtsbarkeit in Bezug auf Sachen und legt fest, dass Vollstreckungs- und Sicherungsmaßnahmen wegen Verbindlichkeiten oder wegen einer Haftung gegen ein fremdes Schiff grundsätzlich nur dann zulässig sind, wenn der Anspruch gegen

---

(2) Der Küstenstaat darf Vollstreckungs- oder Sicherungsmaßnahmen in Zivilsachen gegen das Schiff nur wegen Verbindlichkeiten oder der Haftung ergreifen, die für das Schiff selbst während oder wegen seiner Durchfahrt durch die Gewässer des Küstenstaates entstanden sind.

(3) Absatz 2 berührt nicht das Recht des Küstenstaates, in Übereinstimmung mit seinen Rechtsvorschriften Vollstreckungs- oder Sicherungsmaßnahmen in Zivilsachen gegen ein fremdes Schiff zu ergreifen, das in seinem Küstenmeer liegt oder dieses nach Verlassen der inneren Gewässer durchfährt."

537 Es gilt das soeben oben zu Art. 27 SRÜ Gesagte; vgl. auch Lee, AJIL, Vol. 55 (1961), S. 77 (93).

538 Bolte, Rechte des Uferstaates, S. 237/238; Hofmann, Das Küstenmeer im Völkerrecht, S. 174; dies geht auf einen Vorschlag der USA zurück, welcher von der Mehrheit der Staaten während der Genfer Konferenz (bzgl. Art. 20 KMÜ, welcher identisch mit Art. 28 SRÜ ist) gebilligt wurde, vgl. (First) UNCLOS, Official Records, Vol. III, S. 221/222: Doc.A./Conf.13/C.1/L.42. A. A. hierzu: Hasselmann, Die Freiheit der Handelsschiffahrt, S. 289. Dieser ist der Auffassung, die Jurisdiktion des Küstenstaates, die sich aus Art. 28 SRÜ ergibt, sei im Vergleich zu der des Art. 27 SRÜ restriktiv auszulegen. Diese Auffassung gibt auch Lee wieder: AJIL, Vol. 55 (1961), S. 77 (95). Dies kann bereits wegen des zu Art. 27 Abs. 1 SRÜ im Wortlaut identischen Art. 28 Abs. 1 SRÜ und gerade hinsichtlich der oben dargestellten Entstehungsgeschichte nicht überzeugen.

539 *Shearer* ist auch der Auffassung, dass Art. 27 und 28 wegen der identischen Formulierung des *"should not"* einheitlich beurteilt werden müssen: ICLQ, Vol. 35 (1986), S. 320 (328).

das Schiff während oder wegen der Durchfahrt durch die Gewässer des Küstenstaates entstanden ist. Hiervon macht Art. 28 Abs. 3 SRÜ immer dann eine Ausnahme, wenn das Schiff im *„Küstenmeer liegt oder dieses nach Verlassen der inneren Gewässer durchfährt"*.

Im Gegensatz zu Art. 28 Abs. 1 SRÜ ist Art. 28 Abs. 2 SRÜ keine „Soll"-Vorschrift, sondern stellt ebenso wie Art. 27 Abs. 5 SRÜ eine Verbotsnorm dar, die es seitens des Küstenstaates zu befolgen gilt[540]. Dies ergibt sich aus dem in dieser Hinsicht klaren Wortlaut.

4. Praxis

Grundsätzlich werden sowohl Art. 27 SRÜ als auch Art. 28 SRÜ von speziellen Übereinkommen (beispielsweise den beiden Brüsseler Konventionen aus dem Jahre 1952 über die "Unification of Certain Rules Relating to Penal Jurisdiction in Matters of Collisions or Other Incidents of Navigation"[541] und über den "Arrest of Sea-going Ships"[542]) überlagert, die unvermindert wirksam bleiben, so lange sie gemäß Art. 311 Abs. 2 SRÜ mit den Regelungen des Seerechtsübereinkommens vereinbar sind[543].

---

540 So auch: Hofmann, Das Küstenmeer im Völkerrecht, S. 175; a. A.: Ngantcha, The Right of Innocent Passage, S. 115, welcher davon ausgeht, dass Abs. 2 und 3 nur eine beispielhafte Auflistung darstellen und nicht abschließend sind. Als Begründung hierfür dient die Notwendigkeit umfassender Handlungsbefugnisse des Küstenstaates. Diese Auffassung wird gestützt durch die Begründung der USA, die diese bzgl. der Änderung des Art. 28 SRÜ abgegeben haben, vgl. (First) UNCLOS, Official Records, Vol. III, S. 221/222: Doc.A/Conf.13/C.1/L.42. – Diese Frage wurde auch bereits vor amerikanischen Gerichten kontrovers diskutiert. Im Fall "The David" wurde es dem Küstenstaat gestattet, ein Schiff wegen vorangegangener Verbindlichkeiten zu arrestieren, vgl. Department of State, Arbitration Series, No. 6, American and Panamanian Claims Arbitration, under the Conventions of July 28, 1926, and Dec. 17, 1932, Report of Bert L. Hunt, Agent for the United States (1934), S. 765 ff. Beschreibungen und Kommentare zu diesem Fall bei: Jessup, AJIL, Vol. 27 (1933), S. 747–750, und bei: Borchard, AJIL, Vol. 29 (1935), S. 99 (103–105); Friede, ZaöRV, Bd. 5 (1935), S. 452 ff.; die entgegengesetzte Auffassung wurde im Fall "D.C. Whitney" vertreten, vgl. O'Connell, The International Law of the Sea, Vol. II, S. 871.

541 Die Zustimmung des Deutschen Bundestages und der Vertragstext finden sich im: BGBl. 1972 II, S. 653 (668 ff.). Es gibt selbiges Übereinkommen auch für die Frage der zivilgerichtlichen Zuständigkeit bei Schiffszusammenstößen, vgl. BGBl. 1972 II, S. 653 (663 ff.); Hasselmann, Die Freiheit der Handelsschiffahrt, S. 289.

542 Siehe hierzu ebenfalls: BGBl. 1972 II, S. 653 (655 ff.); Hasselmann, Die Freiheit der Handelsschiffahrt, S. 289.

543 Hasselmann, Die Freiheit der Handelsschiffahrt, S. 289; Lee, AJIL, Vol. 55 (1961), S. 77 (86); Shearer, ICLQ, Vol. 35 (1986), S. 320 (329).

VII. Fazit

In Bezug auf das Küstenmeer besteht immer die Schwierigkeit, die Rechte des Küstenstaates und die der Schifffahrt gerecht gegeneinander abzuwägen. Dies ist beinahe eine Sisyphusarbeit, da diese Zone den Küstenstaaten als ihr Territorium zugewiesen ist, andererseits aber auch die Schifffahrt – gerade unter dem Aspekt der Verbreiterung des Küstenmeeres auf 12 sm und der damit einhergehenden Einschränkungen – ein starkes Interesse an ihrer größtmöglichen Bewegungsfreiheit hat. Probleme und abweichende Auffassungen sind vorprogrammiert. Dies ist insbesondere der Fall, wenn es um die Gewährung von Rechten geht, die über das normale Maß hinausgehen.

Zu beginnen ist hier mit den Vorschriften über das grundsätzlich bestehende Recht fremder Schiffe auf eine friedliche Durchfahrt durch das Küstenmeer.

Betrachtet man die Vorschriften des Seerechtsübereinkommens über das Küstenmeer genauer, so stellt man fest, dass gegenüber der Fassung des Küstenmeerübereinkommens vermehrt versucht wurde, klare und eindeutige Regelungen zu verfassen. Dies wird zunächst an dem Versuch deutlich, den Küstenstaaten durch eine Auflistung „unfriedlicher" Tätigkeiten in Art. 19 Abs. 2 lit. a) – l) SRÜ klare Kriterien an die Hand zu geben, wann eine friedliche Durchfahrt „unfriedlich" wird bzw. ist. Die Missbrauchsgefahr durch Küstenstaaten, die durch die unbestimmten Rechtsbegriffe des Art. 14 Abs. 4 KMÜ („Frieden, Ordnung, Sicherheit") groß war, ist nach der Regelung im Seerechtsübereinkommen geringer geworden. Aus diesem Grunde sind zwei Konsequenzen dieser Änderung wichtig. Einerseits, dass die Aufzählung des Art. 19 Abs. 2 SRÜ als abschließend betrachtet und anerkannt werden muss und andererseits, dass eine präventive Feststellung der Unfriedlichkeit nicht möglich sein darf[544]. Durch eine andere Auslegung würden diese Errungenschaften des Seerechtsübereinkommens wieder zunichte gemacht. Diese Schlussfolgerung liefert das Seerechtsübereinkommen im Übrigen auch selbst, indem es den Weg weist, weg von ausschließlich unbestimmten Rechtsbegriffen und hin zu einer detaillierten Auflistung. Ignorierte man diese Tendenz, könnte die Vorschrift erneut beliebig erweitert werden und es bestünde wieder ein (zu) großer Ermessensspielraum der Küstenstaaten.

---

[544] Eine Ausnahme sollen diejenigen Fälle darstellen, in denen ein dringender Verdacht besteht, dass eine unmittelbare Gefahr für Leib und Leben von Menschen droht.

Als weiteres Problem in diesem Zusammenhang ist anzusehen, dass nicht alle Staaten fremden Kriegsschiffen ein allgemeines Recht der friedlichen Durchfahrt zugestehen. Oftmals wird die Ausübung dieses Rechts von der Einholung einer vorherigen Genehmigung abhängig gemacht. Dies ist nicht zulässig. Vielmehr muss gerade vor dem Hintergrund der Aufnahme einiger militärischer Tätigkeiten in Art. 19 Abs. 2 SRÜ, deren Vornahme eine Durchfahrt als unfriedlich qualifiziert, davon ausgegangen werden, dass auch Kriegsschiffen ein Recht der friedlichen Durchfahrt durch das Küstenmeer zusteht. Kriegsschiffe können jedoch bei Nichteinhaltung der seitens des Küstenstaates normierten Gesetze gemäß Art. 30 SRÜ aufgefordert werden, das Küstenmeer zu verlassen.

Den Küstenstaaten verbleibt in letzter Konsequenz die Möglichkeit, eine nichtfriedliche Durchfahrt gemäß Art. 25 Abs. 1 SRÜ zu verhindern und weiterhin – was besonders für Kriegsschiffe und solche Schiffe, die gefährliche Güter transportieren, interessant ist – nach Art. 22 SRÜ verbindlich zu nutzende Schifffahrtswege und Verkehrstrennungswege festzulegen.

Deutschland hat sein Küstenmeer in der Nordsee auf die zulässigen 12 sm ausgedehnt und in der Ostsee anhand von Koordinaten eine Abgrenzung vorgenommen. Die Gesetzgebungskompetenz im Küstenmeer ist als eine konkurrierende ausgestaltet. In allen Bereichen, in denen der Bund bisher nicht tätig geworden ist, können somit die Länder handeln. Oftmals führen die Länder jedoch auch Aufgaben des Bundes in Auftragsverwaltung aus.

Im deutschen Recht regelt das Seeaufgabengesetz, welches auf der Rechtsgrundlage der Art. 74 Abs. 1 Nr. 21, 87, 89 GG erlassen wurde, die wichtigsten Zuständigkeiten und Kompetenzen für das Küstenmeer. Hier finden sich unter anderem die Vorschriften über die schifffahrtspolizeilichen Eingriffsbefugnisse und die Zuständigkeiten zur Gewährleistung eines sicheren und leichten Schiffsverkehrs. Weiterhin hat der Bund auch strompolizeiliche Maßnahmen zur Erhaltung der Bundeswasserstraßen vorzunehmen. Hier ist das Bundeswasserstraßengesetz mit der Regelung der Zuständigkeiten und Befugnisse zu berücksichtigen. Deutschland hat sich weiterhin zu einem „Sicherheitskonzept Deutsche Küste“ entschlossen. Dieses stellt ein umfangreiches und sehr effizientes Programm dar, um einen reibungslosen und sicheren Schiffsverkehr zu gewährleisten. Von Lotsendiensten bis hin zu hochmodernen Navigationshilfen wurde hier alles bedacht. Auch eine Bündelung verschiedener Behörden zu Spezialzentren zwecks Verkürzung der Informations- und Entscheidungswege ist begrüßenswert. Im Übrigen wurden Verkehrstrennungsgebiete festgelegt und ein

Havariekommando eingerichtet, um sofort adäquat auf etwaige Unfälle reagieren zu können. Deutschland genügt im Übrigen auch den neuen Erfordernissen der SOLAS und hat einen „Point of Contact" in Cuxhaven eingerichtet.

Nachdem in Bezug auf die friedliche Durchfahrt der Schifffahrt viele Zugeständnisse gemacht wurden, liegt jedoch in Fragen der küstenstaatlichen Jurisdiktion über fremde Schiffe im Küstenmeer der Schwerpunkt auf der dort vorherrschenden küstenstaatlichen Hoheitsmacht. In seinem Küstenmeer steht dem Küstenstaat somit die volle Jurisdiktion über die sich dort befindenden Schiffe – sofern sie nicht (wie regelmäßig Kriegs- oder Staatsschiffe) der Immunität unterliegen – zu. Soweit es sich um Schiffe handelt, die einen küstenstaatlichen Hafen anlaufen oder einen solchen verlassen, ist dies anerkannt.

Streit herrscht über den Umfang der küstenstaatlichen Jurisdiktion über solche Schiffe, die das Küstenmeer lediglich durchfahren ("lateral passage"), ohne aus einem küstenstaatlichen Hafen zu kommen oder einen solchen anzusteuern. Grundlage für diesen Streit ist erneut die unklare Formulierung des Seerechtsübereinkommens, nach der der Küstenstaat gemäß Art. 27 Abs. 1 SRÜ seine Gerichtsbarkeit nur in den ausdrücklich geregelten Fällen[545] ausüben „soll". Auch Art. 28 Abs. 1 SRÜ ist hinsichtlich der Zivilgerichtsbarkeit als „Soll"-Vorschrift gefasst. Zur Auslegung des Art. 27 Abs. 1 SRÜ wird die Auffassung vertreten, dass es einer mit dem Seerechtsübereinkommen konformen Auslegung bedürfe, welche im Endeffekt bedeute, dass dem Küstenstaat nicht immer und unter allen Umständen die volle Jurisdiktion in seinem Küstenmeer zustehe. Allerdings zählt das Küstenmeer zu dem Hoheitsgebiet des Küstenstaates, so dass eine Nichtgeltendmachung seiner Jurisdiktion – sowohl bei Art. 27 Abs. 1 SRÜ als auch bei Art. 28 Abs. 1 SRÜ – ausschließlich eine Courtoisie darstellt. Grundsätzlich kann der Küstenstaat seine volle Jurisdiktion über ein Schiff in seinem Küstenmeer ausüben. Dies wird auch durch die weiche Formulierung „soll" nur bestätigt.

Im deutschen Recht wird die Frage der Strafjurisdiktion maßgeblich in §§ 3 und 4 StGB sowie in § 152 StPO und als Ausnahme hierzu in § 153c Abs. 1 Nr. 2 StPO geregelt. Da es sich bei dem deutschen Küstenmeer um „Inland" handelt, unterliegen die Taten eines Ausländers gemäß § 3 StGB dort ebenfalls dem deutschen Strafrecht. Taten auf einem deutschen Schiff unterfallen überall dem deutschen Strafrecht (§ 4 StGB).

---

[545] Hierunter fallen die Konstellationen des Art. 27 Abs. 1 lit. a) – d) SRÜ.

Die deutsche Strafprozessordnung rundet das oben gefundene Ergebnis zu Art. 27 und 28 SRÜ dahingehend konsequent ab, dass § 152 StPO bestimmt, dass bei einem Anfangsverdacht auf eine Straftat die Staatsanwaltschaft zwar einschreiten muss, hiervon aber gemäß § 153c Abs. 1 Nr. 2 StPO – als Ausdruck einer Courtoisie – Abstand nehmen kann. Nach alledem entspricht die strafrechtliche Umsetzung Deutschlands genau der Formulierung des Seerechtsübereinkommens: Der Küstenstaat hat zu jedem Zeitpunkt die volle Jurisdiktion über die Schiffe in seinem Küstenmeer. Ob er diese ausübt, ist eine Frage der Courtoisie und nicht eine solche seerechtsübereinkommenskonformer Auslegung.

C. Die Meerengen ("The Straits")

I. Allgemeines

In den letzten Jahren hat sich abgezeichnet, dass die Schifffahrt in Meerengen immer mehr an Bedeutung gewinnt. Die Meerenge „Straße von Malakka" ist einer der bedeutendsten Seewege der Welt. Sie wird jeden Tag von circa 2.000 Schiffen befahren und etwa 20 bis 25 Prozent aller weltweit gehandelten Güter werden durch diese Meerenge transportiert[546]. Allein China importiert über den Seeweg fast 80 Prozent seines Öls sowie 30 Prozent seines Eisenerzes. Der an der Seestraße gelegene Hafen von Singapur ist der wichtigste Container- und Tankhafen der Welt[547]. Diese Entwicklung zeigt sich auch im Finnischen Meerbusen, in welchem sich seit Anfang des Jahrtausends die Menge des durch die Ostsee verschifften Öls mehr als verdoppelt hat[548]. Trotz dieser enormen Bedeutung der Meerengen wurde bei keiner der VN-Seerechtskonferenzen definiert, was genau unter einer Meerenge zu verstehen ist[549]. Nach nun wohl allgemeiner Überzeugung ist eine Meerenge eine relativ schmale Meeresstelle, die zwei Teile der See miteinander verbindet[550].

Die folgende eingehende Betrachtung des Meerengenregimes wird zeigen, dass Vitzthum zu Recht ausführte, dass keine andere Seezone *„das Spannungsverhältnis zwischen den Grundprinzipien der territorialen Souveranität einerseits und der Freiheit der Hohen See andererseits"* besser verdeutlicht[551].

II. Entwicklung des Meerengenregimes

1. Verhandlungen zum Seerechtsübereinkommen

Während der Verhandlungen zum Seerechtsübereinkommen von 1982 war die Meerengenproblematik einer der umstrittensten Punkte[552]. Die USA und die damalige Sowjetunion – als Hauptakteure des Kalten Krieges – hatten die Be-

---

546 Hierzu ausführlich: Wikipedia.

547 Financial Times (Online)/Reuters vom 04.03.2010.

548 Financial Times (Online) vom 10.02.2010.

549 Churchill/Lowe, The Law of the Sea, S. 102.

550 Platzöder, ZaöRV, Bd. 38 (1978), S. 710 (710); Churchill/Lowe, The Law of the Sea, S. 102.

551 Siehe hierzu auch: Vitzthum, in: Vitzthum, Handbuch des Seerechts, Kapitel 2 Rn. 158.

552 Siehe hierzu ausführlich: Vitzthum, in: Vitzthum, Handbuch des Seerechts, Kapitel 2 Rn. 158 ff; Hasselmann, Die Freiheit der Handelsschiffahrt, S. 309 ff.

fürchtung, dass mit der Ausdehnung des Küstenmeers auf 12 sm auch die Hohe-See-Korridore verschwinden würden und dass die Durchfahrt durch Meerengen dann nur noch nach den Regeln der friedlichen Durchfahrt durch das Küstenmeer möglich wäre, was auch ein strategisches Durchtauchen der Meerengen unmöglich machen würde[553]. Die beiden Supermächte befürchteten hierdurch eine Einschränkung der Bewegungsfreiheit ihrer Flotten eine damit einhergehende Beeinträchtigung des *„Gleichgewicht(s) des Schreckens“*[554].

2. Regelung im Seerechtsübereinkommen

Letztlich wurde die Meerengenthematik in Teil III des Seerechtsübereinkommens geregelt, welcher in drei verschiedene Abschnitte untergliedert ist:

- Abschnitt 1: Allgemeine Bestimmungen, Art. 34–36 SRÜ
- Abschnitt 2: Transitdurchfahrt, Art. 37–44 SRÜ
- Abschnitt 3: Friedliche Durchfahrt, Art. 45 SRÜ

III. Anwendbarkeit des Meerengenregimes

1. Art. 34 Abs. 1 SRÜ

Bereits zu Beginn der Untersuchung des Art. 34 Abs. 1 SRÜ sticht der problematische Wortlaut dieser Vorschrift ins Auge:

> *„Die in diesem Teil festgelegte Durchfahrtsordnung für Meerengen, die der internationalen Schiffahrt dienen, berührt im übrigen nicht den Rechtsstatus der solche Meerengen bildenden Gewässer oder die Ausübung der Souveranität oder der Hoheitsbefugnisse über diese Gewässer und deren Luftraum, Meeresboden und Meeresuntergrund durch die Meerengenanliegerstaaten.“*

a. Die Voraussetzung der Internationalität

Art. 34 Abs. 1 SRÜ verlangt also für die Anwendbarkeit des Teils III, dass eine Meerenge der internationalen Schifffahrt dient. Völlig unklar ist jedoch, wann dies der Fall sein soll und auf welche Abgrenzungskriterien es ankommt. Mangels eindeutiger Definition für diese Voraussetzung ist es bereits des Öfteren zu

---

553 Vitzthum, in: Vitzthum, Handbuch des Seerechts, Kapitel 2 Rn. 160; Platzöder, ZaöRV, Bd. 38 (1978), S. 710 (714); Reismann, AJIL, Vol. 74 (1980), S. 48 (52).

554 Vitzthum, in: Vitzthum, Handbuch des Seerechts, Kapitel 2 Rn. 160.

Streitfällen und deshalb auch zu verschiedenen Auslegungsversuchen des Merkmals gekommen.

aa. "Corfu Channel"-Fall

Ein solcher Streitfall war der sog. *"Corfu Channel"*-Fall aus dem Jahr 1949[555], der dem IGH zur Entscheidung vorlag und in welchem der IGH erstmals eine Auslegung des Merkmals „international" vornahm. In dem dieser Entscheidung zu Grunde liegenden Sachverhalt hatte sich die albanische Regierung dagegen gewehrt, dass im Nord–Korfu–Kanal eine Transitdurchfahrt möglich sein sollte. Vielmehr, so die albanische Regierung, sei der Kanal ein Kanal von zweitrangiger Bedeutung und viel eher wichtig für den lokalen Schiffsverkehr zwischen den Häfen Korfu und Saranda[556]. Entgegen der Auffassung der albanischen Regierung bejahte der IGH die Internationalität in seiner Entscheidung, weil er als Voraussetzung für die geforderte Internationalität doch auf die *Anzahl* der Schiffe abstellte, die den Kanal innerhalb eines bestimmten Zeitraumes durchfuhren[557].

bb. Weitere Auslegungsversuche und Vorschläge

Weiterhin lassen auch die Vorschläge der ILC und weiterer Teilnehmer auf den Seerechtskonferenzen und das Schicksal dieser Vorschläge Rückschlüsse auf das Vorliegen des Merkmals „international" zu. Die ILC schlug zunächst vor, das Durchfahrtsrecht auf solche Meerengen zu beschränken, die üblicherweise (*"normally"*) der internationalen Schifffahrt dienen[558]. Dieser Vorschlag wurde jedoch auf der Ersten Seerechtskonferenz nicht berücksichtigt[559]. Auch Vorstöße seitens Algerien und anderer Staaten[560] sowie des Irak[561] auf der Dritten See-

---

555 Hierzu: Koh, Straits in International Navigation, S. 31 ff; Vitzthum, in: Vitzthum, Handbuch des Seerechts, Kapitel 2 Rn. 162; Hasselmann, Die Freiheit der Handelsschiffahrt, S. 315 ff.

556 Hasselmann, Die Freiheit der Handelsschiffahrt, S. 315.

557 ICJ, The Corfu Channel Case (United Kingdom v. Albania), ICJ Rep. 1949, S. 29.

558 Vitzthum, in: Vitzthum, Handbuch des Seerechts, Kapitel 2 Rn. 163; Churchill/Lowe, The Law of the Sea, S. 104; ILC Yearbook 1956 II, S. 273, Art. 17.

559 Hasselmann, Die Freiheit der Handelsschiffahrt, S. 316; *Koh* führt aus, dass dies darauf zurückzuführen sei, dass die Formulierung "normally" nicht die Entscheidung im "Corfu Channel Case" wiedergab. Vgl. hierzu und zu anderen: Koh, Straits in International Navigation, S. 21.

560 A/CONF. 62/C.2/L.44, abgedruckt in: (Third) UNCLOS, Official Records, Vol. III, S. 221 ff.

561 A/CONF. 62/C.2/L.71, abgedruckt in: (Third) UNCLOS, Official Records, Vol. III, S. 236 ff.

rechtskonferenz, eine Formulierung zu wählen, welche die Wortlaut *"customarily used"* enthält, fanden keinen Anklang. Kanada versuchte eine Definition durchzusetzen, welche widerspiegeln sollte, dass die Meerenge traditionsgemäß für die internationale Schifffahrt *("has traditionally been used for international navigation")* genutzt wurde[562]. Auch Chile sprach sich für eine Definition aus, die klarstellen sollte, dass die Meerenge traditionell der internationalen Schifffahrt dient (*"traditional use"*)[563]. Auch als sich Kanada, Chile und Norwegen im Jahre 1975 erneut für ein ähnliche Formulierung aussprachen, waren diese Bemühungen nicht von Erfolg gekrönt[564]. Der Vorsitzende des zweiten Komitees nahm keine der gewünschten Worte, wie *"customarily", "traditionally"* oder ähnliche Formulierungen auf, um den Begriff des *„Dienens" / "used"* in seinem Informal-Single-Negotiating-Text (ISNT) näher zu umschreiben[565]. Ein Grund für das Scheitern dieser Vorstöße war, dass eine große Mehrheit unter den Meerengenanliegerstaaten daran interessiert war, dass ihre „eigenen" Meerengen einerseits aus Gründen des Umweltschutzes und andererseits, um die bei Vorliegen einer solchen Meerenge einhergehenden Rechte für die Schiffahrt nicht gewähren zu müssen, von einer Definition möglichst nicht erfasst würden[566].

cc. Ergebnis

Die Auslegung des IGH im "Corfu Channel"-Fall zu der Frage der Internationalität kann nicht überzeugen. Dies folgt daraus, dass es nicht nur auf die Anzahl der Schiffe ankommen kann, die die Meerenge passieren. Vielmehr ist – wie in Art. 34 Abs. 1 SRÜ gefordert – entscheidend, welche Schiffe die Meerenge passieren, ob hier also ein internationaler Schiffsverkehr vorherrscht. Würde man allein der Sicht des IGH folgen, könnte das Vorliegen des Merkmals – wie im „Corfu Channel"-Fall – schon dann bejaht werden, wenn viele Schiffe des Küs-

---

562 A/CONF.62/C.2/L.83, abgedruckt in: (Third) UNCLOS, Official Records, Vol. III, S. 241; von Münch, Die Régime internationaler Meerengen vor dem Hintergrund der III. UN-Seerechtskonferenz, S. 101 Fn. 11; siehe hierzu auch: Platzöder, ZaöRV, Bd. 38 (1978), S. 710 (724 Fn. 30).

563 A/CONF.62/C.2/SR.14, abgedruckt in: (Third) UNCLOS, Official Records, Vol. II, S. 135 ff.

564 Platzöder, ZaöRV, Bd. 38 (1978), S. 710 (724/725).

565 Vgl. den Informal single negotiating text: A/CONF.62/WP.8/Part II, abgedruckt in: (Third) UNCLOS, Official Records, Vol. IV, S. 152 ff.

566 Von Münch, Die Régime internationaler Meerengen vor dem Hintergrund der III. UN-Seerechtskonferenz, S. 101; Platzöder, ZaöRV, Bd. 38 (1978), S. 710 (724); Churchill/ Lowe, The Law of the Sea, S. 105; Vitzthum, in: Vitzthum, Handbuch des Seerechts, Kapitel 2 Rn. 160.

tenstaates die Meerenge passieren. Das Kriterium der Internationalität träte in diesem Falle in den Hintergrund und würde weitestgehend leer laufen. Aus diesem Grunde kann das Merkmal nicht mit Hilfe der Häufigkeit oder der Frequenz der Durchfahrt von Schiffen näher bestimmt und ausgelegt werden. Dies folgt auch daraus, dass Art. 34 Abs. 1 SRÜ keine Vorgaben hinsichtlich der Häufigkeit der Nutzung enthält, sondern eben ausdrücklich auf die Internationalität abstellt. Auch eine Regelungslücke liegt nicht vor, da die Konferenzteilnehmer sich im Rahmen des Seerechtsübereinkommens durchaus in der Lage gezeigt haben, einen Schwerpunkt auf die Häufigkeit der Nutzung zu legen. Dies wird in Art. 53 Abs. 4 SRÜ deutlich, welcher als Voraussetzung solche Fahrwasser nennt, die *„üblicherweise“* der internationalen Schifffahrt dienen[567].

Nach den verschiedenen Auslegungsversuchen auf der Seerechtskonferenz und dem zum "Corfu Channel"-Fall Gesagten, kann daher das einzig sinnvolle Auslegungskriterium nicht die Anzahl der die Meerenge passierenden Schiffe, sondern die Anzahl der passierenden Flaggen sein[568].

b. Zeitpunkt der Internationalität

Hat man nun festgestellt, unter welchen Voraussetzungen die notwendige Internationalität gegeben ist, so muss nun noch geklärt werden, auf welchen Zeitpunkt es für deren Vorliegen ankommt. Die Regelung gibt nicht her, ob sich das Merkmal "used for international navigation" auf die Vergangenheit, die Gegenwart oder die Zukunft beziehen muss und ist insofern auch in dieser Hinsicht auslegungsbedürftig.

aa. Auffassung von Butler

Butler ist der Auffassung, dass Teil III des Seerechtsübereinkommens immer dann zur Anwendung gelangt, wenn eine Meerenge früher, gegenwärtig oder in Zukunft von irgendwelchen Seefahrzeugen (*"floating means"*) benutzt wurde bzw. wird[569]. Er legt Teil III des Seerechtsübereinkommens somit zu Gunsten der internationalen Schifffahrt so weit wie möglich aus. Als Begründung führt er an, dass sich durch äußere Umstände, etwa durch das Variieren von Handels-

---

567 So auch: Vitzthum, in: Vitzthum, Handbuch des Seerechts, Kapitel 2 Rn. 163.

568 So auch: Vitzthum, in: Vitzthum, Handbuch des Seerechts, Kapitel 2 Rn. 165; Jia, The Regime of Straits in International Law, S. 45.

569 Zitiert nach: von Münch, Die Régime internationaler Meerengen vor dem Hintergrund der III. UN-Seerechtskonferenz, S. 102.

strömen, die Schifffahrtsrouten im Laufe der Zeit immer wieder geändert haben und dass dies auch zukünftig wieder der Fall sein könne.

bb. Ergebnis

Die Auffassung *Butlers* ist abzulehnen. Dies lässt sich zunächst mit dem Wortlaut des Art. 34 Abs. 1 SRÜ begründen. Für die Wortlautauslegung kann zunächst die englische Fassung des Art. 34 Abs. 1 SRÜ herangezogen werden, in welcher als Zeitform das Präsens gewählt wurde: *"straits used for international navigation"*. Diese Wahl der Zeitform lässt sich auch in anderen Fassungen, wie der Deutschen (*„dienen"*) und der Französischen (*„servant"*) feststellen[570]. Gerade der Auslegung des Wortlauts einer Vorschrift – als am nächsten liegender Anhaltspunkt für das seitens der Konferenz Gewollte – muss ein großes Gewicht zukommen. Aus dem Wortlaut des Art. 34 Abs. 1 SRÜ in den verschiedenen Sprachen bieten sich für eine Einbeziehung der Vergangenheit keine Anhaltspunkte, da die Formulierung eben nicht lautet "straits which *were* used"[571], obwohl sie ohne Probleme so hätte gefasst werden können. Aus diesem Grunde ist der gegenwärtige Zeitpunkt und nicht die vergangene Praxis maßgeblich für die Beurteilung der Frage, ob das Internationalitätskriterium gewahrt ist oder nicht[572].

Butler vernachlässigt ferner, dass durch seine extensive Auslegung zu Gunsten der Schifffahrt (mit der Konsequenz einer großflächigen Beanspruchung des Rechts der Transitpassage durch die Schifffahrt) die Meerengenanliegerstaaten in ihrer Gebietshoheit stark eingeschränkt würden. Bei einer solchen Beschränkung der Gebietshoheit muss jedoch die Auslegungsregel des Ständigen Internationalen Gerichtshofes (StIGH), die sog. *„in dubio mitius"*-Regel, berücksichtigt werden[573]. Diese besagt, dass Beschränkungen der staatlichen Freiheit bei der Interpretation völkerrechtlicher Verträge im Zweifelsfall restriktiv ausgelegt werden müssen[574]. Für eine restriktive Auslegung spricht auch, dass die Internationalität einer Meerenge erst durch zukünftige Entwicklungen und in der Zu-

---

570 So auch: Vitzthum, in: Vitzthum, Handbuch des Seerechts, Kapitel 2 Rn. 162.

571 So auch: von Münch, Die Régime internationaler Meerengen vor dem Hintergrund der III. UN-Seerechtskonferenz, S. 102.

572 Nandan/Anderson, BYIL, Vol. 60 (1989), S. 159 (168); von Münch, Die Régime internationaler Meerengen vor dem Hintergrund der III. UN-Seerechtskonferenz, S. 102.

573 Hierzu ausführlich: von Münch, Die Régime internationaler Meerengen vor dem Hintergrund der III. UN-Seerechtskonferenz, S. 102.

574 Bernhardt, Die Auslegung völkerrechtlicher Verträge, S. 143; von Münch, Die Régime internationaler Meerengen vor dem Hintergrund der III. UN-Seerechtskonferenz, S. 102.

kunft liegende daraus resultierende verstärkte Nutzungsbedürfnisse entstehen kann, beispielsweise wenn neue Ressourcen entdeckt werden. Es besteht demnach ohne weiteres die Möglichkeit, dass eine Meerenge in der Zukunft die Kriterien für die Internationalität erfüllt und Teil III des Seerechtsübereinkommens daraufhin anwendbar sein kann, auch wenn er es gegenwärtig noch nicht ist. Hieraus wird deutlich, dass durchaus flexible Beurteilungsmöglichkeiten bestehen, welche nicht rechtfertigen, dass von vornherein – durch eine extensive Ausdehnung des relevanten Zeitpunktes – die Anwendbarkeit des Teils III des Seerechtsübereinkommens feststeht. Vielmehr kann man auf die veränderten Umstände mit einer Anwendbarkeit des Teils III des Seerechtsübereinkommens zu jedem Zeitpunkt angemessen reagieren.

Würde nun jede Meerenge, die irgendwann in der Vergangenheit, Gegenwart oder Zukunft eine solche Relevanz für die internationale Schifffahrt gehabt hätte oder eventuell zukünftig haben würde, fortwirkend diese Relevanz behalten, auch wenn in der Zwischenzeit die internationale Schifffahrt in dieser Meerenge abgeflaut wäre, würde dies zu einer Ausuferung der Anwendung des Teils III des Seerechtsübereinkommens führen. Vor diesem Hintergrund ist davon auszugehen, dass für die Beurteilung, ob Teil III des Seerechtsübereinkommens anwendbar ist, eine Analyse des gegenwärtigen Zustandes in dieser Meerenge maßgeblich ist[575].

Abschließend ist noch darauf hinzuweisen, dass eine bloß potenzielle Nutzung einer Meerenge nicht ausreichend ist[576], vielmehr ist auf die tatsächliche Nutzung abzustellen.

2. Art. 35 SRÜ

Art. 35 SRÜ regelt den Geltungsbereich des Teils III des Seerechtsübereinkommens. Art. 35 SRÜ lit. a) SRÜ legt zunächst fest, dass Teil III mit seinen Rechten für die Schifffahrt nicht für solche (Teile von) Meerengen gilt, welche in den inneren Gewässern eines Küstenstaates liegen. Weiterhin wird festgelegt, dass der Rechtsstatus bestimmter Gebiete außerhalb der Küstenmeere (lit. b) und bestimmte Rechtsordnungen in Meerengen (lit. c) nicht von den Wirkungen des

---

575 So auch: Vitzthum, in: Vitzthum, Handbuch des Seerechts, Kapitel 2 Rn. 162.

576 Vitzthum, in: Vitzthum, Handbuch des Seerechts, Kapitel 2 Rn. 162; von Münch, Die Régime internationaler Meerengen vor dem Hintergrund der III. UN-Seerechtskonferenz, S. 102 m.w.N.

Teils III des Seerechtsübereinkommens berührt werden[577]. Greift ein solcher Ausschluss des Art. 35 SRÜ ein, sind die Regelungen über die Transitdurchfahrt bzw. die friedliche Durchfahrt nach Art. 45 SRÜ nicht anwendbar.

3. Art. 36 SRÜ

Die Vorschrift des Art. 36 SRÜ[578] ist immer dann relevant, wenn eine Meerenge so groß ist, dass ein durch die Hohe See oder die Ausschließliche Wirtschaftszone führender *„in navigatorischer und hydrographischer Hinsicht gleichermaßen geeigneter"* Seeweg durch diese Meerenge vorhanden ist. Dies ist regelmäßig der Fall, wenn die Meerenge breiter als 24 sm ist (die Gewässer der Meerenge also nicht vollständig in die Küstenmeere der jeweiligen Meerengenanlieger fallen) und somit in der Meerenge ein Streifen Ausschließliche Wirtschaftszone oder mangels Proklamation einer solchen ein Streifen Hohe See besteht[579]. Art. 36 SRÜ kann auch dann einschlägig sein, wenn eine Meerenge schmaler als 24 sm ist und die Meerengenanliegerstaaten kein 12-sm-Küstenmeer beanspruchen[580].

Liegt ein Fall des Art. 36 SRÜ vor (beispielsweise bei der sog. "Florida Strait" zwischen den USA und Kuba mit einer Breite von 90 sm[581]), besteht durch eine Ausschließliche Wirtschaftszonenroute bzw. Hohe-See-Route die Freiheit der Schifffahrt, so dass kein Bedürfnis für die Gewährung der Anwendbarkeit des

---

577 Art. 35 SRÜ lautet: *„Dieser Teil berührt nicht*
a) die Gebiete innerer Gewässer innerhalb einer Meerenge, es sei denn, die Festlegung einer geraden Basislinie nach der in Art. 7 bezeichneten Methode führt dazu, daß Gebiete, die vorher nicht als innere Gewässer galten, in diese einbezogen werden;
b) den Rechtsstatus der Gewässer außerhalb der Küstenmeere der Meerengenanliegerstaaten als ausschließliche Wirtschaftszone oder als Hohe See oder
c) die Rechtsordnung in Meerengen, in denen die Durchfahrt ganz oder teilweise durch lange bestehende und in Kraft befindliche internationale Übereinkünfte geregelt ist, die sich im Besonderen auf diese Meerengen beziehen."

578 Art. 36 SRÜ lautet: *„Dieser Teil gilt nicht für eine Meerenge, die der internationalen Schiffahrt dient, wenn ein in navigatorischer und hydrographischer Hinsicht gleichermaßen geeigneter, durch die Hohe See oder eine ausschließliche Wirtschaftszone führender Seeweg durch die Meerenge vorhanden ist; auf diesen Seewegen finden die anderen diesbezüglichen Teile dieses Übereinkommens einschließlich der Bestimmungen über die Freiheit der Schiffahrt und des Überflugs Anwendung."*

579 Hasselmann, Die Freiheit der Handelsschiffahrt, S. 321.

580 Hasselmann, Die Freiheit der Handelsschiffahrt, S. 321.

581 Churchill/Lowe, The Law of the Sea, S. 105; Hasselmann, Die Freiheit der Handelsschiffahrt, S. 321.

Régimes der Transitdurchfahrt bzw. einer friedlichen Durchfahrt besteht[582]. In den neben der Hohen See-Route befindlichen Küstengewässern existiert das Recht auf friedliche Durchfahrt[583].

IV. Rechtsstatus der Meerengen

1. Allgemeine Regelung des Art. 34 SRÜ

Bei der Frage nach dem Status des Gebiets, in dem sich eine Meerenge befindet, ist zunächst Art. 34 Abs. 1 SRÜ von Bedeutung. Dort wird festgelegt:

> *„Die in diesem Teil festgelegte Durchfahrtsordnung für Meerengen, die der internationalen Schifffahrt dienen, berührt im übrigen nicht den Rechtsstatus der solche Meerengen bildenden Gewässer oder die Ausübung der Souveranität oder der Hoheitsbefugnisse über diese Gewässer [...] durch die Meeranliegerstaaten."*

Daraus folgt, dass einerseits der gebietsrechtliche Status derjenigen Gewässer, die von der Meerenge umfasst werden, unverändert fortbesteht und ferner der Küstenstaat die ihm dort zustehende Souveranität weiter ausüben kann[584].

Aus Art. 34 Abs. 2 SRÜ lässt sich sodann aber entnehmen, dass die Meerengenanliegerstaaten ihre Souveranität und Hoheitsbefugnisse *„nach Maßgabe dieses Teiles und der sonstigen Regeln des Völkerrechts"* ausüben. Befindet sich eine Meerenge demnach im Küstenmeer eines Meerengenanliegerstaates, so verfügt dieser Meeranliegerstaat zwar über die territoriale Souveranität in der Meerenge, diese ist aber durch das zu gewährende Recht der Transitdurchfahrt eingeschränkt[585].

2. Ergänzung durch Art. 35 lit. b) SRÜ

Art. 34 Abs. 1 SRÜ wird ergänzt durch Art. 35 lit. b) SRÜ, welcher ferner festlegt, dass Teil III des Seerechtsübereinkommens auch nicht *„den Rechtsstatus*

---

582 Vitzthum, in: Vitzthum, Handbuch des Seerechts, Kapitel 2 Rn. 164.

583 Vitzthum, in: Vitzthum, Handbuch des Seerechts, Kapitel 2 Rn. 164; Hasselmann, Die Freiheit der Handelsschiffahrt, S. 321.

584 Siehe auch: Vitzthum, in: Vitzthum, Handbuch des Seerechts, Kapitel 2 Rn. 167.

585 Gloria, in: Ipsen, Völkerrecht, § 52 Rn. 24; Vitzthum, in: Vitzthum, Handbuch des Seerechts, Kapitel 2 Rn. 167. *Vitzthum* (in: Vitzthum, Handbuch des Seerechts, Kapitel 2 Rn. 167) weist in diesem Zusammenhang darauf hin, dass Teil III des Seerechtsübereinkommens demnach keine gebietsrechtliche Kategorie sui generis schafft.

der Gewässer außerhalb der Küstenmeere der Meerengenanliegerstaaten als Ausschließliche Wirtschaftszone oder als Hohe See" berührt. Art. 35 lit. b) SRÜ dehnt somit den Fortbestand des gebietsrechtlichen Status auf die Ausschließliche Wirtschaftszone der Meerengenanliegerstaaten und die Hohe See aus[586]. Dieser Fall des Art. 35 lit. b) SRÜ ist bei längeren und breiteren Meerengen von Bedeutung, wie der Straße von Malakka[587], welche eine Länge von 900 km aufweist.

3. *Art. 35 lit. b) SRÜ anwendbar auf die Anschlusszone?*

Der Anwendungsbereich des Art. 35 lit. b) SRÜ wurde nach dem eindeutigen Wortlaut nicht auf die Anschlusszone ausgedehnt, auch Art. 34 SRÜ erwähnt diese Zone nicht. Welche Konsequenzen resultieren also daraus? Es muss geklärt werden, ob Teil III des Seerechtsübereinkommens den Rechtsstatus der Anschlusszone berührt[588]. Diese Entscheidung wird immer dann bedeutsam, wenn ein Küstenstaat keine Ausschließliche Wirtschaftszone erklärt hat. In diesem Fall kann der Rechtsstatus der Anschlusszone nicht dem der Ausschließlichen Wirtschaftszone folgen, was immer dann der Fall ist, wenn der Küstenstaat beide Zonen erklärt hat und diese sich überlappen[589]. Im Ergebnis ist davon auszugehen, dass mangels Proklamation einer Ausschließlichen Wirtschaftszone der Rechtsstatus der Anschlusszone dem der Hohen See folgt und somit Art. 35 lit. b) SRÜ auch auf Anschlusszonen anwendbar ist[590].

---

586 Vitzthum, in: Vitzthum, Handbuch des Seerechts, Kapitel 2 Rn. 168.

587 Nandan/Anderson, BYIL, Vol. 60 (1989), S. 159 (174).

588 Hierzu: Hasselmann, Die Freiheit der Handelsschiffahrt, S. 318 ff.

589 Die Überlappung entsteht grundsätzlich, da sowohl die Anschlusszone als auch die Ausschließliche Wirtschaftszone von denselben Basislinien gemessen werden, siehe auch: Vitzthum, in: Vitzthum, Handbuch des Seerechts, Kapitel 2 Rn. 99 Fn. 258.

590 *Platzöder* beispielsweise geht wohl von einer Regelungslücke aus, vgl. ZaöRV, Bd. 38 (1978), S. 710 (726). So auch *von Münch*, Die Régime internationaler Meerengen vor dem Hintergrund der III. UN-Seerechtskonferenz, S. 104, der die Auffassung *Platzöders* bespricht. Diese Annahme resultiert daraus, dass Art. 86 SRÜ die Anschlusszone nicht erwähnt. Allerdings wurde die Anschlusszone noch in Art. 24 KMÜ als ein Teil der Hohen See qualifiziert. Die Tatsache, dass Art. 86 SRÜ die Anschlusszone nicht einschließt, soll eben genau diese Annahme des ehemaligen Art. 24 KMÜ in das Seerechtsübereinkommen übernehmen, nämlich dass die Anschlusszone bei mangelnder Proklamation einer Ausschließlichen Wirtschaftszone als Hohe See gilt. Für die Annahme einer Regelungslücke verbleibt insbesondere auch deshalb kein Platz, weil der Versammlung die lange währende Problematik der Anschlusszonen bekannt war und ihr auch bewusst war, dass Anschlusszonen selbstverständlich auch weiter proklamiert werden. Näheres dazu siehe im Kapitel über die Anschlusszone. Im Ergebnis wie von Münch auch: Vitzthum, in: Vitzthum, Handbuch des Seerechts, Kapitel 2 Rn. 168.

V. Rechte dritter Staaten in Meerengen

In Teil III des Seerechtsübereinkommens werden für die Schifffahrt zwei spezielle Nutzungsregime geschaffen:

- das Recht der unbehinderten Transitdurchfahrt
- das Recht der nicht-aufhebbaren friedlichen Durchfahrt[591].

Für die die Meerenge passierenden Schiffe bestehen durch diese beiden Regime, insbesondere durch das der Transitdurchfahrt, viel weitergehende Rechte als im Küstenmeer. Nicht ohne Grund wurde vielfach behauptet, das Regime der Transitdurchfahrt verdeutliche das *radical element* des neuen Seerechts[592].

1. Das Recht der unbehinderten Transitdurchfahrt

a. Grundsatz

Hinsichtlich des Regimes der Transitdurchfahrt findet sich eine Legaldefinition in Art. 38 Abs. 2 SRÜ:

> *„Transitdurchfahrt" bedeutet die in Übereinstimmung mit diesem Teil erfolgende Ausübung der Freiheit der Schifffahrt und des Überflugs lediglich zum Zweck des ununterbrochenen und zügigen Transits durch die Meerenge zwischen einem Teil der Hohen See oder einer ausschließlichen Wirtschaftszone und einem anderen Teil der Hohen See oder einer ausschließlichen Wirtschaftszone.*

Das Regime der Transitdurchfahrt ist grundsätzlich nur dann anwendbar, wenn die Voraussetzungen des Art. 38 Abs. 2 und die geographischen Voraussetzungen des Art. 37 SRÜ[593] erfüllt sind und wenn ferner kein Ausschlusstatbestand vorliegt.

Sofern die Voraussetzungen des Art. 38 Abs. 2 SRÜ vorliegen und kein Ausschlusstatbestand eingreift, steht einem Schiff nicht nur ein Transitrecht durch

---

[591] Zu diesen beiden Regimen ausführlich: Vitzthum, in: Vitzthum, Handbuch des Seerechts, Kapitel 2 Rn. 169 ff.

[592] Brownlie, Principles of Public International Law, 4. Aufl., S. 284; kritisch: Reismann, AJIL, Vol. 74 (1980) S. 48 (68/69); Vitzthum in: Vitzthum, Handbuch des Seerechts, Kapitel 2 Rn. 169.

[593] Art. 37 SRÜ lautet: *„Dieser Abschnitt gilt für Meerengen, die der internationalen Schiffahrt zwischen einem Teil der Hohen See oder einer ausschließlichen Wirtschaftszone und einem anderen Teil der Hohen See oder einer ausschließlichen Wirtschaftszone dienen."*

die Meerenge, sondern nach dem Wortlaut des Art. 38 Abs. 2 Satz 2 SRÜ[594] grundsätzlich auch das Recht zum Einlaufen in die inneren Gewässer unter Beachtung der entsprechenden Einreisebedingungen des Meerengenanliegerstaates zu. Diese Vorschrift steht jedoch in Widerspruch zu der Souveränität der Küstenstaaten über ihre inneren Gewässer[595]. Wie oben im Abschnitt über die inneren Gewässer bereits dargestellt, haben fremde Schiffe kein Recht auf friedliche Durchfahrt durch die inneren Gewässer. Dieser Grundsatz sollte auch hier gewahrt werden, so dass nach alledem die Regelung des Art. 38 Abs. 2 Satz 2 SRÜ dahin ausgelegt werden sollte, dass der freie Meerengentransit die Einfahrt in die inneren Gewässer nicht umfasst, sondern an der landwärtigen Grenze des Küstenmeers endet[596].

b. *Ausschlussgründe*

aa. *Allgemeine Ausschlussgründe*

Die allgemeinen Ausschlussgründe, die zum gänzlichen Ausschluss der Anwendbarkeit des gesamten Teils III des Seerechtsübereinkommens führen, wurden oben unter Art. 35 und 36 SRÜ dargestellt[597].

bb. *Spezielle Ausschlussgründe*

(1) Art. 38 Abs. 1 Alt. 1 SRÜ

Eine Transitdurchfahrt ist gemäß Art. 38 Abs. 1 Alt. 1 SRÜ (sog. "Island Exception" bzw. "Messina Exception", benannt nach und unter anderem anwendbar in dem Golf von Messina[598]) weiterhin nicht möglich, wenn in einer Meerenge, die durch eine Insel eines Meerengenanliegerstaates und sein Festland gebildet wird, *„seewärts der Insel ein in navigatorischer und hydrographischer Hinsicht gleichermaßen geeigneter Seeweg durch die Hohe See oder eine*

---

594 Art. 38 Abs. 2 Satz 2 SRÜ lautet: *„Jedoch schließt das Erfordernis des ununterbrochenen und zügigen Transits die Durchfahrt durch die Meerenge zu dem Zweck nicht aus, einen Meerengenanliegerstaat unter Beachtung seiner Einreisebedingungen aufzusuchen, zu verlassen oder von ihm zurückzukehren."*

595 So auch: Vitzthum, in: Vitzthum, Handbuch des Seerechts, Kapitel 2 Rn. 170.

596 Vitzthum, in: Vitzthum, Handbuch des Seerechts, Kapitel 2 Rn. 170.

597 Siehe hierzu die obigen Ausführungen.

598 Churchill/Lowe, The Law of the Sea, S. 105; Vitzthum, in: Vitzthum, Handbuch des Seerechts, Kapitel 2 Rn. 170; Moore, AJIL, Vol. 74 (1980), S. 77 (112); Schachte/Bernhardt, VJIL, Vol. 33 (1997), S. 527 (534); von Münch, Die Régime internationaler Meerengen vor dem Hintergrund der III. UN-Seerechtskonferenz, S. 105; jedoch nicht unumstritten. Ablehnend: O'Connell, The International Law of the Sea, Vol. I, S. 299; kritische Anmerkungen: Robertson, VJIL, Vol. 20 (1980), S. 801 (848 Fn. 225).

AWZ vorhanden ist". Ein weiteres Beispiel für eine Meerenge, in der dieser Ausschluss gilt, ist die Pemba Straße vor Tansania[599]. Nicht eindeutig geklärt ist, ob der Korfu-Kanal zwischen Korfu und Albanien auch in diese Kategorie fällt[600].

Wenn der Ausschluss des Art. 38 Abs. 1 Alt. 1 SRÜ greift, besteht für ein Schiff regelmäßig noch das unaussetzbare Recht der friedlichen Durchfahrt[601].

(2) Art. 45 SRÜ

Nach Art. 45 Abs. 1 lit. b) SRÜ gilt in solchen Meerengen, *„die das Küstenmeer eines Staates mit einem Teil der Hohen See oder mit der ausschließlichen Wirtschaftszone eines anderen Staates verbinden"*, die Ordnung der friedlichen Durchfahrt nach Teil II Abschnitt 3 des Seerechtsübereinkommens.[602]

c. Anwendungsbereich

Das Recht der Transitdurchfahrt darf nicht behindert werden und gilt für *„alle Schiffe und Luftfahrzeuge"*.

aa. Die Gesamtheit der Schiffe

Der Meerengentransit ist an die Rechtslage auf Hoher See so weit wie möglich angenähert[603], was unter anderem aus dem Wortlaut des Art. 38 Abs. 3 SRÜ *„... erfolgende Ausübung der Freiheit der Schiffahrt"* folgt. Ferner unterscheidet der Wortlaut der Vorschrift nicht zwischen den verschiedenen Schiffsarten, so dass die Vorschrift für alle Schiffsarten gilt[604]. Grundsätzlich steht damit jedem Schiff das unaussetzbare Recht auf den Meerengentransit zu.

bb. Kriegsschiffe, Schiffe mit Nuklearantrieb und U-Boote

Ein besonderes Augenmerk muss auf die Befugnisse von Kriegsschiffen, Schiffen mit Nuklearantrieb und U-Booten gelegt werden, denen der Meerengentransit grundsätzlich erlaubnisfrei gestattet ist[605].

---

599 Moore, AJIL, Vol. 74 (1980), S. 77 (112).
600 Churchill/Lowe, The Law of the Sea, S. 105.
601 Siehe hierzu Art. 45 SRÜ unten.
602 Hierzu: Hasselmann, Die Freiheit der Handelsschiffahrt, S. 317. Näheres siehe weiter unten.
603 Vitzthum, in: Vitzthum, Handbuch des Seerechts, Kapitel 2 Rn. 169.
604 So auch: Caminos, RdC, Tome 205 (1987), S. 1 (144).
605 Hierzu: Vitzthum, in: Vitzthum, Handbuch des Seerechts, Kapitel 2 Rn. 171.

(1) Friedlichkeit der Durchfahrt notwendig?

Problematisch erscheint bei Kriegsschiffen, Schiffen mit Nuklearantrieb und U-Booten jedoch die Konsequenz, wenn das Merkmal der Friedlichkeit der Durchfahrt (Art. 38 SRÜ) fehlt. Es muss hinterfragt werden, ob Schiffen auch eine nicht-friedliche Durchfahrt durch eine Meerenge gestattet ist. Mit *Vitzthum* ist davon auszugehen, dass eine friedliche Durchfahrt nicht erforderlich ist[606]. *Vitzthum* begründet dieses Ergebnis zutreffend zunächst damit, dass bei dem Transitrecht in Abweichung zu Art. 19 SRÜ auf die Einführung des Merkmals der „friedlichen" Durchfahrt verzichtet wurde, was den Schluss zulässt, dass auch eine nicht-friedliche Durchfahrt durch eine Meerenge möglich ist. Weiterhin haben sich Schiffe gemäß Art. 39 Abs. 1 lit. b) SRÜ beim Transit der Meerenge zwar jeder Androhung oder Anwendung von Gewalt zu enthalten, allerdings steht den Anliegerstaaten auch bei einer Zuwiderhandlung eines Schiffes gegen Art. 39 Abs. 1 lit. b) SRÜ kein Recht zum Aussetzen des nicht-friedlichen Transits zu[607]. Dies folgt schon aus Art. 44 SRÜ, welcher ausdrücklich regelt, dass die Transitdurchfahrt nicht behindert (Abs. 1) oder ausgesetzt (Abs. 2) werden darf[608]. Nach alledem ist auch eine nicht-friedliche Durchfahrt durch eine Meerenge möglich. Eine Unterbrechung der Transitdurchfahrt ist nur dann zulässig, wenn sich der Meeranliegerstaat auf sein Selbstverteidigungsrecht nach Art. 51 der VN-Charta stützen kann[609]. Gerade bei der Androhung oder Anwendung von Gewalt (von der Art. 39 Abs. 1 lit. b) SRÜ spricht) durch ein Schiff in einer Meerenge ist aber regelmäßig von einem „*bewaffneten Angriff*" im Sinne des Art. 51 der VN-Charta auszugehen, so dass die Meerengenanliegerstaaten gegen ein solches Verhalten in einer Meerenge auch nicht schutzlos gestellt sind.

(2) Dürfen U-Boote eine Meerenge durchtauchen?

Auch für U-Boote bestehen durch den Meerengentransit großzügige Rechte. Allerdings ist es im Schrifttum umstritten, ob U-Boote die Meerengen durchtauchen dürfen[610].

---

606 Zu dieser Frage ausführlich: Vitzthum, in: Vitzthum, Handbuch des Seerechts, Kapitel 2 Rn. 171.

607 Vitzthum, in: Vitzthum, Handbuch des Seerechts, Kapitel 2 Rn. 171.

608 Vitzthum, in: Vitzthum, Handbuch des Seerechts, Kapitel 2 Rn. 171.

609 Jia, The Regime of Straits in International Law, S. 150; Vitzthum, in: Vitzthum, Handbuch des Seerechts, Kapitel 2 Rn. 171.

610 Hierzu ausführlich: von Münch, Die Régime internationaler Meerengen vor dem Hintergrund der III. UN-Seerechtskonferenz, S. 111 ff.

(a) Herrschende Meinung

Anders als im Küstenmeer ist es U-Booten in Meerengen nach herrschender Meinung gestattet, diese zu durchtauchen[611]. Das Hauptargument der Vertreter der herrschenden Meinung ist, dass ein Verbot des Durchtauchens, wie es im Küstenmeer in Art. 20 SRÜ geregelt ist, für die Meerengen gerade nicht existiere[612]. Weiterhin fehle – wie oben dargestellt – das Merkmal der Friedlichkeit der Durchfahrt. Vielmehr sei nach dem Wortlaut des Art. 39 Abs. 1 lit. c) SRÜ nur ein „normaler" Transit erforderlich[613]. Die Vertreter der herrschenden Meinung sind der Auffassung, dass bei U-Booten in der Regel der Unterwassermodus der „normale" Modus sei, weswegen auch hierin ein Indiz für die Zulässigkeit einer untergetauchten Durchfahrt von U-Booten liege.

(b) Auffassung *Reismanns*

(aa) Allgemeines

Anders sieht dies *Reismann*[614], welcher davon ausgeht, dass das Recht eines U-Bootes, eine Meerenge untergetaucht zu passieren, keinesfalls so eindeutig sei, wie von *Vitzthum* oder der herrschenden Meinung angenommen. *Reismann* räumt ein, dass eine „Transitdurchfahrt" dem jeweiligen Schiff zwar größere Rechte zugestehe als eine „friedliche Durchfahrt" dies tue, allerdings sieht er weder eine eindeutige Genehmigung noch ein ausdrückliches Verbot für U-Boote, untergetaucht eine Meerenge zu passieren.

(bb) „Normaler Modus" und Zwischenergebnis

Die Bezugnahme der Vertreter der herrschenden Meinung auf die „Normalität" eines Modus ist verfehlt und wird zu Recht von *Reismann* kritisiert. *Reismann* stellte hierzu fest, dass nicht jedes U-Boot denselben „normalen" Modus habe, dass eine Pauschalierung sich verbiete. Als Beispiel dürften einige Teile der sehr langen Meerenge von Malakka, etwa der "One-Fathom Bank Area", dienen, in welchen wegen des seichten Wassers und vielen Hindernissen auf dem Meeres-

---

611 Anand, IJIL, Vol. 36 (1996), S. 13 (34); Eitel, JZ 1980, S. 41 (42); wohl auch: Platzöder, ZaöRV, Bd. 38 (1978), S. 710 (733); Knauss, in: Alexander, The Law of the Sea: A New Geneva Conference, S. 77 (80).

612 Hierzu: Vitzthum, in: Vitzthum, Handbuch des Seerechts, Kapitel 2 Rn. 172.

613 Vitzthum, in: Vitzthum, Handbuch des Seerechts, Kapitel 2 Rn. 172.

614 Ausführlich: Reismann, AJIL, Vol. 74 (1980), S. 48 (71), zitiert auch bei: von Münch, Die Régime internationaler Meerengen vor dem Hintergrund der III. UN-Seerechtskonferenz, S. 112.

grund eine Tauchfahrt sehr schwierig, wenn nicht sogar unmöglich ist[615]. Auch wenn mit *Reismann* zuzugestehen ist, dass moderne U-Boote in der Vielzahl der Fälle sicher und effizient im untergetauchten Modus vorankommen, so kann dennoch nicht davon ausgegangen werden, dass dies immer und in jeder Situation der *Normal*fall ist[616]. Es vermag – wie in der "One-Fathom Bank Area"[617] – durchaus strategische, militärische, sicherheits- oder meeresbedingte Erwägungen geben, in denen der Normalfall einer U-Boot-Fahrt der aufgetauchte Modus ist. Gerade bei dieser Problematik wird deutlich, dass Art. 38 SRÜ in Verbindung mit Art. 39 Abs. 1 lit. c) SRÜ unklar gefasst wurde. Während ein normales Schiff nur einen „normalen" Modus hat (unabhängig von sonstigen Gegebenheiten, so dass sich auch keine Schwierigkeiten bei der Auslegung ergeben), ist ein U-Boot vielseitiger und kann sowohl eine Tauchfahrt als auch eine aufgetauchte Fahrt vornehmen. An dem reinen Vorankommen des U-Bootes ändert sich durch eine Veränderung des Modus in der Regel nichts. Aus diesem Grunde lässt sich nur aus der Tatsache, dass U-Boote gerade für Fahrten unter Wasser konzipiert wurden, nicht entnehmen, dass eine Tauchfahrt der „normale" Modus ist. Für einen solchen Rückschluss ist die Materie zu komplex und zu speziell. Demnach dürfte als „normaler" Modus lediglich die Fahrt an sich verstanden werden. Ob diese auf- oder untergetaucht ist, hängt von anderen Faktoren ab und kann kein Indiz für die Normalität sein[618]. Die Festlegung einer Tauchfahrt als „normaler" Modus eines U-Bootes ist daher nicht möglich.

Erschwerend kommt hinzu, dass – wie *Burke*[619] dies bereits treffend hervorhob – Art. 38 SRÜ in Verbindung mit Art. 39 Abs. 1 lit. c) SRÜ auch keinesfalls dazu dienen sollte, den Küstenstaaten zu gestatten, darüber zu entscheiden, welcher Modus bei einem Schiff als „normal" angesehen werden darf. Die Gefahr, die eine solche Entscheidungsmöglichkeit bergen würde, darf nicht unterschätzt

---

615 Vgl. zu den schwierigen Verhältnissen in der Meerenge von Malakka: Leifer, Malacca, Singapore and Indonesia, S. 35 ff. (insbesonders S. 41); Jia, The Regime of Straits in International Law, S. 151/152.

616 An dieser Stelle kritisiert *von Münch* (von Münch, Die Régime internationaler Meerengen vor dem Hintergrund der III. UN-Seerechtskonferenz, S. 114), dass *Reismann* grundsätzlich von einer aufgetauchten Passage durch die Meerenge ausginge. Diese Annahme wird jedoch gerade dadurch widerlegt, dass *Reismann* ausführt (AJIL, Vol. 74 (1980), S. 48 [76]), die unklare Regelung des Art. 38 SRÜ lasse keine eindeutigen Schlüsse zu. *Von Münch* missachtet in seiner Interpretation die Erwägungen, die deutlich machen, dass eine Pauschalierung der Festlegung des Modus sich verbietet.

617 Jia, The Regime of Straits in International Law, S. 152.

618 So auch: Jia, The Regime of Straits in International Law, S. 152.

619 Burke, Washington Law Review, Vol. 52 (1976/1977), S. 193 (212-214).

werden. Allen Küstenstaaten stünde in einem solchen Fall die Befugnis zu, allen Kategorien von Schiffen einen „Normalmodus" beizumessen und diesen gegebenenfalls auch in schwierigen Zeiten (beispielsweise in einer Krise) an die jeweiligen – individuellen und subjektiven – Gegebenheiten und Vorstellungen anzupassen und als Konsequenz daraus unter Umständen das Vorliegen der Voraussetzungen für die Durchführung einer Transitdurchfahrt zu verneinen. Auch an dieser seitens *Burke* aufgezeigten Problematik wird deutlich, dass die Argumentation *für* eine untergetauchte Durchfahrt für U-Boote nicht auf das Merkmal des „normalen" Modus gestützt werden kann. Dies stellt ein viel zu unsicheres Merkmal dar, welches nicht zu einer Klärung, sondern eher zu einer weiteren Rechtsunsicherheit führt. Eine solche Unsicherheit sollte bei einer Vorschrift wie der des Art. 38 SRÜ, die sowieso schon von Unklarheiten geprägt ist[620], tunlichst vermieden werden.

(c) Ergebnis

Mit der herrschenden Meinung ist trotzdem letztlich davon auszugehen, dass U-Booten das Durchtauchen einer Meerenge gestattet ist[621]. Dieses Ergebnis kann und darf aber nicht – wie soeben gezeigt – auf den „normalen" Modus von U-Booten gestützt werden. Vielmehr beruht das Ergebnis auf der Bedeutung der Verweisung des Art. 38 Abs. 2 SRÜ auf die *„Freiheit der Schiffahrt"* innerhalb der Definition der Transitdurchfahrt. Die Freiheit der Schifffahrt ist grundsätzlich auf Hoher See gewährleistet und bietet U-Booten selbstredend die Möglichkeit einer untergetauchten Fahrt.

Nicht zu vernachlässigen ist auch die Tatsache, dass neben der Bezugnahme auf die Freiheit der Schifffahrt keine Regelung in Teil III des Seerechtsübereinkommens eingebaut wurde, die das Auftauchen von U-Booten beim Meerengentransit wie die Regelung in Art. 20 SRÜ für das Küstenmeer anordnet. Vielmehr wird in Art. 38 Abs. 2 SRÜ ausgeführt, dass eine Transitdurchfahrt – sofern eine solche vorliegt – *„in Übereinstimmung mit diesem Teil"* (III) ausgeübt wird. Auch diese Beschränkung verdeutlicht, dass die Transitdurchfahrt nur den Regeln des Teil III des Seerechtsübereinkommens unterworfen ist und die Hinzu-

---

620 Reismann, AJIL, Vol. 74 (1980), S. 48 (76); von Münch, Die Régime internationaler Meerengen vor dem Hintergrund der III. UN-Seerechtskonferenz, S. 112; Caminos, RdC, Tome 205 (1987), S. 1 (153).

621 Hierzu ausführlich: von Münch, Die Régime internationaler Meerengen vor dem Hintergrund der III. UN-Seerechtskonferenz, S. 113; Vitzthum, in: Vitzthum, Handbuch des Seerechts, Kapitel 2 Rn. 172.

ziehung von Vorschriften aus anderen Teilen (etwa Art. 20 SRÜ aus Teil II) nicht erwünscht ist[622]. Die Vorschriften über die Transitdurchfahrt scheinen daher trotz der anfänglichen Zweifel nach Auslegung eindeutig dahingehend interpretierbar, dass ein Durchtauchen gestattet ist.

Schlussendlich muss als letztes Argument für ein Durchtauchen durch Meerengen auf die Verhandlungen der Seerechtskonferenz verwiesen und deren Entwicklung kurz näher beleuchtet werden. Durch die Veränderungen für die Schifffahrt, die das Seerechtsübereinkommen von 1982 mit sich brachte, wurde die Schifffahrt, insbesondere die Militärschifffahrt, mit der ausschließlich zulässigen *„friedlichen Durchfahrt“,* im Küstenmeer erheblichen Einschränkungen unterworfen. Gerade diese neuen Wendungen sollte der Meerengentransit ausgleichen, indem dieser eine Durchfahrt ohne diese massiven Einschränkungen erlaubt. Von Anfang an war klar, dass ein neues Übereinkommen seitens der großen Seemächte aus Mobilitätsgründen für eine neue Generation von U-Booten nur dann akzeptiert würde, wenn ein Durchtauchrecht durch Meerengen besteht[623]. Dieses Beharren fassten *Stevenson und Oxman* wie folgt zusammen:

> *“The United States and others made statements reiterating the fundamental importance of unimpeded passage on, over and under straits ...”*[624]

Nachdem das Seerechtsübereinkommen im Küstenmeer eine Tauchfahrt nicht gestattet[625], beharrte eine einflussreiche Staatengruppe (das Vereinigte Königreich, die USA, Sri Lanka, Ägypten, Peru) auf der Aufrechterhaltung der untergetauchten Durchfahrt in den Meerengen[626]. Vorschläge anderer Staaten, nur eine Durchfahrt im aufgetauchten Zustand und Flagge zeigend zuzulassen,

---

622 Siehe auch: Caminos, RdC, Tome 205 (1987), S. 1 (155).

623 Siehe hierzu: Bemerkungen des Botschafters Stevenson (USA): Sub-Committee II, UN Doc. A/AC.138/SC.II/SR.28; Bemerkungen von Mr. Podserob (damalige USSR), Sub-Committee II, UN Doc. A/AC.138/SC.II/SR.28, Caminos, RdC, Tome 205 (1987), S. 1 (156).

624 Stevenson/Oxman, AJIL, Vol. 69 (1975), S. 1 (15).

625 Auch dies war während der Konferenz umkämpft. Der Vorschlag der Fiji-Gruppe aus dem Jahre 1974 sah beispielsweise keine „automatische“ Pflicht eines U-Bootes im Küstenmeer vor, aufzutauchen und Flagge zu zeigen. Siehe hierzu: Fiji 1974 Proposal Art. 6: UN Doc. A/CONF.62/C.2/L.19, abgedruckt in: (Third) UNCLOS, Official Records, Vol. III, S. 196 (197); vgl. hierzu auch: Robertson, VJIL, Vol. 20 (1979/1980), S. 801 (817).

626 Burke, Washington Law Review, Vol. 52 (1976/1977), S. 193 (205); von Münch, Die Régime internationaler Meerengen vor dem Hintergrund der III. UN-Seerechtskonferenz, S. 114.

konnten nicht durchgreifen und wurden verworfen[627]. Zu dem hier diskutierten Problem äußerte sich auch *Robertson*, welcher die Bedeutung des Durchtauchens für Staaten klar auf den Punkt brachte:

> *"The two basic elements which the proponents of free transit or transit passage sought to include in the treaty which were not already included in the concept of innocent passage were the right to overflight and submerged transit. To eliminate either of these two key elements from the concept of transit passage would reduce the articles to virtual meaninglessness."*[628]

Nach alledem muss letztlich davon ausgegangen werden, dass wegen der immensen Bedeutung des Rechts zum Durchtauchen von Meerengen, U-Booten in einer Meerenge ein solches Recht tatsächlich zusteht.

2. *Pflichten der Schiffe in Transitdurchfahrt*

Während sich ein Schiff in Transitdurchfahrt befindet, muss es gewisse Pflichten erfüllen, welche in Art. 39 Abs. 1 lit. a) bis d) und Abs. 2 SRÜ geregelt sind.

a. Art. 39 Abs. 1 SRÜ

Art. 39 Abs. 1 lit. a) SRÜ erfordert zunächst eine unverzügliche Durchfahrt. In diesem Zusammenhang ist auf die normale Geschwindigkeit des Schiffes unter Berücksichtigung der Wetterverhältnisse, etwaiger Sicherheitserwägungen und dem restlichen Schiffsverkehr in bzw. über und unter der Meerenge abzustellen[629]. Art. 39 Abs. 1 lit. b) SRÜ verpflichtet das Schiff ferner, sich jeder Androhung oder Anwendung von Gewalt gegenüber dem Meerengenanliegerstaat zu enthalten[630]. Art. 39 Abs. 1 lit. c) SRÜ legt sodann fest, dass Ankern und Anhalten während der Transitdurchfahrt nur im Falle höherer Gewalt (beispielsweise im Falle einer Kollision oder eines Hurrikans) oder eines Notfalls zulässig sind[631]. Art. 39 Abs. 1 lit. d) SRÜ verlangt weiterhin die Befolgung der *„ande-*

---

[627] Oxman, AJIL, Vol. 72 (1978), S. 57 (64); von Münch, Die Régime internationaler Meerengen vor dem Hintergrund der III. UN-Seerechtskonferenz, S. 114. Hierzu auch: Platzöder, ZaöRV, Bd. 38 (1978), S. 710 (718 ff.).

[628] Robertson, VJIL, Vol. 20 (1979/1980), S. 801 (845).

[629] Nandan/Anderson, BYIL, Vol. 60 (1989), S. 159 (183); Vitzthum, in: Vitzthum, Handbuch des Seerechts, Kapitel 2 Rn. 174.

[630] Dies basiert auf einem Vorschlag des Vereinten Königreiches, welcher nur mit einer kleinen Änderung übernommen wurde. Vgl. hierzu: Robertson, VJIL, Vol. 20 (1979/1980), S. 801 (832).

[631] Nandan/Anderson, BYIL, Vol. 60 (1989), S. 159 (184); Vitzthum, in: Vitzthum, Handbuch des Seerechts, Kapitel 2 Rn. 174.

ren einschlägigen Bestimmungen dieses Teiles", womit die Bestimmungen des gesamten Teils III des Seerechtsübereinkommens für anwendbar erklärt wurden. Von besonderer Bedeutung ist in diesem Zusammenhang Art. 41 Abs. 7 SRÜ, welcher festlegt, dass die festgelegten Schifffahrtswege und Verkehrstrennungsgebiete beachtet werden müssen[632]. Relevant wird hier auch Art. 42 Abs. 4 SRÜ, welcher voraussetzt, dass fremde Schiffe in Transitdurchfahrt die Gesetze der Meerengenanliegerstaaten und sonstige Vorschriften zur Transitdurchfahrt beachten[633].

b. Art. 39 Abs. 2 SRÜ

aa. Allgemeines

Auch Art. 39 Abs. 2 SRÜ enthält Vorschriften für Schiffe in Transitdurchfahrt. Hiernach müssen Schiffe *„die allgemein anerkannten internationalen Vorschriften, Verfahren und Gebräuche für die Sicherheit auf See einschließlich der internationalen Regeln zur Verhütung von Zusammenstößen auf See"* (lit. a) sowie *„die allgemein anerkannten internationalen Vorschriften, Verfahren und Gebräuche zur Verhütung, Verringerung und Überwachung der Verschmutzung durch Schiffe"* (lit. b) befolgen.

bb. „allgemein anerkannt"

Über die Frage, wann eine Vorschrift *„allgemein anerkannt"* ist, herrscht ein reger Gedankenaustausch. Es muss daher geklärt werden, was der unbestimmte Rechtsbegriff *„allgemein anerkannt"* bedeutet und ab wann man davon ausgehen darf, dass eine Vorschrift, ein Verfahren oder eine Regel allgemein anerkannt – und damit für die gesamte Schifffahrt verbindlich ist.

Nach einer Meinung ist zur Beantwortung dieser Frage darauf abzustellen, welche einschlägigen Konventionen der International Maritime Organization (IMO) von einer großen Anzahl der Staaten ratifiziert worden sind[634].

---

632 Nandan/Anderson, BYIL, Vol. 60 (1989), S. 159 (184); Vitzthum, in: Vitzthum, Handbuch des Seerechts, Kapitel 2 Rn. 174.

633 So auch: Nandan/Anderson, BYIL, Vol. 60 (1989), S. 159 (184); Vitzthum, in: Vitzthum, Handbuch des Seerechts, Kapitel 2 Rn. 174.

634 Siehe auch: Timagenis, International Control of Marine Pollution, Bd. II, S. 606; König, Durchsetzung internationaler Bestands- und Umweltvorschriften auf Hoher See im Interesse der Staatengemeinschaft, S. 147; Dahm/Delbrück/Wolfrum, Völkerrecht, Bd. I/2, S. 383 § 120; Vitzthum, in: Vitzthum, Handbuch des Seerechts, Kapitel 2 Rn. 91.

Nach einer anderen Auffassung muss zusätzlich zu der Ratifikation durch eine große Anzahl von Staaten auch noch eine gewohnheitsrechtliche Geltung der einschlägigen IMO-Regeln vorliegen[635].

Ein Streitentscheid kann hier allerdings dahinstehen. Dies folgt daraus, dass nach herrschender Meinung für die in Art. 39 Abs. 2 lit. a) SRÜ thematisierten Vorschriften das SOLAS-Übereinkommen vom 1. November 1974 (mit 156 Vertragsparteien [bei 98,79 % der Tonnage der Welthandelsflotten][636], welches sich hauptsächlich auf den Schutz des menschlichen Lebens auf See konzentriert), das Protokoll zum SOLAS-Übereinkommen von 1978 und die ausdrücklich genannten Collisions Regulations von 1972 als *„allgemein anerkannt"* zu betrachten sind[637] (unabhängig von der Frage, ob sie gewohnheitsrechtlich anerkannt sind). Hinsichtlich Art. 39 Abs. 2 lit. b) SRÜ ist das MARPOL-Übereinkommen vom 2. November 1973 (mit 139 Vertragsparteien [bei 97,56 % der Tonnage der Welthandelsflotten], welches zur Verhütung der Meeresverschmutzung durch Schiffe, insbesondere Ölunfällen in Meerengen dient) zusammen mit dem Protokoll von 1978 *„allgemein anerkannt"*[638]. Es ist ferner davon auszugehen, dass die SOLAS- und MARPOL-Konventionen außerdem bereits zu Völkergewohnheitsrecht erstarkt sind, was einerseits aus der Ratifikation der überwiegenden Anzahl von Staaten und andererseits aus der großen Akzeptanz bei den Staaten und einer auf dieser Akzeptanz aufbauenden Staatenpraxis bei der Anwendung der einzelnen Vorschriften folgt[639].

---

635 Van Reenen, NYIL, Vol. 12 (1981), S. 3 (9); Vitzthum, in: Vitzthum, Handbuch des Seerechts, Kapitel 2 Rn. 175; Proelß, Meeresschutz im Völker- und Europarecht, S. 87/88; dies wird auch thematisiert bei: Kirgis, in: Schachter/Joyner, United Nations Legal Order, Bd. II, S. 737 ff.; a. A. jedoch: Dahm/Delbrück/Wolfrum, Völkerrecht, Bd. I/2, S. 383.

636 Vitzthum in: Vitzthum, Handbuch des Seerechts, Kapitel 2 Rn. 175.

637 Hasselmann, Die Freiheit der Handelsschiffahrt, S. 330; Caminos, RdC, Tome 205 (1987), S. 1 (151/152); Jia, The Regime of Straits in International Law, S. 153.

638 Caminos, RdC, Tome 205 (1987), S. 1 (151/2); Vitzthum, in: Vitzthum, Handbuch des Seerechts, Kapitel 2 Rn. 175; Jia, The Regime of Straits in International Law, S. 153; Kirgis, in: Schachter/Joyner, United Nations Legal Order, Bd. II, S. 737 ff.

639 Siehe hierzu auch: Kirgis, in: Schachter/Joyner, United Nations Legal Order, Bd. II, S. 737 ff.

3. Andere Tätigkeiten (Art. 38 Abs. 3 SRÜ)

a. Allgemeines

Art. 38 Abs. 3 SRÜ regelt:

> *„Jede Tätigkeit, die keine Ausübung des Rechts der Transitdurchfahrt durch eine Meerenge ist, unterliegt den anderen anwendbaren Bestimmungen dieses Übereinkommens".*

Dieser Ausschluss greift immer dann, wenn eine Tätigkeit nicht als Transitdurchfahrt unter die Vorschrift des Art. 38 Abs. 2 SRÜ subsumierbar ist.

b. Anwendbarkeit des Art. 38 Abs. 3 SRÜ neben Art. 38 Abs. 2 SRÜ?

Entgegen vereinzelter Stimmen in der Literatur ist davon auszugehen, dass zwischen den Fällen des Art. 38 Abs. 2 SRÜ und Art. 38 Abs. 3 SRÜ regelmäßig ein gravierender Unterschied besteht, der dazu führt, dass nur eine der beiden Vorschriften zur Anwendung gelangen kann und diese nicht – wie *Caminos*[640] und *Jia*[641] behaupten – nebeneinander anwendbar sind.

Auch *Vitzthum* hält eine Überschneidung der Anwendungsbereiche der Vorschriften nicht für möglich und hebt die Unterschiede des Art. 38 Abs. 2 SRÜ und Art. 38 Abs. 3 SRÜ hervor[642]. Er betont, dass es bei Art. 38 Abs. 2 SRÜ ausschließlich um das Regime der Transitdurchfahrt gehe, wohingegen andere denkbare Tätigkeiten von Art. 38 Abs. 3 SRÜ abgedeckt würden[643]. *Hasselmann* schafft es sogar, klare Grundsätze zur Unterscheidung der Anwendbarkeit der beiden Vorschriften festzulegen[644]. Überzeugend differenziert zur Beurteilung der Grenzen des gewährten Rechts auf Transitpassage zwischen „Tatbestandsmerkmalen" und „Begleitpflichten". Die Merkmale des Art. 38 Abs. 2 SRÜ *„zum Zweck des ununterbrochenen und zügigen Transits"* seien Tatbestandsmerkmale. Die Verletzung eines solchen Tatbestandsmerkmals führe zum Verlust des Rechts auf Transitpassage und zur Anwendung des Art. 38 Abs. 3 SRÜ, wohingegen die Verletzung einer „Begleitpflicht" (beispielsweise eine solche aus Art. 39 oder Art. 42 Abs. 4 SRÜ) maximal eine Ahndung seitens des Küs-

---

640 Caminos, RdC, Tome 205 (1987), S. 1 (145).
641 Jia, The Regime of Straits in International Law, S. 148.
642 Vitzthum, in: Vitzthum, Handbuch des Seerechts, Kapitel 2 Rn. 173.
643 So auch: Churchill/Lowe, The Law of the Sea, S. 107.
644 So auch: Hasselmann, Die Freiheit der Handelsschiffahrt, S. 324.

tenstaates nach sich ziehe und eine Anwendung des Art. 38 Abs. 3 SRÜ ausschließe.

Diese Auffassung *Hasselmanns* überzeugt, da sie eine klare Beurteilung im Einzelfall erlaubt und hinreichend genau auf verschiedene Situationen einzugehen vermag. Durch die Anwendung der eindeutigen Abgrenzungsregeln von *Hasselmann* entsteht vor allem keine Grauzone, die sonst erneut zu Ermessensentscheidungen der Küstenstaaten und einer daraus resultierenden Missbrauchsgefahr führen würde.

c. Andere anwendbare Bestimmungen des Übereinkommens

Die Tätigkeiten des Art. 38 Abs. 3 SRÜ unterliegen ganz allgemein *„den anderen anwendbaren Bestimmungen dieses Übereinkommens“*. Welche Vorschriften fallen also unter diese Regelung? Gehören zu den „anwendbaren Bestimmungen“ auch die Regeln über die friedliche Durchfahrt durch das Küstenmeer? Für die Schifffahrt ist die Klärung dieser umstrittenen Frage von erheblicher Bedeutung.

aa. Anwendbarkeit der Art. 17 ff. SRÜ

Einerseits wird vertreten, dass über Art. 38 Abs. 3 SRÜ die Vorschriften über die friedliche Durchfahrt durch das Küstenmeer anwendbar seien[645]. Die Durchfahrt des Schiffes unterfalle dann bei Einschlägigkeit des Art. 38 Abs. 3 SRÜ automatisch den Regeln über die friedlichen Durchfahrt gemäß Art. 17 ff. SRÜ, was dazu führen könne, dass die Durchfahrt wegen des Fehlens des Merkmals der „Friedlichkeit“ seitens des Meerengenanliegerstaates verweigert werden könne[646].

bb. Keine Anwendbarkeit der Art. 17 ff. SRÜ

Vitzthum verneint die Anwendbarkeit der Regeln über die friedliche Durchfahrt durch das Küstenmeer im Rahmen des Art. 38 Abs. 3 SRÜ[647]. Als Begründung führt er an, dass die Gegenmeinung nicht zu erklären vermöge, wie der Fall zu beurteilen sei, dass eine ursprünglich den Anforderungen des Art. 38 Abs. 2 SRÜ entsprechende Durchfahrt durch Kurswechsel aus dem sachlichen Anwen-

---

645 De Vries Lentsch, NYIL, Vol. 14 (1983), S. 165 (204); Churchill/Lowe, The Law of the Sea, S. 107.

646 So: Churchill/Lowe, The Law of the Sea, S. 107.

647 Hierzu ausführlich: Vitzthum, in: Vitzthum, Handbuch des Seerechts, Kapitel 2 Rn. 173.

dungsbereich des Meerengentransits herausfalle. *Vitzthum* hebt hervor, dass in einem solchen Fall und bei Anwendbarkeit der Art. 17 ff. SRÜ automatisch eine Verletzung der Gebietshoheit des Meerengenanliegerstaates vorläge, wenn die Durchfahrt – weil dies in Meerengen auch keine Voraussetzung ist – nicht-friedlich und somit auch nicht vom Recht der *friedlichen* Durchfahrt erfasst wäre. *Vitzthum* sieht daher bei Anwendbarkeit der Art. 17 ff. SRÜ den unbeschränkbaren Meerengentransit der Gefahr von Missbräuchen seitens der Küstenstaaten ausgesetzt[648].

cc. Ergebnis

Der Einwand *Vitzthums* ist nicht von der Hand zu weisen. Sicherlich werden Grauzonen geschaffen, welche die Küstenstaaten dazu verführen könnten, einen subjektiven Maßstab anzulegen und eine Transitdurchfahrt vorschnell abzulehnen, wenn in einer Meerenge die Möglichkeit besteht, eine „Transitdurchfahrt" in eine sonstige „Tätigkeit" einschließlich der Anwendbarkeit der Art. 17 ff. SRÜ umzudeuten. Dieses Schlupfloch würde die Gefahr eines Missbrauchs durch die Küstenstaaten mit sich bringen und nicht zu einer einheitlichen und objektiven Handhabung führen[649]. Andererseits muss es dem Küstenstaat bei einem eindeutigen Fehlen von Tatbestandsmerkmalen der Transitdurchfahrt – und auch nur dann! – möglich sein, zu entscheiden, dass keine Transitdurchfahrt, sondern eine andere Tätigkeit im Sinne des Art. 38 Abs. 3 SRÜ vorliegt. Legt das Schiff besonderen Wert auf sein Transitrecht, muss es sicherstellen, dass es die Tatbestandsvoraussetzungen des Art. 38 Abs. 1 und 2 SRÜ hierfür auch erfüllt. Erfüllt es diese Tatbestandsvoraussetzungen nicht und nimmt es eine andere Tätigkeit im Sinne des Art. 38 Abs. 3 SRÜ vor, unterliegt es gemäß Abs. 3 *„den anderen anwendbaren Bestimmungen dieses Übereinkommens"*. Somit kommt auch Art. 45 SRÜ – als eine andere anwendbare Bestimmung dieses Übereinkommens – zum Tragen, welcher die friedliche Durchfahrt in den Meerengen regelt und immer dann anwendbar ist, wenn keine Transitdurchfahrt vorliegt. Art. 45 Abs. 1 SRÜ geht sodann von der Anwendung der Regeln der Art. 17 ff. SRÜ aus, was ein Indiz dafür ist, dass keinesfalls die Regeln der Art. 17 ff. SRÜ über die friedliche Durchfahrt vollständig präkludiert werden sollten. Auch *Koh* spricht sich für die Anwendbarkeit der Vorschriften des Teils II des Seerechtsübereinkommens aus[650], weil es seiner Meinung nach keine Ver-

---

[648] So auch: Jia, The Regime of Straits in International Law, S. 149.

[649] So auch: Caminos, RdC, Tome 205 (1987), S. 1 (146).

[650] So auch: Hasselmann, Die Freiheit der Handelsschiffahrt, S. 324.

anlassung dafür gibt, dass die Transitdurchfahrt durch die Meerenge und die friedliche Durchfahrt sich gegenseitig ausschließen[651]. Nur weil eine Meerenge die Voraussetzungen für die Gewährung der Transitdurchfahrt erfüllt, könne dies nicht dazu führen, dass nur noch eine Transitdurchfahrt und sonst gar keine Durchfahrt mehr möglich sei. Diese Auffassung vermag letztlich zu überzeugen, gerade weil einerseits Teil III (in Art. 45 SRÜ) selbst auf die Art. 17 ff. SRÜ verweist und andererseits die Verweisung in Art. 38 Abs. 3 SRÜ mit dem Wortlaut *„andere anwendbaren Bestimmungen dieses Übereinkommens"* im Gegensatz zu *„anderen einschlägigen Bestimmungen dieses Teiles"* (Art. 39 Abs. 1 lit. d) SRÜ) weit gefasst ist und keinen Einschränkungen unterliegt, welche durchaus – wie bei Art. 39 Abs. 1 lit. d) SRÜ geschehen – hätten festgelegt werden können. Wie auch bereits in anderem Zusammenhang gesehen, hat sich die Konferenz durchweg als fähig erwiesen, klare Einschränkungen vorzunehmen. Aus diesem Grunde müssen die Vorschriften der Art. 17 ff. SRÜ im Rahmen des Art. 38 Abs. 3 SRÜ für anwendbar erklärt werden.

VI. Rechte und Pflichten der Meerengenanliegerstaaten

Die Rechte und Pflichten der Meerengenanlieger stehen thematisch nicht im Vordergrund dieser Arbeit. Es soll hier nur ein kurzer Überblick zur Abrundung des Meerengenregimes geliefert und auf die für die Schifffahrt relevanten Vorschriften und ihre Konsequenzen eingegangen werden. Die nachstehenden Ausführungen sind für Schiffe, die gemäß Art. 236 SRÜ Immunität genießen, nicht relevant, da gegen solche Schiffe keine Durchsetzungsmaßnahmen vorgenommen werden dürfen.

1. Rechte und Durchsetzungskompetenzen der Meerengenanlieger

a. Art. 41 und 42 SRÜ

Art. 41 SRÜ gesteht den Meerengenanliegern zu, für die Schifffahrt in Meerengen Schifffahrtswege festzulegen und Verkehrstrennungsgebiete vorzuschreiben. Die Hoheitsmacht der Meerengenanlieger zum Erlass von Gesetzen und sonstigen Vorschriften zur Transitdurchfahrt wird in Art. 42 SRÜ abschließend geregelt[652]. Für die Schifffahrt relevant ist in diesem Zusammenhang, dass auch bei einem Verstoß gegen solche, unter den Voraussetzungen des Art. 42 SRÜ

---

[651] Koh, Straits in International Navigation, S. 153.
[652] Vitzthum, in: Vitzthum, Handbuch des Seerechts, Kapitel 2 Rn. 177.

erlassenen Gesetze, die Transitdurchfahrt durch die Meerenge *nicht ausgesetzt* werden darf[653]. Der Meerengenanliegerstaat hat lediglich die Möglichkeit, diesen Verstoß nach seinem innerstaatlichen Recht zu ahnden[654]. Das Seerechtsübereinkommen bietet hierzu eine relevante Ausnahme, welche immer dann greift, wenn durch ein Schiff[655] im Meerengentransit nach einem Verstoß gemäß Art. 42 Abs. 1 lit. a) und lit. b) SRÜ ein schwerer Schaden für die Meeresumwelt eingetreten ist oder einzutreten droht[656]. In dieser besonderen Konstellation können die Meerengenanlieger gemäß Art. 233 Satz 2 SRÜ *„geeignete Durchsetzungsmaßnahmen ergreifen, wobei sie diesen Abschnitt sinngemäß beachten"*. Auch mit der Wahl dieser Formulierung (*„geeignete Durchsetzungsmaßnahme"*) wurde erneut ein nicht eindeutiger Rechtsbgeriff verwendet. Dies lässt im Einzelfall wieder Unklarheiten aufkommen, welche sich schon in zwei Konstellationen manifestiert haben: Einerseits ist die Beantwortung der Frage unklar, ob unter den Begriff *„geeignete Durchsetzungsmaßnahme"* auch der Arrest von Schiffen fällt und weiterhin, ob präventive Maßnahmen gestattet sind.

aa. Arrest von Schiffen

Die Frage, ob ein Arrest von Schiffen in einer Meerenge zulässig ist, ist umstritten.

(1) Kein Arrest von Schiffen

Von Münch schließt den Arrest eines Schiffes oder auch Strafverfolgungsmaßnahmen gegen die Besatzung des Schiffes aus und begründet dies damit, dass die Durchsetzungsmaßnahmen auf ein Minimum begrenzt werden müssten[657]. Es müsse lediglich sichergestellt werden, dass die legitimen Interessen des Küstenstaates und der internationalen Gemeinschaft an Verkehrssicherheit und am Umweltschutz gewahrt werden könnten. Als „Ersatz" für den nicht zulässigen Arrest gesteht *von Münch* dem Küstenstaat in Extremfällen (beispielsweise

---

[653] Vitzthum, in: Vitzthum, Handbuch des Seerechts, Kapitel 2 Rn. 177.

[654] Hier besteht die Möglichkeit der Geltendmachung von Schadensersatzansprüchen, hierzu siehe jedoch weiter unten; Vitzthum in: Vitzthum, Handbuch des Seerechts, Kapitel 2 Rn. 177; a. A: Brown, The International Law of the Sea, Vol. I, S. 91, welcher davon ausgeht, dass ein Schiff bei einer Missachtung der erlassenen Regeln und Gesetze eine „andere Tätigkeit" ausführt und Art. 38 Abs. 3 SRÜ mit seinen Konsequenzen einschlägig sei.

[655] Dieses Schiff darf nicht der Staatenimmunität unterliegen (s.o. S. 126).

[656] Vitzthum, in: Vitzthum, Handbuch des Seerechts, Kapitel 2 Rn. 177.

[657] Ausführlich: von Münch, Die Régime internationaler Meerengen vor dem Hintergrund der III. UN-Seerechtskonferenz, S. 116.

wenn das Schiff eine breite Ölspur hinter sich herzieht und somit auf frischer Tat betroffen wurde) ein Recht zum Stoppen und Inspizieren des Schiffes an Ort und Stelle zwecks Erleichterung der späteren Durchsetzung von zivilrechtlichen Schadensersatzansprüchen zu. Dieses Recht leitet *von Münch* aus der Vorschrift des Art. 226 SRÜ (Untersuchung fremder Schiffe) ab, welcher sich innerhalb des Abschnitts 7 des Seerechtsübereinkommens befindet und welchen *von Münch* in Teilen in dem hier diskutierten Rahmen für anwendbar hält.

(2) Arrest von Schiffen möglich

Anderer Auffassung ist in diesem Zusammenhang *Hasselmann*, welcher auch den Arrest eines Schiffes für möglich hält[658]. Er ist der Auffassung, dass es dem Anrainerstaat im Falle des Art. 233 Satz 2 SRÜ grundsätzlich frei stehe, auch solche Maßnahmen zu ergreifen, zu denen er bei gleichem Verstoß im Küstenmeer außerhalb der Meerenge eventuell nicht berechtigt gewesen wäre. *Hasselmann* verweist im Übrigen darauf, dass ein Küstenstaat in der Ausschließlichen Wirtschaftszone gemäß Art. 220 Abs. 6 SRÜ ein Schiff festhalten dürfe, wenn dieses internationale Meeresumweltvorschriften verletzt habe und schwere Schäden entweder bereits eingetreten seien oder drohten. Tritt ein solcher Fall in einer internationalen Meerenge ein, soll dem Küstenstaat dieses in Art. 220 Abs. 6 SRÜ verankerte Recht ebenfalls zustehen.

(3) Ergebnis

Die Auffassung *von Münchs* überzeugt. Nach dieser Auffassung verfügt der Küstenstaat gegenüber dem Schiff über alle wichtigen und relevanten Handlungsmöglichkeiten, gerade auch zur Beweissicherung bei einem eingetretenen Schaden, ohne derart gravierende Maßnahmen – wie einen Arrest – vornehmen zu müssen. Wie oben bereits erörtert, besteht für den Küstenstaat die Möglichkeit, das die Meerenge verschmutzende Schiff zu durchsuchen und in diesem Zusammenhang auch die Kausalität der Verschmutzung durch das jeweilige Schiff zu beweisen. Hiermit ist den legitimen Bedürfnissen der Küstenstaaten jedoch ausreichend Rechnung getragen worden. Es ist kein Grund ersichtlich, warum das Schiff nun auch noch arrestiert werden müsste. Dies widerspricht vor allem dem Sinn und Zweck des Meerengenregimes, welches die Schifffahrt so weit wie möglich unbehelligt lassen möchte. Ein derart massiver Eingriff wie ein Arrest, vor allem wenn das oben genannte mildere Mittel der Durchsuchung

[658] Ausführlich: Hasselmann, Die Freiheit der Handelsschiffahrt, S. 340.

und Beweissicherung denselben Zweck erreicht, kann daher nicht im Sinne des Meerengenregimes sein. Im Übrigen lässt auch der Verweis des Art. 233 Satz 2 SRÜ auf *Abschnitt 7* diesen Rückschluss zu. Art. 220 SRÜ, auf welchen *Hasselmann* verweist, liegt in Abschnitt 6, auf den aber Art. 233 Satz 2 SRÜ gerade nicht verweist. Wäre eine Arrestmöglichkeit, wie sie in der Ausschließlichen Wirtschaftszone besteht, intendiert gewesen, hätte entweder ein Verweis auf Art. 220 SRÜ erfolgen können oder aber die Meerengen in Art. 220 Abs. 6 SRÜ mit aufgenommen werden müssen. Es kann hier nicht davon ausgegangen werden, dass die Konventionsteilnehmer diese Problematik in beiden Fällen nicht gesehen haben sollen, so dass davon auszugehen ist, dass die Möglichkeit eines Arrestes in einer Meerenge bewusst nicht als Maßnahme aufgenommen wurde. Nach alledem ist ein Arrest eines Schiffes in einer internationalen Meerenge nicht zulässig.

bb. Präventive Maßnahmen

Unklarheit besteht auch über die Frage, ob präventive Maßnahmen vom Begriff *„geeignete Durchsetzungsmaßnahme"* des Art. 233 SRÜ umfasst sind, also ausnahmsweise im Falle eines zu befürchtenden schweren Schadens für die Meeresumwelt das Recht der Transitdurchfahrt entgegen den Regeln der Art. 42 Abs. 2 und Art. 44 S. 2 SRÜ verweigert oder ausgesetzt werden darf.

(1) Präventive Maßnahmen zulässig

Für eine solche Aussetzung sprechen sich *von Münch*[659] und wohl auch *Vitzthum*[660] und *Caminos*[661] aus und begründen dies mit Billigkeitserwägungen. Nach *von Münch* könne es nicht im Sinne der internationalen Gemeinschaft sein, wenn ein Meerengenanliegerstaat von vornherein die sichere Kenntnis habe, dass es zu einer Umweltverschmutzung in seiner Meerenge kommen werde und er nichts dagegen unternehmen könne und tatenlos zusehen müsse, dass die Umweltverschmutzung stattfinde. Als ein Beispiel nennt *von Münch* den Fall, dass ein Staat ein Schiff auf Reisen schickt, damit es gezielt in einer internationalen Meerenge ungenehmigtes Dumping (d. h. Abfallbeseitigung im Meer)

---

659 Von Münch, Die Régime internationaler Meerengen vor dem Hintergrund der III. UN-Seerechtskonferenz, S. 117.

660 Vitzthum in: Vitzthum, Handbuch des Seerechts, Kapitel 2 Rn. 177.

661 Caminos, RdC, Tome 205 (1987), S. 1 (175), welcher nach vorheriger gründlicher Abwägung durch den Meerengenanliegerstaat und unter Berücksichtigung des Grundsatzes, dass der Meerengentransit nicht ausgesetzt werden darf, in eng begrenzten Fällen eine Aussetzung für möglich erachtet.

vornimmt. Er ist der Auffassung, dass sich ein Staat in solch einem extremen Fall des Rechtsmissbrauchs auf sein Notwehrrecht berufen und einem Schiff die Durchfahrt verweigern bzw. es zur Umkehr zwingen könne. Weiterhin beruft sich *von Münch* darauf, dass in diesem Fall bereits gar keine Transitdurchfahrt gemäß Art. 38 Abs. 2 SRÜ vorläge, da nach seiner Auffassung dem Anliegerstaat in der Beurteilung, ob eine Transitdurchfahrt gegeben sei oder nicht, ein Ermessen zustehe. Aus diesem Grunde stehe auch Art. 44 Satz 2 SRÜ[662] – teleologisch reduziert – einer Aussetzung bzw. Verweigerung nicht entgegen, da dieser nur eine *Transit*durchfahrt, nicht jedoch eine normale Durchfahrt für nicht aussetzbar erkläre. Auf der anderen Seite sieht auch *von Münch* hier die bereits oben angesprochene Gefahr eines Missbrauchs durch die Meerengenanliegerstaaten und möchte daher das *Passage*verweigerungsrecht auf zwei Fallgruppen begrenzen:

1. *„Es ist mit Sicherheit oder mit hoher Wahrscheinlichkeit objektiv unmöglich, dass ein Handelsschiff oder sonstiges nicht Art. 236 unterfallendes Schiff die ihm obliegenden Pflichten nach Kap. III erfüllen kann.*
2. *Der Flaggenstaat beabsichtigt einen vorsätzlichen Verstoß gegen die Transitregeln des Kap. III.*[663] *“*

(2) Präventive Maßnahmen unzulässig

Die Gegner von präventiven Maßnahmen führen zunächst an, dass der Wortlaut des Art. 42 Abs. 2 SRÜ und des Art. 44 SRÜ eine Aussetzung der Transitdurchfahrt verbiete[664]. Weiterhin spreche gegen eine solche präventive Aussetzung der Transitdurchfahrt – sofern eine solche noch vorliege – dass die Abschnitte 5, 6 und 7 des Seerechtsübereinkommens regelmäßig auf Art. 233 SRÜ verweisen, dass aber ein Durchsetzungsrecht in Form der Verhinderung des Meerengentransits nicht bekannt sei[665]

---

662 Dieser lautet: „Die Ausübung des Rechts der Transitdurchfahrt darf nicht ausgesetzt werden.“

663 Zu der gesamten Argumentation siehe: von Münch, Die Régime internationaler Meerengen vor dem Hintergrund der III. UN-Seerechtskonferenz, S. 117.

664 Hierzu: Vitzthum, in: Vitzthum, Handbuch des Seerechts, Kapitel 2 Rn. 177.

665 So auch: Jia, The Regime of Straits in International Law, S. 162; A/CONF.62/L.145, paras 3 and 4, abgedruckt in: (Third) UNCLOS, Official Records, Vol. XVI, S. 250 ff.; Vitzthum, in: Vitzthum, Handbuch des Seerechts, Kapitel 2 Rn. 177; a. A. wohl Caminos, RdC, Tome 205 (1987), S. 1 (175), nach vorheriger gründlicher Abwägung durch den Meerengenanliegerstaat und unter Berücksichtigung des Grundsatzes, dass der Meerengentransit nicht ausgesetzt werden darf.

(3) Ergebnis

Auch wenn die Argumentation *von Münchs* durchaus vertretbar erscheint, so ist sie dennoch abzulehnen[666]. Der Auffassung *von Münchs* steht zunächst der eindeutige Wortlaut der Art. 42 Abs. 2 SRÜ und Art. 44 SRÜ entgegen[667]. Dieses Ergebnis wird auch durch den Kontext der Verhandlungen zum Seerechtsübereinkommen bestätigt. In den Verhandlungen vor und während des Seerechtsübereinkommens erlangte die Meerengenfrage eine immense Bedeutung für die Großmächte, so dass auch vor diesem Hintergrund nicht davon auszugehen ist, dass die Möglichkeit einer Verhinderung des Transits für Meerengenanliegerstaaten bestehen sollte. Gerade der Meerengentransit sollte einer deutlich großzügigeren Handhabung unterliegen als die Durchfahrt durch das Küstenmeer. Da im Küstenmeer eine solche Verhinderungsmöglichkeit ausdrücklich festgehalten wurde, ist davon auszugehen, dass absichtlich auf eine solche in den internationalen Meerengen verzichtet wurde, die Regelungen für die Meerengen vielmehr als Ausgleich dienen sollten. Diese Problematik dürfte mit der Regelung für das Durchtauchen von U-Booten im Küstenmeer und in den internationalen Meerengen vergleichbar sein. Im Übrigen würde das Bestehen einer Verhinderungsmöglichkeit wieder zu neuerlichen Unklarheiten und Unsicherheiten führen, da es keine einheitliche Handhabung zwischen den Staaten gäbe und das oben in diesem Zusammenhang dargestellte Problem der mangelhaften Objektivität an Bedeutung gewänne und dadurch die von den Konferenzteilnehmern beabsichtigte Großzügigkeit bei der Durchfahrt verloren ginge. Aus diesem Grunde besteht für die Meerengenanliegerstaaten keine Möglichkeit eine Durchfahrt zu verhindern bzw. auszusetzen.

b. Art. 234 SRÜ

Sofern sich eine Meerenge auch innerhalb einer Ausschließlichen Wirtschaftszone befindet und es sich um ein eisbedecktes Gebiet handelt, steht dem Meerengenanliegerstaat gemäß Art. 234 SRÜ für dieses Gebiet eine Durchsetzungskompetenz zu[668].

---

666 So wohl auch: Hasselmann, Die Freiheit der Handelsschiffahrt, S. 341.

667 Daran ändert sich auch nichts, wenn tatsächlich – wie *von Münch* anführt – gar keine Transitdurchfahrt mehr vorläge. Auch in diesem Fall steht dem Küstenstaat nach Art. 45 Abs. 2 SRÜ kein Recht zur Aussetzung einer friedlichen Durchfahrt – und schon gar nicht aus präventiven Erwägungen heraus – zu.

668 So auch: Hasselmann, Die Freiheit der Handelsschiffahrt, S. 340.

c. *Weitere Durchsetzungskompetenzen gegen Schiffe*

Nicht geklärt ist die Frage, ob die Durchsetzungskompetenzen der Art. 233 SRÜ und Art. 234 SRÜ für die Meerengen abschließend sind oder ob den Meerengenanliegern neben diesen Vorschriften noch weitere Durchsetzungskompetenzen zustehen, deren Kenntnis für Schiffe relevant wäre. Was ist etwa mit den Durchsetzungskompetenzen, die einem Küstenstaat in seinem Küstenmeer zustehen (etwa im Bereich des Zoll-, Steuer- oder Einwanderungsrechts), sofern sich die Meerenge gebietsrechtlich im Küstenmeer befindet? Nach weit verbreiteter Ansicht ist davon auszugehen, dass den Meerengenanliegern neben Art. 233 SRÜ und 234 SRÜ keine weiteren Durchsetzungskompetenzen zustehen[669]. Diese Annahme folgt unter anderem aus Art. 35 lit. b) SRÜ, welcher regelt, dass der Rechtsstatus der *„Gewässer außerhalb der Küstenmeere der Meerengenanliegerstaaten“* nicht von Teil III des Seerechtsübereinkommens berührt wird. Nach dieser Vorschrift liegt der Schluss nahe, dass das Küstenmeer selbst durchaus von den Regelungen des Teils III des Seerechtsübereinkommens berührt wird[670]. Dies führt in der Konsequenz dazu, dass bei Meerengen, die gebietsrechtlich zum Küstenmeer eines Küstenstaates gehören, die Küstenstaaten ihre im Küstenmeer vorhandene Durchsetzungsmacht nur im Falle eines drohenden oder bereits entstandenen schweren Schadens für die Meeresumwelt (siehe oben) ausüben dürfen, nicht jedoch im Falle sonstiger Verstöße gegen küstenstaatliche Gesetze (wie das Zoll-, Steuer- oder Einwanderungsrecht)[671]. Im Falle eines Verstoßes gegen ein küstenstaatliches Gesetz kann der Meerengenanliegerstaat nur dann gegen ein Schiff wegen eines Verstoßes in der Meerenge vorgehen, wenn das jeweilige Schiff einen seiner Häfen anläuft[672] oder der Küstenstaat privatrechtliche Schadensersatzansprüche gegen den Schiffseigner oder den Flaggenstaat geltend macht[673]. Auch dieses Ergebnis ist der Stellung der Meerengen im Gesamtzusammenhang der Seerechtskonferenzen und der Anlehnung des Meerengenregimes an das Regime der Hohen See geschuldet[674].

---

669 Churchill/Lowe, The Law of the Sea, S. 109; Vitzthum, in: Vitzthum, Handbuch des Seerechts, Kapitel 2 Rn. 178; von Münch, Die Régime internationaler Meerengen vor dem Hintergrund der III. UN-Seerechtskonferenz, S. 116; Hasselmann, Die Freiheit der Handelsschiffahrt, S. 340.

670 So auch: Vitzthum, in: Vitzthum, Handbuch des Seerechts, Kapitel 2 Rn. 178.

671 Vitzthum, in: Vitzthum, Handbuch des Seerechts, Kapitel 2 Rn. 178; Hasselmann, Die Freiheit der Handelsschiffahrt, S. 339; Churchill/Lowe, The Law of the Sea, S. 109.

672 So: Hasselmann, Die Freiheit der Handelsschiffahrt, S. 339.

673 So: Jaenicke, ZaöRV, Bd. 38 (1978), S. 438 (473); Stöcker, in: Festschrift Stödter, S. 315 (338).

674 So auch: Vitzthum, in: Vitzthum, Handbuch des Seerechts, Kapitel 2 Rn. 178.

VII. Die freie Transitdurchfahrt als geltendes Völkergewohnheitsrecht?

1. Allgemeines

Für die Schifffahrt von großer Relevanz ist die Frage, ob das Regime der freien Transitdurchfahrt als geltendes Völkergewohnheitsrecht anerkannt ist. Diese Frage wird immer dann relevant, wenn ein Schiff das Recht der freien Transitdurchfahrt in einer Meerenge ausüben möchte, der Anliegerstaat das Seerechtsübereinkommen jedoch nicht ratifiziert hat. In diesem Fall muss die Bindung an die darin verkörperten Vorschriften und Rechte für Schiffe geklärt werden. Wäre die freie Transitdurchfahrt als geltendes Völkerrecht anerkannt, so würden auch diejenigen Staaten gebunden, die nicht Partei des Seerechtsübereinkommens sind mit der Konsequenz, dass sie das Recht der freien Transitdurchfahrt gewähren müssten. Mittlerweile sind 161 Staaten Vertragsparteien des Seerechtsübereinkommens[675]. Aufgrund dieser mittlerweile doch stark angestiegenen Zahl muss die bereits seit Beginn der Existenz des Seerechtsübereinkommens schwelende Frage nach der Anerkennung als Völkergewohnheitsrecht nochmals aufgegriffen und analysiert werden.

Diese Frage ist in der Praxis am wenigstens für Handelsschiffe relevant. Dies folgt aus der Existenz von zahlreichen internationalen (bilateralen, regionalen und globalen) Handelsabkommen (beispielsweise World Trade Organization (WTO) und General Agreement on Tariffs and Trade (GATT-Abkommen), welche zwischen den Vertragsparteien auch dazu führen, dass die Diskriminierung eines fremden Handelsschiffes als nicht zulässig anzusehen ist[676]. Nachdem fast alle Staaten Mitglieder der WTO sind, ist also das Problem einer Diskriminierung durch Meerengenanlieger als sehr gering und im weiteren Nachlassen begriffen anzusehen[677]. Nach wie vor bedeutsam ist diese Frage jedoch sowohl für Kriegs- als auch für Staatsschiffe[678].

---

675 Siehe zu dem Status des Seerechtsübereinkommens die Homepage der VN: http://treaties.un.org/Pages/ViewDetailsIII.aspx?&src=TREATY&mtdsg_no=XXI~6&chapter=21&Temp=mtdsg3&lang=en#1.

676 Churchill/Lowe, The Law of the Sea, S. 113.

677 So auch: Churchill/Lowe, The Law of the Sea, S. 113.

678 So auch: Churchill/Lowe, The Law of the Sea, S. 113.

2. *Entstehung von Völkergewohnheitsrecht*

Es besteht weitgehende Einigkeit darüber, dass Völkergewohnheitsrecht durch die von einer Rechtsüberzeugung („opinio iuris sive necessitatis") getragene internationale Übung der Rechtssubjekte entsteht[679]. Nach Art. 38 Abs. 1 lit. b) des IGH-Statuts müssen zwei Merkmale vorliegen:

- einerseits die allgemeine Übung und
- andererseits die Anerkennung der Übung als Recht[680].

In der Völkerrechtslehre wird weiterhin ein Zeitmoment verlangt, nämlich eine gewisse Zeitdauer der Übung[681]. Aus der Nordseefestlandsockelentscheidung des IGH wurde jedoch deutlich, dass an dieses Zeitmoment keine besonders strengen Anforderungen zu stellen sind[682].

3. *Argumente für die Transitdurchfahrt als geltendes Völkergewohnheitsrecht*

Für die Annahme, dass die Transitdurchfahrt geltendes Völkergewohnheitsrecht ist, sprechen diverse Argumente.

a. *Opinio Iuris und Internationale Übung (Praxis)*

Die für das Vorliegen von Völkergewohnheitsrecht erforderliche Opinio Iuris und eine darauf aufbauende gemeinsame Praxis von Staaten sind vorhanden. In der Staatenpraxis wird die gewohnheitsrechtliche Geltung des Rechts der freien Transitdurchfahrt von Frankreich, dem Vereinigten Königreich und den USA

---

679 Von Münch, Die Régime internationaler Meerengen vor dem Hintergrund der III. UN-Seerechtskonferenz, S. 128. Zu der Entwicklung der Entstehung von Völkergewohnheitsrecht und dem Erfordernis von anderen – an die aktuelle Zeit angepassten – Maßstäben, vgl.: Mahmoudi, ODIL, Vol. 20 (1989), S. 157 (165) mit weiteren Ausführungen zu den von *Mahmoudi* verwendeten Begriffen: Pathak, IJIL, Vol. 19 (1979), S. 483–495 (insbesondere S. 434).

680 Heintschel von Heinegg, in: Ipsen, Völkerrecht, § 16 Rn. 2; von Münch, Die Régime internationaler Meerengen vor dem Hintergrund der III. UN-Seerechtskonferenz, S. 128.

681 Von Münch, Die Régime internationaler Meerengen vor dem Hintergrund der III. UN-Seerechtskonferenz, S. 128.

682 ICJ, North Sea Continental Shelf Case, ICJ Rep. 1969, S. 43; von Münch, Die Régime internationaler Meerengen vor dem Hintergrund der III. UN-Seerechtskonferenz, S. 128.

bejaht[683] und auch in der Literatur gibt es viele Befürworter der gewohnheitsrechtlichen Geltung[684].

Eine Übung in Form eines Rechts auf Durchfahrt durch Meerengen, welches dem Recht der Transitdurchfahrt ähnlich ist, bestand bereits vor dem Seerechtsübereinkommen[685]. Schiffe sind schon immer durch große und relevante Meerengen gefahren und dieses praktizierte Recht korrespondiert mit den im Seerechtsübereinkommen niedergelegten Vorschriften[686]. Auch die Vertragspraxis stützt diese Auffassung, es sei hier auf Art. 23 des Vertrags von Lausanne (1923) verwiesen, welcher *"the principle of freedom and transit and navigation by sea and by air"* in den Dardanellen und dem Bosporus anerkennt (*"recognises"*)[687], auch die Montreux Convention von 1936 bestätigte erneut die Freiheit der Durchfahrt[688] ebenso wie der Friedensvertrag zwischen Ägypten und Israel von 1979, in welchem die Meerenge von Tiran und der Golf von Aqaba als

683 Erklärung des Vereinigten Königreichs vom 25.07.1997 (http://www.un.org/depts/los/convention_agreements/convention_declarations.htm#UK%20Upon%20accession); Extract from the speech made in the second reading debate in the House of Lords by the Minister of State in the Foreign and Commonwealth Office, on 5 February 1987 concerning passage in straits: abgedruckt im LOSB, Vol. 10 (1987), S. 11; — zur Position der USA: US Department of State/Office of Ocean Affairs (Hrsog.), Limits in the Seas, No. 112 (1992), S. 64 ff. m.w.N.; Statement of the President on United States Ocean Policy, 10 March 1983, ILM, Vol. 22 (1983), S. 461 ff., weiterhin eine US-Diplomatic-Note to Algeria, vom 12.07.1984, abgedruckt bei: Nash Leich, AJIL, Vol. 78 (1984), S. 884 (884/885); zum Ganzen: Vitzthum, in: Vitzthum, Handbuch des Seerechts, Kapitel 2 Rn. 179 Fn. 497; Churchill/Lowe, The Law of the Sea, S. 110. Das Interesse dieser drei Großmächte an einer völkergewohnheitsrechtlichen Geltung der Transitdurchfahrt stammt aus Zeiten des Kalten Krieges. Die Großmächte wollten eine möglichst große Drohkulisse mit ihrer Schiffsflotte aufbauen können und waren daher erheblich an einem Meerengentransit und nicht nur an einer friedlichen Durchfahrt interessiert. Dies wurde beispielsweise in der ablehnenden Reaktion der USA auf die Deklaration von Indonesien, Malaysia und Singapur (1971) deutlich, als diese festhielten, dass nur ein Recht auf friedliche Durchfahrt durch die Straße von Malakka bestehen sollte (hierzu: Churchill/Lowe, The Law of the Sea, S. 111).

684 Brown, The International Law of the Sea, Vol. I, S. 96; Nandan/Anderson, BYIL, Vol. 60 (1989), S. 159 (170); so wohl auch: Larson, ODIL, Vol. 18 (1987), S. 411 (421/422); Caminos hält die Transitpassage für in der Entwicklung befindliches Völkergewohnheitsrecht: Caminos, RdC, Tome 205 (1987), S. 1 (232).

685 Churchill/Lowe, The Law of the Sea, S. 110.

686 Churchill/Lowe, The Law of the Sea, S. 110; Roach/Smith, United States Responses to Excessive Maritime Claims, S. 290.

687 Churchill/Lowe, The Law of the Sea, S. 110.

688 Churchill/Lowe, The Law of the Sea, S. 110.

"international waterways to be open to all nations for unimpeded and non-suspendable freedom of navigation and overflight" bezeichnet wurden[689].

b. Transitdurchfahrt für „alle" Schiffe

Als weiteres Argument für die gewohnheitsrechtliche Geltung wird angeführt, dass der Wortlaut des Seerechtsübereinkommens das Recht auf Transitdurchfahrt *allen* Schiffen (Art. 38 Abs. 1 SRÜ) zugestehe und somit auch ein Recht für solche Staaten begründen solle, die nicht Partei des Seerechtsübereinkommens geworden sind[690].

c. "Package-deal"

Ferner ist die sog. "Package-deal"-Regelung von Bedeutung. Hiernach sind für bestimmte Neuerungen zu Gunsten der Staaten (beispielsweise die Ausdehnung des Küstenmeers auf 12 sm) Einschränkungen an anderer Stelle vereinbart worden (beispielsweise die Regeln der Transitdurchfahrt)[691], um einen gerechten Ausgleich zu schaffen[692]. *Koh* bringt dies mit einem schönen Satz auf den Punkt: *"it is not possible to claim rights under the Convention without being willing to shoulder the corresponding obligations.*[693]*"* Auch die Bundesrepublik Deutschland gab zu dieser Situation nachstehende Erklärung ab: *„Voraussetzung für die Anerkennung des Rechts der Küstenstaaten auf Ausdehnung des Küstenmeers ist das Rechtssystem der Transitdurchfahrt durch Meerengen, die der internationalen Schiffahrt dienen"*[694]. Daraus folgt aber auch, dass zumindest für die Parteien des Seerechtsübereinkommens (und die Zahl der Parteien ist über die Jahre konstant gestiegen, was auch Rückschlüsse auf die Akzeptanz des Seerechtsübereinkommens ermöglicht) das Recht der Transitdurchfahrt verbindlich fest-

---

689 Zu diesem Friedensvertrag siehe ausführlich: Lapidoth, AJIL, Vol. 77 (1983), S. 84 (97–108); ElBaradei, AJIL, Vol. 76 (1982), S. 532 (549-553); Churchill/Lowe, The Law of the Sea, S. 111.

690 Churchill/Lowe, The Law of the Sea, S. 112; hierzu: Brownlie, Principles of Public International Law, 4. Aufl., S. 284.

691 Hierzu: Churchill/Lowe, The Law of the Sea, S. 112. In diesem Zusammenhang wurde auch die Auffassung vertreten, dass das Zugeständnis zu einem 12 sm Küstenmeer voreilig und überflüssig gewesen sei. Vgl. Hill, ODIL, Vol. 3 (1975), S. 344 (354 ff.).

692 Siehe hierzu auch die Ausführungen bei: Robertson, VJIL, Vol. 20 (1979/1980), S. 801 (823); hierzu äußerte sich auch der Chairman of the Second Committee in seinem Statement: UN Doc.A/CONF.62/C.2/L.86, abgedruckt in: (Third) UNCLOS, Official Records, Vol. III, S. 243.

693 Siehe auch: Mahmoudi, ODIL, Vol. 20 (1989), S. 157 (166).

694 Siehe hierzu: http://www.ris.bka.gv.at/Dokument.wxe?Abfrage=Bundesnormen&Dokumentnummer=NOR11012945.

gelegt wurde. Die Parteien des Seerechtsübereinkommens können sich nun nicht darauf berufen, dass sie die Transitdurchfahrt nicht akzeptieren. Die Normierung der Transitdurchfahrt im Seerechtsübereinkommen ist damit ein starker Hinweis auf die Staatenpraxis und vorallem die Akzeptanz dieses Regimes.

4. Argumente gegen die Transitdurchfahrt als geltendes Völkergewohnheitsrecht

a. Problem der einheitlichen Staatenpraxis

Zu Recht werden von den Gegnern der gewohnheitsrechtlichen Geltung der Transitdurchfahrt im Hinblick auf das tatsächliche Bestehen einer Opinio Iuris Bedenken vorgebracht[695]. Sie führen aus, dass der erforderliche Nachweis, dass einem Schiff in einer Meerenge ausdrücklich die freie Transitdurchfahrt und nicht bloß eine friedliche Durchfahrt zugestanden wird, sehr schwer zu erbringen sein dürfte[696]. Auch der Nachweis, dass ein Staat einem Schiff die freie Transitdurchfahrt aus Anerkennung einer völkergewohnheitsrechtlichen Geltung und nicht kraft Bindung an das Seerechtsübereinkommen gewährt, ist fast unmöglich zu führen[697]. Allein dies sind gewichtige Argumente, die die gewohnheitsrechtliche Anerkennung der freien Transitdurchfahrt als problematisch darstellen. *Vitzthum* weist zusätzlich darauf hin, dass einige Staaten keine eindeutigen Erklärungen abgeben (Indonesien) oder eine gewohnheitsrechtliche Geltung ausdrücklich ablehnen[698]. Zu letzterer Gruppe zählen Iran und Serbien-Montenegro (bzw. jetzt Montenegro). Iran lehnte die gewohnheitsrechtliche Geltung 1982[699], Serbien-Montenegro 2001[700] und Montenegro 2006[701] ab.

---

695 Churchill/Lowe, The Law of the Sea, S. 112; Vitzthum, in: Vitzthum, Handbuch des Seerechts, Kapitel 2 Rn. 179.

696 Churchill/Lowe, The Law of the Sea, S. 112; Vitzthum, in: Vitzthum, Handbuch des Seerechts, Kapitel 2 Rn. 179.

697 Siehe auch: Churchill/Lowe, The Law of the Sea, S. 112.

698 Vitzthum, in: Vitzthum, Handbuch des Seerechts, Kapitel 2 Rn. 179.

699 Vitzthum, in: Vitzthum, Handbuch des Seerechts, Kapitel 2 Rn. 179; http://www.un.org/Depts/los/convention_agreements/convention_declarations.htm#Iran%20Upon%20signature.

700 Vitzthum, in: Vitzthum, Handbuch des Seerechts, Kapitel 2 Rn. 179; http://www.un.org/Depts/los/convention_agreements/convention_declarations.htm#S.&M%20Confirmed%20Upon%20succession.

701 http://www.un.org/Depts/los/convention_agreements/convention_declarations.htm#MONTENEGRO.

b. *"Persistent Objector"*

Der Iran – welcher das Seerechtsübereinkommen lediglich unterschrieben, jedoch nicht ratifiziert hat –, beruft sich ferner darauf, dass die Vorschriften des Seerechtsübereinkommens nur auf die Parteien des Übereinkommens anwendbar seien[702].

5. *Ergebnis*

In den letzten Jahren hatte sich im Schrifttum bereits der Gedanke entwickelt, dass zumindest für einzelne Meerengen (namentlich die Meerengen von Dover und Gibraltar) das Recht der Transitdurchfahrt als gewohnheitsrechtlich anerkannt anzusehen ist[703]. Dem ist auf Basis der Argumente der Vertreter der gewohnheitsrechtlichen Geltung des Rechts der Transitdurchfahrt zuzustimmen. Im Übrigen ist nach der gegenwärtigen Entwicklung mit einer stetig wachsenden Zahl der Vertragsparteien davon auszugehen, dass zwischenzeitlich eine für eine gewohnheitsrechtliche Geltung der Transitdurchfahrt hinreichend einheitliche Staatenpraxis gegeben ist.

Daran können auch die Erklärungen Irans, Serbiens und Montenegros nichts ändern. Sie sind keine „Gegenbewegung" zu der vorherrschenden Praxis des Art. 38 Abs. 1 SRÜ[704]. Alle drei Staaten stützen ihre Erklärungen auf Art. 310 SRÜ[705], welcher den Staaten die Abgabe von Erklärungen gestattet, um *„seine*

---

[702] Siehe die URL in Fn. 699: *"Notwithstanding the intended character of the Convention being one of general application and of law making nature, certain of its provisions are merely product of quid pro quo which do not necessarily purport to codify the existing customs or established usage (practice) regarded as having an obligatory character. Therefore, it seems natural and in harmony with article 34 of the 1969 Vienna Convention on the Law of Treaties, that only states parties to the Law of the Sea Convention shall be entitled to benefit from the contractual rights created therein. – The above considerations pertain specifically (but not exclusively) to the following: The right of Transit passage through straits used for international navigation (Part III, Section 2, article 38) ...";* Hasselmann, Die Freiheit der Handelsschiffahrt, S. 347.

[703] Churchill/Lowe, The Law of the Sea, S. 113; Vitzthum in: Vitzthum, Handbuch des Seerechts, Kapitel 2 Rn. 179.

[704] So wohl Vitzthum, in: Vitzthum, Handbuch des Seerechts, Kapitel 2 Rn. 179; Jia, The Regime of Straits in International Law, S. 200.

[705] Art. 310 SRÜ lautet: *„Artikel 309 schließt nicht aus, daß ein Staat bei der Unterzeichnung oder der Ratifikation dieses Übereinkommens oder bei seinem Beitritt Erklärungen gleich welchen Wortlauts oder welcher Bezeichnung abgibt, um unter anderem seine Gesetze und sonstigen Vorschriften mit den Bestimmungen des Übereinkommens in Einklang zu bringen, vorausgesetzt, daß diese Erklärungen nicht darauf abzielen, die*

Gesetze und sonstigen Vorschriften mit den Bestimmungen des Übereinkommens in Einklang zu bringen". Voraussetzung nach Art. 310 SRÜ ist jedoch, *„dass diese Erklärungen nicht darauf abzielen, die Rechtswirkung der Bestimmungen des Übereinkommens in ihrer Anwendung auf diesen Staat auszuschließen oder zu ändern"*. Wenn nun aber Serbien (Beitritt zum Seerechtsübereinkommen im Jahre 2001) bzw. Montenegro (Beitritt zum Seerechtsübereinkommen im Jahre 2006) erklären, dass sie sich vorbehalten, selbst zu entscheiden, ob und wenn ja, welche Meerengen nur der friedlichen Durchfahrt und nicht der Transitdurchfahrt unterliegen[706], so erscheint dies als eine Erklärung, die nicht Art. 310 SRÜ unterfallen kann. Vielmehr scheint es, als möchte Serbien bzw. Montenegro eine unliebsame Regelung für nicht anwendbar erklären. Genau dies kann jedoch nach Art. 310 SRÜ nicht zulässig sein. Auch an dieser Stelle muss noch einmal auf den Sinn und Zweck des oben genannten Packagedeals verwiesen werden. Montenegro und Serbien haben beide jeweils ein 12-sm-Küstenmeer deklariert, möchten aber die Gegenleistung dafür, nämlich die Gewährung des Rechts der Transitdurchfahrt in ihren Meerengen, nicht erbringen oder sich zumindest ein Schlupfloch offenhalten, diese nicht erbringen zu müssen. Dies kann – wegen der Zustimmung zu allen Vorschriften des Seerechtsübereinkommens bei Ratifikation desselben – nicht zulässig sein und daher auch nicht als ein relevantes Vorbringen gegen die gewohnheitsrechtliche Geltung gewertet werden. Vielmehr stellt es einen Versuch dar, eine unerwünschte Regelung nicht anzuwenden, was jedoch im Ergebnis wegen oben genannter Argumente in keiner Hinsicht Erfolg haben kann. Auch das Argument Irans, dass die Transitdurchfahrt nur für Parteien des Seerechtsübereinkommens gelte, kann die Entstehung von Völkergewohnheitsrecht nicht verhindern. Widersetzt sich ein Staat kontinuierlich (was bei Iran wohl schon nicht der Fall ist) der Entstehung einer gewohnheitsrechtlichen Norm (sog. "*persistent objector*"[707]), indem er durch fortlaufende Proteste zu erkennen gibt, dass er nicht bereit ist, eine eventuelle Bindungswirkung dieser Norm anzuerkennen, so kann er deren Entstehung zwar nicht verhindern, er wird aber durch die entstandene Norm nicht gebunden[708].

Rechtswirkung der Bestimmungen des Übereinkommens in ihrer Anwendung auf diesen Staat auszuschließen oder zu ändern."

706 Siehe die URLs in Fn. 700 und 701: *"The Government also considers that it may, on the basis of article 38, para.1, and article 45, para. 1 (a) of the Convention, determine by its laws and regulations which of the straits used for international navigation in the territorial sea of [Montenegro] will retain the regime of innocent passage, as appropriate"*.

707 Brownlie, Principles of Public International Law (2.A), S. 10; Heintschel von Heinegg, in: Ipsen, Völkerrecht, § 16 Rn. 26.

708 Heintschel von Heinegg, in: Ipsen, Völkerrecht, § 16 Rn. 26.

Ein einmaliger, wenn auch nachdrücklicher Protest wird nicht als ausreichend erachtet[709]. Fehlt es an einem dauerhaften und beharrlichen Widerspruch (*"persistent objection"*), entfaltet die gewohnheitsrechtliche Norm ihre Bindungswirkung auch gegenüber denjenigen Völkerrechtssubjekten – hier den Staaten – die sie weder ausdrücklich noch stillschweigend akzeptiert haben[710].

Die Diskussion über die Anerkennung des Rechts der Transitdurchfahrt als Gewohnheitsrecht währt nun schon viele Jahre. Im Laufe dieser Zeit hätten die Staaten, die einer solchen abgeneigt sind, massiv widersprechen müssen. Indem sie dies nicht taten und die Anzahl der Ratifizierungen des Übereinkommens stetig angestiegen ist, lässt sich ablesen, dass ein breites – nahezu vollständiges – Einverständnis mit der Normierung der Transitdurchfahrt vorliegt.

Nachdem Iran nur einmal seinen Widerspruch zu Art. 38 Abs. 1 SRÜ erklärt hat und Serbien und Montenegro sich lediglich ein Schlupfloch offenhalten möchten, muss festgehalten werden, dass auch diese damaligen Erklärungen mangels Dauerhaftigkeit und Beharrlichkeit nicht geeignet sind, die Entstehung des Rechts der Transitdurchfahrt als Gewohnheitsrecht zu verhindern. Entgegen anderslautender Meinungen[711] existiert daher keine der Praxis der Transitdurchfahrt gegenläufige Staatenpraxis durch die Erklärungen der drei Staaten. Die Transitdurchfahrt ist daher als geltendes Völkergewohnheitsrecht anzusehen.

VIII. Friedliche Durchfahrt, Art. 45 Abs. 1 SRÜ

1. Allgemeines

Das Recht der friedlichen Durchfart durch eine Meerenge kommt immer dann zum Tragen, wenn eine Transitdurchfahrt nicht möglich ist, sei wegen eines Ausschlusses nach Art. 38 Abs. 1 SRÜ oder weil es sich um eine Meerenge handelt, die das Küstenmeer eines Staates mit einem Teil der Hohen See oder mit der Ausschließlichen Wirtschaftszone eines anderen Staates verbindet[712]. Die friedliche Durchfahrt ist weitaus weniger umstritten als die Transitdurchfahrt, was sich unter anderem darin widerspiegelt, dass sie als geltendes Völkerge-

---

709 Heintschel von Heinegg, in: Ipsen, Völkerrecht, § 16 Rn. 26.
710 Heintschel von Heinegg, in: Ipsen, Völkerrecht, § 16 Rn. 27.
711 Vitzthum, in: Vitzthum, Handbuch des Seerechts, Kapitel 2 Rn. 179.
712 Hierzu auch: Vitzthum, in: Vitzthum, Handbuch des Seerechts, Kapitel 2 Rn. 180.

wohnheitsrecht anerkannt ist[713]. Grundsätzlich kann man die friedliche Durchfahrt als Minus der Transitdurchfahrt ansehen.

2. *Vorschriften des Küstenstaates*

Art. 45 Abs. 1 SRÜ erklärt den Abschnitt 3 des Teils II des Seerechtsübereinkommens, in welchem sich die Vorschriften über die friedliche Durchfahrt durch das Küstenmeer befinden, für anwendbar. Die Schiffe, die eine solche friedliche Durchfahrt ausüben, müssen sich, wie auch im Küstenmeer, an die Gesetze und sonstigen Vorschriften halten, die der Küstenstaat gemäß Art. 21 SRÜ erlassen hat[714].

3. *Unaussetzbarkeit der friedlichen Durchfahrt*

Eine Ausnahme zu den Vorschriften im Küstenmeer besteht darin, dass die friedliche Durchfahrt durch eine Meerenge nicht ausgesetzt werden darf (Art. 45 Abs. 2 SRÜ)[715].

Ursprünglich war die Unaussetzbarkeit der friedlichen Durchfahrt im Jahre 1956 im Entwurf der ILC nur auf Meerengen zwischen zwei Teilen der Hohen See beschränkt und nicht auf die Zugangsmöglichkeit von der Hohen See zum Küstenmeer eines Drittstaates[716]. Erst auf Ergänzungsantrag der Niederlande, Portugals, Nordirlands und des restlichen Vereinigten Königreichs hin wurde auch in solchen Meerengen, die Zugang zu Küstenmeeren und somit zu Häfen dritter Staaten ermöglichen, für die friedliche Durchfahrt die Unaussetzbarkeit verbürgt[717]. Entscheidend für diesen Antrag war das Bedürfnis auf ein unaussetz-

---

713 Von Münch, Die Régime internationaler Meerengen vor dem Hintergrund der III. UN-Seerechtskonferenz, S. 132; Vitzthum, in: Vitzthum, Handbuch des Seerechts, Kapitel 2 Rn. 179.

714 Als Beispiel hierfür kann folgendes dienen: die italienische Regierung verbot im Jahre 1985, dass Schiffe von mehr als 50.000 brt Gewicht und mit Öl oder sonstigen gefährlichen Stoffen beladen die Straße von Messina passieren, siehe hierzu: Franckx, IJMCL, Vol. 10 (1995), S. 253 (272/273); Churchill/Lowe, The Law of the Sea, S. 106 Fn. 4; vgl. auch: Brownlie, Principles of Public International Law, 4. Aufl., S. 281.

715 Schachte/Bernhardt, VJIL, Vol. 33 (1997), S. 527 (534); Nandan/Anderson, BYIL, Vol. 60 (1989), S. 159 (197); Vitzthum, in: Vitzthum, Handbuch des Seerechts, Kapitel 2 Rn. 180. Siehe hierzu auch die obigen Ausführungen.

716 Art. 17 Abs. 4 des Entwurfs der ILC, ILC Yearbook 1956 II, S. 258. So auch noch der ICJ im sog. Corfu Channel Case: ICJ Rep. 1949, S. 28.

717 UN DOC.A/CONF.13/C.1/L.71, abgedruckt in: (First) UNCLOS, Official Records, Vol. III, S. 231, Ausführungen dazu siehe a.a.o., S. 100; von Münch, Die Régime inter-

bares Recht der friedlichen Durchfahrt durch die Meerenge von Tiran[718]. Andere Beispiele für solche Meerengen sind die Head Harbour Passage, die Meerenge von Georgia und der Golf von Honduras[719].

Anders als im Küstenmeer ist das Aussetzen der Durchfahrt, wenn sich das Schiff also bereits in der Meerenge befindet, durch Art. 45 Abs. 2 SRÜ eindeutig untersagt worden. Dies führt dazu, dass der Küstenstaat sich nicht auf die Rechte gemäß Art. 25 Abs. 3 SRÜ berufen kann, welche ihm grundsätzlich für die Regelung der friedlichen Durchfahrt im Küstenmeer zustehen[720].

Unklar ist jedoch, ob eine Durchfahrt von vornherein als Präventivmaßnahme verhindert werden kann. Art. 45 Abs. 2 SRÜ äußert sich wie folgt:

> *„Die Ausübung des Rechts der friedlichen Durchfahrt durch solche Meerengen darf nicht ausgesetzt werden.“*

Bei der Auslegung des Wortlauts kommt man zwangsläufig zu dem Ergebnis, dass das Schiff mit der Durchfahrt durch die Meerenge begonnen haben muss, dass folglich – nach dem Wortlaut – wohl eine Aussetzung vor Beginn der Durchfahrt als Präventionsmaßnahme zulässig wäre[721]. Allerdings würde dies dazu führen, dass der Schutzgedanke des Art. 45 Abs. 2 SRÜ, mit dem eine Beschränkung der Schifffahrt verhindert werden soll, umgangen würde und genau diese Beschränkung bei einer solchen Wortlautauslegung in einem umfassenden Maße möglich wäre. Dies kann jedoch nicht dem Sinn und Zweck des Art. 45 Abs. 2 SRÜ entsprechen, so dass auch eine solche Präventivmaßnahme im Ergebnis abgelehnt werden muss[722].

---

nationaler Meerengen vor dem Hintergrund der III. UN-Seerechtskonferenz, S. 38; ElBaradei, AJIL, Vol. 76 (1982), S. 532 (540).

718 Churchill/Lowe, The Law of the Sea, S. 105; siehe hierzu auch: Dean, AJIL, Vol. 52 (1958), S. 607 (622/623); von Münch, Die Régime internationaler Meerengen vor dem Hintergrund der III. UN-Seerechtskonferenz, S. 38.

719 Hasselmann, Die Freiheit der Handelsschiffahrt, S. 322/323; Moore, AJIL, Vol. 74 (1980), S. 77 (112).

720 Siehe hierzu auch: Jaenicke, ZaöRV, Bd. 38 (1978), S. 438 (475 Fn. 71); Vitzthum, in: Vitzthum, Handbuch des Seerechts, Kapitel 2 Rn. 180.

721 Diese Auffassung vertritt wohl: Hasselmann, Die Freiheit der Handelsschiffahrt, S. 342/343.

722 So auch: Vitzthum, in: Vitzthum, Handbuch des Seerechts, Kapitel 2 Fn. 504; wohl auch: Nandan/Anderson, BYIL, Vol. 60 (1989), S. 159 (198) Fn. 139.

4. *Regelungen für besondere Schiffsgruppen*

a. U-Boote

Wie auch im Küstenmeer müssen U-Boote während der Ausübung einer friedlichen Durchfahrt über Wasser fahren und ihre Flagge zeigen[723].

b. Nuklearbetriebene Handelsschiffe und Schiffe mit gefährlicher Ladung

Diese Art Schiffe müssen – wie auch im Küstenmeer – nach Art. 23 SRÜ die relevanten Dokumente mitführen und besondere Vorsichtsmaßnahmen beachten, die in internationalen Übereinkünften, beispielsweise der MARPOL- und der SOLAS-Konvention, niedergelegt wurden[724]. Dennoch ist es den Küstenstaaten nicht gestattet, die friedliche Durchfahrt solcher Schiffe von ihrer Zustimmung abhängig zu machen[725].

IX. Fazit

Die Meerengen waren während der Seerechtskonferenzen ein hart umfochtenes Thema. Die Schifffahrt wollte in Meerengen umfassende Rechte gewährt bekommen, wohingegen die Meerengenanliegerstaaten ein großes Interesse daran hatten, die Rechte der Schifffahrt so gering wie möglich und ihre eigene Souveraenität grundsätzlich so umfangreich wie möglich zu halten. Am Ende wurde dann ein sog. "package-deal" geschlossen, wonach den Küstenstaaten die Verbreiterung ihres Küstenmeeres auf max. 12 sm zugestanden wurde, hierfür erhielt die Schifffahrt das Recht auf unaussetzbare Transitdurchfahrt durch die Meerengen. Die Meerengen wurden fortan in Teil III des Seerechtsübereinkommens geregelt.

Die Regelungen im Rahmen der Meerengen sind an vielen Stellen unglücklich und ungenau formuliert. Dies beginnt bereits mit Art. 34 Abs. 1 SRÜ, welcher für die Anwendbarkeit des Teils III von einer Meerenge verlangt, dass sie der internationalen Schifffahrt dient. Trotz vieler verschiedener Vorschläge während der Seerechtskonferenzen ist letztlich davon auszugehen, dass nur eine solche Meerenge als der internationalen Schifffahrt dienend gelten kann, durch welche zum Zeitpunkt der Beurteilung eine große Anzahl an verschieden geflaggten Schiffen fährt.

---

[723] Vitzthum, in: Vitzthum, Handbuch des Seerechts, Kapitel 2 Rn. 180.
[724] Vitzthum, in: Vitzthum, Handbuch des Seerechts, Kapitel 2 Rn. 180.
[725] Vitzthum, in: Vitzthum, Handbuch des Seerechts, Kapitel 2 Rn. 180.

Wann Teil III auf Meerengen nicht anwendbar ist, wird in den Art. 36 SRÜ geregelt. Im Übrigen werden in Art. 35 SRÜ solche Gebiete genannt (beispielsweise in lit. a) die inneren Gewässer), deren Rechtsstatus von Teil III nicht berührt werden.

Das für die Schifffahrt immens wichtige Recht auf unaussetzbare Transitdurchfahrt ist in Art. 38 Abs. 2 SRÜ geregelt und steht grundsätzlich allen Schiffen zu. Nach Art. 38 Abs. 2 SRÜ werden als Tatbestandsmerkmale lediglich vorausgesetzt, dass die Transitdurchfahrt „ununterbrochen und zügig" erfolgen muss. Erfüllt ein Schiff diese Tatbestandsmerkmale nicht, ist eine Transitdurchfahrt nicht mehr möglich. Das Recht auf Transitdurchfahrt wird allerdings nicht bereits dadurch verwirkt, dass das Schiff Begleitpflichten – wie solche in Art. 39 oder Art. 42 Abs. 4 SRÜ – verletzt. Von Kriegsschiffen wird in tatbestandlicher Hinsicht – anders als im Küstenmeer – keine Friedlichkeit der Durchfahrt erwartet. Zwar sollen sich die Schiffe beim Transit gemäß Art. 39 Abs. 1 lit. b) SRÜ jeglicher Androhung oder gar Anwendung von Gewalt enthalten. Entsprechen sie diesem Gebot nicht, kann der Transit dennoch nicht ausgesetzt werden. U-Boote können die Meerengen durchtauchen oder aufgetaucht passieren. Grundsätzlich obliegt jedoch nicht dem Küstenstaat die Beurteilung, was als „normaler" Modus, welcher für eine Transitpassage im Rahmen der Pflichten der Schiffe in Art. 39 Abs. 1 lit. c) SRÜ eingehalten werden muss, angesehen wird. Die Missbrauchsgefahr durch Küstenstaaten wäre ansonsten zu hoch.

Weitere Pflichten, die Schiffe einzuhalten haben, ergeben sich aus Art. 39 SRÜ. Hierzu zählen gemäß Art. 39 Abs. 2 lit. b) SRÜ auch die Beachtung der SOLAS- (einschließlich Protokoll) und MARPOL-Konventionen.

Art. 38 Abs. 3 SRÜ regelt fernerhin, dass jede Tätigkeit, die nicht von der Transitpassage erfasst wird, den anderen anwendbaren Bestimmungen dieses Übereinkommens unterliegt. Hierzu zählt auch die friedliche Durchfahrt durch das Küstenmeer. Bei einer Verletzung der tatbestandlichen Voraussetzungen (nicht der o.g. Begleitpflichten!) der Transitdurchfahrt finden somit – trotz anderslautender Auffassungen – die Regeln über die friedliche Durchfahrt Anwendung. Im Unterschied zu den Vorschriften im Küstenmeer kann jedoch eine solche Durchfahrt – auch nicht als Präventivmaßnahme – ausgesetzt werden (Art. 45 Abs. II SRÜ).

Die Rechte der Meerengenanliegerstaaten werden in Art. 41 und 42 SRÜ geregelt und beschränken sich auf die Festlegung von Schifffahrtswegen und Verkehrstrennungsgebieten (Art. 41) und den Erlass einiger Gesetze (Art. 42 lit. a) bis d)), beispielsweise für die Sicherheit der Schifffahrt (lit. a) oder die Verringerung und Verhütung der Meeresverschmutzung (lit. b). Dem Grunde nach steht einem Meerengenanliegerstaat bei einer Verletzung dieser Begleitpflichten nur ein Schadensersatzanspruch zu. Eine Ausnahme hierzu bildet ein Verstoß nach Art. 42 lit. a) oder b) SRÜ, welcher „geeignete Durchsetzungsmaßnahmen" der Meerengenanlieger gemäß Art. 233 Satz 2 SRÜ gestattet. Hierunter fallen jedoch weder der Arrest eines Schiffes noch Präventivmaßnahmen, welche zu einer Aussetzung der Transitdurchfahrt führen würden.

Nachdem das Seerechtsübereinkommen nun seit fast 30 Jahren besteht, ist zwischenzeitlich auch wegen der Ratifikation durch 161 Staaten und wegen eines mangelnden dauerhaften Protestes davon auszugehen, dass das Regime der Transitdurchfahrt zu Völkergewohnheitsrecht erstarkt ist.

D. Die Anschlusszone ("The Contiguous Zone")

I. Allgemeines

Das Institut der Anschlusszone gibt seit dem 18. Jahrhundert kontinuierlich Anlass zu Diskussionen, stark divergierenden Auffassungen und damit letztlich einhergehenden Problemen[726]. Trotz dieser erheblichen Widerstände und Probleme existiert die Anschlusszone mittlerweile seit über drei Jahrhunderten. Im Seerechtsübereinkommen ist die Anschlusszone in Teil II Abschnitt 4 und dort in Art. 33 SRÜ geregelt.

II. Historische Entwicklung der Anschlusszone

1. 18. – 19. Jahrhundert

In der Staatenpraxis haben sich bereits seit Beginn des 18. Jahrhunderts Instrumentarien herauskristallisiert, um in den an das Küstenmeer angrenzenden Meeresgebieten noch Einfluss auf fremde Schiffe zu haben.[727] Ursprünglich sicherten die Staaten in der Anschlusszone gegenüber fremden Schiffen ihre zoll- und steuerrechtlichen sowie gesundheitspolizeilichen Gesetze[728]. Der tatsächliche „rechtliche" Ursprung des Instituts der Anschlusszone liegt aber in der Zollgesetzgebung des Vereinigten Königreichs im 18. Jahrhundert[729]. Ab dem Jahre 1709 begann das Vereinigte Königreich mit dem Erlass der sog. "Hovering Acts", welche eine Reaktion auf die weit verbreitete Schmugglerpraxis waren[730]. Die Schmuggler hatten sich nämlich im Laufe der Zeit angewöhnt, die Schmuggelware von größeren Schiffen in kleinere, wendige Boote, die vor der Küste auf

---

726 So auch: Gloria, in: Ipsen, Völkerrecht, § 52 Rn. 34; vgl. zu allen Problemen und Diskussionen ausführlich: Vitzthum, in: Vitzthum, Handbuch des Seerechts, Kapitel 2 Rn. 183 ff.

727 Gloria, in: Ipsen, Völkerrecht, § 52 Rn. 34.

728 Gloria, in: Ipsen, Völkerrecht, § 52 Rn. 34.

729 Vitzthum, in: Vitzthum, Handbuch des Seerechts, Kapitel 2 Rn. 183; O'Connell, The International Law of the Sea, Vol. II, S. 1034 ff.; Churchill/Lowe, The Law of the Sea, S. 132.

730 Vitzthum, in: Vitzthum, Handbuch des Seerechts, Kapitel 2 Rn. 183; O'Connell, The International Law of the Sea, Vol. II, S. 1034 ff.; Churchill/Lowe, The Law of the Sea, S. 132. Zur Entstehungsgeschichte siehe auch: Marston, in: Bernhardt, EPIL, Vol. II (1995), S. 884 ff.

eine günstige Gelegenheit zum Anladen warteten ("hover"), umzuladen[731]. Das Vereinigte Königreich, das mit seinen "Hovering Acts" zunächst sehr fortschrittlich in Bezug auf die Rechte und Handlungsbefugnisse der Zollbehörden war[732], hob im Jahre 1876 seine "Hovering Acts" durch den "Customs Consolidation Act" wieder auf und erachtete fortan jede Ausübung von Hoheitsgewalt außerhalb der 3-sm-Zone des Küstemeeres als völkerrechtswidrig[733]. Ein Auslöser hierfür war der Fall der *„Petit Jules"*[734] im Jahre 1850, in welchem das Vereinigte Königreich zum letzten Mal die "Hovering Acts" durchsetzte[735]. Ab diesem Zeitpunkt beanspruchte das Vereinigte Königreich keine Anschlusszone mehr[736].

2. Das frühe 20. Jahrhundert

Das Institut de Droit International[737] förderte die Anschlusszone weiter und beeinflusste mit seiner Auffassung fortan auch andere Gesellschaften wie die American Society of International Law. Diese schlug im Jahre 1927 vor, ein Recht der Staaten zur Errichtung von Anschlusszonen anzuerkennen[738]. Auch hieran zeigt sich, dass in den 20er Jahren des 20. Jahrhunderts das Konzept der Anschlusszone weiter und vehementer vorangetrieben wurde. Die USA erließen 1922 (in Zeiten der Prohibition) sodann den "Tarriff Act", welcher im Zusammenspiel mit dem "Volstead Act" von 1919 alle fremden Schiffe innerhalb der ersten 12 Meilen seewärts der amerikanischen Küste den amerikanischen Prohibitionsgesetzen unterwarf[739].

---

[731] Vitzthum, in: Vitzthum, Handbuch des Seerechts, Kapitel 2 Rn. 183; Frommer, RBDI, Tome 16 (1981), S. 434 (440); Fitzmaurice, ICLQ, Vol. 8 (1959), S. 78 (109); Churchill/Lowe, The Law of the Sea, S. 133.

[732] So konnten Durchsuchungen und Beschlagnahmen stattfinden, abhängig jeweils von der Entfernung von der Küste, der Größe des Schiffes und einer Beteiligung britischer Staatsbürger. Siehe auch: Vitzthum, in: Vitzthum, Handbuch des Seerechts, Kapitel 2 Rn. 183; Frommer, RBDI, Tome 16 (1981), S. 434 (439 ff.).

[733] Wooldridge, in: Bernhardt, EPIL, Vol. I (1992), S. 779 (780 ff.); Vitzthum, in: Vitzthum, Handbuch des Seerechts, Kapitel 2 Rn. 183.

[734] Siehe hierzu: Lowe, BYIL, Vol. 52 (1982), S. 109 (111 ff.); Vitzthum, in: Vitzthum, Handbuch des Seerechts, Kapitel 2 Fn. 518.

[735] Churchill/Lowe, The Law of the Sea, S. 132.

[736] Fitzmaurice, ICLQ, Vol. 8 (1959), S. 78 (109).

[737] Während der Hamburger Sitzung des Institut de Droit International im Jahre 1891 förderte der französischen Rechtsanwalt Renault die Idee der Anschlusszone weiter, vermutlich inspiriert von dem großen russischen Jurist de Martens, vgl. Wooldridge, in: Bernhardt, EPIL, Vol. I (1992), S. 779 (780).

[738] Wooldridge, in: Bernhardt, EPIL, Vol. I (1992), S. 779 (780).

[739] Churchill/Lowe, The Law of the Sea, S. 134.

3. Haager Kodifikationskonferenz (1930)

In der Vorbereitungszeit zu der Haager Kodifikationskonferenz und auf dieser selbst im Jahre 1930 gab es sodann drei grundsätzliche Auffassungen für die mögliche Ausübung von Rechten in den Gebieten im Anschluss an die 3-sm-Zone des Küstenmeers[740]. Überzeugt durch die Ansicht und das Voranschreiten des Vereinigten Königreichs waren viele Staaten (Deutschland, Dänemark, die Niederlande, Schweden und Japan) fortan auch der Überzeugung, dass es nach der (damaligen) 3-sm-Zone des Küstenmeeres keine Hoheitsgewalt des Küstenstaats mehr gebe[741]. Ausnahmen seien nur im Falle eines gültigen Vertrages, konstruktiver Präsenz ("constructive presence") oder der Nacheile möglich[742]. Andere Staaten wiederum hatten abweichende Vorstellungen von der Rechtsordnung außerhalb des Küstenmeers. Einige beanspruchten bereits eine Anschlusszone, andere erhoben den Anspruch auf viele verschiedene Zonen[743]. Am Ende der Haager Konferenz kam jedoch weder über die Küstenmeerbreite noch über die Anschlusszone eine verbindliche Regelung zustande[744].

4. Die Jahre von 1930 bis 1958

In den Jahren von 1930 bis 1958 waren die Staaten weiterhin geteilter Meinung über das Bestehen und die Wirksamkeit von Anschlusszonen[745]. Die Anzahl der Staaten, die die Existenz einer Anschlusszone und damit auch die darin bestehenden Rechte ablehnten, schrumpfte. Das Vereinigte Königreich gehörte jedoch zu denjenigen Staaten, die sich weiterhin weigerten, Ansprüche anderer Staaten auf eine Anschlusszone zu akzeptieren[746]. Die Anzahl der Staaten, die jedoch einen Anspruch auf eine solche Anschlusszone erhoben, mehrten sich[747].

---

740 Churchill/Lowe, The Law of the Sea, S. 134.

741 Churchill/Lowe, The Law of the Sea, S. 134.

742 Churchill/Lowe, The Law of the Sea, S. 134.

743 Wooldridge, in: Bernhardt, EPIL, Vol. I (1992), S. 779 (780); Churchill/Lowe, The Law of the Sea, S. 134.

744 Conference for the Codification of International Law, Reports of the Second Committee, Annex III, AJIL, Vol. 24 (1930), Suppl., S. 253 (257), Annex IV, S. 257 (257); Wooldridge, in: Bernhardt, EPIL, Vol. I (1992), S. 779 (780); Vitzthum, in: Vitzthum, Handbuch des Seerechts, Kapitel 2 Rn. 184.

745 Hierzu: Churchill/Lowe, The Law of the Sea, S. 135.

746 Churchill/Lowe, The Law of the Sea, S. 135.

747 Wooldridge, in: Bernhardt, EPIL, Vol. I (1992), S. 779 (780).

5. *Die Genfer Konferenz (1958)*

Die Genfer Konferenz von 1958 wies die Anschlusszone in Art. 24 KMÜ im Ergebnis ausdrücklich als einen Teil der Hohen See aus[748]. Art. 24 KMÜ lautet:

> *„1. In einer an sein Küstenmeer angrenzenden Zone der Hohen See kann der Küstenstaat die erforderliche Kontrolle ausüben, um*
>
> *a. Verstöße gegen seine Zoll-, Finanz-, Gesundheits- und Einwanderungsvorschriften auf seinem Hoheitsgebiet oder in seinem Küstenmeer zu verhindern;*
>
> *b. Verstöße gegen diese Vorschriften, die auf seinem Hoheitsgebiet oder in seinem Küstenmeer begangen worden sind, zu ahnden.*
>
> *2. und 3. [...]"*

6. *Regelung im Seerechtsübereinkommen von 1982*

Auch der dem Art. 24 KMÜ im Jahre 1982 nachfolgende Art. 33 des Seerechtsübereinkommens ändert nichts an der Beschreibung der Anschlusszone. Art. 33 SRÜ lautet:

> *„(1) In einer an sein Küstenmeer angrenzenden Zone, die als Anschlußzone bezeichnet wird, kann der Küstenstaat die erforderliche Kontrolle ausüben, um*
>
> *a) Verstöße gegen seine Zoll- und sonstigen Finanzgesetze, Einreise- oder Gesundheitsgesetze und diesbezüglichen sonstigen Vorschriften in seinem Hoheitsgebiet oder seinem Küstenmeer zu verhindern;*
>
> *b) Verstöße gegen diese Gesetze und sonstigen Vorschriften, die in seinem Hoheitsgebiet oder in seinem Küstenmeer begangen worden sind, zu ahnden.*
>
> *(2) Die Anschlußzone darf sich nicht weiter als 24 Seemeilen über die Basislinien hinaus erstrecken, von denen aus die Breite des Küstenmeers gemessen wird."*

Die einzige relevante Änderung zu Art. 24 KMÜ liegt darin, dass die Grenze für die maximale Ausbreitung der Anschlusszone auf 24 sm festgelegt wurde[749].

---

748 Vitzthum, in: Vitzthum, Handbuch des Seerechts, Kapitel 2 Rn. 185.

749 Hierzu: Hasselmann, Die Freiheit der Handelsschiffahrt, S. 229.

Im Vorfeld der Verhandlungen zum Seerechtsübereinkommen wurde darüber nachgedacht, ob nach der Erweiterung des Küstenmeers auf 12 sm überhaupt noch eine Anschlusszone erforderlich sei[750]. Diese Überlegungen wurden jedoch letztlich verworfen.

III. Abgrenzung

Die Anschlusszone schliesst sich gemäß Art. 33 Abs. 1 SRÜ seewärts an das Küstenmeer an. Nach Art. 33 Abs. 2 SRÜ darf sich die Anschlusszone ferner nicht weiter als 24 Seemeilen über die Basislinien hinaus erstrecken, von denen auch die Breite des Küstenmeeres gemessen wird[751]. Beansprucht der jeweilige Staat ein schmaleres Küstenmeer, so ist die Anschlusszone – entsprechend bis hin zu den maximal zulässigen 24 sm – breiter[752]. Möchte ein Küstenstaat eine Anschlusszone in Anspruch nehmen, muss er diese ausdrücklich proklamieren[753].

IV. Rechtsstatus der Anschlusszone

Der Rechtsstatus der Anschlusszone ist umstritten. *Pazarci* geht davon aus, dass die Anschlusszone als Staatsgebiet zu betrachten ist[754]. Er verweist auf die neue Vorschrift des Seerechtsübereinkommens, Art. 303 Abs. 2, welcher die Anschlusszone für den Fall des Auffindens historischer und archäologischer Gegenstände als Staatsgebiet behandelt.[755] Gegen diese Auffassung spricht aber – wie *Vitzthum* zutreffend ausführt –, dass Art. 303 Abs. 2 SRÜ eine bloße Fiktion (eine sog. *fictio juris)* verkörpert, da er keine Kompetenzzuweisungen an den Küstenstaat enthält[756]. Art. 303 Abs. 2 SRÜ gestattet dem Küstenstaat nur, von etwas „auszugehen". Insofern kann Art. 303 Abs. 2 SRÜ nicht als Anhaltspunkt

---

750 Nordquist, United Nations Convention on the Law of the Sea 1982. A Commentary, Vol. II, S. 269 para. 33.4; Vitzthum, in: Vitzthum, Handbuch des Seerechts, Kapitel 2 Rn. 186.

751 Noch im Küstenmeerübereinkommen wurden dem Küstenstaat lediglich 12 sm gemessen von den Basislinien zugestanden, vgl. Art. 24 Abs. 2 KMÜ. Ansonsten sind Art. 24 KMÜ und Art. 33 SRÜ nahezu identisch.

752 Hobe, Völkerrecht, S. 482.

753 Hasselmann, Die Freiheit der Handelsschiffahrt, S. 230; Hobe, Völkerrecht, S. 482.

754 Pazarci, RBDI, Tome 18 (1984/5), S. 249 (264).

755 Pazarci, RBDI, Tome 18 (1984/5), S. 249 (264).

756 Ausführlich zu den verschiedenen Auffassungen: Pallas, Maritimer Kulturgüterschutz, S. 247 ff.; Vitzthum, in: Vitzthum, Handbuch des Seerechts, Kapitel 2 Rn. 200.

für die Frage nach dem Status der Anschlusszone dienen. Die überwiegende Meinung geht richtigerweise davon aus, dass die Anschlusszone im Gegensatz zum Küstenmeer nicht mehr der Gebietshoheit des Staates unterfällt, sondern vielmehr als funktional-begrenzte Kontrollzone zu qualifizieren ist.[757] Somit kommt der Anschlusszone kein eigener gebietsrechtlicher Status zu, was dazu führt, dass sich der Status der Anschlusszone nach dem Status desjenigen Gewässers richtet, in dem sie liegt[758]. Die meisten Staaten haben eine Ausschließliche Wirtschaftszone proklamiert, so dass diese sich noch vor der Hohen See an die Anschlusszone anschliesst oder sich mit dieser überlagert[759]. In der Regel richtet sich somit der Status der Anschlusszone nach dem der Ausschließlichen Wirtschaftszone[760]. Falls der jeweilige Küstenstaat die zulässige Maximalbreite nicht ausnutzt oder keine Ausschließliche Wirtschaftszone proklamiert hat, richtet sich der Status der Anschlusszone nach dem der Hohen See[761].

V. Rechte dritter Staaten in der Anschlusszone

Da sich – wie soeben festgehalten – der Status der Anschlusszone entweder nach dem der Ausschließlichen Wirtschaftszone oder dem der Hohen See richtet, besteht in der Anschlusszone für dritte Staaten regelmäßig die Freiheit der Schifffahrt in dem Maße, wie sie auch in der Ausschließlichen Wirtschaftszone bzw. auf Hoher See gilt[762].

---

757 Vitzthum, in: Vitzthum, Handbuch des Seerechts, Kapitel 2 Rn. 196; Nordquist, United Nations Convention on the Law of the Sea 1982. A Commentary, Vol. II, 273 para. 33.8 (b).

758 So wohl auch: Wengler, Völkerrecht, Bd. II, S. 1086, für das Küstenmeerübereinkommen von 1958 und einer jedoch daraus folgenden Zuordnung der Anschlusszone zur Hohen See. Früher war es umstritten, ob die Anschlusszone als ein Teil des Küstenmeers oder als ein Teil der Hohen See anzusehen ist. Im Küstenmeerübereinkommen von 1958 wurde sodann in Art. 24 festgelegt, dass die Anschlusszone dem Regime der Hohen See zugeordnet ist. Hierzu auch: Hasselmann, Die Freiheit der Handelsschiffahrt, S. 230/232.

759 Gloria, in: Ipsen, Völkerrecht, § 52 Rn. 34. Hierzu siehe ausführlich später im Kapitel über die Ausschließliche Wirtschaftszone.

760 Hasselmann, Die Freiheit der Handelsschiffahrt, S. 233; Shaw, International Law, S. 580; siehe auch: Jennings, Oppenheim's International Law, S. 626 (para. 205), der davon ausgeht, dass nur wegen der Übernahme des Konzepts der Anschlusszone die explizite Bezugnahme des Küstenmeerübereinkommens auf die Hohe See entfallen ist.

761 Siehe hierzu: Gloria, in: Ipsen, Völkerrecht, § 52 Rn. 34; Hasselmann, Die Freiheit der Handelsschiffahrt, S. 230.

762 Vgl. hierzu ausführlich die Kapitel über die Ausschließliche Wirtschaftszone und über die Hohe See.

VI. Befugnisse des Küstenstaates

1. Kontrollbefugnis

Die Anschlusszone ist eine *„Grenzkontrollzone“*[763], in welcher der Küstenstaat eingeschränkte *„Kontroll- und Durchsetzungsbefugnisse“*[764] hat[765]. An der dem Küstenstaat zustehenden Kontrollbefugnis wird deutlich, dass es in der Anschlusszone – anders als in der Ausschließlichen Wirtschaftszone – nicht um die Aneignung von Bodenschätzen, sondern um eine wirksame Grenzkontrolle geht[766]. Während früher durch das Institut der Anschlusszone der Schmuggel verhindert werden sollte, stehen heute die Bekämpfung des Drogenhandels[767] und der illegalen Einwanderung im Fokus[768].

a. Bereiche, die eine Kontrolle des Küstenstaates zulassen

Art. 33 Abs. 1 SRÜ normiert die Befugnisse des Küstenstaats in seiner Anschlusszone. Es werden vier Bereiche (eine Verletzung der Zoll-, Steuer-, Einwanderungs- und Gesundheitsgesetze im Küstenmeer oder auf dem Staatsgebiet) genannt, in denen eine Handlungbefugnis des Küstenstaates in der Anschlusszone in Betracht kommt. Diese Handlungsbefugnis besteht in der Ausübung von Kontrolle, um Verletzungen der Zoll-, Steuer-, Einwanderungs- und Gesundheitsgesetze zu verhindern (Art. 33 Abs. 1 lit. a) SRÜ) oder – wenn solche bereits geschehen sind – zu ahnden (Art. 33 Abs. 1 lit. b) SRÜ).

---

763 Vitzthum, in: Vitzthum, Handbuch des Seerechts, Kapitel 2 Rn. 181.

764 Vitzthum, in: Vitzthum, Handbuch des Seerechts, Kapitel 2 Rn. 181.

765 Es besteht auch die Möglichkeit einer gemeinsamen Kontrolle durch mehrere Staaten im Falle von überlappenden Anschlusszonen, vgl. hierzu: Nordquist, United Nations Convention on the Law of the Sea 1982. A Commentary, Vol. II, S. 273 para. 33.8 (b), welcher sich bezieht auf: Commonwealth Group of Experts, Ocean Management: A Regional Perspective-The Prospects for Commonwealth Maritime Co-operation in Asia and the Pacific 39 (1984); zu der Möglichkeit von überlappenden Anschlusszonen ausführlich: Vitzthum, in: Vitzthum, Handbuch des Seerechts, Kapitel 2 Rn. 194–196

766 Vitzthum, in: Vitzthum, Handbuch des Seerechts, Kapitel 2 Rn. 189; Nordquist, United Nations Convention on the Law of the Sea 1982. A Commentary, Vol. II, S. 269 para. 33.4.

767 Reports of the Secretary General 1992: UN DOC A/47/512, Nr. 21, zu finden unter: http://www.un.org/Depts/los/general_assembly/documents/a47_512.pdf; Vitzthum, in: Vitzthum, Handbuch des Seerechts, Kapitel 2 Rn. 189 Fn. 529.

768 Vitzthum, in: Vitzthum, Handbuch des Seerechts, Kapitel 2 Rn. 189.

b. Weitere Voraussetzungen für eine Kontrolle durch den Küstenstaat

Ist einer dieser Bereiche betroffen, regelt Art. 33 SRÜ weiterhin, unter welchen zusätzlichen Voraussetzungen der Küstenstaat überhaupt tätig werden darf. Hervorzuheben sind hier zwei weitere Kriterien im Rahmen des Art. 33 SRÜ: die *Erforderlichkeit*[769] und die *Betroffenheit des Staatsgebietes des Küstenstaates*[770]. Zum Staatsgebiet zählen neben dem Festland auch die inneren Gewässer und das Küstenmeer, so dass ein Verstoß auf diesen Gebieten, der bereits stattgefunden hat oder bevorsteht, von dem Kriterium der Betroffenheit des Staatsgebietes erfasst ist.

c. Gewohnheitsrechtliche Geltung

Was die küstenstaatliche Kontrollbefugnis bei einer Betroffenheit der vier in Art. 33 SRÜ aufgeführten Bereiche (Zoll- und sonstige Finanzgesetze, Einreise- und Gesundheitsgesetze) angeht, ist von einer *gewohnheitsrechtlichen Geltung* des Konzepts der Anschlusszone auszugehen[771]. *Wooldridge* bezeichnet die gewohnheitsrechtlichen Regelungen als möglicherweise weitergehend als die vertraglichen[772].

2. *Nacheile*

Der Küstenstaat kann gemäß Art. 111 Abs. 1 SRÜ auch noch in der Anschlusszone sein Recht auf Nacheile ausüben, wenn er guten Grund zu der Annahme hat, dass das Schiff gegen seine Gesetze und sonstigen Vorschriften verstoßen hat[773].

3. *Legislativkompetenz*

Eindeutig festgelegt ist durch Art. 33 SRÜ somit die Möglichkeit des Küstenstaates, solche Verstöße zu ahnden, die sich im Küstenmeer oder auf dem sons-

---

769 *Hasselmann* führt hinsichtlich der Erforderlichkeit aus, dass genaue Kriterien, wann diese zu bejahen ist, im Seerechtsübereinkommen nicht normiert sind und bemüht sich solche festzulegen, vgl. Hasselmann, Die Freiheit der Handelsschiffahrt, S. 237.

770 Hierzu auch: Vitzthum, in: Vitzthum, Handbuch des Seerechts, Kapitel 2 Rn. 188.

771 So wohl auch: Symonides, ODIL, Vol. 20 (1989), S. 203 (208); in Bezug auf Anschlusszonen zum Zwecke der Zollkontrolle bejahend: Brownlie, Principles of Public International Law, 4. Aufl., S. 202.

772 Woolridge, in: Bernhardt, EPIL, Vol. I (1992), S. 779; Churchill/Lowe, The Law of the Sea, S. 138.

773 Siehe zur Nacheile ausführlich die Ausführungen im Teil über die Hohe See.

tigen Staatsgebiet des Küstenstaates ereignet haben. Umstritten ist jedoch, ob einem Küstenstaat die Befugnis zusteht, auch solche Verstöße zu ahnden bzw. zu verhindern, die sich innerhalb seiner Anschlusszone ereignen. Dürfte ein Küstenstaat in der Anschlusszone Verstöße ahnden, die auch in der Anschlusszone selbst begangen wurden, würde dies eine Legislativkompetenz des Küstenstaates nahelegen[774]. Entscheidend ist daher, ob einem Küstenstaat in seiner Anschlusszone nur Kontrollbefugnisse für oben dargelegte Verstöße auf seinem Hoheitsgebiet zustehen oder ob er über weitergehende legislative Befugnisse – also Rechtsetzungsbefugnisse – verfügt[775].

a. Keine Legislativkompetenz des Küstenstaates

Einer Auffassung zufolge besteht in der Anschlusszone keine Legislativkompetenz des Küstenstaates[776].

Fitzmaurice hob hinsichtlich dieser Frage hervor, dass in der Anschlusszone reine polizeiliche Rechte und keine Legislativkompetenzen für den Küstenstaat bestünden[777] und dass (unter anderem) die Beschlagnahme eines Schiffes wegen des Verdachts eines Gesetzesverstoßes in der Anschlusszone nicht zulässig sei[778]. Auch ein Eskort des Schiffes in den Hafen sei bei einem Verdacht auf einen Gesetzesverstoß in der Anschlusszone nicht möglich. Vielmehr solle das Schiff für die nötigen Kontrollen in der Anschlusszone verbleiben und dort den entsprechenden Kontrollen unterzogen werden. Eine Ausnahme bestünde nur dann, wenn ein Notfall oder widrige Wetterbedingungen eine solche Kontrolle in der Anschlusszone vereiteln oder erschweren würden. *Fitzmaurice* selbst hielt seine Meinung zwar für restriktiv, aber auch für notwendig, um zu verhindern, dass die Küstenstaaten die Anschlusszone als Äquivalent zum Küstenmeer behandelten[779].

---

774 So auch: Hasselmann, Die Freiheit der Handelsschiffahrt, S. 239.

775 Zu diesem gesamten Komplex ausführlich: Hasselmann, Die Freiheit der Handelsschiffahrt, S. 233 ff.

776 Wooldridge, in: Bernhardt, EPIL, Vol. I (1992), S. 779 (781); Fitzmaurice, ICLQ, Vol. 8 (1959), S. 78 (113/114); Hasselmann, Die Freiheit der Handelsschiffahrt, S. 233 ff., Pallas, Maritimer Kulturgüterschutz, S. 240 ff.

777 Fitzmaurice, ICLQ, Vol. 8 (1959), S. 78 (113).

778 Fitzmaurice, ICLQ, Vol. 8 (1959), S. 78 (115).

779 Fitzmaurice, ICLQ, Vol. 8 (1959), S. 78 (115).

Churchill und Lowe leiteten aus Art. 27 Abs. 5 SRÜ ein weiteres Argument gegen eine küstenstaatliche Rechtsetzungskompetenz in der Anschlusszone ab[780]. Nach Art. 27 Abs. 5 SRÜ stehe dem Küstenstaat im Küstenmeer kein Recht auf Verhaftung oder Untersuchungen an Bord zu, wenn an Bord eines fremden Schiffes eine Straftat vor der Einfahrt in das Küstenmeer begangen wurde, das Schiff jedoch nicht beabsichtige in die inneren Gewässer des Küstenstaates einzulaufen, sondern das Küstenmeer lediglich durchfahren möchte[781]. *Churchill und Lowe* weisen nun darauf hin, dass im Falle des Bestehens einer Rechtsetzungskompetenz des Küstenstaates in der Anschlusszone ein Schiff bei einem Verstoß gegen ein dort erlassenes Gesetz im Küstenmeer sicherer wäre als auf Hoher See mit dem Recht des Küstenstaats zur Nacheile (weil diese immer nur in Richtung Hohe See erfolgen darf)[782]. Würde das Schiff das Küstenmeer nämlich nach einem Verstoß in der Anschlusszone lediglich durchfahren wollen, so hätte der Küstenstaat keine Handhabe gegen dieses Schiff, ihm wären kraft des eindeutigen – und nicht anders interpretierbaren – Wortlautes des Art. 27 Abs. 5 SRÜ die Hände gebunden. Es wäre den Schiffen bei Bestehen einer küstenstaatlichen Legislativkompetenz in der Anschlusszone somit anzuraten, sich in das jeweilige Küstenmeer zu „flüchten", um den Küstenstaat handlungsunfähig zu machen. Dieses Ergebnis könne nicht gewollt sein.

Für die Beantwortung der Frage, ob für den Küstenstaat in der Anschlusszone eine Legislativkompetenz zusteht, wird auch regelmäßig die Entstehungsgeschichte des Art. 24 KMÜ herangezogen. Wichtig in diesem Zusammenhang sind die Genfer Konferenz zum Küstenmeerübereinkommen und die entsprechenden Vorarbeiten der International Law Commission hierzu. Auch der Entwurf der ILC sah nämlich keine Legislativkompetenz des Küstenstaates vor[783],

---

780 Churchill/Lowe, The Law of the Sea, S. 137; Hasselmann, Die Freiheit der Handelsschiffahrt, S. 234.

781 Siehe hierzu die Ausführungen im Kapitel über das Küstenmeer.

782 Dieses würde nämlich dann wegen eines Gesetzesverstoßes bestehen, vgl. hierzu ausführlich: Churchill/Lowe, The Law of the Sea, S. 137; Hasselmann, Die Freiheit der Handelsschiffahrt, S. 234.

783 ILC Yearbook 1956 II, S. 294/295. Auch wenn dieser Entwurf letztlich nicht angenommen wurde und es auch mehrere Amendments gab, hat sich die Verankerung einer Legislativkompetenz nicht durchsetzen können. Es gab unter anderem ein polnisches Amendment, in welchem dem Küstenstaat in einzelnen Bereichen tatsächlich eine Legislativkompetenz in der Anschlusszone zugesprochen werden sollte. Allerdings wurde in der Schlussabstimmung der Konferenz dieses Amendment nicht angenommen. Vielmehr wurde ein Amendment der USA angenommen, welches – wie der ursprüngliche Entwurf der ILC – ebenfalls keine Legislativkompetenzen zu Gunsten des Küstenstaates enthielt,

was sodann auch im Küstenmeerübereinkommen durch den Wortlaut des Art. 24, der ausdrücklich von *„Verstöße[n] ... auf seinem Hoheitsgebiet oder in seinem Küstenmeer"* sprach, bestätigt wurde. Von Verstößen in der Anschlusszone selbst ist im Küstenmeerübereinkommen keine Rede. Da aber gerade dieses Thema bereits in den vorbereitenden Arbeiten der ILC berücksichtigt wurde, ist davon auszugehen, dass die Anschlusszone einbezogen worden wäre, wenn dies gewollt gewesen wäre[784].

b. Bestehende Legislativkompetenz des Küstenstaates

Anderer Auffassung zufolge besteht für den Küstenstaat in seiner Anschlusszone – zumindest für einige Bereiche – eine Legislativkompetenz. Vorreiter dieser Auffassung war *Oda,* welcher vertrat, dass der Küstenstaat auch bei Verstößen in der Anschlusszone zu einem Eingreifen befähigt sein sollte, auch wenn ihm dort nur einige wenige Eingriffsbefugnisse zustehen dürften, wie im Fall von völkergewohnheitsrechtlich anerkannten Angelegenheiten oder solchen der Gesundheit[785]. Obwohl er der Auffassung von *Fitzmaurice* zugestand, dass die auf der Genfer Konferenz festgelegte Fassung des Art. 24 KMÜ auch diese (*Fitzmaurices*) Interpretation zulasse[786], hob er jedoch unter Verweis auf die Entstehungsgeschichte hervor, dass der letztlich vereinbarte Wortlaut des Art. 24 KMÜ nicht die Meinung der Mehrheit der Staaten repräsentiere[787].

Wie schon von *Oda* angeführt, wird als Argument für eine Legislativkompetenz der Küstenstaaten oftmals vorgebracht, dass die Überlegungen zu den Vorbereitungen der Genfer Konferenz und auch die früheren Entwicklungen in der Staatenpraxis und Lehre anders ausgesehen hätten, als sie letztlich im Küstenmeerübereinkommen gefasst worden wären[788]. Als Hauptbeispiel hierfür wird regelmäßig das polnische Amendment zum ILC Entwurf für Art. 24 KMÜ angeführt, welches von einer großen Anzahl der Staaten unterstützt wurde.[789] In diesem polnischen Amendment wurde vorgeschlagen, die Formulierung des Art. 24

---

vgl. UN Doc. A/CONF.13/L.31, abgedruckt in: (First) UNCLOS, Official Records, Vol. II, S. 126; vgl. Hasselmann, Die Freiheit der Handelsschiffahrt, S. 236.

784 Vgl. Hasselmann, Die Freiheit der Handelsschiffahrt, S. 236.

785 Oda, ICLQ, Vol. 11 (1962), S. 131 (153): *"[...] in the contiguous zone, [...] the coastal state should be entitled to exercise, although only for some limited purposes of customs or sanitary control, its authority as exercisable in the territorial sea."*

786 Oda, ICLQ, Vol. 11 (1962), S. 131 (132).

787 Oda, ICLQ, Vol. 11 (1962), S. 131 (133).

788 Wooldridge, in: Bernhardt, EPIL, Vol. I (1992), S. 779 (781); Brownlie, Principles of Public International Law, 2. Aufl., S. 217.

789 Vgl. hierzu Hasselmann, Die Freiheit der Handelsschiffahrt, S. 235/236.

KMÜ *„auf seinem Hoheitsgebiet oder in seinem Küstenmeer“* vollständig zu streichen[790].

Die Befürworter einer Legislativkompetenz bekamen ferner Unterstützung durch die Entscheidung eines amerikanischen Gerichts, welches im Jahre 1974 im Fall “Taiyo Maru” Art. 24 KMÜ dergestalt auslegte, dass dieser nicht abschließend in der Auflistung der Befugnisse der Küstenstaaten sei, sondern lediglich eine beispielhafte Aufzählung darstelle[791]. Hieraus wurde dann auch vielfach eine Legislativkompetenz gefolgert[792].

In der Staatenpraxis ist zu beobachten, dass von einigen Staaten ausdrücklich der Anspruch auf eine Legislativkompetenz erhoben wird (beispielsweise von Vanuatu[793] und Madagaskar[794]). Ägypten[795] und wohl auch Saudi Arabien[796] sind weiterhin der Auffassung, dass die Beachtung der gesamten Schifffahrtsvorschriften, die im Küstenmeer gelten, auch in der Anschlusszone Geltung haben und dementsprechend auch von den Küstenstaaten durchgesetzt werden

---

790 Fitzmaurice, ICLQ, Vol. 8 (1959), S. 78 (114).

791 U.S. District Court, D. Me., June 17, 1975 im Fall United States v. F/V Taiyo Maru, AJIL, Vol. 70 (1976), S. 138 (139); Wooldridge, in: Bernhardt, EPIL, Vol. I (1992), S. 779 (782).

792 Siehe hierzu: Churchill/Lowe, The Law of the Sea, S. 139; Wooldridge, in: Bernhardt, EPIL, Vol. I (1992), S. 779 (782).

793 Part 4 Nr. 7 (2) des “The Maritime Zones Act No. 23 of 1981” von Vanuata, zu finden auf der Homepage der Vereinten Nationen: http://www.un.org/Depts/los/LEGISLATIONANDTREATIES/PDFFILES/VUT_1981_Act.pdf; Wooldridge, in: Bernhardt, EPIL, Vol. I (1992), S. 779 (782).

794 Art. 3 der “Ordinance No. 85–013 determining the limits of the maritime zones (territorial sea, continental shelf and exclusive economic zone) of the Democratic Republic of Madagascar, 16 September 1985 as amended and ratified by Law No. 85–013 of 11 December 1985”, zu finden auf der Homepage der Vereinten Nationen: http://www.un.org/Depts/los/LEGISLATIONANDTREATIES/PDFFILES/MDG_1985_Ordinance.pdf; Wooldridge, in: Bernhardt, EPIL, Vol. I (1992), S. 779 (782).

795 Art. 9 des “Decree concerning the Territorial Waters of the Arab Republic of Egypt of 15 January 1951, as amended by Presidential Decree of 17 February 1958” von Ägypten, zu finden auf der Homepage der Vereinten Nationen: http://www.un.org/Depts/los/ LEGISLATIONANDTREATIES/PDFFILES/EGY_1958_Decree.pdf; Hasselmann, Die Freiheit der Handelsschiffahrt, S. 241.

796 Art. 8 des “Royal Decree No. 33 of 16 February 1958” von Saudi Arabien (zu finden auf der Homepage der Vereinten Nationen: http://www.un.org/Depts/los/LEGISLATIONANDTREATIES/PDFFILES/SAU_1958_Decree.pdf), wobei die Formulierung hier entgegen der Annahme von *Hasselmann* (Die Freiheit der Handelsschiffahrt, S. 241) nicht eindeutig ist. Aus der Lektüre des Art. 8 ist nicht mit letzter Sicherheit herauszulesen, dass dem Küstenstaat mehr als nur eine – zulässige – Kontrollbefugnis in Bezug auf Verstöße im Küstenmeer zusteht.

können. Indien und Pakistan haben in ihren nationalen Gesetzen festgelegt, dass Gesetze in Bezug auf Sicherheits-, Einwanderungs-, Gesundheits-, Zoll- und Steuerangelegenheiten auf die Anschlusszone ausgedehnt werden können[797]. Sie regelten (mit kaum voneinander abweichendem Wortlaut): *"may ... extend ... any enactment ... to the contiguous zone"* und *"any enactment so extended shall have effect as if the contiguous zone is a part of the territory of India."* (bzw. Pakistan)[798].

Ein weiteres Beispiel im Rahmen der Staatenpraxis ist die Vorgehensweise Australiens im Jahre 2001 im Fall der "M/V Tampa". Australien befürchtete damals Verstöße gegen seine Einwanderungspolitik und begann, verdächtige Schiffe bereits bei Eintritt in die Anschlusszone abzufangen und sie bis zur Außengrenze der Anschlusszone zurück zu schleppen, um sie dort sich selbst zu überlassen[799]. *Vitzthum* hebt hervor, dass das Verhalten Australiens über eine reine „Kontrollmaßnahme" hinausgegangen sei, da das Verbringen des Schiffes an die Außengrenze der Anschlusszone nicht erforderlich gewesen sei. *Vitzthum* schließt daraus zu Recht, dass Australien von einer *„eigenen Qualität der Hoheitsmacht über die Anschlusszone ausgehe"*[800].

c. *Ergebnis*

Art. 33 SRÜ ist die Nachfolgevorschrift von Art. 24 KMÜ, bei der zunächst auffällt, dass an der Vorschrift des Art. 33 SRÜ nur solche Änderungen vorgenommen wurden, die in gar keinem Bezug zu einer etwaigen Legislativkompetenz stehen[801]. Hieraus wird deutlich, dass die Kernaussage des Art. 24 KMÜ hinsichtlich der den Küstenstaaten zustehenden Rechte nicht geändert werden sollte. Auch aus heutiger Sicht – und bei großflächiger Geltung des Seerechtsübereinkommens – ist der Wortlaut des Art. 33 Abs. 1 lit. b) SRÜ dahingehend auszulegen, dass nur die Ahndung oder Verhinderung solcher Verstöße möglich ist, die *im Hoheitsgebiet oder im Küstenmeer* eines Küstenstaates – und eben nicht in der Anschlusszone – stattgefunden haben.

---

797 Vgl. Hasselmann, Die Freiheit der Handelsschiffahrt, S. 239.

798 Zitiert nach: Hasselmann, Die Freiheit der Handelsschiffahrt, S. 239.

799 Hierzu ausführlich und die einzelnen – besonderen – Facetten des Falles genau beleuchtend: Vitzthum, in: Vitzthum, Handbuch des Seerechts, Kapitel 2 Rn. 190.

800 Vitzthum, in: Vitzthum, Handbuch des Seerechts, Kapitel 2 Rn. 190.

801 Auch *Symonides* weist darauf hin, dass die *Kontroll*rechte der Küstenstaaten dieselben geblieben sind: Symonides, ODIL, Vol. 20 (1989), S. 203 (207).

Hasselmann folgert aus dem Wortlaut des Art. 33 Abs. 1 lit. b) SRÜ daher zu Recht und völlig überzeugend, dass selbst bei Bestehen einer Legislativkompetenz Verstöße gegen Gesetze in der Anschlusszone nicht bestraft werden könnten[802]. Im Ergebnis wäre daher eine Rechtsetzungskompetenz der Küstenstaaten in der Anschlusszone nutzlos, weil die Küstenstaaten die insoweit erlassenen Gesetze nicht durchsetzen dürften. Der Wortlaut des Art. 33 Abs. 1 SRÜ gesteht dem Küstenstaat ferner auch nur zu, die „erforderliche Kontrolle" auszuüben, was ebenfalls keine Rechtsetzungsbefugnis einschließt[803]. Nach dem insoweit eindeutigen Wortlaut besteht somit keine Rechtsetzungskompetenz des Küstenstaates in der Anschlusszone.

Neben dem Wortlaut lässt auch die Entstehungsgeschichte der Norm keinen anderen Schluss zu. Das von den Befürwortern einer Legislativkompetenz immer wieder ins Feld geführte Argument der mangelnden Repräsentation der Staatenmehrheit bei der letztlichen Vereinbarung des Wortlauts des Art. 24 KMÜ ist allein deshalb nicht schlüssig, weil sich das polnische Amendment (das eine Legislativkompetenz nahe gelegt hätte) in letzter Konsequenz nicht durchsetzen konnte und ein Vorschlag der USA angenommen wurde, welcher ebenfalls keine Legislativkompetenz für den Küstenstaat enthielt[804].

Ein weiteres Indiz gegen eine Rechtsetzungsbefugnis ergibt sich auch aus dem neuen Art. 303 Abs. 2 SRÜ, welcher es den Küstenstaaten im Wege einer Fiktion[805] ermöglicht, die Wegnahme von archäologischen Gegenständen in der Anschlusszone als einen Verstoß – gleich eines solchen im Küstenmeer oder im Hoheitsgebiet – anzusehen[806]. In diesem speziellen Fall ist der Küstenstaat daher gemäß Art. 33 Abs. 1 SRÜ auch befugt, solch einen Verstoß zu verhindern oder zu ahnden. Wenn nun aber diese Fiktion die Ausnahme darstellt, so ist in der Konsequenz davon auszugehen, dass in den restlichen Fällen in der Anschlusszone nur Vollstreckungsmöglichkeiten für Verstöße im Küstenmeer oder im

---

802 Ausführlich: Hasselmann, Die Freiheit der Handelsschiffahrt, S. 233.

803 So auch: Hasselmann, Die Freiheit der Handelsschiffahrt, S. 234; Churchill/Lowe, The Law of the Sea, S. 137; wohl auch: Dahm/Delbrück/Wolfrum, Völkerrecht, Bd. I/1, § 77 II Nr. 2.

804 So auch: Pallas, Maritimer Kulturgüterschutz, S. 245.

805 Churchill/Lowe, The Law of the Sea, S. 137.

806 Art. 303 Abs. 2 SRÜ lautet: *„Um den Verkehr mit diesen Gegenständen zu kontrollieren, kann der Küstenstaat in Anwendung des Artikels 33 davon ausgehen, daß ihre ohne seine Einwilligung erfolgende Entfernung vom Meeresboden innerhalb der in jenem Artikel bezeichneten Zone zu einem Verstoß gegen die in jenem Artikel genannten Gesetze und sonstigen Vorschriften in seinem Hoheitsgebiet oder in seinem Küstenmeer führen würde."*

Hoheitsgebiet und gerade keine Vollstreckungsmöglichkeiten samt Rechtsetzungsbefugnissen in der Anschlusszone bestehen[807].

Als Ergebnis muss daher festgehalten werden, dass die Anschlusszone diejenige Zone ist, in der die schwindende küstenstaatliche Hoheitsmacht und die wachsende Freiheit der Schifffahrt am deutlichsten zum Vorschein kommt. Auch wenn sich die Küstenstaaten nachvollziehbarerweise größtmöglichen Einfluss und eine damit einhergehende Legislativkompetenz in der Anschlusszone wünschen, kann diesem Wunsch nicht entsprochen werden. Gegen eine Rechtsetzungsbefugnis der Küstenstaaten in der Anschlusszone sprechen gewichtige Gründe, vor allem der eindeutige Wortlaut des Art. 33 SRÜ und ferner keine Möglichkeit der Entkräftung dieses Wortlautarguments in der Gesamtbetrachtung der Vorschrift. Es muss nun also hingenommen werden, dass dem Küstenstaat in seiner Anschlusszone vielfach die Hände gebunden sein werden. Dies ist jedoch unter dem Gesichtspunkt hinnehmbar, dass die Anschlusszone kein Staatsgebiet ist und nur der wirksamen Grenzkontrolle dienen soll[808]. Dieses Ergebnis trägt der Notwendigkeit Rechnung, dass kein „zweites Küstenmeer" geschaffen und somit einer schleichenden Territorialisierung vorgebeugt werden soll. Im Übrigen dient die Anschlusszone als Zwischenzone zwischen dem Küstenmeer und der Ausschließlichen Wirtschaftszone/Hohen See. Notwendigerweise müssen die Befugnisse des Küstenstaats in der Anschlusszone daher geringer sein als im Küstenmeer und größer als in der Ausschließlichen Wirtschaftszone oder auf Hoher See.

4. Sicherheitsinteressen

Eine vergleichbare Problematik wie bei der Legislativkompetenz stellt sich bei der Frage nach der Geltendmachung von Sicherheitsinteressen eines Küstenstaates. Solche Sicherheitsinteressen sind weder vom Wortlaut des Art. 24 KMÜ noch von dem des Art. 33 SRÜ erfasst.

---

[807] So auch: Hasselmann, Die Freiheit der Handelsschiffahrt, S. 234; Wooldridge, in: Bernhardt, EPIL, Vol. I (1992), S. 779 (783).

[808] Vitzthum, in: Vitzthum, Handbuch des Seerechts, Kapitel 2 Rn. 189; Nordquist, United Nations Convention on the Law of the Sea 1982. A Commentary, Vol. II, 270 para 33.4; so auch: Hasselmann, Die Freiheit der Handelsschiffahrt, S. 233.

a. Staatenpraxis

aa. Entwicklung der Ansprüche auf Sicherheitszonen

Das Interesse vieler Staaten an der Bildung von Sicherheitszonen lässt sich früh erblicken. Als Hauptbeispiel dient die „Erklärung von Panama (1939)“[809]. In dieser versuchten die amerikanischen Staaten zu Beginn des Zweiten Weltkrieges ihre Neutralität zu bewahren und kriegerische Auseinandersetzungen möglichst weit von ihren Küsten entfernt zu halten. Hierzu bestimmten sie, dass innerhalb der festgelegten Gewässer (die eine Breite zwischen 50 und 350 sm aufwiesen) keinerlei feindselige Handlungen von Nationen, die nicht amerikanisch waren und sich am Krieg beteiligten, durchgeführt werden durften[810]. Die amerikanischen Staaten hielten diese Maßnahme für eine solche des kontinentalen Selbstschutzes[811].

bb. Heutige Praxis

Die heutige Tendenz einiger Staaten geht dahin, dass sie Sicherheitszonen einrichten und somit in der Anschlusszone weitergehende Rechte beanspruchen als von Art. 33 SRÜ vorgesehen. Nach Ansicht dieser Staaten (unter anderem Sudan, Ägypten, Jemen[812], Vietnam, Sri Lanka, Bangladesch, Indien[813], China, Haiti, Iran, Nicaragua, Venezuela, Vereinigte Arabische Emirate, Kambodscha, Saudi Arabien, das heutige Myanmar (ursprünglich Burma), Syrien und Pakistan[814])[815] dient die Anschlusszone auch dem Schutz ihrer nationalen Sicherheit (*“security”*). Venezuela formuliert seine Sicherheitsinteressen in der Anschlusszone wie folgt:

---

809 Abgedruckt in AJIL, Vol. 34 (1940), Supplement, S. 1 (17 ff.).

810 Verdross/Simma, Völkerrecht, § 1094; Dahm/Delbrück/Wolfrum, Völkerrecht, Bd. I/1, § 77 III.

811 Abgedruckt in AJIL, Vol. 34 (1940), Supplement, S. 1 (17).

812 Art. 12 des “Act No. 45” von 1977, zitiert bei: Roach/Smith, United States Responses to Excessive Maritime Claims, S. 168; UN Doc. St/Leg/Ser.B/19, 21 (24).

813 “The Territorial Waters, Continental Shelf, Exclusive Economic Zone and Other Maritime Zones Act” vom 28.05.1976, Nr. 5 Abs. 4, zu finden auf der Homepage der UN: http://www.un.org/Depts/los/LEGISLATIONANDTREATIES/PDFFILES/IND_1976_Act.pdf.

814 “Territorial Waters and Maritime Zones Act” vom 22.12.1976, Nr. 4 Abs. 2, zu finden auf der Homepage der UN: http://www.un.org/Depts/los/LEGISLATIONANDTREATIES/PDFFILES/PAK_1976_Act.pdf, UN Doc. St/Leg/Ser.B/19, 85 (87).

815 Roach/Smith, United States Responses to Excessive Maritime Claims, S. 172; Churchill/Lowe, The Law of the Sea, S. 463 ff. Appendix 1.

"For the purposes of maritime control and vigilance, to guard the security of the nation and to protect its interests ..."[816].

Bedeutsam für die Schifffahrt werden diese Ansprüche dann, wenn Staaten sich auf eine angebliche Betroffenheit ihrer Sicherheitsbelange berufen und Präventivmaßnahmen gegen das jeweilige Schiff ergreifen[817]. Vietnam verlangt beispielsweise von Kriegsschiffen, dass sie eine Erlaubnis einholen, bevor sie in die Anschlusszone Vietnams einlaufen[818].

cc. Proteste gegen diese Praxis

Die Gefahr des Einschreitens eines Küstenstaates gegen fremde Kriegs- oder Staatsschiffe ist größer als die Gefahr des Einschreitens gegen Handels- oder sonstige Schiffe. Aus diesem Grunde wird befürchtet, dass die Freiheit der Schifffahrt in einem Maße eingeschränkt zu werden droht[819], welches in der Anschlusszone laut Wortlaut geltender Verträge nicht zulässig ist oder gar geplant war. Die USA protestierten daher gegen die Praxis derjenigen Staaten, die ihre Anschlusszone auch für die Wahrung ihrer Sicherheitsbelange beanspruchen[820].

dd. Ergebnis

Im Ergebnis kann die Anschlusszone nicht als Sicherheitszone dienen[821] und auch die Einholung einer Erlaubnis vor dem Einlaufen in die Anschlusszone für Kriegsschiffe ist nicht erforderlich. Diese Ansprüche sind zu weitgehend und führen entgegen des Wortlauts des Art. 33 SRÜ zu einer unzulässigen und nicht

816 Art. 3 des "Territorial Waters, Continental Shelf, Conservation of Fisheries and Airspace Law" vom 02.07.1956, auch zitiert bei: Roach/Smith, United States Responses to Excessive Maritime Claims, S. 168; Hasselmann, Die Freiheit der Handelsschiffahrt, S. 240.

817 So auch: Hasselmann, Die Freiheit der Handelsschiffahrt, S. 240.

818 Vgl. Roach/Smith, United States Responses to Excessive Maritime Claims, S. 169.

819 So auch: Churchill/Lowe, The Law of the Sea, S. 138.

820 Churchill/Lowe, The Law of the Sea, S. 138; siehe zu dem Protest der USA gegen die 50 sm breite militärische Zone Koreas: LOSB, Vol. 15 (1990), S. 8/9.

821 So auch: Dahm/Delbrück/Wolfrum, Völkerrecht, Bd. I/1, § 77 III; Vitzthum, in: Vitzthum, Handbuch des Seerechts, Kapitel 2 Rn. 191; Brownlie, Principles of Public International Law, 2. Aufl., S. 213. Vgl hierzu auch einen Kommentar der ILC (ILC Yearbook 1956 II, S. 295: *"The Commission did not recognize special security rights in the contiguous zone. It considered that the extreme vagueness of the term 'security' would open the way for abuses and that the granting of such rights was not necessary. The enforcement of customs and sanitary regulations will be sufficient in most cases to safeguard the security of the State. In so far as measures of self-defence against an imminent and direct threat to the security of the State are concerned, the Commission refers to the general principles of international law and the Charter of the United Nations."*

hinnehmbaren Einschränkung der Schifffahrt. Art. 33 SRÜ gesteht dem Küstenstaat nur bei Betroffensein der oben dargestellten vier Bereiche eine Kontrollmöglichkeit zu. Sicherheitsinteressen sind hiervon jedoch nicht umfasst. Der Wortlaut des Art. 33 SRÜ ist insofern deutlich. Demnach sind Zwangsmaßnahmen gegen Schiffe oder Flugzeuge, die in „militärische Sonderzonen" eindringen, völkerrechtlich unzulässig[822]. Gegen Manöver von Drittstaaten in der Anschlusszone eines Küstenstaates gibt es somit ebenfalls keine Handhabe.[823]

Eine Eingriffbefugnis des Küstenstaates ist ausschließlich dann gegeben, wenn sich Sicherheitsinteressen mit einem der Gebiete überschneiden, welches gemäß Art. 33 Abs. 1 SRÜ dem Küstenstaat Eingriffbefugnisse verleiht[824].

VII. Heutige Situation und Proklamationen

1. Staaten ohne Anschlusszone

Zu den Staaten, die auf eine Anschlusszone verzichten, gehören neben Deutschland[825] und dem Vereinigten Königreich unter anderem noch Albanien, die Bahamas, Barbados, Belize, Benin, Bosnien-Herzigowina, Brunei, Kamerun, Kolumbien, die Komoren und der Kongo. Fast jeder dritte Küstenstaat verzichtet damit auf eine Anschlusszone.[826]

2. Anschlusszonen innerhalb der Grenzen des Art. 33 SRÜ

Viele Staaten haben sich jedoch entschlossen, Anschlusszonen zu beanspruchen. Im Jahre 1997 hatten insgesamt „nur" 51 Staaten eine 24 sm Anschlusszone beansprucht. Dass die Tendenz weiterhin steigend ist, wird daraus deutlich, dass im Jahre 2007 bereits mehr als 80 Staaten den Anspruch auf eine Anschlusszone

---

822 Gloria, in: Ipsen, Völkerrecht, § 52 Rn. 37; Dahm/Delbrück/Wolfrum, Völkerrecht, Bd. I/1, § 77 III, Verdross/Simma, Völkerrecht, § 1095.

823 Siehe hierzu: "Annotated Supplement to the Commander's Handbook on the Law of Naval Operations", S. 1 ff. (para.1.5.4), zu finden auf der Homepage des Defense Institute of International Legal Studies: http://www.diils.org/file/8/view; so wohl auch: Brownlie, Principles of Public International Law, 4. Aufl., S. 204; Vitzthum, in: Vitzthum, Handbuch des Seerechts, Kapitel 2 Rn. 191.

824 Vitzthum, in: Vitzthum, Handbuch des Seerechts, Kapitel 2 Rn. 191.

825 Beckert/Breuer, Öffentliches Seerecht, Rn. 307.

826 Vitzthum, Völkerrecht, Rn. 50, Fn. 149.

erhoben hatten[827]. Von diesen Staaten beanspruchen einige Staaten Anschlusszonen, die sich an die engen Grenzen, die Art. 24 KMÜ/Art. 33 SRÜ vorschreibt, halten. Hierzu gehören Portugal[828], Brasilien[829] und das ehemalige Jugoslawien[830], die sogar den Inhalt bzw. den exakten Wortlaut des damaligen Art. 24 KMÜ übernommen haben. Ansprüche anderer Staaten, etwa Dänemark[831], sind mit Art. 24 KMÜ/Art. 33 SRÜ vereinbar und widersprechen diesem nicht. Nach Inkrafttreten des Seerechtsübereinkommens behielten einige Staaten ihre nationalen Gesetze, die sie nach Inkrafttreten des Küstenmeerabkommens erlassen hatten, bei. Andere Staaten, wie Malta, dehnten ihre Ansprüche nun auf die zulässige 24-sm-Zone aus[832].

3. Anschlusszonen mit weitergehenden Ansprüchen

Derzeit gibt es keine Ansprüche mehr von Staaten, welche – rein räumlich – über die zulässigen 24 sm hinausgehen[833]. Wie oben im Rahmen der Sicherheitsinteressen jedoch ausgeführt, beanspruchen manche Staaten eine Ausweitung

---

827 Vgl. hierzu: LOSB, Vol. 63 (2007), S. 81 ff.: *14 sm:* Finnland; *15 sm:* Venezuela; *18 sm:* Bangladesch, Gambia, Saudi Arabien, Sudan; *24 sm:* Algerien, Angola, Antigua and Barbuda, Argentinien, Australien, Belgien, Brasilien, Bulgarien, Kambodscha, Kanada, Cap Verde, Chile, Volksrepublik China, Kuba, Zypern, Dänemark, Djibouti, Dominica, Dominikanische Republik, Ägypten, Frankreich, Gabun, Ghana, Haiti, Honduras, Indien, Iran, Jamaica, Japan, Madagaskar, Malediven, Malta, Marshall Islands, Mauritanien, Mexiko, Marokko, Mosambik, Myanmar, Namibia, Nauru, Neuseeland, Nicaragua, Norwegen, Oman, Pakistan, Panama, Portugal, Qatar, Korea, Rumänien, Russland, St. Kitts und Nevis, St. Lucia, Saint Vincent und die Grenadinen, Samoa, Senegal, Seychellen, Sierra Leone, Südafrika, Spanien, Sri Lanka, Thailand, Osttimor (Timor-Leste), Trinidad und Tobago, Tunesien, Tuvalu, Vereinigte Arabische Emirate, USA, Uruguay, Vanuatu, Vietnam, Jemen; *50 sm:* Volksrepublik Korea.

828 Law No. 2130 vom 26.08.1966, Base 3, zu finden unter: http://www.state.gov/documents/organization/61560.pdf.

829 Decree Law vom 18.11.1966, Art. 2, abgedruckt in: RGDIP, Tome 71 (1967), S. 300.

830 Law of May 22, 1965, Art. 19, abgedruckt in: Lay/Churchill/Nordquist, New Directions in Law of the Sea, Vol. I, S. 35 (37).

831 Customs Act von 1959 (UN Doc. St/Leg/Ser.B/15, 220 ff.) und Customs Act von 1972 (UN Doc. St/Leg/Ser.B/18, 47 ff.).

832 Wooldridge, in: Bernhardt, EPIL, Vol. I (1992), S. 779 (782).

833 Im Jahre 1997 beanspruchte beispielsweise Syrien noch eine Anschlusszone von 41 sm, vgl.: LOSB, Vol. 34 (1997), S. 47 ff.; Gloria, in: Ipsen, Völkerrecht, § 52 Rn. 35. Allerdings hat auch Syrien mittlerweile seinen Anspruch auf 24 sm beschränkt, vgl. LOSB, Vol. 63 (2007), S. 91. Korea beanspruchte kraft des “Army Command Announcement” vom 01.08.1977 eine 50-sm-Militärzone. Siehe hierzu und zu den darauffolgenden Protesten der USA: Roach/Smith, United States Responses to Excessive Maritime Claims, S. 171.

ihrer Rechte, indem sie weitere Sicherungsmittel und -möglichkeiten einführen, um ihre Interessen zu schützen.

VIII. Wahrnehmung fremder Rechte

1. Allgemeines

Wie oben bereits ausgeführt, ist eine Eingriffsbefugnis des Küstenstaats verbunden mit

- einem Handeln des Schiffes im Staatsgebiet des jeweiligen Küstenstaats und
- einer damit einhergehenden Verletzung des küstenstaatlichen Rechts.

Denkbar könnte es nun auch sein, dass ein Küstenstaat mit einem anderen Staat einen Vertrag schließt, in dem festgelegt wird, dass der Küstenstaat in seiner Anschlusszone gegen ein Schiff vorgeht, um innerhalb der vorgesehenen Kontrollbereiche auch solche Verstöße zu ahnden, die gegen das Recht des Vertragspartners verstoßen. Diese Möglichkeit wird durch den ausdrücklichen Wortlaut des Art. 33 SRÜ *„Verstößen gegen seine [...] [G]esetze"* ausgeschlossen. Sofern also nicht ein Verstoß gegen das eigene Recht des Küstenstaats vorliegt, ist ein Hilfeersuchen eines anderen Staates nicht ausreichend[834].

2. Besonderheit der „EU-Anschlusszone"

Für Deutschland als Mitgliedstaat der Europäischen Union ist jedoch eine Ausnahme zu diesem Grundsatz als spezielle Konstellation von Interesse: Es handelt sich hier um die durchgehende Zollkontrolle in der sog. „EU-Anschlusszone"[835]. Der Umsetzung dieser durchgehenden Zollkontrolle liegt jedoch eine andere Gestaltung – als oben unter 1. beschrieben – zu Grunde, welche dieses Konstrukt erst ermöglicht. Die EU-Mitgliedstaaten sind jeweils einzeln Vertragsparteien des Seerechtsübereinkommens. Jeder Mitgliedstaat hat aber seine Kompetenzen bezüglich der Kontrollbereiche des Art. 33 SRÜ auf die EU als Internationale Organisation übertragen[836]. Die EU ist dann ihrerseits dem Seerechtsübereinkommen beigetreten (vgl. Art. 305 Abs. 1 lit. f) SRÜ i.V.m. Art. 4 Abs. 3 Anlage IX SRÜ)[837]. Die Verordnung zur Festlegung des Zollkodex der Gemein-

[834] So auch: Vitzthum, in: Vitzthum, Handbuch des Seerechts, Kapitel 2 Rn. 192.
[835] Hierzu ausführlich: Vitzthum, in: Vitzthum, Handbuch des Seerechts, Kapitel 2 Rn. 192.
[836] Vitzthum, in: Vitzthum, Handbuch des Seerechts, Kapitel 2 Rn. 192.
[837] Vitzthum, in: Vitzthum, Handbuch des Seerechts, Kapitel 2 Rn. 192.

schaften[838] der Europäischen Gemeinschaft Nr. 2913/92 vom 12. Oktober 1992 legt in ihrem Art. 3 Abs. 3 fest, dass zum Zollgebiet der Gemeinschaft *„die Küstenmeere, die innerhalb der Küstenlinie gelegenen Meeresgewässer und der Luftraum der Mitgliedstaaten und der in Abs. 2 genannten Gebiete, mit Ausnahme der Küstenmeere, der innerhalb der Küstenlinie gelegenen Meeresgewässer und des Luftraums, die zu Gebieten gehören, die nicht Teil des Zollgebiets der Gemeinschaft gemäß Abs. 1 sind"*, gehören[839]. Durch dieses Konstrukt sind die Verstöße gegen den Zollkodex der Europäischen Gemeinschaften im Küstenmeer (als Hoheitsgebiet) eines Mitgliedstaates der EU als ein Verstoß gegen „ihr (EU)" Recht zu werten und somit auch in den Anschlusszonen anderer Mitgliedsländer der EU zu ahnden.

IX. Fazit

Die Frage der küstenstaatlichen Rechte in einer auf das Küstenmeer (unabhängig von seiner Breite) folgenden Zone hat die Menschen seit Beginn des 19. Jahrhunderts vermehrt beschäftigt. In früheren Zeiten war Beweggrund hierfür die Unterbindung des Schmuggels, heutzutage sind Probleme des Drogenhandels maßgeblich.

Die Anschlusszone wird in Art. 33 SRÜ geregelt und darf sich maximal 24 sm von den Basislinien erstrecken. Möchte ein Küstenstaat eine Anschlusszone nutzen, so muss er diese ausdrücklich proklamieren. Die Anschlusszone ist die Zone, in der der schwindende küstenstaatliche Einflussbereich in Richtung Hohe See am deutlichsten wird. Aus diesem Grunde kommt es immer wieder zu Konflikten, weil sich einige Küstenstaaten größtmögliche Macht und daraus resultierende Eingriffsbefugnisse gegen fremde Schiffe anmaßen. Auch wenn dieses Interesse einerseits nachvollziehbar ist, so kann es jedoch in der Gesamtschau und Abwägung mit den Interessen der Schifffahrt an ihrer Bewegungsfreiheit keinen Bestand haben. Im Laufe der letzten Jahrzehnte hat die Schifffahrt sich immer weiteren Restriktionen unterwerfen müssen, was aus einer Vergrößerung derjenigen Gebiete folgt, die unter küstenstaatlichem Einfluss stehen (unter anderem die Verbreiterung des Küstenmeers auf 12 sm). Auch die Verbreiterung der Anschlusszone durch das Seerechtsübereinkommen hat zu einer Ausweitung von Kontrollrechten für den Küstenstaat geführt. Dieser kann innerhalb der maximal zulässigen 24 sm nun durch Kontrollen einen Gesetzesverstoß auf seinem

---

838 Amtsblatt der Europäischen Union 1992, Nr. L 302, S. 1–50.

839 Vitzthum, in: Vitzthum, Handbuch des Seerechts, Kapitel 2 Rn. 192.

Staatsgebiet (daher auch in seinen inneren Gewässern oder seinem Küstenmeer) in den Bereichen Zoll- und sonstige Finanzgesetze, Einreise- oder Gesundheitsgesetze und die diesbezüglichen sonstigen Vorschriften durch Schiffe verhindern oder ahnden.

Der Küstenstaat ist aber auch auf diese Kontrollrechte beschränkt. Weitergehende Rechte stehen ihm nicht zu. Vielfach berühmen sich Küstenstaaten einer Legislativkompetenz, da sie auch in der Anschlusszone Gesetze erlassen, durchsetzen und somit ihren Einflussbereich über fremde Schiffe vergrößern möchten. Eine solche Legislativkompetenz ergibt sich jedoch weder aus dem Wortlaut des Art. 33 SRÜ, welcher nur von „Kontrolle" spricht, noch aus der Entstehungsgeschichte der Anschlusszone. Entscheidendes Argument gegen eine Legislativkompetenz in der Anschlusszone ist, dass einer Territorialisierung und somit der Bildung eines zweiten Küstenmeers im Interesse der Schifffahrt vorgebeugt werden muss.

Auch dem Wunsch etlicher Küstenstaaten, in ihrer Anschlusszone Sicherheitszonen zu errichten, kann nicht entsprochen werden. Auch diese Möglichkeit sehen weder das Seerechtsübereinkommen noch die Entstehungsgeschichte vor.

In nationaler Hinsicht ist darauf zu verweisen, dass Deutschland keine Anschlusszone proklamiert hat und somit auch die damit verbundenen Rechte nicht nutzt.

Grundsätzlich kann ein Küstenstaat nur Verstöße gegen eigene Gesetze oder Vorschriften verhindern oder ahnden, er kann nicht einem anderen Küstenstaat auf dessen Bitte hin Hilfe leisten. Eine Ausnahme von diesem Grundsatz besteht für die Mitgliedstaaten der EU, somit auch für Deutschland. In der EU existiert ein gemeinsamer Zollkodex, der den Mitgliedstaaten die Möglichkeit gibt, einen Verstoß im Küstenmeer eines Mitgliedstaates der EU als einen Verstoß gegen „ihr" (EU)-Recht zu werten. Somit kann dieser Verstoß dann auch in den Anschlusszonen anderer Mitgliedstaaten der EU geahndet werden. Für Deutschland ist dies insofern relevant, als ein Verstoß gegen deutsche Gesetze im deutschen Staatsgebiet bei Einschlägigkeit des Bereiches „Zoll" (Art. 33 SRÜ) sodann auch in den Anschlusszonen anderer EU Mitgliedstaaten geahndet werden kann.

E. Die Archipelgewässer ("The Archipelagos")

Die Archipelgewässer sollen hier nur in aller Kürze und in den wesentlichen Punkten angesprochen werden, da sich ihre Bedeutung für die internationale Schifffahrt in Grenzen hält[840]. Auf bestehende Überflugrechte wird nicht eingegangen.

I. Allgemeines

Das Wort „Archipelago" kommt wohl aus dem Griechischen „Aegeon Pelagos", der Bezeichnung für die Ägäis[841]. Das Regime der Archipelgewässer wurde durch das Seerechtsübereinkommen neu begründet[842]. Die Regelungen über die Archipelstaaten finden sich in Teil IV des Seerechtsübereinkommens und dort in den Art. 46–54.

II. Abgrenzung

Art. 46 SRÜ definiert zunächst einen Archipelstaat und ein Archipel. Hiernach *„bedeutet ‚Archipelstaat' einen Staat, der vollständig aus einem oder mehreren Archipelen und gegebenenfalls anderen Inseln besteht"* (Art. 46 lit. a) SRÜ). Ein Archipel ist gemäß Art. 46 lit. b) SRÜ *„eine Gruppe von Inseln einschließlich Teilen von Inseln, dazwischenliegende Gewässer und andere natürliche Gebilde, die so eng miteinander in Beziehung stehen, daß diese Inseln, Gewässer und anderen natürlichen Gebilde eine wirkliche geographische, wirtschaftliche und politische Einheit bilden, oder die von alters her als solche angesehen worden sind."* Als Beispiel für solche Archipelstaaten können die Philippinen, die Fiji-Inseln und die Seychellen dienen[843].

---

840 Zu den Archipelgewässern ausführlich: Vitzthum, in: Vitzthum, Handbuch des Seerechts, Kapitel 2 Rn. 133 ff; Hasselmann, Die Freiheit der Handelsschiffahrt, S. 365 ff.

841 Andrew, Marine Policy, Vol. 2 (1978), S. 46 (47).

842 Churchill/Lowe, The Law of the Sea, S. 120; vgl. zu der Entwicklung des Regimes der Archipelgewässer: O'Connell, The International Law of the Sea, Vol. I, S. 237 ff.; Amerasinghe, ICLQ, Vol. 23 (1974), S. 539 ff.; Vitzthum, in: Vitzthum, Handbuch des Seerechts, Kapitel 2 Rn. 133 ff.; Andrew, Marine Policy, Vol. 2 (1978), S. 46 (46 ff.).

843 Eine vollständige Aufzählung aller derzeitigen Archipelstaaten findet sich bei: Brownlie, Principles of Public International Law, 4. Aufl., S. 193 Fn. 75.

Art. 47 SRÜ regelt sodann, dass die Ziehung gerader Archipelbasislinien zulässig ist und legt die Voraussetzungen hierfür fest[844].

III. Gewohnheitsrechtliche Geltung

Es ist davon auszugehen, dass Teil IV des Seerechtsübereinkommens und somit die Regelungen über Archipelstaaten als geltendes Völkergewohnheitsrecht anerkannt sind[845]. Dies folgt einerseits daraus, dass es gegen die bisherigen Inanspruchnahmen von Staaten auf Archipelgewässer keine Proteste der Staatengemeinschaft gegeben hat und andererseits das Regime der Archipelgewässer auch in anderen Verträgen anerkannt wurde[846].

IV. Rechtsstatus der Archipelgewässer

Nach Art. 49 SRÜ[847] unterliegen die Archipelgewässer der vollen Souveranität des Archipelstaates[848]. Dies führt dazu, dass auch hinsichtlich der Jurisdiktion und der sich daraus ergebenden Einschränkungen für die Schifffahrt dieselben Ausführungen gelten wie im Küstenmeer[849].

---

844 Siehe hierzu die Ausführungen bei: Churchill/Lowe, The Law of the Sea, S. 123–125 und ebenfalls ausführlich: Vitzthum, in: Vitzthum, Handbuch des Seerechts, Kapitel 2 Rn. 143 ff.

845 U.S. Digest, Chapter 7, §§ 2, 6 abgedruckt in: AJIL, Vol. 83 (1989), S. 559; Vitzthum, in: Vitzthum, Handbuch des Seerechts, Kapitel 2 Rn. 157. Auch die USA sind der Auffassung, dass das Regime der Archipelgewässer völkergewohnheitsrechtlich anerkannt ist. Vgl. hierzu: Kwiatkowska, IJECL, Vol. 6 (1991), S. 1 (28/29). *Gloria* hingegen ist der Auffassung, dass die expliziten Regelungen des Teils IV des Seerechtsübereinkommens nicht in ihrer Gesamtheit Völkergewohnheitsrecht darstellen, vgl. Gloria, in: Ipsen, Völkerrecht, § 52 Rn. 33.

846 Siehe hierzu ausführlich: Churchill/Lowe, The Law of the Sea, S. 129/130.

847 Art. 49 Abs. 1 SRÜ lautet: *„Die Souveranität eines Archipelstaats erstreckt sich auf die Gewässer, die von den in Übereinstimmung mit Art. 47 gezogenen Archipelbasislinien umschlossen sind; sie werden unabhängig von ihrer Tiefe oder ihrer Entfernung von der Küste als Archipelgewässer bezeichnet."*

848 Hierzu und zu verschiedenen Feinheiten: Vitzthum, in: Vitzthum, Handbuch des Seerechts, Kapitel 2 Rn. 148 ff.

849 Vgl. hierzu die entsprechenden Ausführungen der Verfasserin im Teil über das Küstenmeer.

V. Rechte dritter Staaten in den Archipelgewässern

Für dritte Staaten existieren als Durchfahrtsrechte durch die Archipelgewässer einerseits das Recht der friedlichen Durchfahrt (Art. 52 SRÜ) und andererseits das Recht der Durchfahrt auf Archipelschifffahrtswegen (Art. 53 SRÜ).

1. Friedliche Durchfahrt

a. Allgemeines

Das Recht der friedlichen Durchfahrt ist in Art. 52 SRÜ normiert. Dieses gewährt Schiffen kraft der Formulierung *„[...] wie es in Teil II Abschnitt 3 geregelt ist"* die gleichen Rechte und Beschränkungen wie bei der friedlichen Durchfahrt durch das Küstenmeer. Aus diesem Grunde kann an dieser Stelle vollumfänglich auf die entsprechenden Ausführungen verwiesen werden, die im Rahmen der Behandlung der friedlichen Durchfahrt durch das Küstenmeer gemacht wurden[850].

b. Einschränkungen

Nach Art. 52 Abs. 2 SRÜ besteht für den Archipelstaat die Möglichkeit das Recht der friedlichen Durchfahrt in bestimmten Gebieten seiner Archipelgewässer vorübergehend auszusetzen, *„sofern dies für den Schutz seiner Sicherheit unerläßlich ist."* Diese Aussetzung muss diskriminierungsfrei geschehen und wird erst nach ordnungsgemäßer Bekanntmachung wirksam. Art. 52 Abs. 1 SRÜ legt weiterhin fest, dass das Recht der friedlichen Durchfahrt nur unbeschadet des Art. 50 SRÜ besteht. Art. 50 SRÜ regelt die Abgrenzung zu den inneren Gewässern eines Archipelstaates[851], in welchen selbstverständlich kein Recht der friedlichen Durchfahrt bestehen soll[852]. Als weitere Einschränkung des Rechts der friedlichen Durchfahrt ist gemäß Art. 52 Abs. 1 SRÜ das nachstehend näher erörterte Recht der Durchfahrt auf Archipelschifffahrtswegen anzusehen.

---

850 Vgl. hierzu die entsprechenden Ausführungen der Verfasserin auf S. 57 ff.

851 Art. 50 SRÜ lautet: *„Innerhalb seiner Archipelgewässer kann der Archipelstaat in Übereinstimmung mit den Artikeln 9, 10 und 11 Abschlußlinien zur Abgrenzung der inneren Gewässer ziehen."*

852 Goldie, in: Bernhardt, EPIL, Vol. I (1992), S. 239 (242); Vitzthum, in: Vitzthum, Handbuch des Seerechts, Kapitel 2 Rn. 150.

2. *Durchfahrtsrecht auf Archipelschifffahrtswegen*

a. *Allgemeines*

Art. 52 Abs. 1 SRÜ regelt ferner, dass das Recht der friedlichen Durchfahrt unter dem Vorbehalt des Art. 53 SRÜ, dem Recht auf Durchfahrt auf Archipelschifffahrtswegen, steht. Art. 53 SRÜ erlaubt den Archipelstaaten Archipelschifffahrtswege festzulegen, welche für eine *„ununterbrochene und zügige Durchfahrt"* durch die Archipel- und Küstengewässer eines Archipelstaates Sorge tragen sollen. Dieses bestehende Durchfahrtsrecht stimmt – zumindest was die Schifffahrt anbelangt – mit dem Transitrecht, welches Schiffen in Meerengen zusteht, weitgehend überein[853]. Möchte ein Archipelstaat von der Möglichkeit der Festlegung solcher Archipelschifffahrtswege Gebrauch machen, kann er diese gemeinsam mit der IMO festlegen[854]. Genaue Anhaltspunkte, wie die Festlegung dieser Archipelschifffahrtswege zu erfolgen hat, werden in den Absätzen 4 bis 10 des Art. 53 SRÜ normiert.

Hat der Archipelstaat sich dazu entschlossen, Archipelschifffahrtswege festzulegen, steht den Schiffen gemäß Art. 53 Abs. 2 SRÜ sodann ein Durchfahrtsrecht auf diesen Archipelschifffahrtswegen zu. Art. 53 Abs. 3 SRÜ konkretisiert dieses Durchfahrtsrecht: *„die in Übereinstimmung mit diesem Übereinkommen erfolgende Ausübung des Rechts auf Schiffahrt und Überflug in normaler Weise lediglich zum Zweck des ununterbrochenen, zügigen und unbehinderten Transits zwischen einem Teil der Hohen See oder einer ausschließlichen Wirtschaftszone und einem anderen Teil der Hohen See oder einer ausschließlichen Wirtschaftszone."* Folge dieser Regelung ist ferner, dass das Durchfahrtsrecht auf den Archipelschifffahrtswegen nicht ausgesetzt werden kann[855].

---

853 Dieser Auffassung sind auch: Churchill/Lowe, The Law of the Sea, S. 127; Goldie, in: Bernhardt, EPIL, Vol. I (1992), S. 239 (242); Rajan, GYIL, Vol. 29 (1986), S. 137 (148); Vitzthum, in: Vitzthum, Handbuch des Seerechts, Kapitel 2 Rn. 152. Vgl. daher die entsprechenden Ausführungen der Verfasserin im Kapitel über die Meerengen, S. 113 ff.; Überflugrechte, welche sich von denen in Meerengen unterscheiden, werden hier nicht thematisiert.

854 Die IMO erklärte sich im Jahre 1997 mit dem Prozess zur Festlegung von Archipelschifffahrtswegen einverstanden. Vgl. hierzu die IMO Assembly Resolution A.858 (20). Im Mai 1998 wurden seitens des Maritime Safety Committee der IMO generelle Vorschriften festgelegt, welche sich mit der "Adoption, Designation and Substitution" von Archipelschifffahrtswegen befassen. Zitiert nach: Churchill/Lowe, The Law of the Sea, S. 127 Fn. 31; hierzu auch: Vitzthum, in: Vitzthum, Handbuch des Seerechts, Kapitel 2 Rn. 151; Vitzthum, Völkerrecht, S. 422/425.

855 So auch: Brown, The International Law of the Sea, Vol. I, S. 120; Andrew, Marine Policy, Vol. 2 (1978), S. 46 (57).

b. Durchtauchrecht für U-Boote?

Im Zusammenhang mit der Durchfahrt durch Archipelgewässer stellt sich die Frage, ob U-Boote in untergetauchtem Modus die Archipelschifffahrtswege passieren dürfen. In Meerengen ist ein Durchfahren im untergetauchten Modus zulässig[856], wohingegen es im Küstenmeer gemäß Art. 20 SRÜ nicht gestattet ist. Das Recht zum Durchtauchen steht nach einhelliger Meinung den U-Booten auch auf den Archipelschifffahrtswegen zu[857]. Dieses Ergebnis erklärt auch die sonst etwas unverständliche Regelung des Art. 53 Abs. 4 SRÜ, welche verlangt, dass im Falle der Festlegung von Archipelschifffahrtswegen durch einen Archipelstaat diese Wege sowohl durch die Archipelgewässer als auch durch das angrenzende Küstenmeer führen müssen[858]. Wäre dies nicht so, müssten U-Boote nach einer – zulässigen – Tauchfahrt in den Archipelgewässern bei Eintreten in das angrenzende Küstenmeer unverzüglich auftauchen und ihre Flagge zeigen[859]. Aus diesem Grunde ist in dieser Vorschrift eine Ausnahme zu Art. 20 SRÜ zu sehen, so dass U-Boote im Tauchmodus bleiben dürfen[860].

c. Keine Festlegung von Archipelschifffahrtswegen

Macht ein Archipelstaat keinen Gebrauch von der Festlegung von Archipelschifffahrtswegen, möchten aber Schiffe dieses Recht in Anspruch nehmen, ist Art. 53 Abs. 12 SRÜ einschlägig[861]. Dieser regelt, dass in diesem Fall *„das Recht der Durchfahrt auf Archipelschiffahrtswegen auf den Wegen und Strecken ausgeübt werden [kann], die üblicherweise der internationalen Schiffahrt [...] dienen."*

3. Friedliche Durchfahrt neben Transitdurchfahrt möglich?

Umstritten ist die Frage, ob Schiffe – bei Vorliegen von Archipelschifffahrtswegen – an diese gebunden sind, oder ob sie auch noch – zusätzlich – das Recht der friedlichen Durchfahrt durch die restlichen Archipelgewässer haben. Führt

---

856 Siehe hierzu die Ausführungen im Kapitel über die Meerengen.

857 Beckert/Breuer, Öffentliches Seerecht, Rn. 319; Vitzthum, in: Vitzthum, Handbuch des Seerechts, Kapitel 2 Rn. 153.

858 Art. 53 Abs. 4 SRÜ lautet auszugsweise: *„Diese Schiffahrtswege und Flugstrecken müssen durch die Archipelgewässer und das angrenzende Küstenmeer führen und alle üblichen Durchfahrtswege einschließen, die der internationalen Schiffahrt [...] durch bzw. über die Archipelgewässer dienen; [...]".*

859 So auch: Vitzthum, in: Vitzthum, Handbuch des Seerechts, Kapitel 2 Rn. 153.

860 So auch: Vitzthum, in: Vitzthum, Handbuch des Seerechts, Kapitel 2 Rn. 153; Brown, The International Law of the Sea, Vol. I, S. 120.

861 Hierzu ausführlich: Vitzthum, in: Vitzthum, Handbuch des Seerechts, Kapitel 2 Rn. 151.

das Vorhandensein von Archipelschifffahrtswegen also zu einem Ausschluss des Rechtes der friedlichen Durchfahrt? Nach wohl überwiegender Auffassung ist davon auszugehen, dass das Recht auf friedliche Durchfahrt neben dem Recht der Transitpassage besteht[862].

Dem ist nicht zuzustimmen, weil der eindeutige Wortlaut des Art. 52 Abs. 1 SRÜ einem solchen Ergebnis entgegensteht. Dies folgt daraus, dass das Recht der friedlichen Durchfahrt nur *„vorbehaltlich"* des Art. 53 SRÜ gilt, also nur unter dem Vorbehalt des Rechts der Durchfahrt auf Archipelschifffahrtswegen. Sofern nun das Recht der Durchfahrt auf Archipelschifffahrtswegen ausgeübt wird, wenn also der Archipelstaat Archipelschifffahrtswege festgelegt hat, tritt das Recht der friedlichen Durchfahrt (Art. 52 SRÜ) hinter dieses zurück. Sinn und Zweck der neuen Vorschriften über die Archipelgewässer lassen auch keinen anderen Schluss zu. Würde die friedliche Durchfahrt neben der Transitpassage bestehen, wären die Vorschriften über die Transitpassage auf Archipelschifffahrtswegen beinahe obsolet. Der Archipelstaat müsste sich gar nicht die Mühe machen, in einem aufwändingen Verfahren gemeinsam mit der IMO Archipelschifffahrtswege festzulegen, da es im Ermessen eines jeden einzelnen Schiffes stünde, von welchem Durchfahrtsrecht es letztlich Gebrauch macht. Dies steht jedoch im eklatanten Widerspruch zu der den Archipelstaaten jetzt gewährten Möglichkeit der Bestimmung von Schifffahrtswegen. Es obliegt somit dem Archipelstaat – und dies ist auch seiner Souveranität geschuldet –, ob er der Schifffahrt das Recht der friedlichen Durchfahrt gewähren möchte, oder ob er Archipelschifffahrtswege mit dem Recht der zügigen Durchfahrt festlegt[863].

VI. Rechte des Archipelstaates

Auch in dieser Hinsicht wird wegen der Verweisung in Art. 52 Abs. 1 SRÜ auf die Ausführungen zu den Rechten des Küstenstaates bei einer friedlichen Durchfahrt eines fremden Schiffes in seinem Küstenmeer Bezug genommen[864]. Für die

---

862 Churchill/Lowe, The Law of the Sea, S. 127; Vitzthum, in: Vitzthum, Handbuch des Seerechts, Kapitel 2 Rn. 154; Gloria, in: Ipsen, Völkerrecht, § 52 Rn. 33; diese Auffassung vertritt wohl auch: Andrew, Marine Policy, Vol. 2 (1978), S. 46 (57). Hierzu auch: Brown, The International Law of the Sea, Vol. I, S. 121.

863 So wohl im Ergebnis auch: Goldie, in: Bernhardt, EPIL, Vol. I (1992), S. 239 (242), welche ebenfalls in Art. 53 SRÜ eine Restriktion sieht. Dieser Ansicht sind wohl auch Beckert/Breuer, Öffentliches Seerecht, Rn. 319 (*„Nur die Benutzung einer besonderen Route kann theoretisch mittels des oben dargestellten Verfahrens durchgesetzt werden."*).

864 Vgl. hierzu die entsprechenden Ausführungen auf S. 54 ff.

Rechte des Archipelstaates gegenüber einem sich in Transitdurchfahrt befindenden Schiffes wird erneut auf die Rechte von Meerengenanliegerstaaten gegenüber Schiffen im Meerengentransit verwiesen.

VII. Fazit

Das Regime der Archipelgewässer fand seine erstmalige Regelung im Seerechtsübereinkommen und findet sich dort nun in den Art. 46 bis 54 SRÜ. Mangels Protesten und der Anerkennung dieses Regimes auch in anderen Verträgen sind diese Vorschriften bereits zu Völkergewohnheitsrecht erstarkt.

Die Archipelgewässer unterfallen der Souveranität des Archipelstaates, was automatisch zu einer Einschränkung der Schifffahrt führt. Diese hat in den Archipelgewässern das Recht der friedlichen Durchfahrt gemäß Art. 52 SRÜ oder das Recht auf Transitpassage gemäß Art. 53 Abs. 2 SRÜ auf Archipelschifffahrtswegen. Für die friedliche Durchfahrt gilt das im Kapitel über das Küstenmeer Gesagte. Konsequenterweise belässt Art. 52 Abs. 2 SRÜ den Archipelstaaten auch die Möglichkeit, dieses Recht unter bestimmten Voraussetzungen auszusetzen.

Entgegen der herrschenden Meinung besteht das Recht der friedlichen Durchfahrt jedoch nur dann, wenn der Archipelstaat die Schifffahrt nicht auf – in Zusammenarbeit mit der IMO – festgelegte Archipelschifffahrtswege verweist. Dies folgt aus der klaren Formulierung des Art. 52 SRÜ, nach welchem die dortigen Rechte nur „vorbehaltlich" des Art. 53 SRÜ ausgeübt werden dürfen. Gegenteiligenfalls wäre zudem das Recht auf Festlegung solcher Schifffahrtswege obsolet. Sind Archipelschifffahrtswege festgelegt worden, so besteht auf diesen Wegen ein Transitrecht, welches mit dem in den Meerengen übereinstimmt. Daraus folgt auch, dass U-Boote im untergetauchten Modus bleiben dürfen.

Die dem Archipelstaat zustehenden Rechte entsprechen denen des Küstenstaates im Falle einer friedlichen Durchfahrt bzw. denen des Meerengenanliegerstaates im Falle des Meerengentransits.

F. Die Ausschließliche Wirtschaftszone ("The Exclusive Economic Zone")

I. Allgemeines

Die Ausschließliche Wirtschaftszone liegt gemäß Art. 55 SRÜ[865] zwischen dem Küstenmeer eines Staates und der Hohen See und kann sich mit einer Breite bis zu 200 sm von den Basislinien erstrecken (Art. 57 SRÜ)[866]. Der Sinn und Zweck und vor allem der große Vorteil der Ausschließlichen Wirtschaftszone besteht in dem Recht der Küstenstaaten, in diesem der Küste vorgelagerten Gebiet Nutzungsvorrechte beanspruchen zu können[867]. Um diese Vorrechte jedoch nutzen zu können, muss der Küstenstaat eine Ausschließliche Wirtschaftszone ausdrücklich proklamieren[868], sie existiert nicht *ipso facto*[869].

---

865 Hasselmann, Die Freiheit der Handelsschiffahrt, S. 128; Proelß, in: Vitzthum, Handbuch des Seerechts, Kapitel 3 Rn. 273. Nicht Gegenstand dieser Arbeit ist der Festlandsockel, da es bei diesem vornehmlich um die Ausbeutung von Ressourcen und nicht um Belange der Schifffahrt geht.

866 Inseln werden hier gemäß Art. 121 Abs. 2 SRÜ grundsätzlich wie Landgebiete behandelt. Dies führt dazu, dass jedes Gebiet, das über ein Küstenmeer verfügt, auch den Anknüpfungspunkt für die Proklamation einer Ausschließlichen Wirtschaftszone darstellen kann, vgl.: Proelß, in: Vitzthum, Handbuch des Seerechts, Kapitel 3 Rn. 222.

867 Gloria, in: Ipsen, Völkerrecht, § 53 Rn. 1; Hasselmann, Die Freiheit der Handelsschiffahrt, S. 128; O'Connell, The International Law of the Sea, Vol. I, S. 553.

868 Dies entspricht mittlerweile wohl der h. M., siehe hierzu: Gloria, in: Ipsen, Völkerrecht, § 53 Rn. 13; Gündling, Die 200-Seemeilen-Wirtschaftszone, S. 204/205; ICJ, Case Concerning the Continental Shelf (Libyan Arab Jamahiriya v. Malta), ICJ Rep. 1985, S. 33; Lagoni, AJIL, Vol. 78 (1984), S. 345 (348). Dies entspricht auch der Staatenpraxis. Vgl. zu dieser: Attard, The Exlusive Economic Zone in International Law, S. 56/57; Proelß, in: Vitzthum, Handbuch des Seerechts, Kapitel 3 Rn. 220. A. A.: Verdross/ Simma, Universelles Völkerrecht, § 1111 Fn. 34.

869 Dies wird unter anderem durch den Wortlaut des Art. 57 SRÜ gestützt, welcher festhält, dass sich die Ausschließliche Wirtschaftszone nicht weiter als 200 sm von den Basislinien erstrecken *„darf"*. Dies lässt als *argumentum a maiore ad minus* den Rückschluss darauf zu, dass es den Küstenstaaten freisteht, auch vollkommen auf eine Ausschließliche Wirtschaftszone zu verzichten, vgl. hierzu: Fleischer, San Diego Law Review, Vol. 14 (1977), S. 548 (552); Gündling, Die 200 Seemeilen-Wirtschaftszone, S. 204; *Charney* spricht den Staaten jedoch ipso-facto-Rechte in ihrer Ausschließlichen Wirtschaftszone zu, vgl. Charney, ODIL, Vol. 15 (1985), S. 233 (247).

II. Entwicklung der Ausschließlichen Wirtschaftszone im Völkerrecht

Die Wurzeln der Ausschließlichen Wirtschaftszone liegen weit zurück. Dänemark versuchte bereits im 16. Jahrhundert sich im Nordmeer den Fischfang und die Schifffahrt vorzubehalten[870]. Mit der Zunahme der Fischerei wuchs das Interesse der Küstenstaaten an einer Ausweitung der Nutzungsvorrechte. Dies war der Beginn der Errichtung von Fischereizonen durch Küstenstaaten, welche das Regime der Ausschließlichen Wirtschaftszone einleiteten.

1. Fischereizonen

Einhergehend mit einer Vergrößerung der Fangmengen und der Fernfischerei erwachte bei den Küstenstaaten das Interesse, ihre eigenen Rechte durch eine Vergrößerung der ursprünglich vorhandenen Zonen zu stärken und zu erweitern und vorallem sicherzustellen, dass in dieser Zone die Nutzfischbestände nicht überfischt werden[871].

a. Inanspruchnahme von Fischereizonen seit den Dreißiger Jahren

Als Konsequenz dieser sich verändernden Umstände und Bedürfnisse begannen viele Staaten eine an das Küstenmeer angrenzende Fischereizone zu bilden. Unter diesen Staaten war auch Kanada, welches im Jahre 1937 eine 9 sm breite Fischereizone errichtete[872] und dadurch dazu beitrug, dass sich der Trend zur Errichtung von Fischereizonen im Laufe der Dreißiger Jahre fortsetzte[873]. Ihren Höhepunkt erreichte diese Entwicklung mit den Truman Proclamations der USA im Jahre 1945, womit die USA unmissverständlich die Jurisdiktion und Kontrolle über *"the natural resources of the subsoil and seabed of the continenatel shelf [...]"* beanspruchten[874].

---

870 Gloria, in: Ipsen, Völkerrecht, § 53 Rn. 1.

871 O'Connell, The International Law of the Sea, Vol. I, S. 553; Gloria, in: Ipsen, Völkerrecht, § 53 Rn. 2; Churchill/Lowe, The Law of the Sea, S. 160/161.

872 Gloria, in: Ipsen, Völkerrecht, § 53 Rn. 3.

873 Siehe hierzu ausführlich: Charney, ODIL, Vol. 15 (1985), S. 233 (236); Johnson/Middlemiss, ODIL, Vol. 4 (1977), S. 67 (70).

874 The Department of State Bulletin, Vol. 13 (1945), S. 485; vgl. hierzu weiterhin: Hudson, San Diego Law Review, Vol. 17 (1980), S. 661 (664); Gündling, Die 200 Seemeilen-Wirtschaftszone, S. 15.

b. Die Zweite VN-Seerechtskonferenz (1960) und ihre Folgen

Als Resultat der vermehrten küstenstaatlichen Inanspruchnahme von Fischereizonen stand auf der Zweiten VN-Seerechtskonferenz im Jahre 1960 eine Erweiterung des Küstenmeers über die bisherigen 6 sm zur Disposition[875]. Für eine solche Erweiterung in größerem Umfang war jedoch keine Einigung zu erzielen, so dass vorgeschlagen wurde, eine Küstenmeerbreite von 6 sm mit einer ausschließlichen Fischereizone von ebenfalls 6 sm zu verbinden[876]. Allerdings kamen die Staaten hier zu keinem Ergebnis, so dass am Ende der Konferenz keine Regelung zu Stande kam[877]. Am Abstimmungsergebnis ließ sich jedoch messen, dass eine Mehrheit der Staaten eine Vergrößerung der Fischereirechte in den jeweiligen Gebieten befürwortete[878]. Die mangelnde Einigung auf der Zweiten VN-Seerechtskonferenz führte zu einer uneinheitlichen Staatenpraxis: ein Teil der Staaten dehnte seine Küstengewässer auf 12 sm aus, ein anderer Teil der Staaten nahm Fischereizonen im Anschluss an das Küstenmeer in Anspruch, die zwischen 6 und 200 sm breit waren[879]. Die Staaten, die ihre Fischereizonen jedoch über 12 sm hinaus ausdehnten, sahen sich großen Protesten anderer Staaten ausgesetzt, so dass die Ausdehnung dieser an das Küstenmeer angrenzenden 200 sm Zone zunächst nicht zu Völkergewohnheitsrecht erstarken konnte[880].

---

875 Rojahn, Die Fischereiansprüche der lateinamerikanischen Staaten, S. 239; siehe auch: Gloria, in: Ipsen, Völkerrecht, § 53 Rn. 3.

876 Siehe hierzu den Vorschlag zu einem Hauptantrag seitens Kanadas: UN Doc.A/CONF.19/C.1/L.4, abgedruckt in: (Second) UNCLOS, Official Records, Vol. I, S. 167; und den darauffolgenden gemeinsamen Vorschlag Kanadas und der USA: UN Doc.A/CONF.19/C.1/L.10, abgedruckt in: (Second) UNCLOS, Official Records, Vol. I, S. 169; Brasilien, Kuba und Uruquay legten hierzu einen Ergänzungsantrag vor (UN Doc.A/CONF.19/L.12, abgedruckt in: [Second] UNCLOS, Official Records, Vol. I, S. 173), der jedoch dadurch bedingt war, dass der Hauptantrag angenommen wird. Im Ergebnis wurde jedoch die erforderliche Zweidrittelmehrheit für die Annahme des Hauptantrages wegen des Fehlens zweier zustimmender Stimmen nicht erreicht. Vgl. hierzu: Rojahn, Die Fischereiansprüche der lateinamerikanischen Staaten, S. 239.

877 Rojahn, Die Fischereiansprüche der lateinamerikanischen Staaten, S. 239.

878 Der Entwurf (des Ergänzungsantrages) wurde mit großer Mehrheit von 58 zu 19 Stimmen bei 10 Enthaltungen angenommen. Vgl. hierzu: Rojahn, Die Fischereiansprüche der lateinamerikanischen Staaten, S. 239; Gloria, in: Ipsen, Völkerrecht, § 53 Rn. 3.

879 Treves, AJIL, Vol. 74 (1980), S. 808 (833) Fn. 155; Gloria, in: Ipsen, Völkerrecht, § 53 Rn. 3.

880 Siehe ausführlich zum Widerspruch der Staatengemeinschaft: Rojahn, Die Ansprüche der lateinamerikanischen Staaten auf Fischereivorrechte jenseits der Zwölfmeilengrenze, S. 116 ff.; Gloria, in: Ipsen, Völkerrecht, § 53 Rn. 3.

2. *Die Dritte VN-Seerechtskonferenz (1973 – 1982)*

Beeinflusst durch die *„vollständige wirtschaftliche Verzonung der küstennahen Seegebiete“*[881] brachen die Forderungen nach einer Ausschließlichen Wirtschaftszone bis zur Dritten VN-Seerechtskonferenz nicht ab[882]. Als eine Folge davon legte Kenia im Jahre 1972 im Vorfeld der Dritten VN-Seerechtskonferenz dem Asian-African Legal Consultative Committee einen Vorschlag vor[883], der kurze Zeit später als Basis für einen förmlichen Vorschlag vor dem Meeresbodenausschuss der Vereinten Nationen genutzt wurde, in welchem es um die Bildung einer 200-sm-Wirtschaftszone ging[884].

a. Die Verhandlungen

In den Jahren der Verhandlungen der Dritten VN-Seerechtskonferenz von 1973 bis 1982 begannen bereits viele Staaten mit der Ausdehnung ihrer Fischereizonen auf 200 sm oder der Bildung von 200 sm breiten Ausschließlichen Wirtschaftszonen[885]. Auch während der Verhandlungen wurde deutlich, dass sich die Mehrheit der Küstenstaaten eine sehr weitreichende exklusive küstenstaatliche Befugnis für Fischereizwecke wünschte[886].

Unterstützt und verstärkt wurde diese Entwicklung durch verschiedene Entscheidungen des Internationalen Gerichtshofs im Jahre 1974, die sich mit der Ausbreitung von Fischereizonen beschäftigten[887]. Eine wegweisende Entscheidung wurde im sog. *„Isländischen Fischereistreit“* getroffen, in dem zwei Fischereizonen-Konzepte als Völkergewohnheitsrecht betrachtet wurden[888]. Auch

---

881 Gloria, in: Ipsen, Völkerrecht, § 53 Rn. 8.

882 Gloria, in: Ipsen, Völkerrecht, § 53 Rn. 8; Gündling, ZaöRV, Bd. 38 (1978), S. 616 (619).

883 Zum Inhalt dieses Vorschlages siehe ausführlich: Gündling, Die 200-Seemeilen-Wirtschaftszone, S. 40 ff.

884 O'Connell, The International Law of the Sea, Vol. I, S. 561; Churchill/Lowe, The Law of the Sea, S. 160; Gloria, in: Ipsen, Völkerrecht, § 53 Rn. 8.

885 Johnson/Middlemiss, ODIL, Vol. 4 (1977), S. 67 (70); Gloria, in: Ipsen, Völkerrecht, § 53 Rn. 8.

886 O'Connell, The International Law of the Sea, Vol. I, S. 559; siehe hierzu auch: Hudson, San Diego Law Review, Vol. 17 (1980), S. 661 (668/669).

887 Gloria, in: Ipsen, Völkerrecht, § 53 Rn. 4.

888 Dies waren zum einen das Konzept der exklusiven Fischereirechte eines Küstenstaats innerhalb einer 12-sm-Fischereizone und zum anderen das Konzept präferenzieller Fischereirechte in den angrenzenden Gewässern, wenn ein Staat besonders auf die Küstenfischerei angewiesen war. Vgl. hierzu ausführlich: Gündling, ZaöRV, Bd. 38 (1978), S. 616 (618).

diese Entscheidungen spiegelten das wachsende Interesse an der Ausbeutung der Meeresressourcen und die Tendenz zur Regelung dieser Interessen wider.

b. Regelung im Seerechtsübereinkommen und die Folgen

Im Seerechtsübereinkommen von 1982 wurde die Ausschließliche Wirtschaftszone dann ausdrücklich in Teil V geregelt, so dass nun einerseits die Berechtigung der Küstenstaates zur Errichtung von 200-sm-Zonen als auch die küstenstaatlichen Hoheitsbefugnisse eindeutig geklärt sind. Sofern Staaten bereits vor Regelung im Seerechtsübereinkommen 200-sm-Zonen beansprucht hatten, wurden diese durch die nunmehrige Regelung nachträglich legitimiert[889]. Durch die Normierung im Seerechtsübereinkommen und die große Akzeptanz erkannte der Internationale Gerichtshof das Regime der Ausschließlichen Wirtschaftszone auch bereits im Jahre 1982 als einen *„Teil des modernen Völkerrechts"* an[890].

3. Staatenpraxis

Bis 2007 hatten bereits 127 Staaten (von 152) – unter ihnen auch Deutschland[891] – eine Ausschließliche Wirtschaftszone proklamiert[892]. Von diesen Staaten hatten im Jahre 1997 schon 93 Staaten die höchstzulässige Breite von 200 sm ausgeschöpft[893].

Interessanterweise beanspruchten im Jahre 2007 weiterhin noch 14 Staaten anstelle einer Ausschließlichen Wirtschaftszone oder zusätzlich zu dieser eine (bis zu) 200 sm breite Fischereizone[894].

Konträr zu diesen Entwicklungen existierte eine Staatengruppe, die sog. „Territorialisten" (Benin, Kongo, Ecuador, El Salvador, Liberien, Peru und Soma-

---

889 Gloria, in: Ipsen, Völkerrecht, § 53 Rn. 9.

890 Gloria, in: Ipsen, Völkerrecht, § 53 Rn. 10; ICJ, Case Concerning the Continental Shelf (Libyan Arab Jamahiriya v. Malta, ICJ Rep. 1985, S. 33.

891 Die Proklamation einer Ausschließlichen Wirtschaftszone seitens Deutschlands vom 25.11.1994 samt ausführlicher Angabe der Koordinaten ist abgedruckt in: BGBl. 1994 II, S. 3769 ff.; bzgl. der gesamten Proklamation, aber auch der genauen Koordinaten und somit der seewärtigen Grenze siehe die detaillierten Angaben bei: Werbke, IJMCL, Vol. 11 (1996), S. 79–86 und die folgenden Ausführungen.

892 LOSB, Vol. 63 (2007), S. 82 ff.

893 Gloria, in: Ipsen, Völkerrecht, § 53 Rn. 10.

894 LOSB, Vol. 63 (2007), S. 82 ff.; zu der früheren Entwicklung: Boczek, ODIL, Vol. 19 (1988), S. 445 (446 und 459 Nr. 4)

lia[895]), welche in der Ausschließlichen Wirtschaftszone eine Zone sahen, die der küstenstaatlichen Hoheitsgewalt unterfällt[896]. Diese Staaten proklamierten in Folge ein 200 sm breites Küstenmeer[897]. Zwischenzeitlich haben sich aber auch diese Staaten den Regelungen des Seerechtsübereinkommens unterworfen und nur noch Togo beanspruchte im Jahre 2007 ein 30 sm breites Küstenmeer[898].

4. Gegenwärtige Ausdehnung

Die Folge der nunmehrigen vertraglichen Regelung der Ausschließlichen Wirtschaftszone und dem großen Anklang bei den Staaten ist, *„dass die Ausdehnung des Meeresraumes, der als frei von jeglicher staatlicher Hoheitsgewalt gilt (‚Hohe See')“*[899], erheblich verkleinert wird[900]. Zählt man alle Ausschließlichen Wirtschaftszonen, die bislang existieren, zusammen, so ist das ein Anteil von ca. 35 % an der gesamten Größe der Weltmeere[901]. Hierauf entfallen 35,59 % auf den Atlantik und die Arktis, 32,34 % auf den Indischen Ozean und 36,29 % auf den Pazifischen Ozean[902].

---

895 Stand 2007: LOSB, Vol. 63 (2007), S. 82 ff. Diese Gruppe schrumpfte im Laufe der Zeit immer weiter, nachdem sich einige vorherige Mitglieder (beispielsweise Nicaragua und Uruquay) entschieden, ein 12-sm-Küstenmeer und eine 200 sm Ausschließliche Wirtschaftszone zu proklamieren und sich somit den Erfordernissen des Seerechtsübereinkommens anzupassen.

896 Oxman, VJIL, Vol. 24 (1984), S. 809 (848); siehe hierzu auch: Shuttleworth Wiegand, San Diego Law Review, Vol. 6 (1969), S. 428 (428/429) und (431/432); Pohl, in: Orrego Vicuña: The Exclusive Economic Zone: A Latin American Perspective, S. 31 (56).

897 Es gab auch Ansprüche, die nicht derart ausschweifend waren: so z. B. früher Mauretanien (70 sm), Kamerun und Tansania (50 sm), Syrien (35 sm), Nigeria (30 sm), Angola (20 sm) und Albanien (15 sm), vgl.: Boczek, ODIL, Vol. 19 (1988), S. 445 (446).

898 LOSB, Vol. 63 (2007), S. 91.

899 Gloria, in: Ipsen, Völkerrecht, § 53 Rn. 10.

900 Gloria, in: Ipsen, Völkerrecht, § 53 Rn. 10; dieses Problem auch aufgreifend: Boczek, ODIL, Vol. 19 (1988), S. 445 (447).

901 Alexander/Hodgson, San Diego Law Review, Vol. 12 (1975), S. 569 (573); Juda, ODIL, Vol. 18 (1987), S. 305 (308); Gloria, in: Ipsen, Völkerrecht, § 53 Rn. 10.

902 Boczek, ODIL, Vol. 19 (1988), S. 445 (447). Derselbe führt auch aus, dass selbst strategisch wichtige Meere teilweise völlig von Ausschließlichen Wirtschaftszonen erfasst werden. Hierunter fallen die Ostsee, das Schwarze Meer und die Nordsee. Möglich ist dies auch im Roten Meer, dem Persischen Golf, dem Ost- und Südchinesichen Meer, Japan, Java und dem Sulu Meer. Ausschließliche Wirtschaftszone-Proklamationen haben folgende Meere fast vollständig eingeschlossen: das Norwegische Meer, den Golf von Mexiko, das Arabische Meer, die bengalische Bucht und das Meer von Okhotsk. Siehe hierzu auch: Alexander/Hodgson, San Diego Law Review, Vol. 12 (1975), S. 569 (572/573).

III. Situation in Deutschland

Deutschland hat im Jahre 1994 ebenfalls eine Ausschließliche Wirtschaftszone proklamiert, welche hauptsächlich durch Offshore Windparks und – vornehmlich in der Nordsee – für den Abbau von Erdöl und Erdgas genutzt wird[903].

1. Größe der deutschen Ausschließlichen Wirtschaftszone

Die deutsche Ausschließliche Wirtschaftszone umfasst eine Fläche von ca. 33.100 km² und weist somit eine Größe von ungefähr einem Zehntel der Fläche Deutschlands auf[904]. Hiervon bildet die Ausschließliche Wirtschaftszone in der Nordsee mit einer Fläche von 28.600 km² den größten Teil, auf die Ausschließliche Wirtschftszone in der Ostsee entfällt nur eine Fläche von ca. 4.500 km²[905].

2. Organisation der deutschen Ausschließlichen Wirtschaftszone

Zur Organisation der deutschen Ausschließlichen Wirtschaftszone hat das Bundesministerium für Verkehr, Bau und Stadtentwicklung (BMVBS) unter Mitwirkung des Bundesamtes für Seeschifffahrt und Hydrographie (BSH) Raumordnungspläne für die Ausschließliche Wirtschaftszone in Nord- und Ostsee aufgestellt, die den verschiedenartigen Nutzungsinteressen gerecht werden sollen[906]. Dies geschah auf Grundlage des Raumordnungsgesetzes des Bundes, welches im Jahre 2004 auf den Bereich der Ausschließlichen Wirtschaftszone erweitert wurde.

Für die Raumordnung in der Ausschließlichen Wirtschaftszone in der Nordsee trat am 26. September 2009 die entsprechende Verordnung des Bundesministeriums für Verkehr, Bau und Stadtentwicklung vom 21. September 2009[907], die als Anlage den Raumordnungsplan (Text- und Kartenteil) enthält, in Kraft (AWZ Nordsee-ROV). Kurze Zeit später, am 19. Dezember 2009, trat auch die Verordnung des Bundesministeriums für Verkehr, Bau und Stadtentwicklung über die Raumordnung in der Ausschließlichen Wirtschaftszone in der Ostsee

---

903 Rudolph, in: Ehlers/Lagoni, Maritime Policy of the European Union and Law of the Sea, S. 11 (17/18).

904 Nolte, Hansa International Maritime Journal, Vol. 9 (2010), S. 79 (80).

905 Nolte, Hansa International Maritime Journal, Vol. 9 (2010), S. 79 (80).

906 Siehe hierzu die Rede des MD Dr. Peter Runkel vom 04.05.2007: http://www.bmvbs.de/Anla ge/original_1011378/s5-runkel-td.pdf.

907 BGBl. 2009 I, S. 3107.

(AWZ Ostsee-ROV) vom 10. Dezember 2009[908], die ebenfalls als Anlage den Raumordnungsplan (Text- und Kartenteil) enthält, in Kraft.

Ziel des Bundesministeriums für Verkehr, Bau und Stadtentwicklung war die Sicherstellung der Vereinbarkeit einer wirtschaftlichen und wissenschaftlichen Nutzung der Ausschließlichen Wirtschaftszone mit der Sicherheit und Leichtigkeit der Seeschifffahrt sowie dem Schutz der Meeresumwelt[909].

IV. Rechtsstatus der Ausschließlichen Wirtschaftszone

1. Allgemeines

Im Seerechtsübereinkommen wurde durch die Neueinführung des Teils V und insbesondere durch Art. 55 SRÜ eine Regelung getroffen, welche auch Rückschlüsse auf den Rechtsstatus der Ausschließlichen Wirtschaftszone zulässt. Art. 55 SRÜ lautet:

> *„Die ausschließliche Wirtschaftszone ist ein jenseits des Küstenmeers gelegenes und an dieses angrenzendes Gebiet, das der in diesem Teil festgelegten besonderen Rechtsordnung unterliegt, nach der die Rechte und Hoheitsbefugnisse des Küstenstaats und die Rechte und Freiheiten anderer Staaten durch die diesbezüglichen Bestimmungen dieses Übereinkommens geregelt werden."*

Trotz dieser Regelung wurde immer wieder Kritik laut, der Rechtsstatus der Ausschließlichen Wirtschaftszone sei zu unbestimmt[910]. *Extavour* brachte seine Bedenken wie folgt auf den Punkt:

> *"[...] the new provisions would seem to have defused the debate as to whether the exclusive economic zone is part of the high seas or not in that they avoid a direct pronouncement on the issue [...] the legal status of the exclusive economic zone would, as a result, have to be drawn by interference from the totality of the provisions."*[911]

Francioni wiederum umschrieb den Status der Ausschließlichen Wirtschaftszone zutreffend und sehr einprägsam mit einem Amphib:

---

908 BGBl. 2009 I, S. 3861.

909 Vgl. § 1 der jeweiligen Verordnung.

910 So wohl auch: Young, Maritime Policy and Management, Vol. 4 (1977), S. 315 (315); zu diesem Problem ausführlich: Hasselmann, Die Freiheit der Handelsschiffahrt, S. 134 ff.

911 Extavour, The Exclusive Economic Zone, S. 319.

"... its amphibious status (partly subject to the coastal state's sovereignty, partly subject to the freedom of the high seas)."[912]

Eine eindeutige Klärung des Rechtsstatus ist aber nicht nur für die Festlegung der Rechte und Pflichten von Küsten- und Drittstaaten, sondern auch für die Zuweisung der residuellen Rechte an entweder den Küsten- oder den Drittstaat von Bedeutung[913]. Unter einem residuellen Recht ist hier ein solches Recht zu verstehen, welches nicht ausdrücklich in Teil V des Seerechtsübereinkommens geregelt wurde[914].

2. Die Ausschließliche Wirtschaftszone als ein Teil des Küstenmeers?

Die Ausschließliche Wirtschaftszone stellt – wie sich bereits aus Art. 55 SRÜ ergibt – kein Hoheitsgebiet dar, sie zählt also gebietsrechtlich nicht zum Küstenmeer. Dennoch verfügt der Küstenstaat in der Ausschließlichen Wirtschaftszone über einzelne „souveräne Rechte" und „Hoheitsbefugnisse" gemäß Art. 56 Abs. 1 lit. a) und b) SRÜ, welche hauptsächlich in Form von Nutzungsvorrechten bestehen. Diese Nutzungsvorrechte stehen also – vergleichbar denen im Küstenmeer – dem Küstenstaat zu[915]. In nutzungsrechtlicher Hinsicht lässt sich demnach die Ausschließliche Wirtschaftszone durchaus mit dem Küstenmeer vergleichen[916]. Dies führte dazu, dass gefordert wurde, die Interessen des Küstenstaates denen der Freiheit der Schifffahrt überzuordnen[917] und somit die Ausschließliche Wirtschaftszone als einen Teil des Küstenmeers zu betrachten und auch die residuellen Rechte dem Küstenstaat zuzugestehen.

3. Die Ausschließliche Wirtschaftszone als ein Teil der Hohen See?

Art. 55 SRÜ lässt fernerhin keine Rückschlüsse darauf zu, ob die Ausschließliche Wirtschaftszone in gebietsrechtlicher Hinsicht der Hohen See zuzuordnen ist. Ein Vergleich zwischen der Ausschließlichen Wirtschaftszone und der

---

912 Francioni, CILJ, Vol. 18 (1985), S. 203 (216).

913 Hierzu: Jaenicke, ZaöRV, Bd. 38 (1978), S. 438 (486); Gündling, Die 200-Seemeilen-Wirtschaftszone, S. 296.

914 So auch: Jaenicke, ZaöRV, Bd. 38 (1978), S. 438 (486).

915 So auch: Hasselmann, Die Freiheit der Handelsschiffahrt, S. 135.

916 So auch: Hasselmann, Die Freiheit der Handelsschiffahrt, S. 135/136.

917 Hierzu: Orrego Vicuña, The Exclusive Economic Zone, S. 95. *Pueyo Losa* forderte sogar, dass in der Ausschließlichen Wirtschaftszone nur das Recht auf Durchfahrt bzw. Transitdurchfahrt bestehen solle, vgl.: Pueyo Losa, Revista Española de Derecho Internacional, Vol. XXX (1977), S. 265 (282–287).

Hohen See liegt nahe, da auch die Ausschließliche Wirtschaftszone in Ermangelung des Status als Hoheitsgebiet *„aneignungsfähiges Niemandsland"*[918] ist[919].

Daran ändert auch die Tatsache nichts, dass ein Küstenstaat gemäß Art. 60 SRÜ das ausschließliche Recht hat, künstliche Inseln, Anlagen und Bauwerke zu errichten und zu nutzen und dass dieses Recht sicherlich einen territorialen Einschlag hat[920]. Da diese speziellen Nutzungsrechte dem Küstenstaat und gerade nicht dritten Staaten zustehen, unterscheidet sich die Ausschließliche Wirtschaftszone in diesem Punkt jedoch von der Hohen See, deren natürliche Ressourcen von allen Staaten genutzt werden können[921]. Dennoch wurden Forderungen erhoben, die Ausschließliche Wirtschaftszone in die Hohe See zu integrieren (und somit auch die residuellen Rechte der Hohen See zuzuschreiben) mit der Ausnahme, die bestehenden Nutzungsrechte bei dem jeweiligen Küstenstaat zu belassen[922].

4. Die Ausschließliche Wirtschaftszone als eine Zone sui generis?

Nach herrschender Meinung ist die Ausschließliche Wirtschaftszone eine Zone sui generis[923] mit der Konsequenz, dass sich alle Rechte und Pflichten sowohl für den Küstenstaat als auch für die Drittstaatennur aus Teil V des Seerechts-

---

918 Proelß, in: Vitzthum, Handbuch des Seerechts, Kapitel 3 Rn. 216.

919 Proelß, in: Vitzthum, Handbuch des Seerechts, Kapitel 3 Rn. 216. Auch Art. 86 SRÜ liefert hier keine andere Überzeugung, auch wenn ausdrücklich zwischen der Hohen See und der Ausschließlichen Wirtschaftszone unterschieden wird. Satz 1 lautet: *„Dieser Teil gilt für alle Teile des Meeres, die nicht zur ausschließlichen Wirtschaftszone, zum Küstenmeer oder zu den inneren Gewässern eines Staates oder zu den Archipelgewässern eines Archipelstaats gehören."* Hierzu auch: Hasselmann, Die Freiheit der Handelsschiffahrt, S. 137. – Hinzuweisen ist in diesem Zusammenhang inbesondere auf Satz 2, welcher festlegt: *„Dieser Artikel hat keinesfalls Beschränkungen der Freiheiten zur Folge, die alle Staaten in Übereinstimmung mit Art. 58 in der ausschließlichen Wirtschaftszone genießen."*

920 So auch: Proelß, in: Vitzthum, Handbuch des Seerechts, Kapitel 3 Rn. 216.

921 So auch: Hasselmann, Die Freiheit der Handelsschiffahrt, S. 137.

922 Hierzu: Orrego Vicuña, The Exclusive Economic Zone, S. 95; so wohl auch: Becker, in: Miles/Gamble, Law of the Sea: Conference Outcomes and Problems of Implementation, S. 113 (115-116).

923 So unter anderem: Stöcker, in: Festschrift Stödter, S. 315 (344); Hudson, San Diego Law Review, Vol. 17 (1980), S. 661 (669); Shearer, ICLQ, Vol. 35 (1986), S. 320 (333); Boczek, ODIL, Vol. 19 (1988), S. 445 (449); Gloria, in: Ipsen, Völkerrecht, § 53 Rn. 13; Oda, in: Bernhardt, EPIL, Vol. II (1995), S. 305 (306); Churchill/Lowe, The Law of the Sea, S. 166; Gündling, Die 200-Seemeilen-Wirtschaftszone, S. 296 ff.; Brown, The International Law of the Sea, Vol. I, S. 218 ff.; wohl auch: Brown, Maritime Policy and Management, Vol. 4 (1977), S. 325 (329).

übereinkommens ergeben.[924] Diese Auffassung wird damit begründet, dass der Ausschließlichen Wirtschaftszone im Rahmen des Seerechtsübereinkommens ein eigener Teil (Teil V) gewidmet wurde und sie daher von den anderen Seezonen (insbesondere dem Küstenmeer und der Hohen See) unabhängig sei[925]. Als weitere Argumente dienen der Konventionstext mit den bereits erläuterten Art. 55 und Art. 86 Satz 2 SRÜ und die *travaux préparatoires*[926]. Aus den *travaux préparatoires*, insbesondere aus den Arbeiten der Castañeda Gruppe[927], ergebe sich, dass der Ausschließlichen Wirtschaftszone eine eigene Rechtsordnung – also ein Status sui generis – zukomme[928]. Dies schließe auch nicht aus, dass sich in einigen Fällen die Rechte dritter Staaten in der Ausschließlichen Wirtschaftszone und der Hohen See gleichen.[929]

Einige Vertreter der herrschenden Meinung bezeichnen die Ausschließliche Wirtschaftszone auch als einen *„küstenstaatlichen Funktionshoheitsraum“*[930], was jedoch zu keinem Unterschied zum Status sui generis führt. Weiterhin gibt es einzelne Stimmen, die betonen, dass die Gefahr einer “creeping jurisdiction” bestehe[931]. Diese Auffassung kann jedoch wegen der eindeutigen Regelung in Art. 55 SRÜ nicht überzeugen.[932]

---

924 So auch: Hasselmann, Die Freiheit der Handelsschiffahrt, S. 137. Teil V verweist natürlich auch auf Vorschriften des Teils VII (Hohe See) des Seerechtsübereinkommens.

925 So auch: Hasselmann, Die Freiheit der Handelsschiffahrt, S. 134.

926 Hasselmann, Die Freiheit der Handelsschiffahrt, S. 147.

927 Diese kam insbesondere zu dem Ergebnis, dass für die Ausschließliche Wirtschaftszone eine eigene Rechtsordnung gelte. Nur die Vorschriften über die Ausschließliche Wirtschaftszone könnten dem Küstenstaat und dritten Staaten Rechte gewähren und Pflichten auferlegen. Zu den travaux préparatoires und auch zu den Arbeiten der Castañeda Gruppe ausführlich: Hasselmann, Die Freiheit der Handelsschiffahrt, S. 139–146; Dupuy/Vignes, Traité du nouveau droit de la mer, S. 253 ff.

928 Hasselmann, Die Freiheit der Handelsschiffahrt, S. 147.

929 Hasselmann, Die Freiheit der Handelsschiffahrt, S. 147. Ursprünglich sollte noch der Zusatz *"No State may validly purport to subject any part of the exclusive economic zone to its sovereignty."* enthalten sein. Dieser Zusatz sollte die Bedenken abmildern, dass es zu einer creeping jurisdiction komme. Er scheiterte jedoch am Widerstand vieler Küstenstaaten. Zitiert nach: Hasselmann, Die Freiheit der Handelsschiffahrt, S. 145.

930 Proelß, in: Vitzthum, Handbuch des Seerechts, Kapitel 3 Rn. 217; so auch: Oxman, AJIL, Vol. 72 (1978), S. 57 (74); Oxman, AJIL, Vol. 71 (1977), S. 247 (259); Geck, in Festschrift Mosler, S. 281 (338); Churchill/Lowe, The Law of the Sea, S. 166; so wohl auch: Clingan, The Law of the Sea, S. 26.

931 Es wurde gelegentlich vor der Gefahr einer creeping jurisdiction gewarnt. *Vitzthum* führt aus, dass trotz „final begrenzter Hoheitsbefugnisse“ der Umschlag in „territorial bestimmte, funktionell entgrenzte Hoheitsbefugnisse und -zonen“ drohe. Dies folge aus einem wirtschafts- und gebietspolitischen Monopolisierungsdenken der Küstenstaaten, vgl. hierzu: Vitzthum, Völkerrecht, 405 Rn. 14 und auch mit etwas anderer Begründung:

5. *Ergebnis*

Die Ausschließliche Wirtschaftszone ist eine komplexe und vielschichtige Seezone, die zwar an manchen Stellen anderen Seezonen ähnelt[933], jedoch in nutzungs- und gebietsrechtlicher Hinsicht mit keiner der anderen Seezonen völlig übereinstimmt[934]. Die Konsequenz hiervon ist, dass alle in dieser Zone beste-

---

Proelß, in: Vitzthum, Handbuch des Seerechts, Kapitel 3 Rn. 216. Stöcker (in Festschrift Stödter, S. 315 (345/346) thematisierte, dass möglicherweise nur ein Recht auf Durchfahrt bestehe, da kein ausdrückliches Territorialisierungsverbot existiere. Der Verweis des Art. 58 Abs. 2 SRÜ auf Art. 89 SRÜ sei nur lapidar, somit scheine ein Vorrang des Rechts des Wirtschaftszonenregimes vor der Bestimmung des Art. 89 SRÜ zu bestehen. Im Ergebnis sprach sich die Minderheit, die eine creeping jurisdiction befürchtete, dafür aus, dass jede Tätigkeit, die nicht unter ein klar definiertes Recht des Küstenstaats fällt, unter das Regime der Hohen See fällt, vgl.: Churchill/Lowe, The Law of the Sea, S. 165.

932 Den Vertretern dieser Auffassung muss entgegengehalten werden, dass durch die Formulierung des Art. 55 SRÜ bei ordnungsgemäßer Auslegung und ohne Missbrauch seitens eines Küstenstaates prinzipiell keine creeping jurisdiction zu befürchten ist. Dies folgt daraus, dass Art. 55 SRÜ deutlich macht, dass für die Ausschließliche Wirtschaftszone in Teil V eine besondere Rechtsordnung gilt. Den Küstenstaaten werden – wie dargelegt – lediglich einzelne klar definierte Nutzungsbefugnisse übertragen. Das Recht auf Freiheit der Schifffahrt besteht ansonsten – mit geringen Einschränkungen, siehe unten – weiter. Selbst wenn also einzelne Küstenstaaten intensiv nach mehr Macht streben, so haben sie dennoch nur die ihnen kraft Regelung im Seerechtsübereinkommen zugestandenen Nutzungsbefugnisse. Die Gefahr der creeping jurisdiction hätte sich nur bei einer Zuordnung der gesamten Ausschließlichen Wirtschaftszone zum Küstenmeer oder zumindest einer Zuordnung der residuellen Rechte zum Küstenmeer verwirklicht. Hätte man die residuellen Rechte jedoch bei den Küstenstaaten belassen wollen, hätte es einer anderen Regelung als derer in Teil V des Seerechtsübereinkommens bedurft. Im Übrigen wurden die Rechte und Pflichten des Küstenstaates sowie der Drittstaaten ausdrücklich im entscheidenden Teil V geregelt (Art. 55 SRÜ). Kraft dieser Regelung im Seerechtsübereinkommen ist die Gefahr einer creeping jurisdiction als gering einzuschätzen. Diese Auffassung wurde auch wiedergegeben auf der 13. Sitzung des AALCC vom 18. bis 25.01.1972 in Lagos (Nigeria) von Kenia, vgl. hierzu: Gündling, Die 200-Seemeilen-Wirtschaftszone, S. 40.

933 So auch: Hasselmann, Die Freiheit der Handelsschiffahrt, S. 137. Siehe auch die Erörterung von Oxman zu Art. 55 SRÜ: "The régime is found in part V of the Convention (Economic Zone), but under that régime, rights and freedom are governed by relevant provisions of the Convention, including provisions of part VII (High Seas). The article attempts to accommodate the sui generis approach with objections to that approach." Vgl. Oxman, AJIL, Vol. 72 (1978), S. 57 (72).

934 *O'Connell* erörtert ebenfalls die oben genannten möglichen Varianten (nämlich dass die Ausschließliche Wirtschaftszone einen dem Küstenmeer oder einen der Hohen See ähnlichen Charakter hat), vgl.: O'Connell, The International Law of the Sea, Vol. I, S. 579. Diese Varianten vermögen jedoch nicht zu überzeugen, da weder eine ausschließliche Ähnlichkeit mit dem Küstenmeer noch mit der Hohen See besteht.

henden Interessen gegeneinander abgewogen werden müssen[935], weil sich durch die Eigenheit der Zone eine pauschale Betrachtungsweise verbietet. Daraus folgt aber auch, dass die Ausschließliche Wirtschaftszone eine Zone mit sui-generis-Charakter ist und dass ihr Rechtsstatus ebenfalls nicht dem der Hohen See oder dem des Küstenmeeres zugeordnet werden kann. Dies wird bestärkt durch die neue Regelung der Ausschließlichen Wirtschaftszone in einem eigenen Teil des Seerechtsübereinkommens sowie der Entstehungsgeschichte dieses Teils.

Sofern sich eine Kompetenz nicht aus Art. 56 oder 58 SRÜ ergibt, also ein residuelles Recht in Frage steht, muss eine Zuordnung im Einklang mit Art. 59 SRÜ erfolgen[936]. Dieser ist die Grundlage für die Lösung von Konflikten über die Zuweisung von Rechten und Hoheitsbefugnissen in der Ausschließlichen Wirtschaftszone. Dem Küstenstaat stehen keinesfalls von vornherein residuelle Rechte zu[937].

V. Rechte des Küstenstaates in seiner Ausschließlichen Wirtschaftszone

Die Rechte des Küstenstaates werden in Art. 56 SRÜ geregelt und lassen sich in drei Gruppen unterteilen[938]:

Art. 56 Abs. 1:

- lit. a) SRÜ[939] weist dem Küstenstaat „souveräne Rechte" (wie zum Zweck der Ausbeutung der lebenden Ressourcen) zu,
- lit. b)[940] gewährt ihm „Hoheitsbefugnisse" (wie zur Errichtung und Nutzung von künstlichen Inseln) und

---

935 So auch: Robertson, VJIL, Vol. 24 (1984), S. 865 (879). Näheres hierzu siehe weiter unten.

936 Siehe hierzu: Hasselmann, Die Freiheit der Handelsschiffahrt, S. 207 ff.

937 Diese Auffassung vertrat auch Deutschland bei der Ratifikation des Seerechtsübereinkommens. Siehe hierzu: http://www.un.org/Depts/los/convention_agreements/convention declarations.htm#Germany%20Upon%20accession.

938 Auf die dem Küstenstaat zustehenden Rechte soll nur kurz und lediglich der Vollständigkeit halber eingegangen werden. Eine ausführliche Behandlung dieses Themas findet sich bei: Hasselmann, Die Freiheit der Handelsschiffahrt, S. 149 ff.

939 Art. 56 Abs 1 lit. a) SRÜ lautet:
„In der ausschließlichen Wirtschaftszone hat der Küstenstaat
a) souveräne Rechte zum Zweck der Erforschung und Ausbeutung, Erhaltung und Bewirtschaftung der lebenden und nichtlebenden natürlichen Ressourcen der Gewässer über dem Meeresboden, des Meeresbodens und seines Untergrunds sowie hinsichtlich anderer Tätigkeiten zur wirtschaftlichen Erforschung und Ausbeutung der Zone wie der Energieerzeugung aus Wasser, Strömung und Wind."

- lit. c) gesteht ihm *„andere in diesem Übereinkommen vorgesehene Rechte und Pflichten"* zu.

1. Art. 56 Abs. 1 lit. a) und b) SRÜ

Das Seerechtsübereinkommen unterscheidet zwischen „souveränen Rechten" und „Hoheitsbefugnissen", so dass zunächst angenommen werden muss, dass zwischen beiden Alternativen ein Unterschied bestehen muss[941]. Dies ist jedoch nicht immer der Fall. Mit *Proelß* ist davon auszugehen, dass die Hoheitsbefugnisse zwar hinter den souveränen Rechten des Küstenstaates zurückbleiben können, dies jedoch nicht zwingend müssen[942]. Entscheidend ist stets die den Art. 56 Abs. 1 lit. b) SRÜ konkretisierende Regelung[943]. Als Beispiel hierfür kann Art. 56 Abs. 1 lit. b) SRÜ dienen, welcher dem Küstenstaat „Hoheitsbefugnisse" in Bezug auf die Errichtung und Nutzung von künstlichen Anlagen [...] verleiht[944]. Art. 56 Abs. 1 lit. b) SRÜ wird dann wiederum durch Art. 60 SRÜ konkretisiert, der dem Küstenstaat in der Ausschließlichen Wirtschaftszone das *„ausschließliche Recht zur Errichtung sowie zur Genehmigung und Regelung der Errichtung, des Betriebs und der Nutzung"* dieser künstlichen Inseln und Anlagen zuweist[945]. In diesem Fall wird dem Küstenstaat ein ausschließliches Recht zugesprochen, wodurch eine Hoheitsbefugnis einem souveränen Recht gleichwertig gegenüber steht[946].

Im Ergebnis muss daher immer eine Einzelfallanalyse vorgenommen werden, um zu entscheiden, ob eine Hoheitsbefugnis hinter einem souveränen Recht zurückbleibt oder ob es an dieses heranreicht.

---

940 Art. 56 Abs. 1 lit. b) SRÜ lautet:
„In der ausschließlichen Wirtschaftszone hat der Küstenstaat
b) Hoheitsbefugnisse, wie in den diesbezüglichen Bestimmungen dieses Übereinkommens vorgesehen, in bezug auf
i. die Errichtung und Nutzung von künstlichen Inseln, von Anlagen und Bauwerken;
ii. die wissenschaftliche Meeresforschung;
iii. den Schutz und die Bewahrung der Meeresumwelt;"

941 Zu einer ausführlichen Unterscheidung siehe: Proelß, in: Vitzthum, Handbuch des Seerechts, Kapitel 3 Rn. 223/224; Hasselmann, Die Freiheit der Handelsschiffahrt, S. 149/150.

942 Proelß, in: Vitzthum, Handbuch des Seerechts, Kapitel 3 Rn. 224.

943 Proelß, in: Vitzthum, Handbuch des Seerechts, Kapitel 3 Rn. 224; so auch: Gündling, Die 200-Seemeilen-Wirtschaftszone, S. 216; Hasselmann, Die Freiheit der Handelsschiffahrt, S. 155.

944 So auch: Hasselmann, Die Freiheit der Handelsschiffahrt, S. 155.

945 So auch: Hasselmann, Die Freiheit der Handelsschiffahrt, S. 155.

946 So wohl auch: Proelß, in: Vitzthum, Handbuch des Seerechts, Kapitel 3 Rn. 223.

2. Art. 56 Abs. 1 lit. c) SRÜ

Unter den in lit. c) angesprochenen sonstigen Rechten ist ein Verweis auf die in der Anschlusszone bestehenden Kontrollrechte des Küstenstaates zu verstehen, sofern der Küstenstaat auch eine Anschlusszone proklamiert hat und diese sich mit der Ausschließlichen Wirtschaftszone überschneidet[947].

VI. Rechte dritter Staaten in der Ausschließlichen Wirtschaftszone

Die Rechte dritter Staaten in einer fremden Ausschließlichen Wirtschaftszone ergeben sich aus Art. 58 SRÜ und müssen in zwei verschiedene Gruppen untergliedert werden:

- die sog. „Kommunikationsfreiheiten"[948] der Hohen See (Art. 58 Abs. 1 Gruppe 1 SRÜ) und
- ein weiteres Nutzungsrecht der Ausschließlichen Wirtschaftszone (ebenfalls Art. 58 Abs. 1 Gruppe 2 SRÜ).

1. Art. 58 Abs. 1 Gruppe 1, die sog. „Kommunikationsfreiheiten"

Art. 58 Abs. 1 Gruppe 1 SRÜ gewährt dritten Staaten in einer fremden Ausschließlichen Wirtschaftszone – vorbehaltlich der diesbezüglichen Bestimmungen dieses Übereinkommens[949] – die in Art. 87 Abs. 1 SRÜ normierten *„Freiheiten der Schiffahrt, des Überflugs und der Verlegung unterseeischer Kabel und Rohrleitungen"*[950].

Grundsätzlich wird Schiffen dritter Staaten in einer fremden Ausschließlichen Wirtschaftszone diejenige Schifffahrtsfreiheit gestattet, die auch auf Hoher See gilt[951]. Die Wortwahl des Art. 58 Abs. 1 SRÜ *„Freiheiten der Schiffahrt"* und die Inbezugnahme von Art. 87 SRÜ sind insofern eindeutig. Es handelt sich demnach nicht – wie gelegentlich vertreten wurde[952] – nur um ein bloßes Durch-

---

947 Proelß, in: Vitzthum, Handbuch des Seerechts, Kapitel 3 Rn. 269. Zur Überschneidungsmöglichkeit von Ausschließlicher Wirtschaftszone und Anschlusszone siehe weiter unten.

948 Vgl. Proelß, in: Vitzthum, Handbuch des Seerechts, Kapitel 3 Rn. 271 ff.

949 Näheres hierzu siehe unten.

950 Nicht Gegenstand dieser Arbeit sind die Freiheiten des Überflugs und der Verlegung unterseeischer Kabel und Rohrleitungen. Zu diesen Freiheiten siehe: Churchill/Lowe, The Law of the Sea, S. 173 ff.

951 So im Ergebnis auch: Hasselmann, Die Freiheit der Handelsschiffahrt, S. 186.

952 So: Pueyo Losa, Revista Española de Derecho Internacional, Vol. XXX (1977), S. 265 (282–287)

fahrtsrecht durch die Ausschließliche Wirtschaftszone[953]. Die Freiheit der Schifffahrt, wie Art. 58 SRÜ sie gewährt, steht jedoch – abweichend von Art. 87 Abs. 1 SRÜ – unter dem Vorbehalt, dass sie *„mit den anderen Bestimmungen des Übereinkommens vereinbar sein"* muss[954].

Auch wenn die in Art. 87 Abs. 1 SRÜ aufgelisteten Freiheiten nicht abschließender Natur sind[955], so müssen die vier in Art. 58 Abs. 1 Gruppe 1 SRÜ genannten Freiheiten für die Ausschließliche Wirtschaftszone als abschließend betrachtet werden[956]. Dies folgt daraus, dass kein genereller Verweis auf Art. 87 Abs. 1 SRÜ erfolgt ist, sondern vielmehr die für die Ausschließliche Wirtschaftszone anwendbaren Freiheiten explizit – abschließend – aufgezählt wurden[957].

2. *Art. 58 Abs. 1 Gruppe 2*

Art. 58 Abs. 1 Gruppe 2 SRÜ gestattet noch eine weitere Nutzungsmöglichkeit der Ausschließlichen Wirtschaftszone für dritte Staaten, namentlich *„andere völkerrechtlich zulässige, mit diesen Freiheiten zusammenhängende Nutzungen des Meeres, insbesondere im Rahmen des Einsatzes von Schiffen und Luftfahrzeugen sowie des Betriebs unterseeischer Kabel und Rohrleitungen, die mit den anderen Bestimmungen des Übereinkommens vereinbar sind."*

Leider mangelt es dieser Vorschrift an Eindeutigkeit und Klarheit. So ist nicht ersichtlich, was unter der in Art. 58 Abs. 1 gewählten Formulierung *„sowie andere völkerrechtlich zulässige, mit diesen Freiheiten zusammenhängende Nutzung des Meeres ..."* zu verstehen ist.

a. Entstehungsgeschichte der Vorschrift

Die Formulierung *„sowie andere völkerrechtlich zulässige, mit diesen Freiheiten zusammenhängende Nutzung des Meeres ..."* wurde auf Insistieren der Schifffahrtsnationen in das Seerechtsübereinkommen aufgenommen[958], womit

---

953 So auch: Hasselmann, Die Freiheit der Handelsschiffahrt, S. 186.

954 Nähere Ausführungen dazu siehe unten.

955 Siehe die Formulierung in Art. 87 SRÜ vor der Auflistung der Freiheiten: *„... unter anderem ..."*.

956 So auch: Hasselmann, Die Freiheit der Handelsschiffahrt, S. 187.

957 So auch: Hasselmann, Die Freiheit der Handelsschiffahrt, S. 187.

958 Proelß, in: Vitzthum, Handbuch des Seerechts, Kapitel 3 Rn. 271. Vgl. beispielhaft den Vorschlag der USA vom 08.08.1974: A/CONF.62/C.2/L.47, abgedruckt in: (Third) UNCLOS, Official Records, Vol. III, S. 222. Die USA schlagen unter anderem in Art. 7 ihres Vorschlags bzgl. des Ausschließlichen Wirtschaftszone-Teils eine umfassende und

sich diese gegen einige Entwicklungsländer und andere Staaten durchsetzten, welche nur die vier Freiheiten der Gruppe 1 des Art. 58 Abs. 1 SRÜ als die den Drittstaaten in der Ausschließlichen Wirtschaftszone zustehenden Rechte akzeptieren wollten[959]. Nachdem die Schifffahrtsnationen ihr Ziel erreicht hatten, versäumten sie es jedoch, Beispiele zu liefern, wann die Voraussetzung *„sowie andere völkerrechtlich zulässige, mit diesen Freiheiten zusammenhängende Nutzung des Meeres ...“* erfüllt sein soll, was zu den nun bestehenden Unklarheiten führt[960].

b. Militärische Nutzung der Ausschließlichen Wirtschaftszone

Auf den ersten Blick scheint Gruppe 2 keine eigenständige Bedeutung zuzukommen, da die „klassischen“ schifffahrtsrelevanten Betätigungen von der Gruppe 1 abgedeckt werden. Relevant wird diese Gruppe jedoch für die streitige Frage der Nutzung einer fremden Ausschließlichen Wirtschaftszone für militärische Zwecke durch Drittstaaten und eine Regelungs- bzw. Untersagungsbefugnis einer solchen Nutzung durch den jeweiligen Küstenstaat[961].

Eine Regelungsbefugnis des Küstenstaates ist zunächst dort anerkannt, wo der Küstenstaat in seiner Ausschließlichen Wirtschaftszone gemäß Art. 60 Abs. 4 SRÜ um künstliche Inseln, Anlagen und Bauwerke angemessene Sicherheitszonen einrichtet. Hier ist es ihm gestattet, geeignete Maßnahmen zu ergreifen, *„um die Sicherheit der Schiffahrt sowie der künstlichen Inseln, Anlagen und Bauwerke zu gewährleisten“*. Nach Art. 60 Abs. 6 SRÜ haben alle Schiffe diese Sicherheitszonen zu beachten[962], was dazu führt, dass in diesen Sicherheitszonen unstreitig auch keine militärische Nutzung der Ausschließlichen Wirtschaftszone möglich ist[963].

---

großzügige Regelung vor: *"NAVIGATION, OVERFLIGHT, AND OTHER RIGHTS: Nothing in this chapter shall affect the rights of freedom of navigation and overflight, and other rights recognized by the general principles of international law, except as otherwise specifically provided in this Convention. The provisions of this article do not apply to activities for which the authorization of the coastal State is required pursuant to this Convention."*

959 Gündling, Die 200-Seemeilen-Wirtschaftszone, S. 272 m.w.N.

960 Proelß, in: Vitzthum, Handbuch des Seerechts, Kapitel 3 Rn. 271.

961 So im Ergebnis auch: Hasselmann, Die Freiheit der Handelsschiffahrt, S. 192.

962 Art. 60 Abs. 6 SRÜ: *„Alle Schiffe müssen diese Sicherheitszonen beachten und die allgemein anerkannten internationalen Normen über die Schiffahrt in der Nähe von künstlichen Inseln, Anlagen, Bauwerken und Sicherheitszonen einhalten.“*

963 So wohl auch: Heintschel von Heinegg, in: Vitzthum, Handbuch des Seerechts, Kapitel 7 Rn. 100.

aa. Unzulässigkeit einer militärischen Nutzung

Einige Staaten sind der Auffassung, eine militärische Nutzung ihrer Ausschließlichen Wirtschaftszone durch Drittstaaten untersagen bzw. von einer Genehmigung abhängig machen zu können[964]. Bei der Ratifizierung des Seerechtsübereinkommens erklärte eine Staatengruppe (Brasilien, Indien, Malaysia, Kap Verde und Uruquay, zusammen auch als „Territorialisten“ bezeichnet[965]), dass eine militärische Nutzung der Ausschließlichen Wirtschaftszone durch Drittstaaten nur nach vorheriger Genehmigung des Küstenstaates zulässig sei[966].

Diese Auffassung findet sich auch in nationalen Gesetzen wie denen Brasiliens und des Iran wieder[967]. Indien hat sich ebenfalls ein Schlupfloch in seiner nationalen Gesetzgebung zur möglichen Ausübung seiner Hoheitsmacht in der Ausschließlichen Wirtschaftszone geschaffen, welches ihm “any enactment ... in force in India or any part thereof” in seiner Ausschließlichen Wirtschaftszone erlaubt[968].

Diese Auffassung gründet im Wesentlichen auf zwei Überlegungen:

(1) Art. 58 Abs. 3 SRÜ

Einerseits wird diese Auffassung durch den Wortlaut des Art. 58 Abs. 3 SRÜ begünstigt:

> *„Die Staaten berücksichtigen bei der Ausübung ihrer Rechte und der Erfüllung ihrer Pflichten aus diesem Übereinkommen in der ausschließlichen Wirtschaftszone gebührend die Rechte und Pflichten des Küstenstaats und halten die von ihm in Übereinstimmung mit dem Übereinkommen und den sonstigen Regeln des Völkerrechts erlassenen Gesetze und sonstigen Vorschriften ein, soweit sie mit diesem Teil nicht unvereinbar sind.“*

---

964 Siehe hierzu ausführlich: Churchill/Lowe, The Law of the Sea, S. 427 ff.

965 Siehe hierzu: Rose, ODIL, Vol. 20 (1989), S. 123 (126 ff.).

966 Heintschel von Heinegg, in: Vitzthum, Handbuch des Seerechts, Kapitel 7 Rn. 102; Churchill/Lowe, The Law of the Sea, S. 427. Siehe hierzu die Deklarationen dieser Staaten: http://www.un.org/Depts/los/convention_agreements/convention_declarations.htm#.

967 Bzgl. Brasilien siehe Chapter III Art. 9 (LOSB, Vol. 23 [1993], S. 19); bzgl. Iran Part III Art. 16 (LOSB, Vol. 24 [1993], S. 14); Churchill/Lowe, The Law of the Sea, S. 427.

968 Art. 7 Abs. 7 des “Indian Maritime Zones Act” (1976), vgl. hierzu: Attard, The Exclusive Economic Zone in International Law, S. 51/52; Rose, ODIL, Vol. 20 (1989), S. 123 (126). Staaten, die ähnliche Schlupflöcher in ihrer nationalen Gesetzgebung haben, sind Barbados, Guyana, Mauritius, Pakistan und die Seychellen, vgl.: Burke, ODIL, Vol. 9 (1981), S. 289 (296); Rose, ODIL, Vol. 20 (1989), S. 123 (140 Ziff. 20).

Aus dieser Verpflichtung zur gebührenden Berücksichtigung der Rechte und Pflichten des Küstenstaats durch Drittstaaten leiten die sog. „Territorialisten" ab, dass militärische Übungen genau dieser erforderlichen Rücksichtnahme zuwiderlaufen[969].

(2) Art. 301 SRÜ

Andererseits wird diese Auffassung auch – wie im Falle von Brasilien – auf ein weites Verständnis des Art. 301 SRÜ[970] gestützt. Art. 301 SRÜ setzt voraus, dass sich die *„Vertragsstaaten jeder Androhung oder Anwendung von Gewalt"* zu enthalten haben. In der Durchführung eines Manövers, speziell bei Nutzung von Waffen oder Sprengstoffen, erblickt Brasilien eine „Androhung von Gewalt"[971].

bb. Zulässigkeit einer militärischen Nutzung

Entgegen der oben erörterten Auffassung der Territorialisten ist die militärische Nutzung einer Ausschließlichen Wirtschaftszone zulässig.

(1) Entstehungsgeschichte und Wortlaut

Als Argument für die Zulässigkeit einer militärischen Nutzung ist zunächst die Entstehungsgeschichte des Art. 58 SRÜ anzuführen, wonach es bereits im Rahmen der Verhandlungen zum Seerechtsübereinkommen heftige Diskussionen zwischen einer Gruppe lateinamerikanischer Staaten[972], welche sich ausdrücklich gegen die Zulässigkeit von Waffenübungen in einer Ausschließlichen Wirtschaftszone aussprachen[973], und den Seemächten, die vehement auf die Zuläs-

---

969 So im Ergebnis auch: Heintschel von Heinegg, in: Vitzthum, Handbuch des Seerechts, Kapitel 7 Rn. 102; Siehe hierzu auch: Francioni, CILJ, Vol. 18 (1985), S. 203 (216).

970 Art. 301 SRÜ lautet: *„Bei der Ausübung ihrer Rechte und in Erfüllung ihrer Pflichten aufgrund dieses Übereinkommens enthalten sich die Vertragsstaaten jeder Androhung oder Anwendung von Gewalt, die gegen die territoriale Unversehrtheit oder die politische Unabhängigkeit eines Staates gerichtet oder sonst mit den in der Charta der Vereinten Nationen niedergelegten Grundsätzen des Völkerrechts unvereinbar ist."*

971 Vgl. hierzu: Rose, ODIL, Vol. 20 (1989), S. 123 (127).

972 Siehe hierzu unter anderem die Forderung nach einer eindeutigen Regelung seitens des Vertreters von Brasilien beim 53. Meeting am 17.04.1978: UN Doc./CONF.62/C.2/SR 53, abgedruckt in: (Third) UNCLOS, Official Records, Vol. IX, S. 129.

973 Rose, ODIL, Vol. 20 (1989), S. 123 (127); Boczek, ODIL, Vol. 19 (1988), S. 445 (449); als Reaktion auf diese Verhandlungen entwarf Peru einen Vorschlag, nach welchem Kriegsschiffe von nicht navigatorischen ("non-navigational") Tätigkeiten in einer fremden Ausschließlichen Wirtschaftszone Abstand zu nehmen haben, hierzu auch: Rose, ODIL, Vol. 20 (1989), S. 123 (127); Francioni, CILJ, Vol. 18 (1985), S. 203 (215).

sigkeit solcher Waffenübungen in Verbindung mit den Hohe-See-Freiheiten in der Ausschließlichen Wirtschaftszone bestanden, gab[974]. Der letztlich vereinbarte Wortlaut spricht – auch und gerade im Lichte seiner Entstehungsgeschichte[975] – eher für die Zulässigkeit von militärischen Übungen in der Ausschließlichen Wirtschaftszone als dagegen[976].

(2) Unzulässigkeit durch Art. 58 Abs. 3 SRÜ?

Die oben dargestellten Überlegungen der Territorialisten zu Art. 58 Abs. 3 SRÜ sind abzulehnen. Dies folgt daraus, dass Art. 58 Abs. 3 SRÜ im Zusammenspiel mit den restlichen Absätzen des Art. 58 SRÜ gesehen werden muss und nicht isoliert betrachtet werden darf[977]. Art. 58 Abs. 1 SRÜ führt sowohl die Rechte der Drittstaaten eindeutig auf, stellt aber auch ausdrücklich auf die anderen völkerrechtlich zulässigen Nutzungen des Meeres ab: *„insbesondere im Rahmen*

---

974 Francioni, CILJ, Vol. 18 (1985), S. 203 (214); ausführlich hierzu: Rose, ODIL, Vol. 20 (1989), S. 123 (141 Nr. 32). Auch der Kompromissvorschlag seitens des Vereinigten Königreichs, nämlich eine Verknüpfung zu Art. 2 Abs. 4 der Charta vorzunehmen, schlug fehl. Siehe hierzu: Francioni, CILJ, Vol. 18 (1985), S. 203 (215).

975 Ursprünglich (im Entwurf des Informal Single Negotiating Text “ISNT”) war der Wortlaut restriktiver. Er lautete: “... other internationally lawful uses of the sea related to navigation and communication.” Vgl. hierzu: Informal Single Negotiating Text, 07.05. 1975, Art. 47 para. 1 UN Doc.A/CONF.62/WP.5/Part II; auch abgedruckt in: Platzöder, Third United Nations Conference on the Law of the Sea: documents of the Geneva session, Werkhefte, Vol. 27, S. 46. – Die großen Seemächte sprachen sich für einen noch weiteren Wortlaut aus, nämlich “other lawful use of the sea”, vgl. hierzu: Francioni, CILJ, Vol. 18 (1985), S. 203 (215 Fn. 43); Extavour, The Exclusive Economic Zone, S. 239. – Siehe zu der Entwicklungsgeschichte auch die verschiedenen Entwürfe afrikanischer Staaten:

- in Bezug auf Nigeria: revised draft articles on the exclusive economic zone: UN Doc.A/CONF.62/C.2/L.21/Rev. 1, abgedruckt in: (Third) UNCLOS, Official Records, Vol. III, S. 199;
- in Bezug auf Gambia, Ghana, die Elfenbeinküste, Kenia, Lesotho, Liberia, Libyen, Madagaskar, Mali, Mauretanien, Marokko, Senegal, Sierra Leone, Sudan, Tunesien, Kamerun, Tansania: die draft articles on the exclusive economic zone: U.N.Doc.A/ CONF.62/C.2/L.82, abgedruckt in: (Third) UNCLOS, Official Records, Vol. III, S. 240.

A. A.: Rauch, Politische Konsequenzen und Möglichkeiten der Seerechtsentwicklung aus der Sicht der UdSSR, Bd. 36 (1977), S. 97.

976 So auch: Heintschel von Heinegg, in: Vitzthum, Handbuch des Seerechts, Kapitel 7 Rn. 102; Rose, ODIL, Vol. 20 (1989), S. 123 (128); Oxman, VJIL, Vol. 24 (1984), S. 809 (838); Robertson, VJIL, Vol. 24 (1984), S. 865 (886); Geck, in: Festschrift Mosler, S. 281 (334); Francioni, CILJ, Vol. 18 (1985), S. 203 (215); Gündling, Die 200-Seemeilen-Wirtschaftszone, S. 273.

977 So im Ergebnis auch: Heintschel von Heinegg, in: Vitzthum, Handbuch des Seerechts, Kapitel 7 Rn. 102.

des Einsatzes von Schiffen ... "[978]. Diese Bezugnahme erfolgte ohne Unterscheidung zwischen zivilen und militärischen Schiffen[979], was vor dem geschichtlichen Hintergrund verständlich wird. Traditionellerweise finden militärische Übungen und Manöver in den Gebieten statt, die sich an die Küstenmeere der Staaten anschließen[980]. Aus diesem Grund protestierten auch große Seemächte (unter anderem Deutschland[981], Italien[982], das Vereinigte Königreich[983] und die Niederlande[984]) gegen das Vorgehen und die Deklarationen der Territorialisten, welche militärische Übungen in ihren Ausschließlichen Wirtschaftszonen für nicht zulässig halten. Interessant ist in diesem Zusammenhang auch die Stellungnahme der USA zu dieser Frage:

> *"At the same time, all States continue to enjoy in the zone traditional high seas freedoms of navigation ..., and other internationally lawful uses of the sea related to these freedoms, which remain qualitatively and quantitatively the same as those freedoms when seaward of the zone. Military operations, exercises and activities have always been regarded as internationally lawful uses of the sea. The right to conduct such activities will continue to be enjoyed by all States in the exclusive economic zone. This is the import of article 58 of the convention."*[985]

(3) Unzulässigkeit durch Art. 301 SRÜ?

Auch die Bezugnahme der Territorialisten auf Art. 301 SRÜ kann nicht überzeugen, da Art. 301 SRÜ nur Art. 2 Nr. 4 der Charta der Vereinten Nationen wiedergibt[986], ohne neue Verpflichtungen zu den bereits Bestehenden für die

---

978 So auch: Rose, ODIL, Vol. 20 (1989), S. 123 (126).

979 Heintschel von Heinegg, in: Vitzthum, Handbuch des Seerechts, Kapitel 7 Rn. 102.

980 Heintschel von Heinegg, in: Vitzthum, Handbuch des Seerechts, Kapitel 7 Rn. 102.

981 http://www.un.org/Depts/los/convention_agreements/convention_declarations.htm#Germany% 20Upon%20accession.

982 http://www.un.org/Depts/los/convention_agreements/convention_declarations.htm#Italy %20Declarations%20made%20upon%20signature%20%287%20December%201984%29%20and%20confirmed%20upon%20ratification.

983 BGBl. 1998 II, S. 1684/1685.

984 http://www.un.org/Depts/los/convention_agreements/convention_declarations.htm#Neth erlands %20Upon%20ratification.

985 UN Doc.A/CONF.62/WS/37, abgedruckt in: (Third) UNCLOS, Official Records, Vol. XVII, S. 244.

986 Wiefelspütz, NZWehrR 2005, S. 146 (153); Bruha, AVR, Bd. 40 (2002), S. 383 (399); wohl auch: Francioni, CILJ, Vol. 18 (1985), S. 203 (216). Art. 2 Nr. 4 der Charta der Vereinten Nationen lautet: *„Alle Mitglieder unterlassen in ihren internationalen Beziehungen jede gegen die territoriale Unversehrtheit oder die politische Unabhängigkeit*

Staaten hinzuzufügen[987]. Art. 301 SRÜ bildet auch kein neues mit den "zones of peace" vergleichbares Regime[988] und hebt auch nicht die Hohe-See-Freiheiten des Art. 58 SRÜ auf[989].

Vielmehr ist anerkannt, dass Waffenerprobungen nicht unter das völkerrechtliche Gewaltverbot fallen, so dass weder Art. 2 Abs. 4 der Charta der Vereinten Nationen noch Art. 301 SRÜ eingreift[990].

(4) Verbot der umfassenden Beeinträchtigung der Schifffahrt

Letztlich ergibt sich die Zulässigkeit einer militärischen Nutzung der Ausschließlichen Wirtschaftszone auch dadurch, dass die Schifffahrt gemäß den Vorschriften des Seerechtsübereinkommens nur durch vereinzelte Nutzungsrechte der Küstenstaaten beeinträchtigt werden darf. Es gilt die bestehenden Nutzungsrechte mit den daraus oftmals resultierenden Einschränkungen für die Schifffahrt nicht durch weitere Einschränkungen zu vermehren[991]. Dies folgt auch aus dem Rechtsstatus der Ausschließlichen Wirtschaftszone als Zone sui generis (damit einhergehend das gleichwertige Gegenüberstehen der Rechte und Pflichten von Küsten- und Drittstaaten). Eine andere Handhabung würde darüber hinaus die Gefahr einer creeping jurisdiction mit sich bringen, weil die Küstenstaaten sich darin bestärkt fühlen könnten, immer neue unliebsame Handlungen von Drittstaaten zu unterbinden.

---

eines Staates gerichtete oder sonst mit den Zielen der Vereinten Nationen unvereinbare Androhung oder Anwendung von Gewalt.“

987 So auch: Oxman, VJIL, Vol. 24 (1984), S. 809 (814).

988 Während der Verhandlungen im Rahmen der UNCLOS III setzte sich eine Staatengruppe für eine völlige Demilitarisierung der Ozeane ein. Eine andere kleine Staatengruppe drängte auf die Gründung von "Zones of Peace"als regionales Konzept. Beide Konzepte wurden wegen des Widerstandes der großen Seemächte letztlich verworfen. Vgl. hierzu: Rose, ODIL, Vol. 20 (1989), S. 123 (141 Nr. 29); A/CONF.62/SR.66, A/CONF.62/SR.67, A/CONF.62/SR.68, abgedruckt in: (Third) UNCLOS Official Records, Vol. V, S. 54–68.

989 Rose, ODIL, Vol. 20 (1989), S. 123 (127).

990 Vitzthum, Völkerrecht, S. 437 Fn. 212.

991 In diesem Zusammenhang weist *Francioni* darauf hin, dass es in Zukunft hier sowieso zu verstärkten Einflussmöglichkeiten der Küstenstaaten kommen könnte, insbesondere wenn sich mehrere Ausschließliche Wirtschaftszonen überlappen und damit neue Formen eines wirtschaftlichen Managaments solcher Ausschließlicher Wirtschaftszonen entstehen können. Er führt abschließend aus: *"This may provide a reasonable ground for at least limiting large-scale maneuvers and the firing of weapons by foreign navies"*, vgl.: Francioni, CILJ, Vol. 18 (1985), S. 203 (216).

Folglich steht es Drittstaaten in einer fremden Ausschließlichen Wirtschaftszone frei, Waffenübungen und Manöver durchzuführen.

cc. Einschränkung des Rechts der militärischen Nutzung

Die Vorschrift des Art. 58 Abs. 3 SRÜ setzt allerdings voraus, dass die dem Küstenstaat in seiner Ausschließlichen Wirtschaftszone zustehenden Rechte durch Tätigkeiten eines Drittstaates weder unmöglich gemacht noch in unverhältnismäßigerweise erschwert werden[992]. Im Übrigen sind – auch unter Berücksichtigung des Art. 2 Nr. 4 und Art. 301 SRÜ – Dauer und Maß von militärischen Übungen in der Ausschließlichen Wirtschaftszone auf das Nötigste zu beschränken[993].

c. Auslegung

Art. 58 Abs. 1 Gruppe 2 SRÜ ist im Übrigen nicht restriktiv auszulegen, da in diese Gruppe alle sonstigen völkerrechtlichen Nutzungen fallen, sofern sie noch mit der Schifffahrtsfreiheit im Sinne des Art. 87 Abs. 1 SRÜ zusammenhängen[994].

VII. Beschränkungen der Schifffahrt

Die in Art. 58 SRÜ genannten Freiheiten sind jedoch einigen Beschränkungen in Art. 58 Abs. 1, Abs. 2 und weiteren Vorschriften unterworfen. In der Ausschließlichen Wirtschaftszone unterliegen die Kommunikationsfreiheiten damit engeren Grenzen als auf Hoher See[995].

1. „vorbehaltlich der diesbezüglichen Bestimmungen dieses Übereinkommens“, Art. 58 Abs. 1 SRÜ

Beiden Gruppen des Art. 58 Abs. 1 SRÜ werden die dargestellten Rechte nur *„vorbehaltlich der diesbezüglichen (“relevant”) Bestimmungen dieses Übereinkommens“* gewährt.

Wann es sich um eine *„diesbezügliche (“relevant”) Bestimmung“* handelt, muss mangels Regelung im Seerechtsübereinkommen ausgelegt werden. Hierunter

---

992 Heintschel von Heinegg, in: Vitzthum, Handbuch des Seerechts, Kapitel 7 Rn. 103.

993 So auch: Heintschel von Heinegg, in: Vitzthum, Handbuch des Seerechts, Kapitel 7 Rn. 103.

994 So auch: Hasselmann, Die Freiheit der Handelsschiffahrt, S. 189.

995 Proelß, in: Vitzthum, Handbuch des Seerechts, Kapitel 3 Rn. 273.

können keinesfalls alle Bestimmungen des Seerechtsübereinkommens fallen, welche einen Bezug zu Freiheiten der Drittstaaten haben oder haben können, da dies zu einer starken Einschränkung der Schifffahrt führen würde[996]. Mit *Gündling* ist davon auszugehen, dass sich *„diesbezüglich"* somit – nach restriktiver Auslegung – nur auf diejenigen Vorschriften des Teils V bezieht, die ausdrücklich mit den Kommunikationsfreiheiten innerhalb der Ausschließlichen Wirtschaftszone in Verbindung stehen (wie Art. 60 Abs. 6 SRÜ)[997].

„Vorbehaltlich" heißt weiterhin auch keineswegs, dass die küstenstaatlichen Rechte zwingend vorrangig sind[998]. Auch hier muss eine Abwägung zwischen

---

996 So wohl auch: Gündling, Die 200-Seemeilen-Wirtschaftszone, S. 274.

997 Siehe: Gündling, Die 200-Seemeilen-Wirtschaftszone, S. 274, entgegen der Auffassung Gündlings auf S. 274, a.a.o. wohl auch: Extavour, The Exclusive Economic Zone, S. 236 ff. Nach Art. 60 Abs. 6 SRÜ müssen Schiffe in einer Ausschließlichen Wirtschaftszone Sicherheitszonen um künstliche Inseln [...] respektieren und „allgemein anerkannte internationale Schiffahrtsstandards" beachten.

998 Nicht zuzustimmen ist der Auffassung von *Proelß* (in: Vitzthum, Handbuch des Seerechts, Kapitel 3 Rn. 272), welcher wohl davon ausgeht, dass die exklusiven Rechte des Küstenstaates vorrangig sind. Dem schließt sich *Hasselmann* (a.a.o., S. 198/199) wohl überwiegend an, da er davon ausgeht, dass Art. 56 Abs. 1 lit. a) SRÜ, welcher die souveränen Rechte des Küstenstaates regelt, keinen Vorbehalt ähnlich dem des Art. 58 Abs. 1 SRÜ („vorbehaltlich der diesbezüglichen Bestimmungen dieses Übereinkommens") aufweise und somit im Konfliktfalle die souveränen Rechte des Küstenstaates Vorrang vor den Freiheiten und Rechten dritter Staaten aus Art. 58 Abs. 1 SRÜ haben könnten. Er betont, dass die Rechte dritter Staaten durch „sonstige Regeln des Völkerrechts" ("relevant provisions") beschränkt würden, worunter auch die souveränen Rechte des Art. 56 Abs. 1 lit. a) SRÜ fielen. Selbst wenn dies zutreffend ist, enthält Art. 56 Abs. 2 SRÜ jedoch auch die Verpflichtung des Küstenstaates bei der Ausübung seiner eigenen Rechte und Pflichten gebührend die entsprechenden Rechte und Pflichten anderer Staaten zu berücksichtigen und in einer Weise zu handeln, die mit dem Übereinkommen vereinbar ist. Dies stellt einen Vorbehalt dar, der auch für Art. 56 Abs. 1 lit. a) SRÜ gilt und der dem des Art. 58 Abs. 1 SRÜ vergleichbar ist. Die Rechte anderer/dritter Staaten müssen ausdrücklich berücksichtigt werden. Es kann hier kein qualitativer Unterschied zu dem Vorbehalt des Art. 58 Abs. 1 SRÜ entdeckt werden. Von dem Küstenstaat wird nämlich in Art. 56 Abs. 2 SRÜ auch verlangt, dass er in einer Weise handelt, die mit dem Übereinkommen vereinbar ist. In diesem Übereinkommen wird aber auch das Recht der Drittstaaten auf die Freiheit der Schifffahrt geregelt. Es ist nicht davon auszugehen, dass die Inbezugnahme des Art. 58 Abs. 1 SRÜ („vorbehaltlich [...]") zu einer Abstufung der Rechte von Küstenstaat und Drittstaat führen sollte. Vielmehr scheint es sich um eine – überflüssige – Wiederholung zu handeln. Auch wenn *Hasselmann* es nicht vollständig ausschließt, dass im Konfliktfall auch einmal die Rechte des Drittstaates vorgehen können, so betont er dennoch die Wirkung der souveränen Rechte des Küstenstaates besonders. Dies birgt die Gefahr, dass die grundsätzliche Gleichrangigkeit verzerrt und beeinflusst wird. Auch *Gündling* geht davon aus, dass eine Abwägung stattfinden muss und ein Ausgleich zu suchen ist (vgl. Gündling, Die 200 Seemeilen-Wirtschaftszone, S. 274). Es wurde eingangs betont, dass die Ausschließliche Wirtschaftszone nicht der küsten-

den Interessen des Küstenstaates und denen des Drittstaates vorgenommen werden, um der Eigenheit der Ausschließlichen Wirtschaftszone gerecht zu werden. Es muss berücksichtigt werden, dass die Ausschließliche Wirtschaftszone weder dem Küstenmeer noch der Hohen See entspricht, sondern einen eigenen Charakter hat. Ein wichtiges Kriterium ist hierbei die Gleichbehandlung von Küsten- und Drittstaaten[999], die es sicherzustellen gilt, um unter anderem die gelegentlich befürchtete creeping jurisdiction zu verhindern. Je nach Konstellation kann demnach also einmal ein Recht des Küstenstaates vorrangig sein, ein anderes Mal ein solches eines Drittstaates.

2. *Art. 58 Abs. 1 SRÜ in Verbindung mit Art. 87 Abs. 2 SRÜ*

Weiterhin sind die in Art. 58 Abs. 1 genannten Rechte der allgemeinen Beschränkung des Art. 87 Abs. 2 SRÜ unterworfen. Diese gilt, auch wenn Art. 58 Abs. 1 SRÜ nicht hierauf verweist[1000]. Es muss davon ausgegangen werden, dass der Abs. 2 des Art. 87 SRÜ lediglich übersehen und nicht absichtlich ausgelassen wurde[1001]. Art. 87 Abs. 2 fordert: *„Diese Freiheiten werden von jedem Staat unter gebührender Berücksichtigung der Interessen anderer Staaten an der Ausübung der Freiheit der Hohen See sowie der Rechte ausgeübt, die dieses Übereinkommen im Hinblick auf die Tätigkeiten im Gebiet vorsieht.“*

3. *Art. 58 Abs. 2 SRÜ*

Die Freiheit der Schifffahrt wird auch durch Art. 58 Abs. 2 SRÜ beschränkt, welcher die Art. 88–115 SRÜ und „sonstige diesbezügliche Regeln des Völkerrechts“ für anwendbar erklärt.

---

staatlichen Souveranität unterfällt. Daher ist immer der Einzelfall maßgeblich und nicht eine pauschale Annahme.

999 So wohl auch: Orrego Vicuña, The Exclusive Economic Zone, S. 102: *"It can be noted that none of the restrictions on or modalities of the freedom of other States in the light of the regime of the exclusive economic zone are geared toward a territorialization of the zone, but only reflect the need to accommodate different uses coexisting in the same area and respond to functional interests of a different nature. The concept of equilibrium that predominates in the regime of the exclusive economic zone becomes evident once again."*; a. A.: Proelß, in: Vitzthum, Handbuch des Seerechts, Kapitel 3 Rn. 273, welcher davon ausgeht, dass im Zweifel ein Vorrang der küstenstaatlichen Rechtspositionen besteht. Genau dies birgt jedoch die vorher von ihm angeprangerte Gefahr einer "creeping jurisdiction".

1000 Oxman, AJIL, Vol. 71 (1977), S. 247 (261); Hasselmann, Die Freiheit der Handelsschiffahrt, S. 187; a. A. wohl: Churchill/Lowe, The Law of the Sea, S. 170.

1001 Oxman, AJIL, Vol. 71 (1977), S. 247 (261); so wohl auch: Gündling, Die 200-Seemeilen-Wirtschaftszone, S. 271.

a. Art. 88–115 SRÜ

Durch die Geltung der Art. 88–115 SRÜ[1002] für die Ausschließliche Wirtschaftszone wurden die meisten Vorschriften über die Hohe See für anwendbar erklärt, soweit sie mit Teil V vereinbar sind. Auch für die Geltung dieser Vorschriften aus dem Regime der Hohen See waren die Schifffahrtsnationen verantwortlich[1003]. Ihr Ziel war es – trotz der küstenstaatlichen Nutzungsrechte in der Ausschließlichen Wirtschaftszone – den Status der Hohen See aufrecht zu erhalten[1004].

b. „sonstige diesbezügliche Regeln des Völkerrechts"

Was unter *„sonstige diesbezügliche Regeln des Völkerrechts"* zu verstehen ist, wird im Seerechtsübereinkommen nicht näher bestimmt. Es ist *Hasselmann* darin zuzustimmen, dass über Art. 58 Abs. 1 und 2 SRÜ schon der überwiegende Teil der Vorschriften über die Hohe See für die Ausschließliche Wirtschaftszone übernommen wurde und dass es nicht gewollt sein kann, die bislang nicht übernommenen Vorschriften jetzt über die *„Hintertür"*[1005] der *„sonstigen diesbezüglichen Regeln"* einzuschleusen[1006].

Vielmehr werden über Art. 58 Abs. 2 SRÜ solche Beschränkungen eingeführt, welche noch nicht in Teil VII des Seerechtsübereinkommens über die Hohe See oder auch Art. 87 Abs. 1 SRÜ (weil dieser mangels abschließender Aufzählung eben auch andere Nutzungsmöglichkeiten als die aufgeführten zulässt) verankert sind[1007]. Eingang finden hier daher geschriebene (beispielsweise internationale Verträge) wie auch ungeschriebene Regeln[1008].

1002 Zu der Anwendbarkeit dieser Artikel und den sich daraus möglicherweise ergebenden Schwierigkeiten siehe ausführlich: Orrego Vicuña, The Exclusive Economic Zone, S. 99–102.

1003 Gündling, Die 200-Seemeilen-Wirtschaftszone, S. 276.

1004 Gündling, Die 200-Seemeilen-Wirtschaftszone, S. 276; Extavour, The Exclusive Economic Zone, S. 241.

1005 Hasselmann, Die Freiheit der Handelsschiffahrt, S. 200.

1006 Hasselmann, Die Freiheit der Handelsschiffahrt, S. 200.

1007 Hasselmann, Die Freiheit der Handelsschiffahrt, S. 200.

1008 Oxman, AJIL, Vol. 72 (1978), S. 57 (72); Hudson, San Diego Law Review, Vol. 17 (1980), S. 661 (671); Hasselmann, Die Freiheit der Handelsschiffahrt, S. 200. So beispielsweise auch ein Moskauer Vertrag vom 05.08.1963, welcher das Verbot von Kernwaffenversuchen in der Atmosphäre, im Weltraum und unter Wasser regelt und auch für Deutschland gilt: BGBl. 1964 II, S. 906 ff.

4. Weitere Beschränkungen

Es existieren zwei weitere Beschränkungen, welche zwar nicht ausdrücklich im Seerechtsübereinkommen geregelt wurden, welche jedoch indirekt in den Vorschriften zum Ausdruck kommen[1009].

a. Verschmutzungskontrolle

Die ausländische Schifffahrt ist als eine weitere Beschränkung der küstenstaatlichen Verschmutzungskontrolle unterworfen[1010].

b. Art. 60 SRÜ

Weiterhin können sich auch dadurch für die Schifffahrt Beschränkungen ergeben, dass sich in der Ausschließlichen Wirtschaftszone künstliche Inseln, Anlagen oder Bauwerke befinden, welche zwar die Schifffahrt beschweren, auf deren Errichtung der Küstenstaat jedoch nach den Vorschriften dieses Teils einen Anspruch hat[1011]. Allerdings dürfen solche Inseln, Anlagen oder Bauwerke gemäß Art. 60 Abs. 7 SRÜ nicht dort errichtet werden, *„wo dies die Benutzung anerkannter und für die internationale Schiffahrt wichtiger Schiffahrtswege behindern kann“*. Sinn und Zweck des Art. 60 Abs. 7 SRÜ ist es, klarzustellen, dass bei Vorliegen eines solchen Schifffahrtsweges die Interessen der internationalen Schifffahrt gegenüber denen des Küstenstaates an der wirtschaftlichen Nutzung des Gebietes vorrangig sind[1012]. Problematisch an der Regelung des Art. 60 Abs. 7 SRÜ ist jedoch erneut der Wortlaut, weil keine Klarheit darüber besteht, wann ein solcher *wichtiger Schiffahrtsweg* vorhanden ist[1013]. Es existiert daher auch hier die Gefahr einer Machtverschiebung zu Gunsten des Küstenstaates. Dieser hat nämlich die Möglichkeit von Ermessensentscheidungen, wann er einen Schifffahrtsweg für „wichtig“ erachtet und wann nicht[1014]. Eine Klärung ist – im Interesse der Schifffahrt – dringend von Nöten.

[1009] Churchill/Lowe, The Law of the Sea, S. 170.

[1010] Boczek, ODIL, Vol. 19 (1988), S. 445 (450); Proelß, in: Vitzthum, Handbuch des Seerechts, Kapitel 3 Rn. 272; Churchill/Lowe, The Law of the Sea, S. 170.

[1011] Proelß, in: Vitzthum, Handbuch des Seerechts, Kapitel 3 Rn. 272; Churchill/Lowe, The Law of the Sea, S. 170; Boczek, ODIL, Vol. 19 (1988), S. 445 (450).

[1012] Hasselmann, Die Freiheit der Handelsschiffahrt, S. 161.

[1013] So auch: Hasselmann, Die Freiheit der Handelsschiffahrt, S. 162, und Lapidoth, Israel Law Review, Vol. 10 (1975), S. 465 (495), welche sich noch auf den Vorgänger des Art. 60 Abs. 7 SRÜ, Art. 5 Abs. 6 der Genfer Festlandsockelkonvention bezieht.

[1014] So auch: Hasselmann, Die Freiheit der Handelsschiffahrt, S. 162.

VIII. Gemeinsame Beschränkung für Küsten- und Drittstaaten: die Pflicht zur wechselseitigen Rücksichtnahme (sog. "due-regard-rule")

Die Pflicht zur wechselseitigen Rücksichtnahme ergibt sich aus Art. 56 Abs. 2 SRÜ[1015] und Art. 58 Abs. 3 SRÜ[1016]. Es wird von dem Küstenstaat und den Drittstaaten gefordert, dass sie bei der Ausübung der eigenen Rechte und Pflichten die entsprechenden Rechte und Pflichten des jeweils anderen Teils *„gebührend berücksichtigen"*.

Dies bedeutet nicht, dass die Rechte des Küstenstaates vorrangig wären[1017]. Es muss vielmehr – wie bereits ausgeführt – eine gewissenhafte Abwägung der Interessen stattfinden. Die Drittstaaten müssen ihre Rechte dergestalt wahrnehmen, dass der Küstenstaat die ihm zustehenden Befugnisse noch ausüben kann, umgekehrt müssen auch die Interessen der Schifffahrt berücksichtigt bleiben[1018]. Nutzungskonflikte sollen somit möglichst vermieden werden[1019].

Von einem Küstenstaat wird erwartet, dass er in einer Weise handelt, die mit dem Seerechtsübereinkommen vereinbar ist. Dazu gehört auch, dass der Küstenstaat nur auf solchen Gebieten Gesetze erlässt, für die er eine "jurisdiction to prescribe" gemäß Art. 56 Abs. 1 SRÜ hat[1020] und die in Einklang mit den *„sonstigen Regeln des Völkerrechts"* stehen. Die in diesem Rahmen erlassenen Gesetze hat der Drittstaat sodann zu beachten[1021]. *Gündling* weist hier jedoch zu Recht auf die Schwachstelle des Art. 58 Abs. 3 SRÜ hin, dass es nämlich nach seinem Wortlaut keinesfalls eindeutig ist, wann die vom Küstenstaat erlassenen Gesetze

---

1015 Art. 56 Abs. 2 SRÜ lautet: *„Der Küstenstaat berücksichtigt bei der Ausübung seiner Rechte und der Erfüllung seiner Pflichten aus diesem Übereinkommen in der ausschließlichen Wirtschaftszone gebührend die Rechte und Pflichten anderer Staaten und handelt in einer Weise, die mit dem Übereinkommen vereinbar ist."*

1016 Art. 58 Abs. 3 SRÜ lautet: *„Die Staaten berücksichtigen bei der Ausübung ihrer Rechte und der Erfüllung ihrer Pflichten aus diesem Übereinkommen in der Ausschließlichen Wirtschaftszone gebührend die Rechte und Pflichten des Küstenstaates und halten die von ihm in Übereinstimmung mit diesem Übereinkommen und den sonstigen Regeln des Völkerrechts erlassenen Gesetze und sonstigen Vorschriften ein, soweit sie mit diesem Teil nicht unvereinbar sind."*

1017 So auch: Gündling, Die 200-Seemeilen-Wirtschaftszone, S. 278.

1018 Gündling, Die 200-Seemeilen-Wirtschaftszone, S. 278.

1019 So auch: Gündling, Die 200-Seemeilen-Wirtschaftszone, S. 278. Im Falle eines nicht vermeidbaren Nutzungskonflikts hat wieder eine Abwägung und ein Ausgleich stattzufinden.

1020 Proelß, in: Vitzthum, Handbuch des Seerechts, Kapitel 3 Rn. 279.

1021 Proelß, in: Vitzthum, Handbuch des Seerechts, Kapitel 3 Rn. 279.

„im Einklang mit den Bestimmungen der Konvention und sonstigen Regeln des Völkerrechts" stehen[1022]. Durch den gewählten unklaren und generalklauselartigen Wortlaut entsteht zu Gunsten der Küstenstaaten ein Ermessensspielraum, der nicht dazu führen darf, dass sie in weitem Umfang Gesetze erlassen dürfen[1023]. Auch *Proelß* führt zutreffend aus, dass die vom Küstenstaat erlassenen Gesetze in einer engen Verbindung mit den Bereichen des Art. 56 Abs. 1 SRÜ stehen und dass diese Bereiche restriktiv ausgelegt werden müssen.[1024] *Gündling* betont ferner, dass es zu keiner Beeinträchtigung der *„Kommunikationsfreiheiten in ihrem Wesensgehalt"* kommen dürfe[1025]. Aus diesem Grunde sind die Gesetze der Küstenstaaten genau zu überprüfen. Es ist nicht von vornherein davon auszugehen, dass sie immer gegenüber den Rechten der Drittstaaten vorrangig sind und zwingend eingehalten werden müssen. Grundsätzlich muss sichergestellt werden, dass die küstenstaatlichen Gesetze die Freiheit der Schifffahrt nicht unnötig einschränken. Die Freiheit der Schifffahrt wird ohnehin durch diverse – zu Recht erlassene – Gesetze eingeschränkt werden[1026]. Es darf keinesfalls dazu kommen, dass die Rechte der Drittstaaten automatisch und ohne nochmalige Überprüfung im Einzelfall geringer eingestuft werden als die des Küstenstaates. In diesem Fall wäre der zu betreibende Aufwand zur Gewährleistung der Rechte der Drittstaaten unverhältnismäßig hoch und das Gleichgewicht zwischen den Rechten der beteiligten Staaten würde zu Gunsten des Küstenstaats in dessen Richtung kippen. Wenn jedoch von vornherein Gleichheit herrscht und in jedem Einzelfall entschieden werden muss, welchem Recht der Vorzug einzuräumen ist, so besteht diese Gefahr nicht.

IX. Jurisdiktion und Durchsetzungsmaßnahmen in der Ausschließlichen Wirtschaftszone

Die küstenstaatliche Jurisdiktion über ein Schiff und die daraus resultierende Möglichkeit von Durchsetzungsmaßnahmen richtet sich zunächst danach, in welchem Teil der Ausschließlichen Wirtschaftszone sich das Schiff befindet.

[1022] Gündling, Die 200-Seemeilen-Wirtschaftszone, S. 278.
[1023] So auch: Gündling, Die 200-Seemeilen-Wirtschaftszone, S. 278.
[1024] Proelß, in: Vitzthum, Handbuch des Seerechts, Kapitel 3 Rn. 279.
[1025] Gündling, Die 200-Seemeilen-Wirtschaftszone, S. 279.
[1026] So auch: Gündling, Die 200-Seemeilen-Wirtschaftszone, S. 278/279.

1. Jurisdiktion

a. Aufenthalt innerhalb der ersten 12 sm der Ausschließlichen Wirtschaftszone und innerhalb einer Anschlusszone

Sofern ein Küstenstaat sowohl eine Ausschließliche Wirtschaftszone als auch eine Anschlusszone beansprucht, können sich diese beiden Zonen in den 12 sm, die sich an das Küstenmeer anschließen[1027], überschneiden. Daher besteht die Möglichkeit, dass sich ein Schiff in diesen ersten 12 sm sowohl in der Ausschließlichen Wirtschaftszone als auch in der Anschlusszone aufhält. Weil beide Seezonen vollkommen unterschiedliche Zwecke erfüllen, richtet sich die Jurisdiktion danach, ob und wenn ja, welcher Themenbereich einschlägig ist[1028].

b. Aufenthalt innerhalb der Ausschließlichen Wirtschaftszone

Wenn sich ein Schiff in einer Ausschließlichen Wirtschaftszone befindet, so ist die Jurisdiktion über das Schiff mangels Regelung im Seerechtsübereinkommen keineswegs eindeutig.

aa. „Souveräne Rechte" und „Hoheitsbefugnisse"

In Art. 56 Abs. 1 SRÜ wurden dem Küstenstaat einerseits „souveräne Rechte" (lit. a) und andererseits „Hoheitsbefugnisse" (lit. b) übertragen. Sofern dem Küstenstaat ein souveränes Recht zusteht, hat er grundsätzlich die ausschließliche und umfassende Kompetenz über dieses Gebiet, was auch eine Vermutung für seine Zuständigkeit (und somit auch die Durchsetzung) mit sich führt[1029]. Wenn dem Küstenstaat aber nur eine Hoheitsbefugnis zugewiesen wurde, dann ist diese nur dann exklusiv, wenn und soweit dies durch Sonderregelungen vorgesehen ist[1030]. In Bezug auf künstliche Inseln und Anlagen ergibt sich dies aus Art. 60 SRÜ, für die wissenschaftliche Meeresforschung aus Art. 238 ff. SRÜ und für den maritimen Umweltschutz aus Art. 192 ff. SRÜ[1031]. Was künstliche Inseln

---

[1027] Wie bei allen Seezonen wird auch hier von den Basislinien aus gemessen.

[1028] Zu der Jurisdiktion in der Anschlusszone siehe die Ausführungen im Kapitel über die Anschlusszone.

[1029] Hasselmann, Die Freiheit der Handelsschiffahrt, S. 152.

[1030] Hasselmann, Die Freiheit der Handelsschiffahrt, S. 155. Siehe hierzu auch den EEZ Commentary von: Jaenicke, in: ILA Report 1984, Appendix B, para. 14. Als Beispiel hierfür kann Art. 60 Abs. 1 SRÜ dienen: *„In der ausschließlichen Wirtschaftszone hat der Küstenstaat das ausschließliche Recht zur Errichtung sowie zur Genehmigung und Regelung der Errichtung, des Betriebs und der Nutzung von a) künstlichen Inseln; b)[...]".*

[1031] Hasselmann, Die Freiheit der Handelsschiffahrt, S. 155.

und andere Anlagen anbelangt, so gilt dort – gemäß Art. 60 Abs. 2 SRÜ ausschließlich/exklusiv[1032] – das Recht des Küstenstaates einschließlich dessen Vorschriften „*in Bezug auf Zoll- und sonstige Finanzgesetze, Gesundheits-, Sicherheits- und Einreisegesetze und diesbezügliche sonstige Vorschriften.*"[1033]

Im Ergebnis muss daher immer genau untersucht werden, welche Handlung des Schiffes in Frage steht. *Oxman* brachte dies anschaulich auf den Punkt:

> *"A vessel navigating in [...] the economic zone is not within the national jurisdiction of the coastal state. (The pollution enforcement rights of costal states with respect to a vessel doing no more than navigating in the zone are generally triggered by a violation of international standards, which the vessel would in any event be obliged to observe.) A vessel fishing within the zone is within coastal state jurisdiction."*[1034]

bb. Parallel bestehende Jurisdiktion

Allerdings ist es auch möglich, dass die Jurisdiktion des Flaggenstaates und die des Küstenstaates (und damit auch die Möglichkeiten von Durchsetzungsmaßnahmen) parallel nebeneinander bestehen, sich ergänzen. Im Falle einer Meeresverschmutzung durch ein Schiff oder bei der Verletzung von Fischereigesetzen des Küstenstaates durch ein Schiff ist sowohl ein Einschreiten des Küstenstaates als auch ein Einschreiten des Flaggenstaates möglich[1035].

cc. Jurisdiktion wie in der Anschlusszone

Es ist die Tendenz zu erkennen, dem Küstenstaat in der Ausschließlichen Wirtschaftszone eine Jurisdiktion – ähnlich der in der Anschlusszone – zuzugestehen[1036]. Einer solchen steht solange nichts entgegen, wie sie zwischen einzelnen Staaten durch Vertrag – inter partes – geregelt wurde[1037]. Als Beispiel hierfür kann das regionale Council of Europe's Agreement on Illicit Traffic by Sea her-

---

1032 Selbst wenn der Küstenstaat von diesem Recht keinen Gebrauch machen sollte, so bedürfen dritte Staaten zu einer solchen Errichtung von künstlichen Inseln und Anlagen wegen der ausschließlichen Hoheitsbefugnis des Küstenstaats einer Genehmigung durch diesen, vgl. Oxman, AJIL, Vol. 71 (1977), S. 247 (265).

1033 Vgl. den Wortlaut des Art. 60 Abs. 2 SRÜ.

1034 Oxman, AJIL, Vol. 72 (1978), S. 57 (74).

1035 Oxman, AJIL, Vol. 71 (1977), S. 247 (263).

1036 So auch: Churchill/Lowe, The Law of the Sea, S. 170.

1037 Churchill/Lowe, The Law of the Sea, S. 170.

angezogen werden[1038], welches Art. 17 der VN-Konvention gegen "Illicit Traffic in Narcotic Drugs and Psychotropic Substances"[1039] umsetzt.

Sofern jedoch ein Küstenstaat dieser Vereinbarung oder einer vergleichbaren Regelung nicht beigetreten ist, ist es schwierig, ihm in seiner Ausschließlichen Wirtschaftszone eine Jurisdiktion und daraus resultierend das generelle Recht auf Durchsetzungsmaßnahmen wegen Drogenhandels oder anderweitigen Kontrollbefugnissen – wie es in der Anschlusszone besteht – zuzugestehen[1040].

2. Durchsetzungsmaßnahmen

a. Aufenthalt innerhalb der ersten 12 sm der Ausschließlichen Wirtschaftszone und innerhalb einer Anschlusszone.

Wegen der unterschiedlichen Eingriffsmöglichkeiten in Ausschließlicher Wirtschaftszone und Anschlusszone ist eine genaue Einordnung derjenigen Handlung geboten, welche ein Schiff gerade vornimmt. Während die Anschlusszone als Kontrollzone für Verstöße auf dem Hoheitsgebiet oder im Küstenmeer eines Küstenstaates dient[1041], soll die Ausschließliche Wirtschaftszone dem Küstenstaat Nutzungsvorrechte sichern. Als Folge einer möglichen Überlappung kann der Küstenstaat in dieser Zone zu verschiedenen Eingriffen befähigt sein, je nachdem, welches inhaltliche Gebiet (Kontrollrechte[1042] oder Nutzungsvorrechte) betroffen ist.

b. Aufenthalt innerhalb der Ausschließlichen Wirtschaftszone

Die „Durchsetzung der Gesetze und sonstigen Vorschriften des Küstenstaates" wird in Art. 73 SRÜ[1043] für die lebenden Ressourcen geregelt[1044].

[1038] Die Art. 6–10 dieses Abkommens verleihen dem Küstenstaat das Recht, bei dem Verdacht des Drogenhandels durch ein Schiff einer Partei dieses Abkommens in seiner Ausschließlichen Wirtschaftszone, den Flaggenstaat um die Erlaubnis zu bitten, dieses Schiff anhalten zu dürfen und – sofern dies angemessen ist – angemessene Durchsetzungsmaßnahmen durchzuführen, vgl. Churchill/Lowe, The Law of the Sea, S. 171.

[1039] Vgl. den Konventionstext unter: http://www.unodc.org/pdf/convention_1988_en.pdf.

[1040] So auch: Churchill/Lowe, The Law of the Sea, S. 171.

[1041] Siehe hierzu die Ausführungen im Kapitel über die Anschlusszone.

[1042] Siehe zur Jurisdiktion und den Durchsetzungsmaßnahmen in diesem, näheres im Kapitel über die Anschlusszone; so auch: Churchill/Lowe, The Law of the Sea, S. 170.

[1043] Art. 73 Abs. 1 SRÜ lautet: *„Der Küstenstaat kann bei der Ausübung seiner souveränen Rechte zur Erforschung, Ausbeutung, Erhaltung und Bewirtschaftung der lebenden Ressourcen in der ausschließlichen Wirtschaftszone die erforderlichen Maßnahmen einschließlich des Anhaltens, der Überprüfung, des Festhaltens und gerichtlicher Verfahren*

aa. Voraussetzungen

Hauptanwendungsfall einer solchen Durchsetzungsmaßnahme in Bezug auf lebende Ressourcen gemäß Art. 73 SRÜ ist derjenige, dass ein fremdes Schiff in der Ausschließlichen Wirtschaftszone der Fischerei nachgeht. Grundsätzlich kann eine Durchsetzungsmaßnahme jedoch gegen jeden ergriffen werden, der die Gesetze und Vorschriften des Küstenstaates über die lebenden Ressourcen verletzt[1045]. Sofern es um die Einhaltung seitens des Küstenstaates erlassener Gesetze oder Vorschriften geht, müssen diese in Übereinstimmung mit dem Seerechtsübereinkommen erlassen worden sein (Art. 73 Abs. 1 SRÜ am Ende). Einen Anhaltspunkt, wann dies der Fall ist, liefert Art. 62 Abs. 4 SRÜ, welcher – nicht abschließend[1046] – auflistet, welche Themenkomplexe der Küstenstaat durch Gesetze regeln darf[1047]. Art. 62 Abs. 4 lit. k) SRÜ stellt hierbei den Küstenstaaten einen Freibrief aus, in dem er dem Küstenstaat auch noch die Regelung des Durchsetzungsverfahrens überlässt[1048].

bb. Ablauf der Durchsetzungsmaßnahme

Art. 73 Abs. 1 SRÜ führt beispielhaft Maßnahmen (Anhalten, Überprüfung, Festhalten, gerichtliches Verfahren) auf, welche gegen ein Schiff ergriffen wer-

ergreifen, um die Einhaltung der von ihm in Übereinstimmung mit diesem Übereinkommen erlassenen Gesetze und sonstigen Vorschriften sicherzustellen."

1044 Art. 73 SRÜ wird ergänzt durch Teil VI der Konvention (kraft Verweises in Art. 56 Abs. 3 SRÜ), welcher den Festlandsockel (und damit die nicht-lebenden Ressourcen im Meeresboden und Meeresuntergrund) regelt. In Teil VI findet sich Art. 79 Abs. 2 SRÜ, welcher dem Küstenstaat zugesteht, *„angemessene Maßnahmen zur [...] Ausbeutung seiner natürlichen Ressourcen [...]"* zu ergreifen. Im Vergleich zu den Durchsetzungsmaßnahmen in Bezug auf die lebenden Ressourcen sind die Durchsetzungsmaßnahmen des Küstenstaates bei den natürlichen (nicht-lebenden) Ressourcen, Art. 79 Abs. 2 SRÜ, beschränkter. Da jedoch der Festlandsockel nicht Gegenstand dieser Arbeit ist, soll hierauf nicht weiter eingegangen werden.

1045 Als Beispiel führt *Hasselmann* hier an, dass ein Küstenstaat berechtigt sein könnte, Teile seiner Ausschließlichen Wirtschaftszone zur Schonung seiner Fischbestände für die Schifffahrt zu sperren. In diesem Fall würde jedes diesen gesperrten Teil durchfahrende Schiff die erlassene Vorschrift verletzen und könnte von einer Durchsetzungsmaßnahme des Küstenstaates nach Art. 73 SRÜ betroffen sein, vgl. Hasselmann, Die Freiheit der Handelsschiffahrt, S. 180.

1046 Dies folgt aus der Formulierung des Art. 62 Abs. 4 SRÜ *„...sie können sich insbesondere auf folgendes beziehen: [...]"*. Hier wird der Charakter als lediglich beispielhafte Aufzählung deutlich.

1047 So auch: Hasselmann, Die Freiheit der Handelsschiffahrt, S. 180.

1048 *Hasselmann* etwa trifft keine Entscheidung darüber, ob es sich hierbei um einen *„Zirkelschluß oder aber um einen Freibrief küstenstaatlicher Zuständigkeit handelt"*. Vgl. Hasselmann, Die Freiheit der Handelsschiffahrt, S. 180.

den können. Bei Vornahme einer Durchsetzungsmaßnahme nach Art. 73 Abs. 3 SRÜ[1049] darf der Küstenstaat die Besatzung des Schiffes regelmäßig nicht inhaftieren und auch nicht körperlich bestrafen.

Eine Durchsetzungsmaßnahme muss gemäß Art. 73 SRÜ in Abs. 2[1050] beendet und ein festgehaltenes Schiff samt Besatzung *„sofort"* freigegeben werden, wenn eine *„angemessene"* Kaution oder andere Sicherheit für das festgehaltene Schiff hinterlegt wird[1051].

cc. Beschränkung der Zulässigkeit einer Durchsetzungsmaßnahme

Die einzige Beschränkung für die Küstenstaaten hinsichtlich der Vornahme einer Durchsetzungsmaßnahme ergibt sich aus Art. 73 Abs. 1 SRÜ, welcher verlangt, dass die entsprechende Maßnahme *„erforderlich"* ist[1052]. Auch hier setzt sich wieder die weite Eingriffs- und Regelungsbefugnis der Küstenstaaten fort, da eine klare Definition des Kriteriums der Erforderlichkeit nicht existiert und somit ein weiter Ermessensspielraum der Küstenstaaten geschaffen wird, mit dem zwangsläufig Irritationen, welche Zwangsmaßnahmen zulässig sind, einhergehen[1053].

1049 Art. 73 Abs. 3 SRÜ lautet: *„Die vom Küstenstaat vorgesehenen Strafen für Verstöße gegen die Fischereigesetze und diesbezüglichen sonstigen Vorschriften in der ausschließlichen Wirtschaftszone dürfen Haft nicht einschließen, sofern die beteiligten Staaten nichts Gegenteiliges vereinbart haben, und auch keine sonstige Form der körperlichen Bestrafung."*

1050 Art. 73 Abs. 2 SRÜ lautet: *„Festgehaltene Schiffe und ihre Besatzung werden nach Hinterlegung einer angemessenen Kaution oder anderen Sicherheiten sofort freigegeben."*

1051 Auch bei den Begriffen „sofort" und „angemessen" handelt es sich wieder um unbestimmte Rechtsbegriffe, welche geeignet sind, die Ausübung der Schifffahrtsfreiheit und vor allem die Rechte des Schiffes und seiner Besatzung Missbräuchen preiszugeben. Dies müsste ebenfalls anhand klarer Bestimmungen vermieden werden. So auch: Hasselmann, Die Freiheit der Handelsschiffahrt, S. 181.

1052 Zu dem Kriterium der Erforderlichkeit äußerte sich Oxman wie folgt: *"Absent specific evidence, it would be manifestly unjustifiable to stop and board a freighter or oil tanker navigating through the zone to ensure that it is not fishing, but it would also be manifestly imprudent to expect the coastal state to refrain from inquiry regarding a large fishing fleet moving slowly with gear in readiness and with no apparent destination through a rich fishing ground far from any known navigation route."*, vgl.: Oxman, AJIL, Vol. 71 (1977), S. 247 (264).

1053 In diese Richtung – jedoch etwas zurückhaltender – argumentiert auch: Hasselmann, Die Freiheit der Handelsschiffahrt, S. 181. Dieses Problem für Fischereischiffe auch aufgreifend: Gündling, Die 200 Seemeilen-Wirtschaftszone, S. 187.

(1) Gewaltanwendung oder Versenken des Schiffes

In der Vergangenheit wurde – als Resultat des Fehlens einer eindeutigen Regelung – öfters mit Gewalt gegen Schiffe (insbesondere solche, die in einer fremden Ausschließlichen Wirtschaftszone der Fischerei nachgingen) vorgegangen[1054]. Aus Teil V des Seerechtsübereinkommens selbst ergibt sich kein explizites Verbot eines gewaltsamen Vorgehens.

Kann also die Gewaltanwendung gegen Schiffe noch als erforderlich im Sinne des Art. 73 Abs. 1 SRÜ angesehen werden? Hierzu gab es einige spektakuläre und wegweisende Fälle, etwa den des kanadischen Schiffes "S.S. I'm Alone", welches die US-amerikanische Küstenwache unter Berufung auf ihr Recht zur Nacheile wegen Likörschmuggels versenkte[1055]. Die American-Canadian Commission untersuchte den Fall auf Basis der Anglo-American Liquor Convention von 1924[1056] und internationalem Recht und entschied sodann, dass mit dem Versenken der "S.S. I'm Alone" sowohl gegen die Anglo-American Liquor Convention als auch gegen internationales Recht verstoßen wurde.

Eine weitere restriktive Entscheidung zu dieser Frage wurde im Fall "Red Crusader" getroffen. Hier versuchte der britische Schleppnetzfischer "Red Crusader" einem dänischen Patrouillenboot zu entkommen. Die Dänen gaben mehrere Schüsse auf die "Red Crusader" ab. Die eingesetzte Untersuchungskommission entschied, dass das dänische Patrouillenboot mit der Abgabe der Schüsse seine Kompetenzen überschritten hatte[1057].

Im Ergebnis ist das Versenken von Schiffen oder eine Gewaltanwendung in Form der vorsätzlichen Verletzung der Besatzung oder gar des Tötens nicht zu-

---

[1054] Beispielsfälle: Der argentinische Zerstörer „Santa Cruz“ traf das sowjetische Fischerboot „Golfstrim“ mit Granaten, vgl.: Francioni, CILJ, Vol. 18 (1985), S. 203 (218); siehe auch „Tuna Boat Conflict“-Fälle aus dem sog. „Wet War“ zwischen den USA und drei lateinamerikanischen Staaten (Chile, Peru und Ecuador): Shuttleworth Wiegand, San Diego Law Review, Vol. 6 (1969), S. 428 (429). – Libysche Kampfjets feuerten mehrfach auf italienische Fischerboote, vgl. auch den Fall „Borghea and Di Cristofaro“ aus dem Jahre 1973: Rousseau, RGDIP, Tome 78 (1974), S. 1096 (1175/1176).

[1055] Siehe detailliert zu allen Hintergründen und Beweggründen des Falles: Fitzmaurice, BYIL, Vol. 17 (1936), S. 82 -111.

[1056] Die relevanten Artikel dieser Anglo-American Liquor Convention sind abgedruckt in: Fitzmaurice, BYIL, Vol. 17 (1936), S. 82 (82/83).

[1057] Zu den Gründen und dem Fall näher: Francioni, CILJ, Vol. 18 (1985), S. 203 (218); "The Red Crusader", International Law Reports, Vol. 35 (1967), S. 485 (499).

lässig, weil dies in Widerspruch zu internationalem Recht[1058] stünde, was aus der Anwendung von Art. 301 SRÜ oder Art. 2 Abs. 4 der VN-Charta[1059] folgt.

Eine Ausnahme besteht jedoch im Falle von Selbstverteidigung/Notwehr oder bei Vorliegen eines zwingenden und überragenden Erfordernisses[1060]. Hier kann ausnahmsweise auf die Anwendung von Gewalt zurückgegriffen werden[1061]. Dem stehen auch Art. 301 SRÜ und Art. 2 Abs. 4 der VN-Charta nicht entgegen[1062], wie sich bereits aus Art. 51 der VN-Charta ergibt[1063].

(2) Warnschüsse

Nach dem zuvor Gesagten ist die Abgabe von Warnschüssen angemessen und zulässig[1064]. Dies gilt solange, wie nicht gezielt versucht wird, das Schiff zu versenken, die Besatzung zu verletzten oder zu töten[1065].

(3) Herbeiführen der Manövrierunfähigkeit

Als Grauzone ist die Abgabe von Schüssen auf ein Schiff, um es manövrierunfähig zu machen, anzusehen. Dies muss dem Küstenstaat jedoch zumindest immer dann möglich sein, wenn ihm keine andere Möglichkeit verbleibt, das Schiff anzuhalten und seine Ansprüche geltend zu machen[1066].

(4) Präventive Maßnahmen

Als Folge seines weiten Ermessensspielraums darf der Küstenstaat sogar präventive Maßnahmen gegen einen unmittelbar bevorstehenden Gesetzesverstoß vornehmen[1067]. Dies ist in hohem Maße zu kritisieren[1068], da die Folgen Rechts-

---

1058 So auch: Francioni, CILJ, Vol. 18 (1985), S. 203 (220).

1059 Kritische Anmerkungen hierzu: Kunz, AJIL, Vol. 50 (1956), S. 828 (852), welcher Fitzmaurice (vgl. The Modern Law Review, Vol. 19 (1956), S. 1–13) zitiert: *"As Sir Gerald Fitzmaurice correctly remarks, the U.N. Charter, at the best, enforces peace, but contains no provision to enforce the law against a state which has violated international law, but refrains from armed aggression, so that international law has become much less enforceable than formerly."*

1060 Francioni, CILJ, Vol. 18 (1985), S. 203 (220).

1061 Francioni, CILJ, Vol. 18 (1985), S. 203 (220).

1062 Francioni, CILJ, Vol. 18 (1985), S. 203 (216).

1063 Siehe hierzu auch: Bruha, AVR, Bd. 40 (2002), S. 383 (393 ff.).

1064 So auch: Francioni, CILJ, Vol. 18 (1985), S. 203 (220).

1065 Francioni, CILJ, Vol. 18 (1985), S. 203 (220).

1066 So wohl auch: Francioni, CILJ, Vol. 18 (1985), S. 203 (220).

1067 So auch: Hasselmann, Die Freiheit der Handelsschiffahrt, S. 182.

1068 So wohl auch: Riphagen, Le nouveau Droit de la Mer, S. 172 Fn. 99.

unsicherheit und eine konkrete Missbrauchsgefahr zu Lasten der Freiheit der Schifffahrt sind. Auch wenn *Hasselmann* fordert, dass eine Ausübung dieser Präventivmaßnahmen voraussetzt, dass für den Küstenstaat *„gewisse Anhaltspunkte für eine bevorstehende, wenn nicht sogar unmittelbar bevorstehende Verletzung seiner Gesetze und Vorschriften existieren“*[1069], so stellt dies zwar eine wünschenswerte, aber sicherlich praxisfremde Lösung dar. Die Machtansprüche vieler Staaten in ihrer Ausschließlichen Wirtschaftszone sind so stark ausgeprägt, dass sich Missbräuche mit dieser „weichen Formel“ nicht eindämmen lassen werden. Die Belastung für die Schifffahrt durch Präventivmaßnahmen kann daher erheblich sein.

(5) Ergebnis

Mangels näherer Bestimmung des Kriteriums der „Erforderlichkeit“ sind die Küstenstaaten bislang lediglich an die sog. “due regard rule” und die Vorschriften des Übereinkommens gebunden[1070].

Zukünftig wäre es daher erstrebenswert, eine klare Definition dieses Kriteriums zu entwickeln, damit einheitliche und unzweifelhafte Entscheidungen getroffen werden können und der Ermessensspielraum der Küstenstaaten im Interesse einer Ausgewogenheit zwischen den küstenstaatlichen und den drittstaatlichen Interessen auf ein Mindestmaß begrenzt wird.

3. Das Recht zur Nacheile

Der Küstenstaat verfügt in seiner Ausschließlichen Wirtschaftszone außerdem über das Recht zur Nacheile, welches sich aus Art. 111 Abs. 2 SRÜ ergibt: *„Das Recht der Nacheile gilt sinngemäß für die in der ausschließlichen Wirtschaftszone [...] begangenen Verstöße gegen die Gesetze und sonstigen Vorschriften des Küstenstaates, die in Übereinstimmung mit diesem Übereinkommen auf die ausschließliche Wirtschaftszone [...] anwendbar sind“*. Als Verstöße gegen Gesetze und Vorschriften, die das Recht auf Nacheile auslösen, gelten einerseits die in Art. 73 Abs. 1 SRÜ in Bezug genommenen Gebiete (Erforschung, Ausbeutung, Erhaltung und Bewirtschaftung der lebenden Ressourcen) sowie andererseits die in Art. 56 SRÜ genannten Gebiete[1071].

1069 Hasselmann, Die Freiheit der Handelsschiffahrt, S. 182.

1070 So auch: Hasselmann, Die Freiheit der Handelsschiffahrt, S. 181. Gündling verlangt, dass *„das Vorgehen des Küstenstaates gegen Fischereischiffe nicht willkürlich, schikanös und diskriminierend“* sein darf, vgl.: Gündling, Die 200-Seemeilen-Wirtschaftszone, S. 187.

1071 Proelß, in: Vitzthum, Handbuch des Seerechts, Kapitel 3 Rn. 269.

X. Deutsche Ausgestaltung – verfassungsrechtliche Grundlagen

Im Rahmen des Seerechtsübereinkommens wird den Küstenstaaten – wie soeben gezeigt – gemäß Art. 56 Abs. 1 SRÜ die Möglichkeit zuteil, Gesetze zu erlassen. Diese müssen jedoch auch vor der deutschen Rechtsordnung in verfassungsrechtlicher Hinsicht Bestand haben[1072].

1. Konkurrierende Gesetzgebungskompetenz

In den Art. 70 ff. GG[1073], welche die Gesetzgebungskompetenzen des Bundes und der Länder regeln, sind nur wenige Grundlagen für den Erlass von Gesetzen in der Ausschließlichen Wirtschaftszone zu finden[1074]. Diese Kompetenzzuweisungen beziehen sich vor allem nur auf einzelne spezielle Gebiete und verleihen Deutschland somit keine allgemeine Kompetenz zum Erlass von Gesetzen in der Ausschließlichen Wirtschaftszone[1075].

Vielmehr handelt es sich um konkurrierende Gesetzgebungskompetenzen, welche sich aus Art. 72, 74 GG ergeben[1076]. Zunächst weist Art. 74 Abs. 1 Nr. 21 GG den Ländern die Gesetzgebungskompetenz für den Bereich der Hochseeschifffahrt zu, sofern der Bund hier noch nicht tätig geworden ist. Mit dem argumentum a maiore ad minus lässt sich daher auch die Zuständigkeit für diesen Bereich in der Ausschließlichen Wirtschaftszone begründen[1077]. Weiterhin erfolgt in Art. 74 Abs. 1 Nr. 11 GG die Kompetenzzuweisung für das Recht der

---

[1072] Hierzu ausführlich: Proelß, in: Vitzthum, Handbuch des Seerechts, Kapitel 3 Rn. 270.

[1073] Das Grundgesetz wird nachfolgend als GG bezeichnet.

[1074] Proelß, in: Vitzthum, Handbuch des Seerechts, Kapitel 3 Rn. 270.

[1075] Vor allem ist davon auszugehen, dass keine Bundeskompetenz kraft Natur der Sache – diese stellt eine ausschließliche Kompetenz dar – gegeben ist, da eine solche voraussetzen würde, dass die jeweilige Materie aus ihrer Natur heraus nur vom Bund geregelt werden kann. Dies wird schon an der Ausgestaltung der Kompetenzzuweisung als konkurrierende Gesetzgebungszuständigkeit deutlich. Eine konkurrierende Gesetzgebungskompetenz ist immer dann gegeben, wenn den Ländern die Gesetzgebungskompetenz zusteht, solange und soweit der Bund von seinem Gesetzgebungsrecht keinen Gebrauch macht, vgl. Art. 72 Abs. 1 GG. Eine konkurrierende Gesetzgebungskompetenz wäre bei einer Bundeskompetenz kraft Natur der Sache nicht möglich. Siehe hierzu auch: Jarass, Naturschutz in der Ausschließlichen Wirtschaftszone, S. 51/52; Proelß, in: Vitzthum, Handbuch des Seerechts, Kapitel 3 Rn. 270; zu den Gesetzgebungskompetenzen in der Ausschließlichen Wirtschaftszone allgemein siehe: Czybulka, in: Ehlers/Erbguth, Aktuelle Entwicklungen im Seerecht, Bd. II, S. 50 ff.

[1076] Proelß, in: Vitzthum, Handbuch des Seerechts, Kapitel 3 Rn. 270.

[1077] So auch: Proelß, in: Vitzthum, Handbuch des Seerechts, Kapitel 3 Rn. 270, welcher das argumentum a maiore ad minus jedoch hinsichtlich der Hochseefischerei anführt.

Wirtschaft, welches auch die Energiewirtschaft und damit die Erzeugung von Energie umfasst[1078]. Im Übrigen begründet Art. 74 Abs. 1 Nr. 17 GG eine Kompetenz für die Hochsee- und Küstenfischerei, die auch kraft des argumentum a maiore ad minus für die Ausschließliche Wirtschaftszone gilt[1079]. *Proelß* geht sogar davon aus, dass das Grundgesetz generell die Ausschließliche Wirtschaftszone kompetenzrechtlich der Hohen See zurechnet[1080].

2. Annexkompetenz

Hinsichtlich des Meeresumweltschutzes dürfte eine Annexkompetenz zu den genannten Bereichen bestehen[1081].

3. Ergebnis

Deutschland verfügt über alle relevanten Gesetzeskompetenzen, um – verfassungsrechtlich legitimiert – auch diejenigen Gesetze erlassen zu können, die ein Küstenstaat nach Art. 56 Abs. 1 SRÜ grundsätzlich erlassen darf.

XI. Fazit

Die Ausschließliche Wirtschaftszone schließt sich mit einer Breite von maximal 200 sm (gemessen von den Basislinien) unmittelbar an das Küstenmeer an und kann sich in den ersten 12 sm noch mit einer Anschlusszone überlagern. Eine Ausschließliche Wirtschaftszone muss der Küstenstaat ausdrücklich proklamieren, sie existiert nicht „ipso facto". Deutschland hat von dieser Möglichkeit sowohl in der Ost- als auch in der Nordsee Gebrauch gemacht.

Als Zone „sui generis" untersteht die Ausschließliche Wirtschaftszone nicht mehr der Souveranität des Küstenstaates. Ihr Sonderstatus ist der Tatsache geschuldet, dass sie in nutzungsrechtlicher Hinsicht dem Küstenmeer und in gebietsrechtlicher Hinsicht der Hohen See ähnelt.

Dem Küstenstaat stehen in seiner Ausschließlichen Wirtschaftszone gemäß Art. 56 Abs. 1 SRÜ einzelne souveräne Rechte und Hoheitsbefugnisse zu. Diese sind küstenstaatliche Nutzungsvorrechte an den Ressourcen der Ausschließli-

---

[1078] Hierzu: Proelß, in: Vitzthum, Handbuch des Seerechts, Kapitel 3 Rn. 270.
[1079] Proelß, in: Vitzthum, Handbuch des Seerechts, Kapitel 3 Rn. 270.
[1080] Proelß, in: Vitzthum, Handbuch des Seerechts, Kapitel 3 Rn. 270 Fn. 508.
[1081] Czybulka, in: Ehlers/Erbguth, Aktuelle Entwicklungen im Seerecht, Bd. II, S. 51; Proelß, in: Vitzthum, Handbuch des Seerechts, Kapitel 3 Rn. 270.

chen Wirtschaftszone, welche der Küstenstaat jedoch gemäß der sog. „due regard rule“ in Abs. 2 unter Berücksichtigung der Rechte und Pflichten anderer Staaten und im Einklang mit dem Übereinkommen auszuüben hat.

Auf der anderen Seite steht dritten Staaten gemäß Art. 58 SRÜ neben anderen Freiheiten auch die Freiheit der Schifffahrt (wie auf der Hohen See) zu. Diese Freiheit der Schifffahrt wird durch den Verweis auf die Vorschriften der Hohen See, die in den Art. 87 und den Art. 88–115 SRÜ enthalten sind, konkretisiert.[1082] Sie schließt die militärische Nutzung der Ausschließlichen Wirtschaftszone ein.

Allerdings ist auch die Schifffahrt – nach vorheriger Abwägung – durch eine "due regard rule" in Art. 58 Abs. 3 SRÜ verpflichtet, die Rechte und Pflichten des Küstenstaates zu berücksichtigen und seine in Übereinstimmung mit dem Seerechtsübereinkommen und den sonstigen Regeln des Völkerrechts erlassenen Gesetze und sonstigen Vorschriften einzuhalten, sofern sie nicht mit dem Teil V über die Ausschließliche Wirtschaftszone unvereinbar sind.

Entgegen anderslautender Auffassungen muss in Bezug auf die Frage, ob das küstenstaatliche Recht oder ein solches der Schifffahrt vorrangig ist, immer eine Einzelfallbetrachtung stattfinden. Es kann nicht von vornherein von der Vorrangigkeit eines küstenstaatlichen Rechts ausgegangen werden. Dies folgt auch aus dem „sui generis“-Rechtscharakter der Ausschließlichen Wirtschaftszone. In der Regel wird wegen der Unterschiedlichkeit der Rechte ein Konflikt vermeidbar sein. Im Ernstfall muss jedoch auch und gerade zur Vorbeugung einer "creeping jurisdiction" von einer grundsätzlichen Gleichrangigkeit der Rechte von Küsten- und Drittstaat ausgegangen und eine ausführliche Abwägung vorgenommen werden.

In Bezug auf die küstenstaatliche Jurisdiktion und die Möglichkeit von Durchsetzungsmaßnahmen gilt das zur Anschlusszone Gesagte, wenn sich das Schiff in den ersten 12 sm der Ausschließlichen Wirtschaftszone (landwärts) befindet, der Küstenstaat eine Anschlusszone proklamiert hat und ein entsprechender Themenkomplex (wie die Kontrolle) einschlägig ist.

Anderenfalls stehen dem Küstenstaat in seiner Ausschließlichen Wirtschaftszone sowohl die Jurisdiktion als auch die Durchsetzung auf den Gebieten zu, in denen er über ein souveränes Recht oder eine Hoheitsbefugnis verfügt. Die anderen Gebiete unterfallen nicht mehr seiner Jurisdiktion. Allerdings muss auch

---

[1082] Hierzu später unten im Teil über die Hohe See.

hier wieder eine Einzelfallbetrachtung stattfinden, welche konkrete Handlung des Schiffes in Frage steht.

In Bezug auf die lebenden Ressourcen steht dem Küstenstaat mit Art. 73 SRÜ eine Vorschrift zur Durchsetzung seiner Rechte bei einer Verletzung solcher, zur Seite. Hiernach darf der Küstenstaat die erforderlichen Maßnahmen einschließlich dem Anhalten, der Überprüfung, dem Festhalten und der Einleitung gerichtlicher Verfahren ergreifen. Wann eine Maßnahme „erforderlich" ist, wird nicht geregelt. Dieser Mangel belässt den Küstenstaaten zu Lasten der Schifffahrt einen zu großen Ermessenspielraum: selbst präventive Maßnahmen sind möglich. Dies darf in einer Zone, welche der küstenstaatlichen Souveranität entzogen ist, keinesfalls statthaft sein. Eine klarstellende Regelung, was unter der geforderten „Erforderlichkeit" zu verstehen ist, ist von Nöten.

Deutschland hat im Wege der konkurrierenden Gesetzgebungsbefugnis gemäß Art. 72, 74 Abs. 1 Nr. 11, 17 und 21 GG die Kompetenz zum verfassungsmäßigen Erlass von Gesetzen nach Art. 56 Abs. 1 SRÜ in der deutschen Ausschließlichen Wirtschaftszone.

G. Die Hohe See ("The High Seas")

I. Allgemeines

Die Vorschriften über die Hohe See waren bei allen Konventionen (auch schon bei der Genfer Hohe-See-Konvention[1083]) und auch im Rahmen der Verhandlungen zum Seerechtsübereinkommen diejenigen, welche am wenigsten umstritten waren[1084]. Dennoch gab es im Laufe der Zeit immer wieder Handlungs- und Regelungsbedarf, beispielsweise als eine zunehmende Verschmutzung der Meere oder eine Zunahme bei Schiffsunglücken und des Drogenhandels beobachtet wurde, sowie bei Einführung des Instituts der Ausschließlichen Wirtschaftszone, welche zu einer Zurückdrängung der Hohen See führte[1085].

Die Vorschriften über die Hohe See finden sich nun in Teil VII (Art. 86–120 SRÜ) des Seerechtsübereinkommens, wobei die Schifffahrtsfreiheit – die in dieser Arbeit schwerpunktmäßig behandelt werden soll – in den Art. 86–115 SRÜ normiert ist. Zu Beginn der Vorschriften über die Hohe See grenzt Art. 86 SRÜ die Hohe See von den übrigen Seezonen ab und definiert damit den Anwendungsbereich der Art. 86–120 SRÜ[1086]:

> *„Dieser Teil gilt für alle Teile des Meeres, die nicht zur ausschließlichen Wirtschaftszone, zum Küstenmeer oder zu den inneren Gewässern eines Staates oder zu den Archipelgewässern eines Archipelstaats gehören."*

1083 Siehe hierzu: Colombos, Internationales Seerecht, S. 44 § 78.

1084 Hasselmann, Die Freiheit der Handelsschiffahrt, S. 68; vgl. hierzu auch die Zusammenfassung der Meetings des 2. Komitees: A/CONF.62/C.2/SR.31, abgedruckt in: (Third) UNCLOS, Official Records, Vol. II, S. 235–238.

1085 Hasselmann, Die Freiheit der Handelsschiffahrt, S. 68.

1086 Entgegen der Auffassung *Wolfrums* (vgl.: Wolfrum, in: Vitzthum, Handbuch des Seerechts, Kapitel 4 Rn. 3) ist die Definition keineswegs irreführend und es kann auch nicht abgeleitet werden, dass es den Küstenstaaten freistehe, ihre Küstengewässer seewärts auf Kosten der Hohen See zu erweitern. Vielmehr stellt die Negativdefinition des Art. 86 SRÜ eine klare Abgrenzung dar, welche genau festlegt, welche Teile nicht zur Hohen See gehören. Eine darin innewohnende – quasi stillschweigende – Zustimmung zu einer irgendwie gearteten Ausweitung der Küstengewässer ist hierin nicht zu erblicken.

II. Rechtsstatus der Hohen See

In Bezug auf den Rechtsstatus der Hohen See existiert in Art. 89 SRÜ nur eine Negativdefinition:

> *„Kein Staat darf den Anspruch erheben, irgendeinen Teil der Hohen See seiner Souveranität zu unterstellen."*

Der Rechtsstatus der Hohen See war von jeher umstritten. In der Literatur[1087] wurden zur Festlegung des Rechtsstatus diverse Meinungen vertreten wie die Qualifizierung des Rechtsstatus der Hohen See als *„res nullius*[1088]*"* oder *„res communis omnium*[1089]*"*. Im Ergebnis ist mit *Wolfrum* aber davon auszugehen, dass die Hohe See einen Raum darstellt, für den in seiner Gesamtheit einem einzelnen Staat weder eine Regelungs- noch eine Durchsetzungskompetenz zusteht[1090]. Daraus folgt, dass kein Staat das Recht hat, Schiffe anderer Nationen an einer rechtmäßigen Nutzung der Hohen See zu hindern[1091].

III. Freiheit der Schifffahrt auf Hoher See

1. Allgemeines

Die Freiheit der Schifffahrt ist in Art. 87 Abs. 1 lit. a) SRÜ neben weiteren Freiheiten, die auf Hoher See bestehen, verbürgt. Die Aufzählung des Art. 87 SRÜ ist wegen des Zusatzes *„... unter anderem ..."* nicht abschließender Natur. Die Freiheit der Schifffahrt – welche völkergewohnheitsrechtlich anerkannt ist[1092] – resultiert aus der Freiheit der Hohen See und umfasst das Recht, sich auf Hoher See frei bewegen zu können[1093].

1087 Vgl. ausführlich zur gesamten Geschichte dieses Streites: Brownlie, Principles of Public International Law, 2. Aufl., S. 233; Wolfrum, in: Vitzthum, Handbuch des Seerechts, Kapitel 4 Rn. 5 ff; Hasselmann, Die Freiheit der Handelsschiffahrt, S. 71 ff.

1088 Hierzu: Ipsen, in: Festschrift Stödter, S. 167 (170); so wohl auch: Rousseau, Droit international public, Vol. 4, S. 277: *„... la théorie de la res nullius est certainement plus exacte si l'on envisage les compétences qui s'exercent en haute mer - ...".*

1089 Guggenheim, Lehrbuch des Völkerrechts, Bd. I, S. 408; Colombos, The International Law of the Sea, S. 66 § 79; Brownlie, Principles of Public International Law, 4. Aufl., S. 258; Shaw International Law, S. 517.

1090 Wolfrum, in: Vitzthum, Handbuch des Seerechts, Kapitel 4 Rn. 9.

1091 So auch: Colombos, Internationales Seerecht, S. 30 § 55.

1092 Von Münch, GYIL, Vol. 19 (1976), S. 128 (129); Wolfrum, in: Vitzthum, Handbuch des Seerechts, Kapitel 4 Rn. 25.

1093 Hierzu auch: Hasselmann, Die Freiheit der Handelsschiffahrt, S. 76.

2. *Staatszugehörigkeit von Schiffen als Voraussetzung für die Ausübung der Freiheit der Schifffahrt*

a. *Allgemeines*

Voraussetzung für die Ausübungsmöglichkeit der Rechte des Art. 87 SRÜ ist jedoch, dass ein Schiff unter der Flagge eines bestimmten Staates fährt, demnach eine Staatszugehörigkeit besitzt[1094]. Dieses Erfordernis einer Staatszugehörigkeit ist völkergewohnheitsrechtlich anerkannt[1095]. Die Staatszugehörigkeit von Schiffen und die daraus resultierenden Konsequenzen werden in den Art. 90–93 SRÜ geregelt. Art. 90 SRÜ lautet: *„Jeder Staat, ob Küsten- oder Binnenstaat, hat das Recht, Schiffe, die seine Flagge führen, auf der Hohen See fahren zu lassen"* (sog. *Prinzip der Registrierfreiheit*[1096]).

b. *Völkerrechtliche Voraussetzungen für die Staatszugehörigkeit*

aa. *Allgemeines*

Art. 91 Abs. 1 SRÜ[1097] bestimmt, dass es grundsätzlich jedem Staat individuell obliegt, diejenigen Voraussetzungen zu normieren, die seitens eines Schiffes erfüllt sein müssen, um unter seiner Flagge fahren zu dürfen. Das Seerechtsübereinkommen selbst legt – außer dem vagen Erfordernis einer „echten Verbindung" – keine einheitlichen Voraussetzungen oder Mindestkriterien fest[1098].

Sofern ein Staat einem Schiff nun zugesteht unter seiner Flagge zu fahren, muss er dem Schiff die entsprechenden Dokumente ausstellen (Art. 91 Abs. 2 SRÜ).

[1094] *Wolfrum* (in: Vitzthum, Handbuch des Seerechts, Kapitel 4 Rn. 36 m.w.N.) weist darauf hin, dass der Begriff der Staatszugehörigkeit terminologisch nicht angemessen sei, da die Flaggenhoheit nicht als ein Unterfall der Personalhoheit verstanden werden könne. Allerdings weist er auch – zu Recht – darauf hin, dass dieser Streit über die dogmatische Einordnung akademischer Natur sei. Aus diesem Grunde wird er an dieser Stelle auch nicht weiter vertieft.

[1095] Greig, International Law, S. 334.

[1096] Dieses Prinzip bildete sich schon im 18. und 19. Jahrhundert in Freundschafts- und Handelsverträgen heraus, vgl. Neumeyer, Internationales Verwaltungsrecht, Bd. III/1 (1926), S. 87 ff.; Wolfrum, in: Vitzthum, Handbuch des Seerechts, Kapitel 4 Rn. 30/31.

[1097] Art. 91 Abs. 1 SRÜ lautet: *„Jeder Staat legt die Bedingungen fest, zu denen er Schiffen seine Staatsangehörigkeit gewährt, sie in seinem Hoheitsgebiet in das Schiffsregister einträgt und ihnen das Recht einräumt, seine Flagge zu führen. Schiffe besitzen die Staatszugehörigkeit des Staates, dessen Flagge zu führen sie berechtigt sind. Zwischen dem Staat und dem Schiff muss eine echte Verbindung bestehen."*

[1098] Zu den hieraus resultierenden Problemen auch: Wolfrum, in: Vitzthum, Handbuch des Seerechts, Kapitel 4 Rn. 30.

Die Flagge selbst ist demnach nur ein Indiz für die Staatszugehörigkeit eines Schiffes[1099], die tatsächlich relevanten Voraussetzungen werden nationalrechtlich bestimmt.

bb. Echte Verbindung (sog. "Genuine Link")

(1) Völkerrechtliche Vorgaben

Das Seerechtsübereinkommen fordert als einzige zu erfüllende Voraussetzung dafür, dass ein Schiff unter der Flagge eines Landes fahren darf, in Art. 91 Abs. 1 Satz 3 SRÜ eine *„echte Verbindung"* (sog. *"genuine link"*) zwischen dem Staat und dem Schiff (das seine Bundesflagge führt). In der Praxis ist das Erfordernis einer „echten Verbindung" unter anderem immer dann relevant, wenn der Flaggenstaat einem Schiff diplomatischen Schutz gewähren möchte.[1100] Die Frage, wann eine „echte Verbindung" vorliegt, ist nicht zuletzt wegen der unklaren Regelung im Seerechtsübereinkommen höchst umstritten[1101]. Um die Problematik hinsichtlich der „echten Verbindung" zu lösen, wurde im Rahmen der VN-Registerkonferenz die "United Nations Convention on Conditions for Registration of Ships" am 7. Februar 1986[1102] verabschiedet[1103], welche

---

1099 So auch: Wolfrum, in: Vitzthum, Handbuch des Seerechts, Kapitel 4 Rn. 30; Hasselmann, Die Freiheit der Handelsschiffahrt, S. 83.

1100 Gloria, in: Ipsen, Völkerrecht, § 54 Rn. 4 und zu den Voraussetzungen für die Gewährung von diplomatischem Schutz: Gloria, in: Ipsen, Völkerrecht, § 24 Rn. 33: *„Voraussetzung für die Gewährung diplomatischen Schutzes ist weiterhin die Berechtigung des schutzgewährenden Staates, für den Schutzbegehrenden einzutreten. Diese Berechtigung wird grundsätzlich durch die Staatsangehörigkeit vermittelt."* Wie oben ausgeführt, ist bei Schiffen die Staatszuhörigkeit das relevante Kriterium, so dass dies hier dementsprechend übertragen werden kann.

1101 Vgl. hierzu: *Berber* (Lehrbuch des Völkerrechts, Bd. 1, S. 340), welcher auf den Wohn- oder Geschäftssitz des Schiffseigentümers, seine Staatsangehörigkeit oder die der Besatzung abstellt. Vgl. weiterhin, Caron, in: Bernhardt, EPIL, Vol. IV (2000), S. 400 (402 ff.); Hasselmann, Die Freiheit der Handelsschiffahrt, S. 85 ff.; Nuñez-Müller, Die Staatszugehörigkeit von Handelsschiffen im Völkerrecht, S. 266 ff.; Wolfrum, in: Vitzthum, Handbuch des Seerechts, Kapitel 4 Rn. 31; kritische Anmerkungen zu der Formulierung siehe auch bei: Wolfrum, BDGV, Bd. 31 (1990), S. 121 (123/124).

1102 ILM, Vol. 26 (1987), S. 1236 ff. und http://r0.unctad.org/ttl/docs-legal/unccml/United%20Nations%20%20Convention%20on%20Conditions%20for%20Registration%20of%20Ships,%201986.pdf; Wolfrum, in: Vitzthum, Handbuch des Seerechts, Kapitel 4 Rn. 33. Diese VN-Registerkonferenz wird ausführlich behandelt bei: McConnell, Journal of Maritime Law and Commerce, Vol. 18 (1987), S. 435-449; Hasselmann, Die Freiheit der Handelsschiffahrt, S. 89-93.

1103 Hierzu auch: Gloria, in: Ipsen, Völkerrecht, § 54 Rn. 4.

jedoch bis zum heutigen Tage nicht in Kraft trat und daher auch keine Wirkung entfalten kann[1104].

Mangels genauer Festlegung durch das Seerechtsübereinkommen kann die „echte Verbindung“ zumindest mit Hilfe des Art. 94 Abs. 1 SRÜ i.V.m. Art. 94 Abs. 2 und 3 SRÜ näher bestimmt werden[1105]. Zusätzlich zu der allgemeinen Formulierung des Art. 94 Abs. 1 SRÜ *„Jeder Staat übt seine Hoheitsgewalt und Kontrolle in verwaltungsmäßigen, technischen und sozialen Angelegenheiten über die seine Flagge führenden Schiffe wirksam aus.“*, führt Art. 94 Abs. 2 SRÜ detaillierte und ausführliche Pflichten der Flaggenstaaten, wie die Führung eines Schiffsregisters und Maßnahmen zur Gewährleistung der Sicherheit auf See, auf. In Art. 94 Abs. 3 SRÜ sind sodann die erforderlichen Maßnahmen normiert, die vom Flaggenstaat vorzunehmen sind, um die Sicherheit auf See zu gewährleisten. Hierunter fallen nach Art. 94 Abs. 3 lit. a) SRÜ Maßnahmen, welche den Bau, die Ausrüstung und die Seetüchtigkeit der Schiffe sowie nach Art. 94 Abs. 3 lit. b) SRÜ die Bemannung der Schiffe, die Arbeitsbedingungen und die Ausbildung der Besatzungen betreffen. Durch die Beschreibung dieser Pflichten der Flaggenstaaten wird deutlich, in welchem Ausmaß der Flaggenstaat für seine Schiffe „Sorge zu tragen“ hat. Hierdurch besteht dann zumindest – wenn auch nicht in zufriedenstellendem Maße – ein Anhaltspunkt, was eine „echte Verbindung“ voraussetzt und wann von einer solchen auszugehen ist. Dennoch führen die mangelnden Vorgaben des Seerechtsübereinkommens zum Vorliegen einer „echten Verbindung“ zu einem immensen Ermessensspielraum der Mitgliedstaaten bei der Ausfüllung dieses Kriteriums. Dieser Ermessensspielraum resultiert letztlich in uneinheitlichen Voraussetzungen für das Vorliegen einer „echten Verbindung“ innerhalb der Staatengemeinschaft, die Probleme

---

1104 So wohl auch: Gloria, in: Ipsen, Völkerrecht, § 54 Rn. 4.

1105 So wohl auch: Gloria, in: Ipsen, Völkerrecht, § 54 Rn. 4 und Hasselmann, Die Freiheit der Handelsschiffahrt, S. 84/85. *Hasselmann* verweist zusätzlich darauf (Hasselmann, a.a.o., S. 84/85), dass ursprünglich in Art. 5 der Genfer Hohe-See-Konvention die ausdrückliche Verknüpfung des “genuine link” und der Ausübung der Hoheitsgewalt des Flaggenstaates über seine Schiffe geregelt war: *“There must exist a genuine link between the State and the ship; in particular, the State must effectively exercise ist jurisdiction and control in administrative, technical and social matters.”* Dadurch dass der “genuine link” nun von dem Erfordernis der Ausübung der Hoheitsgewalt der Flaggenstaaten über die Schiffe in Art. 91 Abs. 1 Satz 3 SRÜ getrennt wurde, kann aber – wie *Hasselmann* völlig zu Recht betont – nicht eine *„(noch weitergehende!) Liberalisierung des Begriffes 'genuine link'“* geschlossen werden (Hasselmann, a.a.o., S. 87). Vielmehr ist die Ausübung der Hoheitsgewalt der Flaggenstaaten in Art. 94 SRÜ nun deutlicher und detaillierter geregelt als noch in der Genfer Hohe-See-Konvention, was zu klareren Vorgaben führt.

(beispielsweise die der sog. „Billigflaggen“[1106]) begünstigen. Eine genaue Definition des Kriteriums der „echten Verbindung“ – zumindest die Vereinbarung von einigen für alle Mitgliedstaaten des Seerechtsübereinkommens verbindlichen Grundvoraussetzungen – und somit eine einheitlichere Regelung innerhalb der Mitgliedstaaten des Seerechtsübereinkommens wäre dringend von Nöten. Ohne eine vernünftige Regelung ist nicht davon auszugehen, dass gerade die Billigflaggen-Problematik gelöst werden kann.

(2) Deutsche Ausgestaltung des Art. 94 Abs. 3 SRÜ

Deutschland als Flaggenstaat hat diese völkerrechtlichen Vorgaben des Art. 94 Abs. 3 SRÜ beispielsweise umgesetzt durch:

- die „Verordnung über die Unterbringung der Besatzungsmitglieder an Bord von Kauffahrteischiffen“ vom 8. Februar 1973[1107],
- die „Verordnung über die Krankenfürsorge auf Kauffahrteischiffen“ vom 25. April 1972[1108].
- die „Verordnung betreffend die Übersicht über die Arbeitsorganisation und die Arbeitszeitnachweise in der Seeschifffahrt (See-Arbeitszeitnachweisverordnung – See-ArbZNV) vom 5. Juli 2002[1109]. § 3 dieser See-ArbZNV regelt beispielsweise, dass die Übersicht über die Arbeitsorganisation und die Arbeitszeitnachweise in *„deutscher und in englischer Sprache und in den weiteren Arbeitssprachen des Schiffes“* zu führen sind.
- die „Schiffsbesetzungsverordnung (SchBesV)“ vom 26. August 1998, welche unter anderem in § 2 die Verflichtungen des Reeders und in § 3 die Verpflichtungen des Kapitäns regelt.[1110] Sowohl der Reeder als auch der Kapitän müssen dafür Sorge tragen, dass das Schiff ordnungsgemäß

1106 Näheres hierzu siehe weiter unten.

1107 BGBl. 1973 I, S. 66 ff., zuletzt geändert durch Art. 519 der Verordnung vom 31.10.2006, vgl. BGBl. 2006 I, S. 2407 (2472).

1108 BGBl. 1972 I, S. 734 ff., zuletzt geändert durch Art. 521 der Verordnung vom 31.10. 2006, vgl. BGBl. 2006 I, S. 2407 (2472).

1109 BGBl. 2002 I, S. 2571 ff. Diese Verordnung setzt die Richtlinie 1999/63/EG des Rates vom 21.06.1999 zu der vom Verband der Reeder in der Europäischen Gemeinschaft (European Community Shipowners' Association ECSA) und dem Verband der Verkehrsgewerkschaften in der Europäischen Union (Federation of Transport Workers' Unions in the European Union FST) getroffenen Vereinbarung über die Regelung der Arbeitszeit von Seeleuten (ABl. EG Nr. L 167 S. 33) um.

1110 BGBl. 1998 I, S. 2577 ff., zuletzt geändert durch Art. 524 der Verordnung vom 31.10. 2006, vgl. BGBl. 2006 I, S. 2407 (2472).

besetzt ist. §§ 2a und 2b enthalten die Voraussetzungen, die an die Eignung des Kapitäns, der Schiffsoffiziere und Schiffsmechaniker gestellt werden.

c. *Umsetzung des Art. 91 Abs. 1 SRÜ in Deutschland - Flaggenrechtsgesetz*

aa. *Allgemeines*

Nachdem das Seerechtsübereinkommen den Staaten keine detaillierten Vorgaben macht, welche Voraussetzungen erfüllt sein müssen, um unter der Flagge eines Landes fahren zu dürfen, regelte auch die Bundesrepublik Deutschland diesen Komplex individuell. Es entstand das „Gesetz über das Flaggenrecht der Seeschiffe und die Flaggenführung der Binnenschiffe (Flaggenrechtsgesetz, FlaggRG)“[1111]. Das Flaggenrechtsgesetz wird unterteilt in folgende thematische Abschnitte:

- Erster Abschnitt: Flaggenrecht der Seeschiffe
- Zweiter Abschnitt: Flaggenführung der Binnenschiffe
- Dritter Abschnitt: Straf- und Bußgeldvorschriften
- Vierter Abschnitt: Übergangs- und Schlussbestimmungen

bb. *Berechtigung zur Flaggenführung*

Nach § 1 Abs. 1 FlaggRG haben die Bundesflagge *„alle Kauffahrteischiffe und sonstigen zur Seefahrt bestimmten Schiffe (Seeschiffe) zu führen, deren Eigentümer Deutsche sind und ihren Wohnsitz im Geltungsbereich des Grundgesetzes haben“*. § 1 Abs. 2 FlaggRG stellt Handelsgesellschaften und juristische Personen den natürlichen Personen gleich, wenn der Deutschlandbezug überwiegt. Ferner existieren in den §§ 2, 10 und 11 FlaggRG weitere Vorschriften, wann Schiffe unter besonderen Umständen die Bundesflagge führen dürfen.

cc. *Nachweis der Flaggenführungsberechtigung*

(1) Ausweis

Die §§ 3–5 FlaggRG regeln, welchen Ausweis ein Schiff erhält, um seine Berechtigung zur Führung der Bundesflagge nachzuweisen. Regelmäßig wird hier ein Schiffszertifikat oder ein Schiffsvorzertifikat (§ 5 FlaggRG) ausgestellt.

[1111] Ausgefertigt wurde das Flaggenrechtsgesetz zum ersten Mal am 08.02.1951 und wurde neugefasst durch die Bekanntmachung vom 26.10.1994, vgl.: BGBl. 1994 I, S. 3140 ff.; zuletzt geändert wurde das Flaggenrechtsgesetz durch das „Gesetz zur Anpassung der Vorschriften des Internationalen Privatrechts an die Verordnung (EG) Nr. 593/2008“, vgl.: BGBl. 2009 I, S. 1574 (1576).

(2) Ausstellung des Ausweises

Zuständig für die Ausstellung dieses Schiffszertifikats ist gemäß § 60 Schiffsregisterordnung (SchRegO)[1112] das jeweilige Registergericht. In Deutschland existieren zwei Schiffsregister, wobei auf das sog. „Zweitregister" und seinen Nutzen weiter unten eingegangen wird[1113]. Die Schiffsregister werden in der Schiffsregisterordnung geregelt[1114]. Das Schiffsregister dient der dinglichen Zuordnung von Schiffen, ist daher vergleichbar mit dem Grundbuch[1115]. Zuständig für das Schiffsregister ist grundsätzlich das jeweilige Amtsgericht als Registergericht (§ 1 Abs. 1 SchRegO). § 4 Abs. 1 SchRegO bestimmt, dass ein Schiff in das Schiffsregister seines Heimathafens oder Heimatortes einzutragen ist. Allerdings müssen in Deutschland nicht alle Schiffe in einem Schiffsregister eingetragen sein. Wann eine ausdrückliche Pflicht zur Eintragung von See- und Binnenschiffen in das Schiffsregister besteht, regelt § 10 der SchRegO[1116].

1112 § 60 SchRegO lautet:

„(1) *Das Registergericht hat über die Eintragung des Schiffs eine Urkunde auszustellen, in die der vollständige Inhalt der Eintragungen aufzunehmen ist. Die Urkunde führt bei Seeschiffen die Bezeichnung Schiffszertifikat, bei Binnenschiffen die Bezeichnung Schiffsbrief.*

(2) *Im Schiffszertifikat ist ferner zu bezeugen, daß die in ihm enthaltenen Angaben glaubhaft gemacht sind und daß das Schiff das Recht hat, die Bundesflagge der Bundesrepublik Deutschland zu führen.*

(3) *Dem Eigentümer eines Seeschiffs ist auf Antrag ein beglaubigter Auszug aus dem Schiffszertifikat zu erteilen, in den nur die im § 11 Abs. 1 Nr. 1 bis 5 bezeichneten Tatsachen, das Unterscheidungssignal und das im Absatz 2 bezeichnete Zeugnis aufzunehmen sind".*

1113 Siehe hierzu die Ausführungen weiter unten.

1114 Erstmalige Ausfertigung am 19.12.1940 und Neufassung durch die Bekanntmachung vom 26.05.1994, BGBl. 1994 I, S. 1133. Eine letztmalige Änderung erfolgte durch das „Gesetz zur Einführung des elektronischen Rechtsverkehrs und der elektronischen Akte im Grundbuchverfahren sowie zur Änderung weiterer grundbuch- register- und kostenrechtlicher Vorschriften (ERVGBG)" am 11.08.2009, BGBl. 2009 I, S. 2713.

1115 Um eine Eintragung vornehmen zu können, müssen verschiedene Informationen des Schiffes vorhanden sein, § 11 SchRegO. Erforderlich sind beispielsweise der Name des Schiffes, die Gattung, der Heimathafen, etc.

1116 § 10 SchRegO lautet:

„(1) *Zur Anmeldung eines Seeschiffs ist der Eigentümer verpflichtet, wenn das Schiff nach § 1 des Flaggenrechtsgesetzes die Bundesflagge zu führen hat. Dies gilt nicht für Seeschiffe, deren Rumpflänge, gemessen zwischen den äußersten Punkten des Vorstevens und des Hinterstevens, 15 Meter nicht übersteigt. Von der Anmeldepflicht kann das Bundesministerium für Verkehr, Bau und Stadtentwicklung durch Verwaltungsanordnung allgemein oder im Einzelfall Ausnahmen zulassen.*

(2) *Zur Anmeldung eines Binnenschiffs ist der Eigentümer verpflichtet,*

1. *wenn das Schiff zur Beförderung von Gütern bestimmt ist und seine größte Tragfähigkeit mindestens 20 Tonnen beträgt,*

dd. Straf- und Bußgeldvorschriften

Das Flaggenrechtsgesetz normiert in seinem Dritten Abschnitt (§§ 15–18 FlaggRG) weiterhin diverse Straf- und Bußgeldvorschriften. So wird in § 15 Abs. 1 FlaggRG etwa unter Strafe gestellt, wenn der Führer eines Seeschiffes *„vorsätzlich oder fahrlässig über die Vorschrift des § 6 Abs. 1 über das Führen einer anderen Nationalflagge als der Bundesflagge zuwiderhandelt"* oder wenn die Bundesflagge unberechtigterweise geführt wird (§ 15 Abs. 2 FlaggRG).

ee. Befristete Vercharterung ins Ausland

§ 7 FlaggRG eröffnet ferner die Möglichkeit, dass ein im deutschen Schiffsregister eingetragenes Schiff ins Ausland verchartert wird und für die Dauer von maximal zwei Jahren trotz des Führens einer fremden Flagge nicht aus dem deutschen Register gelöscht wird. Dieses Schlupfloch begünstigt die Möglichkeit ein Schiff unter eine „billige Flagge" auszuflaggen. Nach Ablauf der zwei Jahre kann die erneute Erteilung einer Genehmigung nach § 7 FlaggRG beantragt werden[1117].

d. Die Problematik der sog. „Billigflaggen" ("Flags of Convenience")

aa. Allgemeines

Wie bereits soeben ausgeführt, stellt das Seerechtsübereinkommen sehr geringe und unklare Anforderungen an die Staaten, wann eine „echte Verbindung" zwischen Flaggenstaat und Schiff besteht und somit, wann ein Schiff unter der Flagge eines Staates fahren darf. Diese uneinheitlichen Voraussetzungen führen dazu, dass zwischen den Staaten unterschiedlich strenge Voraussetzungen existieren, wann einem Schiff die Flaggenführung zugestanden wird. Begünstigt durch diese unklaren Regelungen im Seerechtsübereinkommen haben in den letzten Jahren sog. „Billigflaggenländer"[1118] an Zuspruch gewonnen, da sie sehr

---

2. wenn das Schiff nicht zur Beförderung von Gütern bestimmt ist und seine Wasserverdrängung bei größter Eintauchung mindestens 10 Kubikmeter beträgt, oder

3. wenn das Schiff ein Schlepper, ein Tankschiff oder ein Schubboot ist.

(3) Schiffe im Eigentum und öffentlichen Dienst des Bundes, eines zum Bund gehörenden Landes oder einer öffentlich-rechtlichen Körperschaft oder Anstalt mit Sitz im Geltungsbereich des Grundgesetzes brauchen nicht zur Eintragung angemeldet zu werden".

[1117] Vgl. hierzu auch: Beckert/Breuer, Öffentliches Seerecht, Rn. 456.

[1118] Anstelle der Bezeichnung „Billigflaggenland" oder „Billigflagge" existiert eine Flut von verschiedenen Bezeichnungen, die jedoch vom Grundgedanken her alle dasselbe Phänomen beschreiben. Beispielhaft sind zu nennen: „freie Flaggen", "flags of necessity",

geringe Anforderungen an die Flaggenführungsbefugnis stellen und somit zu erheblichen finanziellen Einsparungen der Reeder führen. Solche typischen Billigflaggenländer sind Liberia und Panama. Nach einer Statistik der IHS Fairplay sind die vier führenden Flaggenstaaten in Bezug auf die Flottengröße (Bruttoraumzahl (BRZ), Stand 31.12.2010):

1. Panama (21,6 % BRZ-Anteil ⇨196,7 Mio. BRZ)
2. Liberia (11,4 % BRZ-Anteil ⇨ 104,1 Mio. BRZ)
3. Marshall-Inseln (6,5 % BRZ-Anteil ⇨ 59,4 Mio. BRZ)
4. Hongkong (6,1 % BRZ-Anteil ⇨ 55,5 Mio. BRZ)[1119]

Wann es sich jedoch um eine "Flag of Convenience" handelt, ist ebenfalls nicht genau festgelegt. Aus diesem Grunde muss bei Betrachtung jedes Staates im Einzelfall beurteilt werden, ob er zu den Billigflaggenländern zählt oder nicht[1120].

"flags of refuge", "tax free flags", "flags of attraction", "open registry flags", "pirate flags" und "public enemy no. 1". Siehe zu diesen und weiteren Begrifflichkeiten: Núñez-Müller, Die Staatszugehörigkeit von Handelsschiffen im Völkerrecht, S. 45. Letztlich durchgesetzt haben sich die Formulierung "flags of convenience" (also „Billigflagge") und "open register".

1119 Zitiert nach den „Daten der deutschen Seeschifffahrt" (Ausgabe 2011) des Verbands Deutscher Reeder.

1120 So auch: Núñez-Müller, Die Staatszugehörigkeit von Handelsschiffen im Völkerrecht, S. 49. Gerade wegen der Aktualität und Problematik der "Flags of Convenience" herrscht eine rege Debatte über eine Definition: Die Organization for European Economic Cooperation (OEEC) entwarf bereits im Jahre 1958 eine plausible Formulierung (OEEC.MTC, Study on the Expansion of the Flags of Convenience Fleets and on Various Aspects Thereof (1958), zitiert nach: Núñez-Müller, Die Staatszugehörigkeit von Handelsschiffen im Völkerrecht, S. 46): *"... the flags of such countries ..., where laws allow – and indeed make it easy for – ships owned by foreign nationals or companies to fly these flags ... in contrast to the practice in the maritime countries (and in many others) where the right to fly the national flag is subject to stringent conditions and involves far-reaching obligations."* Diese Formulierung gibt zwar die Tendenz richtig wieder, es mangelt aber leider an einem genauen Abgrenzungskriterium. In letzter Konsequenz kann diese Definition nämlich auch wegen ihrer allgemein gehaltenen Formulierung nicht erklären, wann eine Bedingung weniger streng ist als eine andere. Randunschärfen können hierdurch nicht behoben werden, so dass diese Formulierung abzulehnen ist. – Detailliertere Voraussetzungen für das Vorliegen eines Billigflaggenlandes werden seitens des Committee of Inquiry into Shipping (Report, Her Majesty's Stationary Office, Cmnd. 4337 [London, 1970], S. 51), auch abgedruckt bei: Wefers Bettink, NYIL, Vol. 18 (1987), S. 69 (72 Fn. 6) und Egiyan, Marine Policy, Vol. 14 (1990), S. 106 (107)) verlangt:

1) "The country of registry allows ownership and/or control of its merchant vessels by non-citizens.

2) Access to the registry is easy. A ship may usually be registered at a consul's office abroad.

bb. Vorteile der billigen Flaggen und deren Inanspruchnahme

Die Billigflaggenländer locken mit niedrigen Registergebühren, niedrigeren Steuern, geringeren Sozialverpflichtungen, geringeren Sicherheitsbestimmungen und nicht zuletzt geringeren Anforderungen an die Schiffsführung[1121]. Hinzu kommt, dass unter Umständen auch die Möglichkeit besteht, bestimmte internationale Vertragsverpflichtungen zu umgehen. Aus diesem Grunde fallen auch viele Schiffe unter einer Billigflagge unter den Begriff der "sub-standard ships"[1122]. Die monetären Vorteile der „Billigflaggenländer" liegen somit auf der Hand: Der Geschäftsführer des Bremer Reedervereins, Robert Völkl, gab an, dass ein Schiff, welches unter deutscher Flagge fährt, im Jahr ca. 200.000-450.000 € pro Jahr teurer ist, als ein Schiff unter ausländischer Flagge[1123]. Um

---

3) Taxes on the income from the ships are not levied locally or are low. A registry fee and an annual fee, based on tonnage, are normally the only charges made. A guarantee or acceptable understanding regarding future freedom from taxation may also be given.

4) The country of registry is a small power with no national requirements under any foreseeable circumstances for all the shipping registered, but receipts from very small charges on a large tonnage may produce a substantial effect on its national income and balance of payments.

5) Manning of ships by non-nationals is freely permitted, and

6) the country of registry has neither the power nor the administrative machinery to effectively impose any government or international regulations; nor has the country the wish or the power to control the companies themselves."

Auch wenn diese Definition sehr klare Unterscheidungskriterien an die Hand gibt, so schränkte die Kommission diese Definition selbst wieder ein und verschlechterte sie damit erheblich. Die Kommission stellte nämlich (a.a.o.) fest, dass "... it is only for flag of convenience countries that all apply and it is only they which effectively have no possibility of imposing taxation on shipping on future." Diese Einschränkung ist jedoch nicht sachgerecht und zu eng. Vielmehr gibt es auch anerkannte Offene Register, welche nicht alle dieser vorgenannten Merkmale erfüllen. So auch: Skourtos, Die Billig-Flaggen-Praxis und die staatliche Flaggenverleihungsfreiheit, S. 9. Skourtos (a.a.o., S. 6 ff.) selbst präzisiert diese Liste noch und fügt als weiteres Kriterium hinzu, dass der Einsatz der Schiffe vor allem im "cross trade" erfolgt und dass daher kaum je ein Anlaufen des Heimathafens im Flaggenstaat stattfindet. Weiterhin betont er, dass auch solche Länder, die nicht alle Kriterien erfüllen, nach einer Einzelfall- und Gesamtbetrachtung Billigflaggenländer sein können. Dieser Auffassung ist wegen ihrer hohen Praktikabilität und der breit gestreuten Merkmale, die fast jede Konstellation abzudecken vermögen, zu folgen.

[1121] Vgl. hierzu: Hasselmann, Die Freiheit der Handelsschiffahrt, S. 86. Zur Entwicklung der Billigflaggenpraxis vgl. die interessanten Ausführungen bei: Núñez-Müller, Die Staatszugehörigkeit von Handelsschiffen im Völkerrecht, S. 33 ff.

[1122] So wohl auch: Hasselmann, Die Freiheit der Handelsschiffahrt, S. 86.

[1123] Vgl. hierzu den Artikel der WeltOnline vom 17.11.2008, abrufbar unter: http://www.welt.de/welt_print/article2736175/Reeder-starten-Initiative-zur-Rueckflaggung-der-Schiffe.html.

die dargestellten wirtschaftlichen Vorteile nutzen zu können, muss ein ursprünglich deutsches Schiff „ausgeflaggt" werden, damit es in einem Billigflaggenstaat zu dessen Bedingungen „eingeflaggt", also in ein Schiffsregister eingetragen, werden kann. Aus diesem Grunde wird auch oftmals der Begriff der „offenen Register" anstelle von „Billigflaggenländer" verwendet[1124].

cc. *Deutsche Handelsschiffe und die Ausflaggung unter Billigflaggen*

Im Jahre 2009 fand in Rostock die Sechste Maritime Konferenz statt, welche in Bezug auf die Billigflaggenproblematik erstaunliche Erkenntnisse für den Standort Deutschland zu Tage förderte[1125]. Insbesondere war in den Jahren 2000 bis 2009 eine massive Zunahme an Ausflaggungen zu beobachten. Im Jahre 2000 bestand die deutsche Handelsflotte aus insgesamt 1.850 Handelsschiffen, von diesen fuhren noch 717 Schiffe, also mehr als ein Drittel, unter deutscher Flagge[1126]. Die restlichen Schiffe waren unter eine Billigflagge ausgeflaggt worden. Im Jahre 2009 fuhr bereits 83 % der gesamten deutschen Schifffahrt unter Billigflaggen, wobei von den deutschen Reedern die offenen Register von Liberia, Antigua & Barbuda und den Marschallinseln bevorzugt wurden.[1127]

Auf der Sechsten Maritimen Konferenz im Frühjahr 2009 wurde seitens des Verbandes Deutscher Reeder die bereits zuvor abgegebene Zusage bekräftigt, bis Ende 2010 die Anzahl der Schiffe unter deutscher Flagge im internationalen Verkehr auf mindestens 600 zu erhöhen[1128]. Im Gegenzug wurde von der Bundesregierung eine Verringerung der Tonnagesteuer zugesagt. Diese Zahl wurde nie erreicht, die Zahlen verschlechterten sich sogar. Während im Jahre 2010 von 3.661 deutschen Handelsschiffen 589 unter deutscher Flagge fuhren[1129], wurde bis zum 30. September 2011 zwar eine Zunahme von Handelsschiffen deutscher

---

1124 Es soll hier auch keine detailliertere Unterscheidung zwischen den beiden Begriffen getroffen werden. Der Begriff der „Billigflagge" soll fortan mit dem der „Offenen Register" gleichgesetzt werden. Vgl. hierzu auch: Núñez-Müller, Die Staatszugehörigkeit von Handelsschiffen im Völkerrecht, S. 49/50.

1125 Siehe hierzu den Bericht zur Sechsten Maritimen Konferenz, abrufbar auf der Homepage des Bundesministeriums für Wirtschaft und Technologie: http://bmwi.de/BMWi/Navigation/Service/ publikationen,did=308342.html.

1126 Quelle: BSH und Verband Deutscher Reeder.

1127 Quelle: Verband Deutscher Reeder.

1128 Vgl. hierzu den Bericht der Sechsten Maritimen Konferenz und hier besonders den Bericht des Workshops III – Seeschiffahrt unter der Leitung von Konsul Horst Rahe, S. 46. Dieser ist erhältlich unter: http://www.bmwi.de/BMWi/Navigation/Wirtschaft/nationale-maritime-konferenz,did=295532.html.

1129 Quelle: Verband Deutscher Reeder.

Reedereien festgestellt, diese Zunahme ging jedoch einher mit einer Verringerung der Schiffe unter deutscher Flagge: von 3.716 Handelsschiffen fahren nun nur noch 571 Schiffe unter deutscher Flagge[1130]. Diese Problematik war auch Gegenstand der Siebten Maritimen Konferenz in Wilhelmshaven im Jahre 2011, welche nur einen weiteren Rückgang der Schiffe unter deutscher Flagge feststellen und die Prüfung einer Optimierung der Rahmenbedingungen für die Seeverkehrswirtschaft in Aussicht stellen konnte[1131].

Anders sieht die Statistik bei der Betrachtung der Flaggenführung der Containerschiffsflotte aus. Die Statistik des Verbands Deutscher Reeder ergibt, dass insgesamt 293 Containerschiffe unter deutscher Flagge fahren und Deutschland damit in der Gesamtbetrachtung auf Platz 3 (8,4 % BRZ-Anteil) hinter Panama (20,2 % BRZ-Anteil) und Liberia (21,1 % BRZ-Anteil) liegt[1132]. Allerdings hatte Deutschland im Jahre 2009 auch in diesem Bereich noch mit 9,0 % einen höheren BRZ-Anteil[1133].

dd. Maßnahmen zur Erhöhung der Attraktivität des Standorts Deutschland

Deutschland hat zur Erhöhung seiner Attraktivität als Standort auch einzelne Maßnahmen getroffen, welche traditionell den Billigflaggenländern zugeschrieben werden[1134]. Hierzu gehört zunächst die oben angesprochene Verringerung

1130 Im Jahre 2010 waren von diesen 3.661 Handelsschiffen 2.947 Schiffe zwar in deutschen Seeschiffregistern eingetragen, führten jedoch befristet eine Auslandsflagge. Zum 01.09. 2011 führten von 3.716 Handelsschiffen insgesamt 3.034 Schiffe befristet eine Auslandsflagge. (Quelle: Verband Deutscher Reeder). Dies wird seitens Deutschland durch § 7 Flaggenrechtsgesetz i.V.m § 17 Abs. 2 Schiffsregisterordnung ermöglicht. Gemäß § 7 Flaggenrechtsgesetz ist eine Voraussetzung hierfür, dass *„in den Fällen des § 1 ein Seeschiff einem Ausrüster, der nicht Deutscher ist oder seinen Wohnsitz oder Sitz nicht im Geltungsbereich des Grundgesetzes hat, auf mindestens ein Jahr zur Bereederung überlassen [...]"* wurde. 125 Schiffe laufen direkt unter ausländischen Schiffsregistern und Auslandsflaggen.

1131 Vgl. hierzu den Bericht zur maritimen Koordinierung, welcher im Nachgang zur Siebten Maritimen Konferenz in Wilhelmshaven vom 27.-28.05.2011 veröffentlicht wurde und auf der Homepage des BMWi zu finden ist: http://www.bmwi.de/BMWi/Navigation/Wirtschaft/nationale-maritime-konferenz,did=248958.html. Vgl. dort zu der hier angesprochenen Thematik insbesondere S. 14.

1132 Siehe hierzu die „Daten der deutschen Seeschifffahrt" (Ausgabe 2011) des Verbands Deutscher Reeder.

1133 Quelle: „Daten der deutschen Seeschifffahrt" (Ausgabe 2010) des Verbands Deutscher Reeder.

1134 Siehe hierzu auch: Yang, Jurisdiction of the Coastal State over Foreign Merchant Ships in Internal Waters and the Territorial Sea, S. 25.

der Tonnagesteuer sowie die Einrichtung eines „Zweitregisters“ für Schiffe[1135]. Bei Registrierung in einem solchen Zweitregister können für ausländische Besatzungsmitglieder die arbeitsrechtlichen Bestimmungen ihres Heimatlandes und auch deren lokale Heuern gelten.

3. Friedliche Nutzung der Hohen See, Art. 88 SRÜ

Art. 88 SRÜ legt fest, dass die Hohe See friedlichen Zwecken vorbehalten ist. Es muss daher geklärt werden, ob die Freiheit der Hohen See auch die Nutzung der Hohen See für militärische Zwecke – etwa Manöver und Waffenerprobungen – umfasst[1136]. Hierfür gibt es verschiedene Auslegungshilfen:

a. Wortlaut

Die pauschale Festlegung in Art. 88 SRÜ „Die Hohe See ist friedlichen Zwecken vorbehalten“ ist missverständlich und unklar und hat schon immer zu Unstimmigkeiten geführt[1137]. Der Wortlaut des Art. 88 SRÜ erscheint daher für eine klare Abgrenzung wenig hilfreich.

b. Vergleich mit der Ausschließlichen Wirtschaftszone

Bereits bei der Frage der Nutzung der Ausschließlichen Wirtschaftszone zu militärischen Zwecken wurde entschieden, dass eine militärische Nutzung der Ausschließlichen Wirtschaftszone möglich ist[1138]. Dies folgte aus der traditionellen

---

1135 Siehe hierzu die Ausführungen weiter unten.

1136 Die Vorschrift des Art. 88 SRÜ und die damit einhergehenden Unklarheiten sind nur für Kriegsschiffe relevant.

1137 In den frühen 70er Jahren waren sowjetische Autoren der Auffassung, dass die Klausel “for peaceful purposes” so zu verstehen sei, dass keine militärischen Übungen durchgeführt werden dürften und die Hohe See lediglich zivilen Zwecken diene. Dies ging auch aus diplomatischen Aussagen in den VN-Gremien hervor. Vgl. hierzu: Rauch, GYIL, Vol. 28 (1985), S. 229 (239). – Die USA interpretierten diese Vorschrift im Gegenzug so, dass lediglich aggressive Handlungen verboten sein sollen. Die USA erklärten im Rahmen von UNCLOS III: *“The term „peaceful purposes“ does not, of course, preclude military activities generally. The United States has consistently held that the conduct of military activities for peaceful purposes is in full accord with the Charter of the United Nations and with the principles of international law. Any specific limitation on military activities would require the negotiation of a detailed arms control agreement. [...]”* Abgedruckt bei: Rauch, GYIL, Vol. 28 (1985), S. 229 (240).

1138 Siehe hierzu die Ausführungen der Verfasserin zur militärischen Nutzung der Ausschließlichen Wirtschaftszone.

Nutzung dieser Zone (auch) zu Zwecken der Waffenerprobung[1139]. Nichts Anderes kann gerade für die Hohe See gelten, welche traditionell durch die Gewährung einer noch weitergehenden Freiheit für die Schifffahrt gekennzeichnet ist, als diese in der Ausschließlichen Wirtschaftszone gegeben ist. Kraft eines Erst-Recht-Schlusses muss daher die militärische Nutzung auch für die Hohe See anerkannt werden.

c. *Betrachtung von Art. 88 SRÜ im Gesamtzusammenhang des Seerechtsübereinkommens*

Weiterhin muss Art. 88 SRÜ im Gesamtzusammenhang des Seerechtsübereinkommens betrachtet werden. In Teil XVI des Seerechtsübereinkommens („Allgemeine Bestimmungen"), der für das gesamte Seerechtsübereinkommen als „Basis" und Grundverständnis dient, wird in Art. 301 SRÜ auf die „friedliche Nutzung der Meere" und die daraus folgenden nichtzulässigen Handlungen eingegangen[1140]. In dogmatischer Hinsicht stellt daher Art. 301 SRÜ den Grundsatz dar, auf den Art. 88 SRÜ verweist[1141] und der Art. 88 SRÜ inhaltlich mit Leben füllt und hierdurch verständlich werden lässt. Art. 301 SRÜ verbietet nämlich lediglich bedrohende und aggressive Handlungen, welche im Widerspruch zur VN-Charta stehen[1142]. Somit sind sogar Handlungen, welche gemäß Art. 51 der VN-Charta der Selbstverteidigung dienen, friedlich[1143]. *Bryde* führt hierzu aus, dass das Gegenteil von „friedlich" nicht „militärisch", sondern „aggressiv"

[1139] Siehe hierzu die Ausführungen der Verfasserin zur militärischen Nutzung der Ausschließlichen Wirtschaftszone.

[1140] Hierunter fallen, wie Art. 301 SRÜ darlegt, zum einen Handlungen, die sich gegen die territoriale Unversehrtheit oder die politische Unabhängigkeit eines Staates richten oder zum anderen Handlungen, die eine Blockade oder einen Angriff gegenüber anderen Seemächten oder den Flotten anderer Staaten darstellen. Vgl. hierzu zutreffend: Rauch, Berichte des Bundesinstituts für ostwissenschaftliche und internationale Studien, Bd. 38 (1980), S. 1 (33). Dieser stellt klar, dass „friedlich" nicht gleichbedeutend ist mit „nicht-militärisch = zivil", sondern mit „nichtaggressiv" im Sinne des Rechts der Vereinten Nationen: *„Auch jede militärische Nutzung der See ist friedlich, solange sie mit der Satzung der Vereinten Nationen im Einklang steht."*.

[1141] So auch: Wolfrum, in: Vitzthum, Handbuch des Seerechts, Kapitel 4 Rn. 23.

[1142] Dies folgt aus Art. 301 SRÜ und aus Art. 138 SRÜ, welcher nachstehendes bestimmt: *„Das allgemeine Verhalten der Staaten in bezug auf das Gebiet muß im Interesse der Erhaltung von Frieden und Sicherheit sowie der Förderung der internationalen Zusammenarbeit und gegenseitigen Verständigung den Bestimmungen dieses Teiles, den in der Charta der Vereinten Nationen niedergelegten Grundsätzen und den sonstigen Regeln des Völkerrechts entsprechen."* Hierauf bezieht sich auch: Oxman, VJIL, Vol. 24 (1984), S. 809 (831).

[1143] So auch: Rauch, GYIL, Vol. 28 (1985), S. 229 (241).

sei[1144]. Somit sei lediglich die Androhung oder Anwendung von Gewalt unzulässig[1145].

d. VN-Resolutionen

Für die Nutzung der Hohen See zu militärischen Zwecken sprechen auch VN-Resolutionen und bereits bestehende Verträge: Zunächst ist hier auf die Resolution 2832 (XXIV) der VN-Generalversammlung vom 16. Dezember 1971 und die Resolution 41/11 vom 27. Oktober 1986 hinzuweisen, in welchen der Indische Ozean und der Südatlantik zu Zonen des Friedens und der Zusammenarbeit erklärt wurden[1146]. Sinn und Zweck dieser Resolutionen war die Aufforderung der Staaten, in diesen Zonen ihre militärische Präsenz zu verringern und auch die mögliche Aufgabe von Atom- und Massenvernichtungswaffen zu respektieren[1147]. Aus diesen Resolutionen folgt, dass das Gebot der friedlichen Nutzung der Hohen See militärischen Übungen nicht per se entgegensteht. Wäre dies der Fall, hätte man sich nicht der soeben dargestellten Resolutionen bedienen müssen, da militärische Übungen von vornherein nicht zulässig gewesen wären.

e. Vertragspraxis

Als weiteres Indiz für eine Nutzung der Hohen See zu militärischen Zwecken können auch der "Antarctic Treaty" vom 1. Dezember 1959 und der "Outer Space Treaty" vom 27. Januar 1967 dienen, welche ebenfalls eine „friedliche Nutzung" voraussetzen[1148]. *Oxman* weist hinsichtlich dieser Verträge darauf hin, dass auch dort das Gebot einer ausschließlich friedlichen Nutzung gilt[1149]. Im Anschluss an diese friedliche Nutzung folge jedoch unmittelbar eine Aufzählung der Verbote wie das Verbot der Durchführung von militärischen Manövern oder Waffenerprobungen. Daraus schließt *Oxman* berechtigterweise, dass ein komplettes Verbot einer militärischen Nutzung – welches einen immensen Eingriff darstellen würde – einer ausdrücklichen Regelung wie in den beiden genannten Verträgen bedarf und nicht aus einer Formulierung wie der des Art. 88 SRÜ geschlossen werden kann[1150]. Dies gilt umso mehr, als dass es für die großen

---

1144 Bryde, in: Delbrück, Das neue Seerecht, S. 151 (162).
1145 Bryde, in: Delbrück, Das neue Seerecht, S. 151 (162).
1146 Hierzu: Wolfrum, in: Vitzthum, Handbuch des Seerechts, Kapitel 4 Rn. 22, und zu den Zonen des Friedens ausführlich und zur Resolution 2832 im Speziellen: Szurek, RGDIP, Tome 88 (1984), S. 114 ff.
1147 Wolfrum, in: Vitzthum, Handbuch des Seerechts, Kapitel 4 Rn. 22.
1148 Zitiert bei: Oxman, VJIL, Vol. 24 (1984), S. 809 (830).
1149 Vgl. Oxman, VJIL, Vol. 24 (1984), S. 809 (830).
1150 Vgl. Oxman, VJIL, Vol. 24 (1984), S. 809 (831/832).

Seemächte von erheblicher Bedeutung war, sich auf der Seerechtskonferenz die weitestmöglichen Rechte für eine militärische Nutzung zu erhalten[1151].

f. Ergebnis

Im Ergebnis ist daher die militärische Nutzung der Hohen See dem Grunde nach möglich[1152]. Dennoch verbleibt es gemäß Art. 87 Abs. 2 SRÜ bei der Pflicht, auf andere Staaten bei deren Nutzung der Hohen See Rücksicht zu nehmen[1153]. Eine andere Bewertung ergibt sich regelmäßig dann, wenn explizit Verträge über die Nutzung der Hohen See abgeschlossen worden sind. Solche Verträge sind etwa der „Atom-Teststopvertrag“ vom 5. August 1963, welcher Atomwaffentests über der Hohen See und unter Wasser verbietet[1154] und der Vertrag über das Verbot der Anbringung von Kernwaffen und anderen Massenvernichtungswaffen auf dem Meeresboden und im Meeresuntergrund, welcher am 12. Mai 1972 Eingang in die deutsche Gesetzgebung gefunden hat[1155]. Auch diese Verträge deuten wieder darauf hin, dass ein Verbot einer militärischen Nutzung der Hohen See ausdrücklich vereinbart werden muss.

1151 Nähere Erläuterungen zu den Eingaben der großen Seemächte bereits im Kapitel über die Ausschließliche Wirtschaftszone, S. 202 ff.; vgl. hierzu auch Treves, AFDI, Tome 26 (1980), S. 687 (696/697).

1152 So auch: O’Connell, The International Law of the Sea, Vol. II, S. 809; Wolfrum, in: Vitzthum, Handbuch des Seerechts, Kapitel 4 Rn. 19 ff.; Rauch, GYIL, Vol. 28 (1985), S. 229 (258); Wolfrum, GYIL, Vol. 24 (1981), S. 200 (217), welcher jedoch drei Faktoren aufzeigt, die die militärische Nutzung der Hohen See künftig beeinflussen könnten (hierzu zählen die Ausdehnung von Ausschließlichen Wirtschaftszonen, die Unklarheit des Art. 301 [*Wolfrum* bezieht sich hier noch auf die Draft Convention] und die verbleibende Ambiguität der „Peaceful Use-Klausel“, vgl.: Wolfrum, a.a.o., S. 200 [218/219]).

1153 Rauch, GYIL, Vol. 28 (1985), S. 229 (258); Bryde, in: Delbrück, Das neue Seerecht, S. 151 (164); im Ergebnis wohl auch: O’Connell, The International Law of the Sea, Vol. II, S. 809/810.

1154 Vertrag über das Verbot von Kernwaffenversuchen in der Atmosphäre, im Weltraum und unter Wasser vom 05.08.1963 und das hieraus resultierende deutsche Gesetz vom 29.07. 1964, vgl. BGBl. 1964 II, S. 906-910; Wolfrum, in: Vitzthum, Handbuch des Seerechts, Kapitel 4 Rn. 21. *Bryde* ist der Auffassung, dass der Atomwaffenversuch bereits nach der Genfer Konvention von 1958 völkerrechtswidrig war, vgl. hierzu: Bryde, in: Delbrück, Das neue Seerecht, S. 151 (163). – Durch die zwei damaligen Supermächte, die USA und die UdSSR, wurde im “Geneva Disarmament Committee” einer Verhandlung des Themekomplexes der Atomwaffentests über der Hohen See und unter Wasser zugesagt. Letztlich wurde der Vertrag durch die USA, die UdSSR und 106 weitere Staaten ratifiziert. Dies entband die Teilnehmer der dritten Seerechtskonferenz, sich mit dieser schwierigen Frage und einer möglichen Regelung im Seerechtsübereinkommen zu befassen. Vgl. hierzu: Rauch, GYIL, Vol. 28 (1985), S. 229 (259); Treves, AJIL, Vol. 74 (1980), S. 808 (816).

1155 BGBl. 1972 II, S. 325-331.

IV. Allgemeine Beschränkungen der Schifffahrt

1. Art. 87 Abs. 1 SRÜ

Bereits aus Art. 87 Abs. 1 SRÜ ergibt sich, dass die Freiheit der Hohen See (und damit auch die Freiheit der Schifffahrt auf Hoher See) *„gemäß den Bedingungen dieses Übereinkommens und den sonstigen Regeln des Völkerrechts“* ausgeübt wird. Zunächst einmal findet daher jegliche Beschränkung für Schiffe aus Teil VII des Seerechtsübereinkommens („Hohe See“) selbst über Art. 87 Abs. 1 SRÜ Berücksichtigung. Weiterhin wird die Schifffahrt auch insoweit beschränkt, als Teil XII des Seerechtsübereinkommens – welcher den Schutz und die Bewahrung der Meeresumwelt regelt – eingehalten werden muss[1156]. Kraft der gewohnheitsrechtlichen Geltung[1157] dürften auch die SOLAS- und MARPOL-Konventionen die Schiffe auf Hoher See zu entsprechendem Verhalten verpflichten[1158].

2. Art. 87 Abs. 2 SRÜ

Art. 87 Abs. 2 SRÜ enthält – wie bereits aus den Vorschriften über die Ausschließliche Wirtschaftszone bekannt – eine “Due regard”-Klausel. Diese besagt, dass die Freiheiten des Art. 87 Abs. 1 SRÜ *„von jedem Staat unter gebührender Berücksichtigung der Interessen anderer Staaten an der Ausübung der Freiheit der Hohen See sowie der Rechte ausgeübt [werden], die dieses Übereinkommen im Hinblick auf die Tätigkeiten im Gebiet vorsieht“*.

3. Allgemeine Hilfspflicht

Art. 98 SRÜ[1159] normiert ferner eine allgemeine Hilfspflicht bei Seenotfällen Dritter unter der Voraussetzung, dass dem Kapitän des Schiffes die Hilfeleistung

---

1156 Hasselmann, Die Freiheit der Handelsschiffahrt, S. 78/79.

1157 Bzgl. des SOLAS-Übereinkommens siehe: Dahm/Delbrück/Wolfrum, Völkerrecht, Bd. I/2, S. 379.

1158 So wohl auch: Lapidoth, Israel Law Review, Vol. 10 (1975), S. 456 (466).

1159 Art. 98 SRÜ normiert: *„Jeder Staat verpflichtet den Kapitän eines seine Flagge führenden Schiffes, soweit der Kapitän ohne ernste Gefährdung des Schiffes, der Besatzung oder der Fahrgäste dazu imstande ist,*

a) jeder Person, die auf See in Lebensgefahr angetroffen wird, Hilfe zu leisten;

b) so schnell wie möglich Personen in Seenot zu Hilfe zu eilen, wenn er von ihrem Hilfsbedürfnis Kenntnis erlangt, soweit diese Handlung vernünftigerweise von ihm erwartet werden kann;

dem Grunde nach zumutbar ist[1160]. Die International Law Commission stufte diese Hilfspflicht als einen Teil des völkerrechtlichen Gewohnheitsrechtes ein[1161]. Insbesondere gilt diese Hilfspflicht gegenüber jeder Person, somit ist auch – ohne dass für das jeweiligen Schiff ein Ermessenspielraum besteht – möglichen Feinden zu helfen.[1162]

V. Besondere Beschränkungen der Schifffahrt

1. Allgemeines

Auch wenn für die Schifffahrt auf Hoher See das Prinzip der größtmöglichen Freiheit herrscht, so bedeutet dies nicht, dass jede Handlung zulässig ist und ohne Folgen bleibt. Einerseits ist denkbar, dass Staaten sich bi- oder multilateral in Verträgen Eingriffsrechte zugesichert haben, die sie – inter partes – durchsetzen können. Andererseits existieren auch Eingriffsrechte wegen eines Verstoßes gegen völkerrechtliche Normen[1163]. Hierunter fallen Verstöße gemäß der Art. 99–109 SRÜ, also unter anderem bei Sklaventransporten, Piraterie und der Durchführung nicht genehmigter Rundfunksendungen[1164]. In Anlehnung an Art. 110 SRÜ zählen hierzu weiterhin staatenlose Schiffe und Fälle des Flaggenmissbrauchs.[1165]

2. Piraterie

Ein sehr aktuelles und gravierendes – und bereits sehr lange grassierendes[1166] – Problem ist die Seeräuberei, welche heutzutage meistens unter dem Begriff der

---

c) nach einem Zusammenstoß dem anderen Schiff, dessen Besatzung und dessen Fahrgästen Hilfe zu leisten und diesem Schiff nach Möglichkeit den Namen seines eigenen Schiffes, den Registerhafen und den nächsten Anlaufhafen mitzuteilen. [...]".

1160 Wolfrum, in: Vitzthum, Handbuch des Seerechts, Kapitel 4 Rn. 24.

1161 ILC Yearbook 1956 II, S. 281, Commentary zu Art. 36; kritische Betrachtung der Pflicht zur Hilfeleistung – auch in historischem Zusammenhang – und Anreizsysteme (beispielsweise ein "life salvage award"), die zur Hilfeleistung motivieren können, bei: Holmes Smith II, California Western International Law Journal, Vol. 2 (1971), S. 146 ff.

1162 Vgl. hierzu die Ausführungen bei O'Connell, The International Law of the Sea, Vol. II, S. 814.

1163 Hierzu: Wolfrum, in: Vitzthum, Handbuch des Seerechts, Kapitel 4 Rn. 46.

1164 Wolfrum, in: Vitzthum, Handbuch des Seerechts, Kapitel 4 Rn. 46.

1165 Wolfrum, in: Vitzthum, Handbuch des Seerechts, Kapitel 4 Rn. 46.

1166 Vgl. zu der Entstehungsgeschichte: Rubin, in: Bernhardt, EPIL, Vol. III (1997), S. 1036. Interessante Ausführungen zur Piraterie unter anderem aus dem Römischen Reich und dem Mittelalter finden sich bei: Stiel, Geschichte des Piraterierechts, S. 14–26.

Piraterie behandelt wird[1167]. Durch die wachsende Spanne zwischen Armen und Reichen wird auch das Problem der Piraterie, gerade vor den Küsten armer Länder, zunehmend größer[1168]. Aus diesem Grunde werden die Piraterie und ihre Folgen sowohl im Völkerrecht als auch – gerne auch unter einer anderen Bezeichnung – im nationalen Recht geregelt.

a. Statistik der Piratenattacken

Statistische Untersuchungen zeigen eine erheblich steigende Anzahl von seeräuberischen Übergriffen, von denen die Mehrzahl auf Handelsschiffe verübt wird[1169]. Im Jahre 2010 haben bereits 445 (versuchte) Angriffe auf Schiffe stattgefunden, wohingegen es im Jahre 2006 noch 239 Angriffe waren[1170]. Hierbei fällt auf, dass Deutschland die Liste der Angegriffenen mit 69 Angriffen vor Singapur (54 Angriffe), Griechenland (46 Angriffe) und Japan mit 23 Angriffen anführt[1171]. Die Staaten, in welchen die (versuchten) Angriffe am häufigsten stattfanden, sind Afrika, gefolgt von Asien und dem Fernen Osten[1172].

1167 Piraterie kann sich auch gegen Luftfahrzeuge richten. Diese Form der Piraterie wird in dieser Arbeit jedoch nicht behandelt und daher grundsätzlich außer Acht gelassen werden.

1168 Vgl. den Artikel der Welt Online vom 19.11.2008 (http://www.welt.de/vermischtes/article2746156/Piraterie-wird-in-Ostafrika-zur-Jobmaschine.html), worin es heisst: *„Für die meisten Menschen in Somalia sieht das Leben allerdings ganz anders aus. Für sie ist es in dem extrem trockenen, immer wieder von Dürren und Sandstürmen und dann wieder von Fluten heimgesuchten Land aufgrund der anhaltenden Konflikte noch schwieriger, für ihren Unterhalt zu sorgen. Nach Angaben humanitärer Organisationen sind etwa 3,25 Millionen Somalier auf externe Hilfe angewiesen, um überleben zu können – etwa die Hälfte der Bevölkerung. Das Internationale Komitee vom Roten Kreuz in Genf schätzt, dass Hunderttausende Somalier hungern. Dies ist ein weiterer Grund, warum die Piraterie so blüht, denn sie verspricht ein gutes Einkommen und zum Teil sogar Reichtum. 'Alles, was man braucht, sind drei Jungs und ein kleines Boot, und am nächsten Tag bist du ein Millionär', erklärt ein ehemaliger somalischer Kapitän.“* . – *Murphy* weist in diesem Zusammenhang darauf hin, dass ein Grund für die Piraterie auch darin liegt, dass die Gelegenheit hierfür besteht: *"Piracy is a low-risk criminal activity that pays well. It occurs for one overriding reason: opportunity."* Vgl. Murphy, Small Boats, Weak States, Dirty Money, S. 12.

1169 Churchill/Lowe, The Law of the Sea, S. 209.

1170 Dies ergibt sich aus einer Statistik (bezogen auf die Attacken von Januar bis Dezember 2010) des ICC International Maritime Bureau, welches sich mit Piratenattacken befasst, diese auswertet und auf seiner Homepage unter anderem verschiedene Hinweise, eine Live Piracy Map und einen Piracy Alert enthält. Die URL der Homepage lautet: http://www.icc-ccs.org/.

1171 Vgl. Fn. 1170.

1172 Vgl. Fn. 1170.

b. Völkerrechtliche Betrachtung

Die Vorschriften des Seerechtsübereinkommens, die sich mit der Piraterie befassen, finden sich in Art. 100-107 SRÜ.

aa. Allgemeines

In Art. 101 SRÜ wird die Seeräuberei definiert:

> *„Seeräuberei ist jede der folgenden Handlungen:*
> *a) jede rechtswidrige Gewalttat oder Freiheitsberaubung oder jede Plünderung, welche die Besatzung oder die Fahrgäste eines privaten Schiffes [...] zu privaten Zwecken begehen und die gerichtet ist*
> *i. auf Hoher See gegen ein anderes Schiff [...] oder gegen Personen oder Vermögenswerte an Bord dieses Schiffes [...];*
> *ii. an einem Ort, der keiner staatlichen Hoheitsgewalt untersteht, gegen ein Schiff, [...], Personen oder Vermögenswerte;*
> *b) [...].“*

Die Definition eines Seeräuberschiffs findet sich in Art. 103 SRÜ: *„Ein Schiff [...] gilt als Seeräuberschiff [...], wenn es von den Personen, unter deren tatsächlicher Gewalt es steht, dazu bestimmt ist, zur Begehung einer Handlung nach Art. 101 benutzt zu werden. [...]“* Art. 102 SRÜ legt weiterhin fest, dass seeräuberische Handlungen, die von gemeuterten Kriegs- oder Staatsschiffen ausgehen, solchen von privaten Schiffen gleichgestellt werden.

Weil sich die völkerrechtliche Definition der Piraterie klassischer strafrechtlicher Begrifflichkeiten bedient, werden die einzelnen Voraussetzungen im Folgenden auch nach einem strafrechtlichen Aufbau behandelt.

bb. Tatbestandsvoraussetzungen der Piraterie

Die konkreten Tatbestandsvoraussetzungen waren immer ein Gegenstand fortwährender Diskussionen und Weiterentwicklungen[1173]. Dem Grunde nach enthielt jedoch bereits in den Dreißiger Jahren des 19. Jahrhunderts das Harvard Research Draft die wesentlichen Merkmale der Piraterie[1174], was wohl dazu

---

1173 Vgl. hierzu ausführlich: Constantinople, VJIL, Vol. 26 (1986), S. 723 (727–737).

1174 Vgl. Constantinople, VJIL, Vol. 26 (1986), S. 723 (727–737) und Harvard Law School, AJIL, Vol. 26 (1932), Supplement, S. 740 ff. Hier wurde in Art. 3 Piraterie wie folgt definiert:
"Piracy is any of the following acts, committed in a place not within the territorial jurisdiction of any state:

führte, dass dieses Dokument den meisten Einfluss in der Entwicklung einer Definition der Piraterie hatte [1175]. So war schon in diesem Entwurf Voraussetzung, dass *"(1) acts be done for private ends and (2) that another ship be involved."* Nach derzeit geltendem Verständnis sind folgende Tatbestandsvoraussetzungen erforderlich:

(1) Täter

Die Handlung muss von der Besatzung oder den Fahrgästen eines privaten Schiffes begangen werden, welches sich auf Hoher See befindet (Art. 101 lit. a) i) SRÜ).

(2) Tathandlung[1176]

Als Tathandlung ist zunächst gemäß Art. 101 lit. a) SRÜ eine rechtswidrige Gewalttat, eine Freiheitsberaubung oder eine Plünderung erforderlich. Diese Tatbestandsvoraussetzung ist völkergewohnheitsrechtlich anerkannt[1177].

(3) Tatobjekt

(a) Allgemeines

Die Handlung muss weiterhin nach Art. 101 lit a) i) SRÜ gegen *„ein anderes Schiff"* oder nach Art. 101 lit. a) ii) SRÜ gegen *„ein Schiff"* gerichtet sein und hierbei auf das Schiff selbst oder die Personen oder Sachgüter abzielen, die sich an Bord des angegriffenen Schiffes befinden.

---

1. Any act of violence or of depredation committed with intent to rob, rape, wound, enslave, imprison or kill a person or with intent to steal or destroy property, for private ends without bona fide purpose of asserting a claim of right, provided that the act is connected with an attack on or from on board ship, either that ship or another ship which is involved must be a pirate ship or a ship without national character.

2. Any act or voluntary participation in the operation of a ship with knowledge of facts which make it a pirate ship.

3. Any act of instigation or of intentional facilitation of an act described in paragraph 1 or paragraph 2 of this article."

1175 Constantinople, VJIL, Vol. 26 (1986), S. 723 (725).

1176 Es soll hier ausschließlich der wohl gängigste Fall der Piraterie nach Art. 101 lit. a) SRÜ dargelegt werden. Piraterie kann nach Art. 101 lit. b) SRÜ auch *„jede freiwillige Beteiligung am Einsatz eines Schiffes [...] in Kenntnis von Tatsachen, aus denen sich ergibt, dass es ein Seeräuberschiff [...] ist"*, sowie nach Art. 101 lit. c) SRÜ *„jede Anstiftung zu einer unter Buchstaben a oder b bezeichneten Handlung oder jede absichtliche Erleichterung einer Handlung."* sein.

1177 So wohl auch: Berber, Lehrbuch des Völkerrechts, Bd. 1, S. 342; Wolfrum, in: Vitzthum, Handbuch des Seerechts, Kapitel 4 Rn. 49.

(b) Involvierung von zwei Schiffen notwendig?

Die Voraussetzung eines *anderen* Schiffes in Art. 101 lit a) i) SRÜ führte von jeher zu der Frage, ob grundsätzlich zwei Schiffe in den Vorgang involviert sein müssen oder ob nicht doch auch schiffsinterne Machtergreifungen/Meutereien oder Geiselnahmen ausreichend sind, um den Tatbestand der Piraterie zu erfüllen.

Bezüglich dieser Frage wird überlegt, ob durch die Formulierung des Art. 101 lit. a) ii) SRÜ *„an einem Ort, der keiner staatlichen Hoheitsgewalt untersteht, gegen ein Schiff, [...]"* nicht von dem Erfordernis der Gewalttat gegen ein anderes Schiff abgerückt wird[1178]. Vielmehr könnte unter diesen Absatz ii) auch das Schiff fallen, auf dem sich die meuternde Besatzung gerade befindet. *Menefee* hält es ferner für möglich, dass mit dem *„Ort, der keiner staatlichen Hoheitsgewalt untersteht"*, durchaus die Hohe See gemeint sein könne[1179]. Um diese Frage beantworten zu können, ist ein Blick auf die Drafting History erforderlich. Die International Law Commission nahm zu dieser Frage und der streitgegenständlichen Formulierung eindeutig Stellung und führte aus, dass Handlungen an Bord durch die Crew oder Passagiere, die gegen das Schiff selbst gerichtet sind, nicht als Piraterie angesehen werden können[1180]. Die ILC erklärte in Bezug auf den damaligen Art. 39 Abs. 1 b) der Geneva Convention on the High Seas (1958), welcher Art. 101 a) ii) SRÜ vollständig entspricht, dass dieser sich auf „terrae nullius" – Niemandsland – beziehen und keinesfalls eine Abkehr von dem Erfordernis eines „anderen" Schiffes sein solle[1181]. Als terrae nullius werden regelmäßig unbewohnte Inseln oder Gebiete wie die Antarktis bezeichnet[1182]. Selbstverständlich muss auch für solche Gebiete eine Regelung hinsichtlich der Piraterie vorhanden sein. Es darf kein Gebiet existieren, in welchem die Piraterie straflos bleibt. Die Hohe See fällt jedoch nicht unter diese Definition, da hier grundsätzlich die Jurisdiktion des Flaggenstaates vorherrscht und somit immer eine staatliche Hoheitsgewalt gegeben ist[1183].

1178 Hierzu ausführlich: O'Connell, The International Law of the Sea, Vol. II, S. 970.
1179 Menefee, CWILJ, Vol. 24 (1993), S. 1 (5).
1180 ILC Yearbook 1956 II, S. 282, Commentary zu Art. 39.
1181 ILC Yearbook 1956 II, S. 282, Commentary zu Art. 39.
1182 Constantinople, VJIL, Vol. 26 (1986), S. 723 (736 Fn. 55); Dahm/Delbrück/Wolfrum, Völkerrecht, Bd. I/1, S. 349; Brownlie, Principles of Public International Law, 2. Aufl., S. 239.
1183 Beckert/Breuer, Öffentliches Seerecht, Rn. 464.

Selbst wenn man nun jedoch davon ausginge, dass in der terrae nullius bei Vorliegen einer Gewalthandlung für die Erfüllung des Tatbestandes der Piraterie kein anderes Schiff erforderlich sei, könnte dies sowieso nur dort und nirgendwo anders (also auch nicht auf Hoher See) gelten[1184]. Im Ergebnis sind daher die Überlegungen, dass kein zweites Schiff in den Vorfall involviert sein muss, abzulehnen. Sicherlich kann diese Frage wegen der ungenauen Formulierung auch anders beantwortet werden, allerdings ist davon auszugehen, dass sich die Tathandlung im Rahmen der Piraterie gegen ein anderes Schiff richten muss. Es fallen somit keine strafrechtlich relevanten Handlungen unter den Tatbestand der Piraterie, die auf einem Schiff stattfinden, welches in einem Flaggenstaat registriert ist und durch seine Besatzung oder die Fahrgäste begangen werden[1185]. Grund hierfür ist, dass ein Schiff – abgesehen von wenigen Ausnahmen – grundsätzlich unter der Flagge eines Landes fährt und sich innerschiffliche Vorgänge auf Hoher See somit nicht im rechtsfreien Raum (wie bei Art. 101 lit. a) ii) SRÜ) bewegen, sondern durch die Strafgesetze des jeweiligen Flaggenstaates abgedeckt werden. Aus diesem Grunde ist mangels Regelungslücke auch keine Notwendigkeit ersichtlich, warum die Piraterie solche Sachverhalte erfassen sollte, die sich innerhalb eines Schiffes abspielen. Vielmehr muss durch die eindeutige Festlegung der Angriffsrichtung (nämlich gegen ein anderes Schiff) eine saubere Abgrenzung der Piraterie von anderen (Straf-)Tatbeständen – wie dem der Geiselnahme – ermöglicht werden, damit im Falle von rechtswidrigen Vorgängen auch eine zügige Ahndung auf Basis einer eindeutigen Rechtsgrundlage erfolgen kann.

(c) Abgrenzung zur Geiselnahme

Im Gegensatz zur Piraterie ist bei einer Geiselnahme die Involvierung eines anderen Schiffes nicht erforderlich[1186]. Als Beispiel kann hier der Fall des portugiesischen Schiffes „Santa Maria" aus dem Jahre 1961 dienen[1187], bei welchem man zunächst davon ausging, dass Galvão (ein Gegner des Salazar Regimes) und seine Untergebenen die Santa Maria mit einem anderen Schiff geentert hät-

---

1184 So auch: O'Connell, The International Law of the Sea, Vol. II, S. 971.

1185 ILC Yearbook 1956 II, S. 282; nicht eindeutig, im Ergebnis wohl aber auch: Jennings, Oppenheim's International Law, Vol. 1, S. 751/752.

1186 Churchill/Lowe, The Law of the Sea, S. 210.

1187 Zu einer näheren Darstellung vgl.: Zwanenberg, ICLQ, Vol. 10 (1961), S. 785 (798–801); vgl. hierzu die geführten Diskussionen, ob dieser Fall ein solcher der Piraterie wäre oder nicht: Fenwick, AJIL, Vol. 55 (1961), S. 426–428; Green, BYIL, Vol. 37 (1961), S. 496 ff.

ten und daher ein Fall der Piraterie vorläge. Als dann jedoch herauskam, dass Galvão und seine Bande sich auf dem Schiff als Passagiere befunden hatten, wurde diese Auffassung revidiert und das Vorliegen von Piraterie verneint[1188].

Um wirkungsvoll gegen Geiselnahmen an Bord eines Schiffes vorgehen zu können, wurde am 18. Dezember 1979 das „Internationale Übereinkommen gegen Geiselnahme“ ins Leben gerufen[1189], welches seit dem 4. Juni 1983 in Kraft ist[1190].

(4) Tatort

Als weitere Voraussetzung muss die Tathandlung auf Hoher See stattgefunden haben[1191]. Unter den völkerrechtlichen Begriff der Piraterie mit den enstprechenden Ahndungsmöglichkeiten durch alle Nationen[1192] fallen demnach keine Handlungen, die sich gegen Schiffe richten, welche sich in den Binnengewässern, den inneren Gewässern sowie den Archipelgewässern und dem Küstenmeer ereignen[1193]. Solche Handlungen unterliegen ausschließlich der Gerichtsbarkeit des Küstenstaates und sind den völkerrechtlichen Bestimmungen entzogen[1194]. Kriegs- oder Staatsschiffe anderer Nationen, welche grundsätzlich auf der Hohen See gegen Piratenschiffe vorgehen dürfen, haben in den Küstengewässern eines Staates wegen dessen Souveranität hierzu keine Befugnis[1195].

[1188] McDougal/Burke, The Public Order of the Oceans, S. 821–823.

[1189] Sog. “International Convention against the Taking of Hostages”, UN Doc. A/RES/34/146 vom 17.12.1979.

[1190] Vgl. zu diesem Übereinkommen: Platz, ZaöRV, Bd. 40 (1980), S. 276–311; Shubber, BYIL, Vol. 52 (1981), S. 205 ff.

[1191] Menefee, IJMCL, Vol. 14 (1999), S. 353 (353).

[1192] Dies folgt aus der Überzeugung, dass Piraten im völkerrechtlichen Sinne Feinde aller Menschen – *hostis humani generis* – sind, die sich durch ihre Handlungen selbst des Schutzes durch ihren Staat beraubt haben. Vgl. hierzu: O’Connell, The International Law of the Sea, Vol. II, S. 966 und Murphy, Small Boats, Weak States, Dirty Money, S. 12. Siehe auch schon im Jahre 1688 die Meinung von Sir Leoline Jenkins: *“You are therefore to enquire of all Pirates and Sea-rovers, they are in the Eye of the Law Hostes humanis generis, Enemies not of one Nation or of one Sort of People only, but of all Mankind. They are outlaw’d, as I may say, by the Laws of all Nations; that is out of the Protection of all Princes and of all Laws whatsoever. Every Body is commissioned, and is to be armed against them, as against Rebels and Traytors, to subdue and root them out.”* Wynne, The life of Sir Leoline Jenkins., Vol. 1, S. lxxxvi.

[1193] Wolfrum, in: Vitzthum, Handbuch des Seerechts, Kapitel 4 Rn. 50.

[1194] Wolfrum, in: Vitzthum, Handbuch des Seerechts, Kapitel 4 Rn. 50.

[1195] Zu den wenigen Ausnahmen siehe unten. Siehe weiterhin zu dem Status von Staats- und Kriegsschiffen im Küstenmeer im Kapitel über das Küstenmeer und in den inneren Gewässern im Kapitel über die inneren Gewässer.

Drittstaaten müssen also in den Küstengewässern eines Küstenstaates tatenlos zusehen, wenn der Küstenstaat nicht, nicht schnell genug oder nicht effektiv eingreift. Dies stellt ein großes Problem dar, weil nicht davon ausgegangen werden kann, dass jeder Küstenstaat mit der gleichen Vehemenz und Schlagkraft gegen Piraten vorgeht[1196]. Es gibt viele Staaten, die sich mit Problemen der Piraterie in ihren Gewässern nicht befassen möchten und demzufolge – selbst bei eventuellem Vorhandensein von nationalen Normen – auch nicht entschlossen gegen Piraten vorgehen[1197].

Dies zeigt sich daran, dass mittlerweile die Mehrzahl der Piratenagriffe in Küstengewässern stattfindet[1198]. Im schlimmsten Fall folgt hieraus, dass ein Schiff eines Drittstaates bei der friedlichen Durchfahrt durch die Küstengewässer eines Küstenstaates Opfer einer Piratenattacke wird, welche nicht verfolgt wird und somit auch nicht geahndet werden kann. Dies ist ein unhaltbares Ergebnis. Es muss daher weiter unten geprüft werden, ob die vorhandenen Regelungen des Seerechtsübereinkommens noch zeitgemäß sind.

(5) Absicht

In subjektiver Hinsicht muss die Handlung aus eigennützigen Motiven ("for private ends"), also auch auf eigene Verantwortung, erfolgen[1199]. Sobald ein Staat hinter der Gewaltanwendung steht oder aber kein Vorliegen von "private ends" gegeben ist, vielmehr "for public ends" gehandelt wird[1200], liegt keine Piraterie

---

1196 Auf dieses Problem weist ebenfalls hin: Abhyankar, in: Ong-Webb, Piracy, Maritime Terrorism and Securing the Malacca Straits, S. 1.

1197 Vgl. hierzu auch: Menefee, IJMCL, Vol. 14 (1999), S. 353.

1198 Abhyankar, in: Ong-Webb, Piracy, Maritime Terrorism and Securing the Malacca Straits, S. 2.

1199 Wolfrum, in: Vitzthum, Handbuch des Seerechts, Kapitel 4 Rn. 51.

1200 Siehe hierzu die interessanten Ausführungen zu "Environmentally-inspired Maritime Attacks", insbesonders im Falle des Vorgehens von Greenpeace Aktivisten gegen Schiffe und der Gefahr des Unterfallens dieser Handlungen unter den Tatbestand der Piraterie, bei: Menefee, CWILJ, Vol. 24 (1993), S. 1 (7 ff.). Der belgische Court de Cassation nahm in einem solchen Fall (Castle John and Nederlandse Stichting Sirius vs. NV MABVECO and NV PARFIN) wie folgt Stellung: *"The applicants do not argue that the acts at issue were committed in the interest or to the detriment of a State or a State system rather than purely in support of a personal point of view concerning a particular problem, even if they reflected a political perspective. On the basis of these considerations the Court of Appeal was entitled to decide that the acts at issue were committed for personal ends within the meaning...of the Convention [on the High Seas]. The ground of appeal is therefore unfounded in law."* Zitiert nach: Menefee, a.a.o., S. 14.

mehr vor[1201]. In diesem Fall sind auch andere Beurteilungsmaßstäbe an das Bestehen und die Rechtmäßigkeit von möglichen Eingriffsrechten anzulegen[1202].

cc. Lösungsvorschläge zur Bewältigung der aktuellen Probleme

An dieser Stelle muss nun geklärt werden, welche Möglichkeiten zur Problembewältigung bestehen. Auf diese soll im Folgenden eingegangen werden.

(1) Änderung des Seerechtsübereinkommens, Art. 312 SRÜ

Da das Problem der Piraterie stetig größer wird und – wie oben erörtert – auch zunehmend in den Küstengewässern auftritt (wo fremde Schiffe nicht eingreifen dürfen), wäre hier *idealerweise* zur Bewältigung oder zumindest Eindämmung der Piraterie eine Änderung der einschlägigen Vorschriften im Seerechtsübereinkommens erforderlich.

(a) Materiell-rechtliche Neuregelung

(aa) Vorrecht des Küstenstaates

Inhaltlich sollte eine Änderung dergestalt erwirkt werden, dass die Piraterie überall – und nicht nur auf Hoher See – durch alle Nationen verfolgt und bekämpft werden darf. Dies sollte zumindest immer dann möglich sein, wenn der Küstenstaat nicht einschreitet. Eine Handlungsbefugnis ergäbe sich danach immer dann auf völkerrechtlicher Ebene, wenn der Küstenstaat untätig bliebe und von seiner – ihm kraft Gebietshoheit zustehenden – Jurisdiktion und Durchsetzungsmöglichkeit gegen die Piraten keinen Gebrauch macht. Im Ergebnis muss der jeweilige Küstenstaat – bzw. eine hierfür speziell einzurichtende offizielle Stelle – bei einer (bevorstehenden) Piratenattacke von dem attackierten Schiff in Kenntnis gesetzt werden und daraufhin unverzüglich gegen das Piratenschiff einschreiten, um seine Hoheitsrechte nicht zu verwirken. Diese spezielle Stelle könnte beispielsweise der in der SOLAS-Konvention XI-2, Regel 7 vorausgesetzte "Point of Contact" sein[1203]. Für sein Einschreiten sollte dem Küstenstaat zwar eine angemessene Frist zugestanden werden, es muss aber berücksichtigt werden, dass zwangsläufig eine unmittelbare Reaktion erfolgen muss, damit dem angegriffenen Schiff geholfen werden kann. Von dem Küstenstaat ist daher

---

1201 Siehe hierzu auch: Wolfrum, in: Vitzthum, Handbuch des Seerechts, Kapitel 4 Rn. 52.

1202 Vgl. zu den Ausführungen in Bezug auf Gewalttaten durch Aufständische oder Rebellen, die nicht als Piraten einzustufen sind und den daraus resultierenden Eingriffsrechten: Wolfrum, in: Vitzthum, Handbuch des Seerechts, Kapitel 4 Rn. 52–54.

1203 Vgl. hierzu die Ausführungen im Kapitel über das Küstenmeer.

zumindest zu verlangen, dass er bei der Meldung einer Piratenattacke sich unmittelbar entschließt, ob er selbst gegen die Piraten vorgehen möchte oder ob er dies einem anderen Schiff überlässt. Ist dem Küstenstaat ein Einschreiten – aus welchen Gründen auch immer – nicht möglich, hat er dies mitzuteilen und das Vorgehen gegen das Piratenschiff anderen Nationen zu überlassen, die zu einem schnellen Einschreiten willig und fähig sind.

Hinsichtlich dieses Lösungsvorschlags ist jedoch zu befürchten, dass er wenig praktikabel ist, da er von zu vielen Zwischenschritten und gegebenenfalls auch von einem „halbherzigen Einschreiten" des Küstenstaates abhängig ist.

(bb) „Recht des ersten Zugriffs"

Sinnvoller wäre es, jeder Nation ein Recht zum Einschreiten gegen ein Piratenschiff – unabhängig von der Seezone, in der sich das Piratenschiff befindet – zuzugestehen. Dieses Recht wäre dann entsprechend einem „Recht des ersten Zugriffs" ausgestaltet. Auch wenn es sicherlich nicht unproblematisch ist, die küstenstaatliche Souveranität einzuschränken, so ist dies dennoch wegen eines solch gravierenden Problems – welches zugleich alle Nationen betrifft – angemessen und verhältnismäßig. Möglich wäre in diesem Zusammenhang auch, dass ein Kriegs- oder Staatsschiff eines Drittstaates das Piratenschiff zwar „aufbringt[1204]", auf Wunsch des Küstenstaates dieser jedoch das Strafverfahren nach seiner Jurisdiktion gegen die Piraten einleitet. Diese Konstellation wäre ein guter Kompromiss zwischen der Notwendigkeit eines konsequenten Einschreitens und der größtmöglichen Wahrung der küstenstaatlichen Souveranität. Der Küstenstaat würde dann nur in dem Maße in seiner Souveranität eingeschränkt werden, dass er das „Aufbringen" eines Piratenschiffs von dritten Staaten in seinen Küstengewässern dulden müsste. Diese Handlung von Drittstaaten wäre jedoch durch das dringende Erfordernis der Eindämmung der Piraterie als schwerwiegende Gewalttat und durch die Möglichkeit der Küstenstaaten, das Gerichtsverfahren gegen die Piraten selbst betreiben zu dürfen, gerechtfertigt. Aus diesem Grunde wäre hier eine dementsprechende Änderung der Vorschriften des Seerechtsübereinkommens zur Anpassung an die gegenwärtige Lage erforderlich. Eine solche könnte lauten:

> „Zur wirksamen Bekämpfung der Piraterie steht Kriegs- oder Staatsschiffen eines Vertragsstaates ausnahmweise das Recht zu, bei Vorliegen eines Piratenangriffs oder bei dem dringenden Tatverdacht, dass ein solcher

---

[1204] Näheres dazu unten.

unmittelbar bevorsteht, das Piratenschiff auch in den Hoheitsgewässern anderer Vertragsstaaten aufzubringen.

Für den Fall, dass die Aufbringung nicht durch den Küstenstaat erfolgt, steht diesem jedoch zu, ein Strafverfahren gegen die Piraten nach seinen eigenen Gesetzen durchzuführen."

Sofern – wie unter (α) besprochen – doch ein Vorrecht des Küstenstaates zum Eingreifen bestehen soll, wäre die Ergänzung der vorgenannten Klausel um folgenden Absatz ratsam:

„Das Recht fremder Staaten zum Aufbringen eines Piratenschiffs in fremden Hoheitsgewässern gilt nur, sofern dem Küstenstaat ein Aufbringen nicht möglich ist oder er dieses nicht unverzüglich wirksam in die Wege leitet. Sofern der Küstenstaat diese Aufgabe übernimmt, hat der andere Vertragsstaat unverzüglich seine Maßnahmen zu beenden."

(b) Formelle Voraussetzungen

Als formelle Voraussetzungen für eine Änderung des Seerechtsübereinkommens normiert Art. 312 SRÜ[1205] zunächst, dass das Seerechtsübereinkommen bereits seit zehn Jahren in Kraft sein muss, bevor erstmalig ein Änderungsvorschlag unterbreitet werden kann. Das Seerechtsübereinkommen ist 1994 in Kraft getreten, so dass die 10-Jahresfrist verstrichen ist. Weiterhin müsste ein Mitgliedstaat eine solche Änderung des Übereinkommens anstoßen. Zur Einberufung einer Konferenz müsste ferner die Hälfte der Mitgliedstaaten das Änderungsersuchen befürworten, für die finale Änderung müssten alle Vertragsstaaten zustimmen[1206].

Mit *Menefee* ist davon auszugehen, dass die Chancen einer solchen Änderung des Seerechtsübereinkommens als sehr gering einzuschätzen sind[1207]. *Menefee*

1205 Art. 312 SRÜ lautet: *„Nach Ablauf von 10 Jahren nach dem Tag, an dem dieses Übereinkommen in Kraft tritt, kann ein Vertragsstaat durch eine an den Generalsekretär der Vereinten Nationen gerichtete schriftliche Mitteilung bestimmte Änderungen des Übereinkommens vorgeschlagen, die sich nicht auf Tätigkeiten im Gebiet beziehen, und um die Einberufung einer Konferenz zur Prüfung der vorgeschlagenen Änderungen ersuchen. Der Generalsekretär leitet diese Mitteilung an alle Vertragsstaaten weiter. Befürwortet innerhalb von 12 Monaten nach Weiterleitung der Mitteilung mindestens die Hälfte der Vertragsstaaten das Ersuchen, so beruft der Generalsekretär die Konferenz ein."*

1206 Es soll hier nicht weiter auf Abstimmungsmodalitäten eingegangen werden. Die Möglichkeiten einer Vertragsänderung und deren Voraussetzungen sollen lediglich umrissen werden. Zu der relevanten Änderungskonferenz enthält sodann Art. 312 Abs. 2 SRÜ die entsprechenden Vorschriften.

1207 Menefee, IJMCL, Vol. 14 (1999), S. 353 (368).

verweist zu Recht darauf, dass es für eine tatsächliche Änderung der in Frage stehenden Vorschriften zur Verschärfung des Vorgehens gegen Piraterie der *Zustimmung aller Vertragsstaaten* und nicht lediglich – wie zur Einberufung der Konferenz – der Hälfte aller Vertragsstaaten bedarf[1208]. Die geringen Chancen der Änderung des Seerechtsübereinkommens folgen allein aus den bisherigen Erfahrungen der mangelnden Bereitschaft zu Zugeständnissen vieler Vertragsstaaten, wenn es nur um ein Durchfahrtsrecht von fremden Kriegsschiffen durch ihr Küstenmeer – und damit noch nicht einmal um eine signifikante Einschränkung ihrer Souveranität – geht[1209]. Es ist daher unter keinen Umständen zu erwarten, dass alle Vertragsstaaten einer solchen Änderung des Seerechtsübereinkommens zustimmen würden[1210].

(2) Vereinfachtes Verfahren gemäß Art. 313 SRÜ

Dieselben Ausführungen und Überlegungen – gerade auch die geringe Wahrscheinlichkeit der erforderlichen Zustimmung – wie soeben in Bezug auf Art. 312 SRÜ vorgenommen, gelten für die grundsätzlich bestehende Möglichkeit der Änderung durch ein vereinfachtes Verfahren gemäß Art. 313 SRÜ[1211].

(3) Separate vertragliche Vereinbarungen zwischen Staaten

(a) Abschluss bi- oder multilateraler Verträge

Denkbar und am nächsten liegend – weil am praktikabelsten – ist der Abschluss von bi- oder multilateralen Verträgen zur verstärkten Bekämpfung der Piraterie und auch zur Einräumung größerer Befugnisse der Vertragsstaaten im Rahmen der jeweiligen individuellen Verträge. Ein solches Vorgehen umgeht das Problem eines wohl nicht zu erreichenden Konsenses aller Vertragsstaaten zur Änderung des Seerechtsübereinkommens. Der Möglichkeit des Abschlusses separater Vereinbarungen zwischen Vertragsstaaten steht auch das Seerechtsübereinkommen – unter Berücksichtigung einiger Voraussetzungen gemäß Art. 311 Abs. 3 SRÜ[1212] – nicht entgegen, wie Art. 311 Abs. 2 SRÜ[1213] zeigt[1214]. Wichtig ist

---

1208 Menefee, IJMCL, Vol. 14 (1999), S. 353 (368).

1209 Näheres siehe hierzu im Kapitel über das Küstenmeer und vgl. auch die extensiven Ansprüche einiger Staaten im Kapitel über die Anschlusszone.

1210 So wohl im Ergebnis auch: Menefee, IJMCL, Vol. 14 (1999), S. 353 (368).

1211 Vgl. hierzu auch: Menefee, IJMCL, Vol. 14 (1999), S. 353 (368).

1212 Art. 311 Abs. 3 SRÜ lautet: *„Zwei oder mehr Vertragsstaaten können Übereinkünfte schließen, welche die Anwendung von Bestimmungen dieses Übereinkommens modifizieren oder suspendieren und nur auf die Beziehungen zwischen ihnen Anwendung finden; diese Übereinkünfte dürfen sich jedoch nicht auf eine Bestimmung beziehen, von der abzuweichen mit der Verwirklichung von Ziel und Zweck des Übereinkommens unvereinbar*

hauptsächlich, dass Rechte und Pflichten von Drittstaaten und die wesentlichen Grundsätze des Seerechtsübereinkommens nicht berührt werden[1215].

(b) "SUA-Convention"

Menefee vertritt die Auffassung, dass die "IMO Convention for the Suppression of Unlawful Acts against the Safety of Maritime Navigation" von 1988[1216] (sog. "SUA-Konvention", welche am 1. März 1992 in Kraft getreten ist) sich auch auf die Piraterie beziehe[1217]. In der SUA-Konvention könnten – so *Menefee* – auch Eingriffsbefugnisse von fremden Streitkräften in Einzelfällen vereinbart werden, wenn die "Safety of Maritime Navigation" gefährdet sei[1218]. Ohne Zweifel begünstigt die sehr weite Formulierung des Art. 3 der SUA-Konvention die Sichtweise, dass auch die Piraterie unter die SUA-Konvention falle: *"Any person commits an offence if that person unlawfully and intentionally (a) seizes or exercises control over a ship by force or threat thereof or any other form of intimidation; [...]".* Dies kann aber mangels eindeutiger Thematisierung der Piraterie nicht so selbstverständlich vorausgesetzt werden, wie *Menefee* dies tut. Vielmehr ergibt sich aus den "Understandings" zu Beginn der Konvention, dass die SUA-Konvention ein weiterer Schritt zur Bekämpfung des internationalen Terrorismus sein soll. Genau hierauf zielen die vereinbarten Artikel dann auch ab. Die Piraterie wird mit keinem Wort erwähnt, in den "Understandings" der

---

ist; die Übereinkünfte dürfen ferner die Anwendung der in dem Übereinkommen enthaltenen wesentlichen Grundsätze nicht beeinträchtigen; die Bestimmungen der Übereinkünfte dürfen die anderen Vertragsstaaten in dem Genuß ihrer Rechte oder in der Erfüllung ihrer Pflichten aus dem Übereinkommen nicht beeinträchtigen."

1213 Art. 311 Abs. 2 SRÜ lautet: *„Dieses Übereinkommen ändert nicht die Rechte und Pflichten der Vertragsstaaten aus anderen Übereinküften, die mit dem Übereinkommen vereinbar sind und andere Vertragsstaaten in dem Genuß ihrer Rechte oder in der Erfüllung ihrer Pflichten aus dem Übereinkommen nicht beeinträchtigen."*

1214 Vgl. hierzu: Menefee, IJMCL, Vol. 14 (1999), S. 353 (369).

1215 Es soll hier nicht im Detail untersucht werden, unter welchen Voraussetzungen ein solcher bi- oder multilateraler Vertrag Bestand hätte und was sich genau hinter den Voraussetzungen und Anforderungen des Art. 311 Abs. 2 und 3 SRÜ verbirgt. Hierzu wird auf die detaillierten Ausführungen bei Menefee (IJMCL, Vol. 14 [1999], S. 353 [364–366 und 369/370]) verwiesen. Es steht hier fest, dass selbstverständlich darauf zu achten ist, dass sich ein bi- oder multilateraler Vertrag nicht in Widerspruch zum Seerechtsübereinkommen setzen darf, weil er dadurch unwirksam wird. Allerdings dürfte ein wirksames Vertragswerk nach ordentlicher und sorgfältiger Berücksichtigung des Seerechtsübereinkommens möglich sein und sollte somit auch angestrebt werden.

1216 Abgedruckt in: ILM, Vol. 27 (1988), S. 672 ff.

1217 Diese Auffassung vertritt auch: Valencia, in: Ong-Webb, Piracy, Maritime Terrorism and Securing the Malacca Straits, S. 89.

1218 Menefee, IJMCL, Vol. 14 (1999), S. 353 (370).

Konvention wird nur lapidar darauf hingewiesen, dass die "Resolution A.584 (14)" der IMO bedacht wurde[1219]. In dieser Resolution A.584 (14) sprach man sich dafür aus, Maßnahmen zu vereinbaren, um für Piratenattacken besser gerüstet zu sein[1220]. Allerdings ist der Hinweis auf die Piraterie durch den chiffrierten Verweis auf die Resolution A.584 (14) verdeckt und sehr schwach, so dass Zweifel zurückbleiben, wenn es um die Ausdehnung der SUA-Konvention auf die Problematik der Piraterie geht. Vermutlich wegen dieser bestehenden Unklarheiten gab es eine gewisse Ablehnungshaltung von einigen ASEAN-Staaten die SUA-Konvention zu ratifizieren[1221], da gerade diese Unklarheiten und die dadurch entstehenden Unsicherheiten für die Vereinbarung von verbindlichen Regelungen in höchstem Maße schädlich sind und tunlichst vermieden werden sollten.

Ob die SUA-Konvention letztlich auf die Piraterie anwendbar ist oder nicht, muss hier nicht entschieden werden, da selbst bei der Anwendbarkeit der SUA-Konvention auf die Problematik der Piraterie die SUA-Konvention auch keine weitergehenden Eingriffsbefugnisse insbesondere auch nicht in den Küstengewässern anderer Staaten zulässt. Vielmehr erklären auch hier die Vertragsstaaten lediglich ihre Bemühungen zur Bekämpfung der unter Strafe gestellten Handlungen. Dies ist nicht ausreichend. Es müssen größere Zugeständnisse und damit auch notgedrungen einhergehende Beeinträchtigungen der küstenstaatlichen Hoheitsmacht in klar festgelegten Fällen zu Gunsten des Einschreitens fremder Streitkräfte vereinbart werden. Bereits aus diesem Grunde wäre die SUA-Konvention – selbst wenn sie auf die Piraterie anwendbar wäre – nicht ausreichend. Sicherlich besteht die Möglichkeit und wäre es sinnvoll, die SUA-Konvention einerseits ausdrücklich auf die Piraterie auszudehnen und in diesem Zuge – wie *Menefee* ausführt – auch Eingriffsbefugnisse für fremde Streitkräfte zu vereinbaren[1222]. Bevor dies jedoch nicht geschehen ist, handelt es sich bei der Anwendung der SUA-Konvention auf die Problematik der Piraterie um ein wackeliges und unsicheres Konstrukt.

1219 *"HAVING IN MIND resolution A.584 (14) of 20 November 1985, of the Assembly of the International Maritime Organization, which called for development of measures to prevent unlawful acts which threaten the safety of ships and the security of their passengers and crews."*

1220 Vgl. die Resolution A.584(14) der IMO vom 20.11.1985: http://www.imo.org/OurWork/Security/docs/Unlawful%20Acts/A.584.pdf.

1221 Siehe hierzu: Valencia, in: Ong-Webb, Piracy, Maritime Terrorism and Securing the Malacca Straits, S. 89.

1222 Menefee, IJMCL, Vol. 14 (1999), S. 353 (370).

(c) "IMO-Convention on Piracy"

Während *Menefee* ferner der Auffassung ist, dass die Vereinbarung einer separaten "IMO Convention on Piracy" höchst unwahrscheinlich sei[1223], sollte genau eine solche jedoch angestrebt werden. Diese scheint das einzig probate Mittel zu sein, um mit der nötigen Vehemenz und abseits aller Auslegungsschwierigkeiten etwaiger anderer Konventionen (wie auch der SUA-Konvention, in welcher eben die ausdrückliche Einbeziehung der Piraterie fehlt) gegen das Problem der Piraterie vorzugehen[1224]. Durch eine IMO-Convention on Piracy würde die SUA-Konvention auch wegen der anderen Zielsetzung (Terrorismus) nicht obsolet, vielmehr stünde endlich ein eindeutiges Regelwerk zur Verfügung. Als wichtigste Regelungen sollten die oben thematisierten Regelungen zum Einsatz von Kriegs- und Staatsschiffen in fremden Küstengewässern festgehalten werden[1225], damit eine effektive Bekämpfung und Eindämmung der Piraterie vorangetrieben wird.

dd. EU-Antipiratenmission „Atalanta"

Als gutes Beispiel für die Vereinbarung eines Einsatzes, welcher auch in den Hoheitsgewässern eines Küstenstaates stattfinden darf, kann die EU Antipiratenmission „Atalanta" dienen, welche auf den Resolutionen des VN-Sicherheitsrates 1816, 1846 und 1897[1226] gründet. Der Deutsche Bundestag hat am 19. Dezember 2008 die Beteiligung Deutschlands an dem Einsatz für zunächst ein Jahr beschlossen[1227], verlängerte die Beteiligung aber sowohl 2009 als auch 2010 jeweils um ein weiteres Jahr[1228]. Primärer Zweck dieser Mission ist der

---

[1223] Menefee, IJMCL, Vol. 14 (1999), S. 353 (370 Fn. 86).

[1224] Auch von Seiten *Wolfrums* wird wohl davon ausgegangen, dass die bestehenden Konventionen nicht geeignet sein dürften, die Regelungen zur Bekämpfung der Piraterie zu ergänzen, vgl.: Wolfrum, in: Vitzthum, Handbuch des Seerechts, Kapitel 4 Rn. 59.

[1225] Siehe hierzu die obigen Ausführungen.

[1226] Resolution UN SC 1816 vom 02.06.2008: http://www.un.org/News/Press/docs/2008/sc 9344.doc.htm; Resolution UN SC 1846 vom 02.12.2008: http://www.un.org/News/Press/docs/ 2008/sc9514.doc.htm; sowie die Verlängerung des Einsatzes kraft Resolution 1897 vom 30.11.2009: http://unpos.unmissions.org/Portals/UNPOS/Repository%20UNPOS/S-RES-1897% 20%282009%29%20Riracy.pdf.

[1227] http://www.marine.de/portal/a/marine/kcxml/04_Sj9SPykssy0xPLMnMz0vM0Y_ Qjz KLNzKODwwNBsmB2d5mIfqRcNGglFR9b31fj_zcVP0A_YLciHJHR0VFAB8-92s!/delta/base64xml/L2dJQSEvUUt3QS80SVVFLzZfMjNfMjZLRw!!?yw_content URL=%2F01DB070000000001%2FW27M8G47289INFODE%2Fcontent.jsp.

[1228] Siehe hierzu die Council Joint Action 2008/851 vom 10.11.2008: http://eur-lex.europa.eu/LexUriServ/LexUriServ.do?uri=OJ:L:2008:301:0033:0037:EN:PDF; interessant ist in diesem Zusammenhang auch die Rede des Außenministers Guido Westerwelle zu ATA-

Schutz der Schiffe, die humanitäre Hilfsgüter nach Somalia bringen. Gleichzeitig dient die Mission jedoch auch der Sicherung der zivilen Schifffahrt in den Gewässern vor Somalia und dem Golf von Aden, welche die wichtigsten Handelsrouten zwischen Europa, der arabischen Halbinsel und Asien darstellen[1229]. Derzeit sind 1800 Soldaten in mehr als 20 Kriegsschiffen und Flugzeugen für diese Mission im Einsatz[1230].

Der Vorteil der VN-Resolutionen und somit auch der Mission Atalanta ist, dass kraft der Resolutionen des VN-Sicherheitsrates 1816 und 1846 in Verbindung mit der Resolution 1851 vom 16. Dezember 2008 die Kriegsschiffe zum effektiven Vorgehen gegen Piraten ihre Maßnahmen ausdrücklich auch in den somalischen *Küstengewässern* vornehmen dürfen[1231]. In diesem Zusammenhang wurde durch Außenminister Guido Westerwelle bestätigt, dass wegen dieser weitgehenden Befugnisse und Möglichkeiten für Atalanta im ersten Jahr des Einsatzes kein Schiff mit humanitären Hilfsgütern Opfer eines Piratenangriffs wurde[1232].

Die Möglichkeit der Verfolgung eines Piratenschiffs in die Hoheitsgewässer eines Küstenstaates führt zu einer stark erhöhten Aufbringungswahrscheinlichkeit von Piraten. Aus diesem Grunde sollte das Vorgehen in den Hoheitsgewässern eines Küstenstaates – wie oben erörtert – grundsätzlich im Falle der Piraterie zulässig sein oder zumindest im Rahmen von Abkommen vereinbart werden.

LANTA vor dem Deutschen Bundestag am 17.12.2009: http://www.auswaertiges-amt.de/diplo/de/Infoservice/Presse/Reden/2009/091216-BM-BT-Atalanta.html.

1229 Nähere Informationen hierzu finden sich auf der Homepage der Bundeswehr unter: http://www.bundeswehr.de/portal/a/bwde/einsaetze/missionen/antipiraterieeinsatz?yw_contentURL=/C1256EF4002AED30/W27MSFCW302INFODE/content.jsp.

1230 Vgl. den Bericht der FAZ.net vom 11. 06. 2010: http://www.faz.net/s/RubDDBDABB9457A437BAA85A49C26FB23A0/Doc~E6C12829880CA41B0843AA26812B0FAE5~ATpl~Ecommon~Scontent.html.

1231 Als Beispiel sollen hier die Punkte 7 a und b der Resolution 1816 dienen (selbiges ergibt sich aus Art. 2 der Council Joint Action 2008/851 der EU): *"7. Decides that for a period of six months from the date of this resolution, States cooperating with the TFG in the fight against piracy and armed robbery at sea off the coast of Somalia, for which advance notification has been provided by the TFG to the Secretary-General, may:*
(a) Enter the territorial waters of Somalia for the purpose of repressing acts of piracy and armed robbery at sea, in a manner consistent with such action permitted on the high seas with respect to piracy under relevant international law;and
(b) Use, within the territorial waters of Somalia, in a manner consistent with action permitted on the high seas with respect to piracy under relevant international law, all necessary means to repress acts of piracy and armed robbery."

1232 Siehe hierzu die Rede vor dem Deutschen Bundestag: http://www.auswaertiges-amt.de/diplo/de/Infoservice/Presse/Reden/2009/091216-BM-BT-Atalanta.html.

ee. *Eingriffsbefugnisse gegen Piraten im Seerechtsübereinkommen*

(1) Allgemeine Eingriffsbefugnisse

Die Eingriffsrechte gegen ein Piratenschiff ergeben sich aus Art. 105 und Art. 110 Abs. 1 lit. a) und Abs. 2 SRÜ. Der Eingriff selbst dient der Allgemeinheit, kann also auch ohne eigenes Betroffensein erfolgen[1233]. Auch wenn die Rechte eines Staates gegen Piraterie auf Hoher See sehr weitgehend sind, steht gemäß Art. 107 SRÜ das Recht zum „Aufbringen“ eines Piratenschiffs nur *„Kriegsschiffen, Militärluftfahrzeugen oder von anderen Schiffen [...], die deutlich als im Staatsdienst stehend gekennzeichnet und als solche erkennbar sind und die hierzu befugt sind“*, zu.

(a) Art. 105 SRÜ

Art. 105 Satz 1 SRÜ gesteht jedem Staat *„auf Hoher See oder an jedem anderen Ort, der keiner staatlichen Hoheitsgewalt untersteht“*, zu, *„ein Seeräuberschiff [...] oder ein durch Seeräuberei erbeutetes und in der Gewalt von Seeräubern stehendes Schiff [...] aufzubringen“*. In diesem Zuge kann dann jeder Staat die an Bord befindlichen Personen festnehmen und die Vermögenswerte beschlagnahmen[1234]. Art. 105 Satz 2 SRÜ regelt: *„Die Gerichte des Staates, der das Schiff [...] aufgebracht hat, können über die zu verhängenden Strafen entscheiden sowie die Maßnahmen festlegen, die hinsichtlich des Schiffes, [...] der Vermögenswerte zu ergreifen sind, vorbehaltlich der Rechte gutgläubiger Dritter.“*

(b) Art. 110 Abs. 1 lit. a) SRÜ

Art. 110 Abs.1 lit. a) SRÜ gesteht einem Kriegsschiff außerdem zu, dass es auf Hoher See ein fremdes Schiff (sofern es nicht gemäß Art. 95 und 96 SRÜ vollständige Immunität genießt) anhalten darf, wenn ein begründeter Verdacht besteht, dass das Schiff Seeräuberei betreibt. Weiterhin kann nach Abs. 2 in diesem Zusammenhang auch die Berechtigung zur Flaggenführung überprüft und eine Durchsuchung vorgenommen werden.

(2) Schadensersatzregelung

Eine Beschränkung dieser Rechte stellen die Schadensersatzregelungen der Art. 110 Abs. 3 SRÜ und Art. 106 SRÜ dar. Bei Art. 110 Abs. 3 SRÜ muss der Verdacht auf Seeräuberei unbegründet oder bereits der Verdachtsgrund unbe-

---

[1233] Wolfrum, in: Vitzthum, Handbuch des Seerechts, Kapitel 4 Rn. 68.

[1234] Hasselmann, Die Freiheit der Handelsschiffahrt, S. 100.

gründet sein. In diesem Fall ist dem angehaltenen Schiff jeder Verlust oder Schaden zu ersetzen.

Im Unterschied dazu haftet gemäß Art. 106 SRÜ bei einem Aufbringen ohne hinreichenden Grund der aufbringende Staat demjenigen Staat, dessen Zugehörigkeit das Schiff besitzt, für jeden durch das Aufbringen verursachten Verlust oder Schaden.

c. *Betrachtung des deutschen Strafrechts*

In Deutschland existiert kein Straftatbestand mit der expliziten Bezeichnung „Piraterie" oder „Seeräuberei"[1235]. In Fällen von Piraterie/Seeräuberei sind in der Regel die Straftatbestände des „Erpresserischen Menschenraubes" gemäß § 239a StGB bzw. „Angriffe auf den Luft- bzw. Seeverkehr" gemäß § 316c StGB einschlägig. § 239a StGB wird regelmäßig in seiner zweiten Variante, der Bemächtigung über einen Menschen, gegeben sein. Der Täter des § 239a StGB muss dann in subjektiver Hinsicht die Sorge (eines Dritten oder die des Opfers selbst) um das Wohl des Opfers oder aber die von ihm geschaffene Lage zu einer Erpressung ausnutzen. Für eine Tatbestandsmäßigkeit der Handlung im Rahmen des § 316c StGB muss es sich in jedem Fall um ein „im zivilen Seeverkehr eingesetztes Schiff" handeln. Somit werden Handlungen gegen Kriegs-, Zoll- und Polizeischiffe nicht erfasst[1236]. Diese dürften jedoch in aller Regel auch nicht Gegenstand eines Angriffs sein. Hervorzuheben ist in diesem Zusammenhang, dass § 316c StGB im Gegensatz zu Art. 101 SRÜ nicht voraussetzt, dass in den Angriff ein „anderes" Schiff involviert ist. Vielmehr sind auch Geiselnahmen von § 316 c StGB erfasst[1237].

3. *Verbot des Sklaventransports*

Art. 99 SRÜ regelt das Verbot der Beförderung von Sklaven[1238]. Wie auch im Rahmen der Piraterie besteht gemäß Art. 110 Abs. 1 lit. b) SRÜ für ein Kriegsschiff (Art. 110 Abs. 1, 3 SRÜ) ein Betretungsrecht dieses Schiffes, wenn ein

---

1235 Vgl. hierzu auch die historische Entwicklung in Deutschland: Morrison, AJIL, Vol. 26 (1932), Supplement, S. 887 (968–973).

1236 Fischer, StGB, § 316c Rn. 3.

1237 Fischer, StGB, § 316c Rn. 5.

1238 Art. 99 SRÜ lautet: *„Jeder Staat ergreift wirksame Maßnahmen, um die Beförderung von Sklaven auf Schiffen, die seine Flagge zu führen berechtigt sind, zu verhindern und zu bestrafen, sowie die unrechtmäßige Verwendung seiner Flagge zu diesem Zweck zu verhindern. Jeder Sklave, der auf einem Schiff gleich welcher Flagge Zuflucht nimmt, ist ipso facto frei."*

begründeter Anlass für den Verdacht besteht, dass das Schiff Sklavenhandel betreibt. Ferner besteht auch die Berechtigung zur Überprüfung der Flaggenführung und daraus resultierende Untersuchungen des Schiffes nach Art. 110 Abs. 2 SRÜ, welche bereits im Rahmen der Piraterie erörtert wurden. Auch hier gelten selbstverständlich wieder Ausnahmen bei einer Immunität des jeweiligen Schiffes gemäß Art. 95 und 96 SRÜ.

4. Verbot von nicht genehmigten Rundfunksendungen von Hoher See

Dieses Verbot wird in Art. 109 SRÜ erstmalig geregelt[1239], verkörpert allerdings bereits Völkergewohnheitsrecht[1240]. Nach der Legaldefinition des Art. 109 Abs. 2 SRÜ versteht man unter dem Begriff *„nicht genehmigte Rundfunksendungen die Übertragung von Hörfunk- oder Fernsehsendungen zum Empfang durch die Allgemeinheit von einem Schiff oder einer Anlage auf Hoher See aus unter Verletzung internationaler Vorschriften, jedoch ausschließlich der Übermittlung von Notrufen."* Art. 109 Abs. 3 SRÜ regelt sodann, welcher Staat gegen ein Schiff, welches diese Rundfunksendungen betreibt, vorgehen darf[1241] und dass für ein Einschreiten – im Gegensatz zur Piraterie – ein Eigeninteresse des eingreifenden Staates vorliegen muss[1242]. In Art. 109 Abs. 4 SRÜ wird weiterhin ein Beschlagnahmerecht verbürgt. Die Rechte aus Art. 110 SRÜ bestehen gemäß dessen lit. c) auch in diesem Fall für Kriegsschiffe (Art. 110 Abs. 1, 3 SRÜ).

5. Unerlaubter Verkehr mit Suchtstoffen oder psychotropen Stoffen

a. Allgemeines

Das Verbot des Drogenhandels wird in Art. 108 SRÜ geregelt, welcher jedoch keine großen Eingriffsbefugnisse gestattet[1243] und vielmehr ein Einschreiten

---

1239 Art. 109 SRÜ Abs. 1 lautet: *„Alle Staaten arbeiten bei der Bekämpfung nicht genehmigter Rundfunksendungen von der Hohen See aus zusammen."*

1240 Wolfrum, in: Vitzthum, Handbuch des Seerechts, Kapitel 4 Rn. 68.

1241 Abs. 3 lautet: *„Wer nicht genehmigte Rundfunksendungen verbreitet, kann gerichtlich verfolgt werden*
a) vom Flaggenstaat des Schiffes;
b) vom Staat, in dem die Anlage eingetragen ist;
c) vom Staat, dessen Angehöriger die betreffende Person ist;
d) von jedem Staat, in dem die Sendungen empfangen werden können, oder
e) von jedem Staat, in dem genehmigte Funkverbindungen dadurch gestört werden."
Siehe hierzu ausführlich: Hasselmann, Die Freiheit der Handelsschiffahrt, S. 98–103.

1242 Wolfrum, in: Vitzthum, Handbuch des Seerechts, Kapitel 4 Rn. 68.

1243 So auch: Churchill/Lowe, The Law of the Sea, S. 213.

gegen das jeweilige Schiff in das Ermessen seines Flaggenstaates stellt[1244]. Dieses Ermessen folgt aus der Regelung des Art. 108 Abs. 1 SRÜ, welcher nur eine Zusammenarbeit aller Staaten zur Bekämpfung des Drogenhandels normiert[1245] und aus der Ausformulierung des Art. 108 Abs. 2 SRÜ als „Kann"-Vorschrift[1246]. Aufgrund des Seerechtsübereinkommens besteht für die Flaggenstaaten keine Verpflichtung, einen anderen Staat zur Unterbindung dieses unerlaubten Verkehrs mit Suchtstoffen des seine Flagge führenden Schiffes zu ersuchen[1247]. Die Flaggenstaaten *können* dies lediglich tun. Im Ergebnis erscheinen diese Vorschriften zu schwach, das Problem des Drogenhandels wirksam eindämmen zu können.

b. *Einheitsübereinkommen über Suchtstoffe*

Der Wortlaut des Art. 108 SRÜ sollte daher insbesondere hinsichtlich der Konsequenzen für das jeweilige Schiff, welches sich dem Drogenhandel verschrieben hat, an das Einheitsübereinkommen über Suchtstoffe vom 30. März 1961 angepasst werden[1248]. Der Deutsche Bundestag hat die Geltung dieses Übereinkommens, dem bislang 184 Parteien beigetreten sind[1249], am 4. September 1973 beschlossen[1250]. Das Einheitsübereinkommen über Suchtstoffe enthält genaue Regelungen über den Umgang mit Suchtstoffen, beginnend bei der Einrichtung einer Kommission bis hin zu den Anbau- und Abgabemengen. Art. 36 des Übereinkommens enthält sodann auch eine relevante Strafvorschrift, die die Vertragsparteien verpflichtet, Verstöße gegen die Vorschriften des Übereinkommens mit entsprechenden Strafen zu ahnden[1251]. Als Konsequenz ergibt sich daraus, dass die Vertragsstaaten des Übereinkommens in jedem Fall – unabhän-

---

[1244] So wohl auch: Wolfrum, in: Vitzthum, Handbuch des Seerechts, Kapitel 4 Rn. 71.

[1245] Art. 108 Abs. 1 SRÜ lautet: *„Alle Staaten arbeiten bei der Bekämpfung des unerlaubten Verkehrs mit Suchstoffen und psychotropen Stoffen zusammen, an dem Schiffe auf Hoher See unter Verletzung internationaler Übereinkünfte beteiligt sind."*

[1246] Abs. 2 lautet: *„Jeder Staat, der begründeten Anlaß zu der Annahme hat, dass ein seine Flagge führendes Schiff am unerlaubten Verkehr mit Suchtstoffen oder psychotropen Stoffen beteiligt ist, kann andere Staaten um Zusammenarbeit zur Unterbindung dieses Verkehrs ersuchen."*

[1247] Hasselmann, Die Freiheit der Handelsschiffahrt, S. 97.

[1248] Abgedruckt in: United Nations, Treaty Series, Vol. 976 (1975), S. 105 ff.; http://www.unodc.org/unodc/en/treaties/single-convention.html; hierauf bezugnehmend auch: Wolfrum, in: Vitzthum, Handbuch des Seerechts, Kapitel 4 Rn. 71.

[1249] http://treaties.un.org/Pages/ViewDetails.aspx?src=TREATY&mtdsg_no=VI-18&chapter=6&lang=en#5.

[1250] BGBl. 1973 II, S. 1353.

[1251] Vgl. BGBl. 1973 II, S. 1353 (1381).

gig von den Vorschriften des Seerechtsübereinkommens – dazu verpflichtet sind, den Drogenhandel und sonstige Verstöße gegen das Übereinkommen von 1961 unter Strafe zu stellen. Eine eindeutige Klarstellung und Regelung in dieser Form wäre aber auch im Seerechtsübereinkommen wünschenswert[1252].

6. *Unterbrechung oder Beschädigung von unterseeischen Kabeln oder Rohrleitungen*

Sofern ein Schiff vorsätzlich oder fahrlässig ein unterseeisches Kabel oder eine Rohrleitung unterbricht oder beschädigt, ist ausschließlich der Flaggenstaat für die Ahndung zuständig (Art. 113 SRÜ). Interessant im Zusammenhang mit weiteren Befugnissen ist hier noch der „Internationale Vertrag zum Schutze der unterseeischen Telegraphenkabel“ vom 14. März 1884[1253], wonach es Kriegs- und Staatsschiffen gemäß Art. 10 zusteht, verdächtige Schiffe anzuhalten, Protokolle zu fertigen und sich über die Staatsangehörigkeit zu informieren[1254].

7. *Andere Schiffe*

a. *Schiffe ohne Flagge*

Die Eingriffsbefugnisse gegen Schiffe ohne Flagge (staatenlose Schiffe)[1255] werden erstmalig durch Art. 110 lit. d) SRÜ geregelt und sind von großer Bedeutung für die Sicherstellung einer Grundordnung auf Hoher See, da grundsätzlich die Geltung und Anwendung des Rechts auf Hoher See nur über die Staats-(Flaggen-)zugehörigkeit gewährleistet werden kann[1256]. Durch diese Neuregelung des Art. 110 lit. d) SRÜ dürfen nun auch staatenlose Schiffe bei einem begründeten Verdacht gemäß Art. 110 Abs. 1 SRÜ von Kriegsschiffen (Art. 110 Abs. 1, 3 SRÜ) angehalten und untersucht werden.

1252 Abgesehen von dem Einheitsübereinkommen wurde im Jahre 1981 zwischen den USA und dem Vereinigten Königreich ein weiteres Übereinkommen abgeschlossen, welches den USA in einem genau definierten Raum das Recht zuspricht, verdächtige Schiffe anzuhalten, zu durchsuchen und festzunehmen. Vgl. hierzu Gilmore, Marine Policy, Vol. 13 (1989), S. 218–230.

1253 RGBl. 1888, S. 151 ff.; vgl. auch die bereinigte Fassung „Gesetz zur Ausführung des internationalen Vertrages zum Schutze der unterseeischen Telegraphenkabel vom 14.03. 1884“, vom 02.03.1974, BGBl. 1974 I, S. 469; hierzu auch: Wolfrum, in: Vitzthum, Handbuch des Seerechts, Kapitel 4 Rn. 70.

1254 Brownlie, Principles of Public International Law, 2. Aufl., S. 249; Wolfrum, in: Vitzthum, Handbuch des Seerechts, Kapitel 4 Rn. 70.

1255 Eine Beschreibung und Definition staatenloser Schiffe erfolgt weiter unten unter VII. Jurisdiktion.

1256 So auch: Wolfrum, in: Vitzthum, Handbuch des Seerechts, Kapitel 4 Rn. 69.

b. Sonstige Schiffe

Art. 110 Abs. 1 lit. e) SRÜ gibt Kriegsschiffen weiterhin die Möglichkeit bei einem begründeten Verdacht solche Schiffe zu untersuchen, welche trotz des Führens einer fremden Flagge oder bei Weigerung ihre Flagge zu zeigen, in Wirklichkeit dieselbe Staatszugehörigkeit wie das Kriegsschiff besitzen. Dies resultiert aus dem Recht der Staaten, ihre Gesetze gegenüber ihren Schiffen auf Hoher See durchzusetzen[1257], so dass auch gegenüber solchen Schiffe alle Maßnahmen, die Art. 110 SRÜ bietet, ergriffen werden können.

Ferner ist auch die umgekehrte Konstellation denkbar: Es besteht die Möglichkeit, dass ein Schiff unter derselben Flagge wie das inspizierende Kriegsschiff fährt, jedoch nicht befugt ist, diese Flagge zu führen. In einem solchen Fall ist das Kriegsschiff berechtigt, dieses Schiff in einen Hafen des Flaggenstaates zu verbringen und dort entsprechende Sanktionen gegen dieses Schiff zu ergreifen[1258].

8. Gemeinsamkeiten der Art. 110 lit. a) bis e) SRÜ

Sofern ein Schiff in eine der Untergruppen des Art. 110 lit. a) bis e) SRÜ fällt und sich der Verdacht gegen das Schiff als unbegründet herausstellt, haben alle diese Schiffe die Gemeinsamkeit, dass ihnen gemäß Art. 110 Abs. 3 SRÜ ein Anspruch auf Ersatz jedes Verlustes oder Schadens zusteht, wenn sie keine den Verdacht rechtfertigende Handlung begangen haben.

9. Terrorismus auf See

a. Allgemeines

Nach den Anschlägen des 11. September 2001 befassten sich die Staaten vermehrt mit Fragen des Terrorismus gegenüber und ausgehend von Schiffen, insbesondere aber auch mit dem Transport von Massenvernichtungswaffen auf Schiffen. Bereits im Jahre 2000 verübte Al-Qaida einen Anschlag auf den Zer-

---

[1257] Churchill/Lowe, The Law of the Sea, S. 213. Das Recht von Kriegsschiffen, diejenigen Schiffe, welche unter gleicher Flagge fahren, zu boarden, die Dokumente zu überprüfen und gegebenenfalls weitere Untersuchungen vorzunehmen, wird auch gerne als *„droit d'enquête"* oder *„vérification du pavillon"* bezeichnet.

[1258] Auch wenn dies im Seerechtsübereinkommen nicht normiert ist, so ist diese Möglichkeit nach *Churchill and Lowe* doch generell anerkannt. Vgl. hierzu: Churchill/Lowe, The Law of the Sea, S. 213; Jennings, Oppenheim's International Law, Vol. I, S. 737.

störer der United States Navy "USS Cole" im Hafen von Aden (Jemen), bei dem 17 US Soldaten und zwei Terroristen ums Leben kamen[1259].

Das Seerechtsübereinkommen selbst enthält keine Regelung, die ein Einschreiten gegen Schiffe, die Massenvernichtungswaffen transportieren oder die als Waffe zweckentfremdet werden sollen, gestattet. Auch wenn gelegentlich vertreten wird, dass Schiffe, die des Transports von Massenvernichtungswaffen verdächtig sind, Art. 110 lit. d) SRÜ unterfielen und somit staatenlosen Schiffen gleichzusetzen seien, erscheint dies nicht – oder nur in größten Ausnahmefällen[1260] – durchsetzbar[1261]. Dies folgt bereits daraus, dass selbst im Falle der Piraterie – unstreitig diejenige Fallgruppe, für die das Seerechtsübereinkommen die stärksten Eingriffsrechte zur Verfügung stellt – ein Schiff seine Staatszugehörigkeit beibehalten kann (Art. 104 SRÜ). Wenn dies also für ein Seeräuberschiff gilt, muss es wohl erst recht für ein Schiff gelten, welches ABC Waffen transportiert. Es muss daher untersucht werden, welche Handlungsmöglichkeiten gegen ein solches Schiff bestehen[1262].

b. *Bestehende Eingriffsbefugnisse*

aa. *SUA-Konvention und SUA-Protokoll 2005*

Um den Problemen des Terrorismus – mangels Regelung im Seerechtsübereinkommen – wirkungsvoll begegnen zu können, ist das „Übereinkommen zur Bekämpfung widerrechtlicher Handlungen gegen die Sicherheit der Seeschiffahrt"

1259 Vgl. hierzu die Homepage der "USS Cole": http://www.cole.navy.mil/Site%20Pages/Memorial.aspx; Ong-Webb, in: Ong-Webb: Piracy, Maritime Terrorism and Securing the Malacca Straits, S. xxviii.

1260 Ein Beispiel hierfür ist der Fall des nordkoreanischen Schiffes *„So San"*. Dieses Schiff wurde von der US Navy über einen Monat beobachtet und in diesem Zusammenhang der Verdacht erweckt, dass Massenvernichtungswaffenmaterial auf dieses Schiff geladen wurde. Mangels Rechtsgrundlage handelten weder die USA noch das ebenfalls involvierte Spanien, bis sich eine Rechtsgrundlage gefunden hatte. Diese war die Subsumtion unter den Art. 110 Abs. 1 lit. d) SRÜ, das Schiff wurde als staatenlos deklariert. Dies folgte daraus, dass das Schiff offensichtlich frisch gestrichen worden war und den Namen „So San" führte. Dieser Schiffsname war jedoch nirgends registriert. Hinzu kam, dass der Kapitän permanent die Flagge hisste und wieder senkte, wohl um einer Entdeckung zu entgehen. Vgl. die ausführliche Darstellung bei: Garvey, JCSL, Vol. 10 (2005), S. 125 (128). Hieran wird jedoch deutlich, wie selten eine Häufung all dieser Indizien sein wird. Letztlich erscheint sogar *Wolfrum* (der wohl ein Befürworter dieser Möglichkeit ist, vgl. a.a.O., Rn. 66 insbesondere Fn. 145) – unter Hinweis auf die Beibehaltung der Nationalität von Seeräuberschiffen – dennoch die Rechtmäßigkeit dieses Vorgehens sehr fraglich.

1261 So aber wohl: Wolfrum, in: Vitzthum, Handbuch des Seerechts, Kapitel 4 Rn. 66.

1262 Hierzu sehr ausführlich: Wolfrum, in: Vitzthum, Handbuch des Seerechts, Kapitel 4 Rn. 58 ff.

(sog. „SUA-Konvention")[1263] den aktuellen Problemen angepasst worden, indem die beschlossenen Änderungen im SUA-Protokoll 2005 zur SUA-Konvention („SUA-Protokoll 2005") normiert wurden. Die Regelungen in den verschiedenen Artikeln dieses SUA-Protokolls 2005 sollen einige der ursprünglichen Regelungen der SUA-Konvention ersetzen. Das SUA-Protokoll ist seit dem 28. Juli 2010 in Kraft[1264]. Die eingeführten Neuerungen sind von großer Bedeutung im Kampf der Staaten gegen den Terrorismus. So wurde etwa Art. 8*bis* mit vielen verschiedenen neuen Handlungsmöglichkeiten im SUA-Protokoll 2005, fortan dem neuen Art. 8*bis* der SUA-Konvention, normiert[1265] Einzelne – besonders relevante – neue Regelungen des neuen Art. 8*bis* der SUA-Konvention sollen nachstehend erörtert werden.

(1) Art. 8*bis* Abs. 5

Art. 8*bis* Abs. 5 ermöglicht es fortan, gegen Schiffe fremder Flaggen, welche einen Verstoß gegen den neuen Art. 3*bis*[1266] der SUA-Konvention (beispielswei-

---

1263 Beschlossen am 13.03.1988 und seit dem 01.03.1992 in Kraft, vgl.: IMO Doc. SUA/CONF/15, vgl. auch: ILM, Vol. 27 (1988), S. 672 ff.

1264 Vgl. hierzu und zu den Änderungen die Homepage der IMO: http://www.imo.org/About/Conventions/ListOfConventions/Pages/SUA-Treaties.aspx.

1265 Hierzu ausführlich: Wolfrum, in: Vitzthum, Handbuch des Seerechts, Kapitel 4 Rn. 60.

1266 Art. 3bis lautet: *"1 Any person commits an offence within the meaning of this Convention if that person unlawfully and intentionally: (a) when the purpose of the act, by its nature or context, is to intimidate a population, or to compel a government or an international organization to do or to abstain from doing any act: (i) uses against or on a ship or discharges from a ship any explosive, radioactive material or BCN weapon in a manner that causes or is likely to cause death or serious injury or damage; or (ii) discharges, from a ship, oil, liquefied natural gas, or other hazardous or noxious substance, which is not covered by subparagraph (a)(i), in such quantity or concentration that causes or is likely to cause death or serious injury or damage; or (iii) uses a ship in a manner that causes death or serious injury or damage; or (iv) threatens, with or without a condition, as is provided for under national law, to commit an offence set forth in subparagraph (a)(i), (ii) or (iii); or (b) transports on board a ship: (i) any explosive or radioactive material, knowing that it is intended to be used to cause, or in a threat to cause, with or without a condition, as is provided for under national law, death or serious injury or damage for the purpose of intimidating a population, or compelling a government or an international organization to do or to abstain from doing any act; or (ii) any BCN weapon, knowing it to be a BCN wea-pon as defined in article 1; or (iii) any source material, special fissionable material, or equipment or material especially designed or prepared for the processing, use or production of special fissionable material, knowing that it is intended to be used in a nuclear explosive activity or in any other nuclear activity not under safeguards pursuant to an IAEA comprehensive safeguards agreement; or (iv) any equipment, materials or software or related technology that significantly contributes to the design, manufacture or delivery of a BCN weapon, with the intention that it will be*

se durch Transportieren von ABC Waffen auf einem Schiff [Art. 3*bis* Abs. 1 lit. b (ii)]) begangen haben oder sich eines solchen Verstoßes verdächtig gemacht haben, mit verschiedenen Maßnahmen (wie dem Anhalten, Boarden und Untersuchen des Schiffes und der darauf befindlichen Personen [Art. 8*bis* Abs. 5a) und b]) vorzugehen. Voraussetzung hierfür ist jedoch ausdrücklich das vorherige Einverständnis des Flaggenstaates (Art. 8*bis* Abs. 5c)[1267].

(2) Art. 8*bis* Abs. 7

Art. 8*bis* Abs. 7 bildet eine Ausnahme von dem Erfordernis des flaggenstaatlichen Einverständnisses gemäß Art. 8*bis* Abs. 5c für solche Fälle, in denen eine unmittelbare Gefahr für das Leben von Menschen besteht oder wenn bereits eine Regelung durch bi- und multilateralen Übereinkommen getroffen wurde. Sofern sich ein Schiff auf Hoher See aufhält und sich dort bewegt, kann jedoch regelmäßig nicht von einer unmittelbaren Gefahr für das Leben von Menschen ausgegangen werden. Daraus folgt, dass die Ausnahmeregelung des Art. 8*bis* Abs. 7 praktisch bedeutungslos ist. Grundsätzlich ist daher eine vorherige Genehmigung des Flaggenstaates erforderlich. Dies wiederum erschwert das Eingreifen gegen ein verdächtiges Schiff, da davon auszugehen ist, dass es Staaten gibt, die einem Boarden keinesfalls zustimmen werden.

(3) Art. 8*bis* Abs. 10

Jegliche Maßnahmen gegen ein fremdes Schiff dürfen nur von Kriegsschiffen und -flugzeugen, sowie Staatsschiffen und -flugzeugen ausgehen (Art. 8*bis* Abs. 10 lit. d)) der SUA-Konvention. Die Haftung für entstehende Widrigkeiten

---

used for such purpose. – 2 It shall not be an offence within the meaning of this Convention to transport an item or material covered by paragraph 1(b)(iii) or, insofar as it relates to a nuclear weapon or other nuclear explosive device, para-graph 1(b)(iv), if such item or material is transported to or from the territory of, or is otherwise transported under the control of, a State Party to the Treaty on the Non-Proliferation of Nuclear Weapons where: (a) the resulting transfer or receipt, including internal to a State, of the item or material is not contrary to such State Party's obligations under the Treaty on the Non-Proliferation of Nuclear Weapons and, (b) if the item or material is intended for the delivery system of a nuclear weapon or other nuclear explosive device of a State Party to the Treaty on the Non-Proliferation of Nuclear Weapons, the holding of such weapon or device is not contrary to that State Party's obligations under that Treaty."

1267 Lit. d) und e) regeln sodann die Möglichkeit, dass ein Flaggenstaat auch einem anderen Staat „vorweg" sein Einverständnis geben kann oder aber ein solches vorliegen soll, wenn der Flaggenstaat binnen vier Stunden ab der Anfrage nach der Nationalität des Schiffes nicht geantwortet hat.

beim Boarden eines fremden Schiffes wird ebenfalls in Art. 8*bis* Abs. 10 der SUA-Konvention geregelt[1268].

(4) Einschätzung der SUA-Konvention und dem SUA-2005-Protokoll

Im Ergebnis ist durch die Änderungen der SUA-Konvention zwar grundsätzlich eine Verbesserung der Eingriffsbefugnisse eingetreten, allerdings ist trotz dieser Änderungen immer noch keine vollständig effektive Abwehr der erhöhten Terrorismusgefahr möglich, da das Zustimmungserfordernis der Flaggenstaaten eine solche verhindert.

bb. Selbstverteidigungsrecht gemäß Art. 51 der VN-Charta

Im Falle einer unmittelbaren Gefahr für das Leben von Menschen und in Extremfällen ist im Übrigen eine Berufung auf das Selbstverteidigungsrecht des Art. 51 der VN-Charta möglich[1269]. Dieses Selbstverteidigungsrecht setzt gemäß Art. 51 VN-Charta einen „bewaffneten Angriff" voraus.

cc. Präventives Selbstverteidigungsrecht – "Preemptive Self-Defence"

Nach Auffassung der USA ergibt sich eine weitere Eingriffsbefugnis in Fällen des Verdachts auf den Transport von Massenvernichtungswaffen aus dem präventiven Selbstverteidigungsrecht ("preemptive self-defence"). Für das Bestehen dieses dem Grunde nach anerkannten Rechts ist erforderlich, dass es sich um eine *"necessity of self-defence, instant, overwhelming, leaving no choice of means, and no moment of deliberation"* handelt[1270]. Die USA berufen sich – ohne breiten Rückhalt[1271] – in dem dargestellten Fall des Transports von Massen-

---

1268 Die Vorschrift des Art. 8*bis* Abs. 10 war heftig umstritten. Vgl. hierzu: Wolfrum, in: Vitzthum, Handbuch des Seerechts, Kapitel 4 Rn. 60.

1269 So auch: Wolfrum, in: Vitzthum, Handbuch des Seerechts, Kapitel 4 Rn. 65.

1270 Siehe hierzu: Jennings, AJIL, Vol. 32 (1938), S. 82 (89). Dieser bezieht sich auf den Fall der "Caroline", welcher jedoch die Dramatik deutlich macht, die vorliegen muss, um sich auf ein Recht aus Art. 51 VN-Charta beziehen zu können. So auch: Wolfrum, in: Vitzthum, Handbuch des Seerechts, Kapitel 4 Rn. 65.

1271 Neben Indien, Russland und Israel unterstützte nur der australische Prime Minister John Howard die Vorstöße der USA, die eine Änderung der VN-Charta forderte dahingehend, dass ein Recht auf "unilateral preemptive action" bestehen solle. Vgl. John Shaw, Threats and Responses: Asia Pacific; Startling His Neighbors, Australian Leader favors First Strikes, N.Y.Times, 02.12.2002, S. A 11; zitiert nach: Byers, AJIL, Vol. 98 (2004), S. 526 (541). Diese Äußerungen wurden von vielen Seiten, insbesondere asiatischen Staaten scharf kritisiert. Vgl. Virginia Marsh, Canberra Statement on Terror Action Angers Neighbors, Financial Times, 03. 12.2002, S. 10; darauf Bezug nimmt auch: Byers, AJIL, Vol. 98 (2004), S. 526 (541). Hierzu: Wolfrum, in: Vitzthum, Handbuch des Seerechts, Kapitel 4 Rn. 65.

vernichtungswaffen ausdrücklich auf ein ihnen angeblich zustehendes Recht zu einem Präventivschlag[1272]. Präsident Bush äußerte sich hierzu wie folgt: *"I believe it is essential – that when we see a threat, we deal with those threats before they become imminent. It's too late if they become imminent. It's too late in this new kind of war".*[1273] Diese Auffassung der USA dürfte nur schwer haltbar sein, wenn kein unmittelbarer Angriff von einem solchen Schiff ausgeht (dann bestünde sowieso ein Selbstverteidigungsrecht gemäß Art. 51 der VN-Charta) und nur ein Verdacht besteht, dass das Schiff Massenvernichtungswaffen oder Teile von Massenvernichtungswaffen transportiert[1274]. Ein Einschreiten gegen ein solches Schiff unter Berufung auf ein Präventiv-Selbstverteidigungsrecht ist daher nur dann denkbar, wenn etwa der dringende Verdacht besteht, dass in kürzester Zeit ein solches Schiff als Waffe zweckentfremdet wird, wenn also nach der Definition die *"necessity of self-defence"* vollumfänglich vorliegt. Dies wird auch durch die Staatenpraxis bestätigt[1275], welche ein Einschreiten unter Bezugnahme auf einen „Präventivschlag" ebenfalls ablehnt, solange nur ein Transport stattfindet[1276]. Diese Staatenpraxis steht somit auch der Bildung einer gewohnheitsrechtlichen Regelung entgegen[1277].

[1272] Die USA wollen das grundsätzlich bestehende Recht eines Präventiv-Selbstverteidigungsrechtes auf Fälle von weiter entfernten und unsicheren Herausforderungen ausdehnen, vgl.: Byers, AJIL, Vol. 98 (2004), S. 526 (541). Der US Under Secretary of State John Bolton äußerte sich dahingehend, dass *"there is a 'general right of self-defense' given a serious belief that the vessels carry WMD matériel"*. Vgl. hierzu: Rebecca Weiner, James Martin Center for Nonproliferation Studies, 16.07.2003: http://cns.miis.edu/stories/030716.htm.

[1273] Interview mit George W. Bush am 07.02.2004, in Textform erhältlich unter: http://www.msnbc.msn.com/id/4179618.

[1274] So auch: Garvey, JCSL, Vol. 10 (2005), S. 125 (134/135).

[1275] Gerade in Bezug auf die vielfachen Proteste betroffener Staaten gegen das Vorgehen der französischen Regierung in den 50er und 60er Jahren, als diese wegen des Algerien-Konfliktes tausende Schiffe stoppte und durchsuchte, weil sie Waffentransporte nach Algerien vermutete, wird deutlich, dass das Recht auf ein Einschreiten auf Hoher See unter Berufung auf Art. 51 der VN-Charta nicht von vornherein gilt, sondern vielmehr strengen Voraussetzungen unterliegt. (Vgl. hierzu: Byers, AJIL, Vol. 98 [2004], S. 526 [533]). Dies ergibt sich auch aus der Haltung der britischen Regierung im Jahre 1982 während des Falkland-Krieges, vgl. hierzu: Marston, BYIL, Vol. 53 (1982), S. 337 (469).

[1276] Wolfrum, in: Vitzthum, Handbuch des Seerechts, Kapitel 4 Rn. 65.

[1277] So auch Byers, AJIL, Vol. 98 (2004), S. 526 (533/534), welcher zutreffend darauf hinweist, dass ein derart gewohnheitsrechtlich gefestigtes Recht wie das der ausschließlichen Jurisdiktion eines Flaggenstaates über die seine Flagge führenden Schiffe und das daraus folgende Zustimmungserfordernis nicht durch den Abschluss von bi-oder multilateralen Verträgen zunichte gemacht werden kann. Hierfür sind weitere Entwicklungen erforderlich. Dies begründet Byers an diversen Beispielen. (Byers, a.a.o., S. 534–540).

dd. Proliferation Security Initiative

(1) Allgemeines

Eine weitere Maßnahme im Kampf gegen den Terrorismus stellt die sog. "Proliferation Security Initiative (PSI)" dar[1278]. Diese wurde ursprünglich von den USA ins Leben gerufen und von Deutschland mitbegründet[1279]. Mittlerweile haben insgesamt 95 Staaten ihre politische Unterstützung für die Ziele der PSI erklärt und sind somit "Participants"[1280]. Diese Participants haben sich verpflichtet, sog. „gemeinsame Unterbindungsgrundsätze" (die "Interdiction Principles for the Proliferation Security Initiative") einzuhalten[1281]. Zu den Participants zählen nicht der Iran und Nordkorea[1282].

(2) Eingriffsbefugnisse der Mitgliedstaaten in den verschiedenen Seezonen

In Art. 4 der "Interdiction Principles for the Proliferation Security Initiative" wird die Erklärung abgegeben, dass die Mitgliedstaaten in ihren inneren Gewässern, Küstengewässern und in der Anschlusszone bei dem Bestehen eines Verdachts auf den Transport von Massenvernichtungswaffen das entsprechende Schiff (sowohl eigene als auch fremde Schiffe) anhalten und durchsuchen[1283].

1278 Hierzu auch ausführlich: Wolfrum, in: Vitzthum, Handbuch des Seerechts, Kapitel 4 Rn. 61.

1279 Ursprünglich gab es 11 Gründungsmitglieder: Australien, Frankreich, Deutschland, Italien, Japan, die Niederlande, Polen, Portugal, Spanien, das Vereinigte Königreich und die USA, vgl. Garvey, JCSL, Vol. 10 (2005), S. 125 (126 Fn. 3).

1280 Stand: 20.10.2010, vgl. die Meldung des Auswärtigen Amtes: http://www.auswaertiges-amt.de/diplo/de/Aussenpolitik/Themen/ Abruestung/Nukleares/GremienPj-PSI, navCtx= 16 5482. html.

1281 Dies ergibt sich aus den Interdiction Principles: *"PSI participants are committed to the following interdiction principles to establish a more coordinated and effective basis through which to impede and stop shipments of WMD, delivery systems, and related materials flowing to and from states and non-state actors of proliferation concern, consistent with national legal authorities and relevant international law and frameworks, including the UN Security Council."* Vgl. den Text der Interdiction Principles auf: http:// www. state.gov/t/isn/c27726.htm.; hierzu auch: Wolfrum, in: Vitzthum, Handbuch des Seerechts, Kapitel 4 Rn. 61.

1282 Vgl. die Liste der Participants auf der Homepage des US-Departments of State: http:// www.state.gov/t/isn/c27732.htm. Nordkorea ging so weit, eine Erklärung dahingehend abzugeben, dass es jedes Einschreiten gegen eines seiner Schiffe auf Hoher See als kriegerische Handlung wertet, vgl.: Kralev, "U.S. Seeks Asian Aid for Ship Searched", The Washington Times vom 17.06.2003.

1283 Art. 4 lit. d) bezieht sich auf Schiffe fremder Staaten und lautet: *"To take appropriate actions to (1) stop and/or search in their internal waters, territorial seas, or contiguous zones (when declared), vessels that are reasonably suspected of carrying such cargoes to*

Für die Hohe See enthält lediglich Art. 4 lit. b) eine Vorschrift, nämlich dass hinsichtlich der eigenen Schiffe des Vertragsstaates dieser auch auf Hoher See solche Kontrollmaßnahmen vornimmt. Für Maßnahmen gegen fremde Schiffe auf Hoher See kann jedoch auch die PSI nicht weiterhelfen, sie enthält hierzu keine Regelungen[1284].

(3) Einschätzung der PSI

Grundsätzlich ist die PSI ein wichtiger Schritt zur Verhinderung der Verbreitung von Massenvernichtungswaffen und des Handels mit ihnen. Je eingeschränkter die Möglichkeiten derjenigen Staaten sind, die mit Massenvernichtungswaffen oder Teilen hiervon handeln, desto höher sind die Chancen auf eine tatsächliche Reduzierung des Handels. Unter Berücksichtigung der obigen Ausführungen zu der grundsätzlichen Möglichkeit des Abschlusses von bi- und multilateralen Verträgen gemäß Art. 311 SRÜ ist es auch möglich, zwischen den einzelnen Mitgliedstaaten der PSI zu vereinbaren, dass deren eigene Schiffe bei Vorliegen eines Verdachts in den Küstengewässern eines anderen Mitgliedstaates geboarded und kontrolliert werden dürfen. Hier geht es lediglich um eine Übereinkunft, welche die Rechte Dritter nicht berührt. In Bezug auf solche Schiffe, deren Flaggenstaaten nicht der PSI angehören oder diese nicht unterstützen, können diese Maßnahmen jedoch nicht vorgenommen werden, weil in diesem Fall Rechte Dritter in unzulässiger Weise eingeschränkt würden. Im Ergebnis wird aber durch die PSI die hochbrisante und enorme Problematik der mangelnden Eingriffsbefugnis gegenüber fremden Schiffen auf Hoher See gerade nicht gelöst, da hier weiterhin die ausschließliche Eingriffsbefugnis des Flaggenstaates

---

or from states or non-state actors of proliferation concern and to seize such cargoes that are identified; and (2) to enforce conditions on vessels entering or leaving their ports, internal waters or territorial seas that are reasonably suspected of carrying such cargoes, such as requiring that such vessels be subject of carrying such cargoes, such as requiring that such vessels be subject to boarding, search, and seizure of such cargoes prior to entry." Hierzu auch: Wolfrum, in: Vitzthum, Handbuch des Seerechts, Kapitel 4 Rn. 61. Zu den Rechten, die die aus den Interdiction Principles for the Proliferation Security Initiative folgen kritisch: Garvey, JCSL, Vol. 10 (2005), 125 (129 ff.).

1284 Um dieses Problem zu lösen, haben die USA mit anderen Staaten sog. "Ship Boarding Agreements" abgeschlossen, in welchen zwischen den Vertragsstaaten die Voraussetzungen festgehalten werden, unter denen ein verdächtiges Schiff auf Hoher See durchsucht werden kann. Zu diesen Staaten zählen Antigua und Barbuda, Bahamas, Belize, Kroatien, Zypern, Liberia, Malta, die Marshall-Islands, die Mongolei, Panama und St. Vincent and the Grenadines, vgl. hierzu das US Department of State: http://www.state.gov/t/isn/c27733.htm.; Wolfrum, in: Vitzthum, Handbuch des Seerechts, Kapitel 4 Rn. 61.

besteht. In welchem Maße der Flaggenstaat gewillt ist, eine Untersuchung durchzuführen, ob sie gründlich oder eher oberflächlich vorgenommen wird, entzieht sich wieder dem Einfluss der übrigen Participants. Einer völkergewohnheitsrechtlichen Geltung, welche zu Eingriffen gegen verdächtige Schiffe auf Hoher See führen könnte, stehen die vorstehenden Überlegungen, die Vorschriften des Seerechtsübereinkommens über die grundsätzliche Freiheit der Hohen See und die Staatenpraxis entgegen[1285].

ee. *VN-Resolutionen*

Es wird fernerhin noch diskutiert, ob einzelne – bestehende – VN-Resolutionen ein Eingriffsrecht darstellen[1286]. Dies ist jedoch ebenfalls mangels eindeutiger Inbezugnahme von Fällen maritimen Terrorismus in diesen Resolutionen auszuschließen[1287]. Allerdings wäre eine VN-Resolution, welche für Kriegs- oder Staatsschiffe ausdrücklich Eingriffsbefugnisse gegenüber einem fremden Schiff auf Hoher See im Falle eines dringenden Verdachts auf den Transport von Massenvernichtungswaffen festlegt, eine gute Regelungsoption[1288].

c. *Lösungsvorschlag zur Bewältigung des Problems*

Wie oben bereits gezeigt, ist der wichtigste Bestandteil bei einer Regelung, dass gegenüber fremden Schiffen auf Hoher See in bestimmten Fällen (ohne eine vorherige Zustimmung des jeweiligen Flaggenstaates) ein Recht auf Anhalten und eine Durchsuchung besteht. Ein solches Recht kann – wie erörtert – in einer (bestehenden) Konvention oder durch eine VN-Resolution vereinbart werden, es kann aber – und das wäre wohl am wirksamsten und zusätzlich zeitgemäß – auch im Seerechtsübereinkommen ergänzt werden. Hierfür wäre dann eine Änderung des Seerechtsübereinkommens erforderlich.

1285 Garvey, JCSL, Vol. 10 (2005), S. 125 (136); a. A. wohl: Wolfowitz, Deputy Secretary of Defence, am 17.12.2003: http://www.defenselink.mil/speeches/2003/sp20031217-depsecdef0802.html; John Bolton: http://www.armscontrol.org/act/2003_12/PSI.asp.

1286 Vgl. hierzu ausführlich und sehr differenzierend: Wolfrum, in: Vitzthum, Handbuch des Seerechts, Kapitel 4 Rn. 62–64.

1287 Vgl. hierzu ausführlich und sehr differenzierend: Wolfrum, in: Vitzthum, Handbuch des Seerechts, Kapitel 4 Rn. 62–64; a. A.: Wedgwood, AJIL, Vol. 97 (2003), S. 576 (584–585); Yoo, AJIL, Vol. 97 (2003), S. 563 (571-573). Diese beiden Autoren gehen davon aus, dass aus einer VN-Resolution aus dem Jahre 1962 ein Recht zu einer "preemptive self-defence" folge.

1288 Zu den Voraussetzungen für eine solche Resolution vgl. Art. 27 Abs. 3 VN-Charta. Es ist die Zustimmung der neun Mitglieder des Sicherheitsrates, einschließlich aller ständigen Mitglieder, erforderlich.

aa. Materiell-rechtliche Regelung

Um das Seerechtsübereinkommen den aktuellen Problemen anzupassen, um es also auf den „aktuellen Stand“ zu bringen, sollte eine Regelung eingefügt werden, welche sich mit dem Verbot des Transports von Massenvernichtungswaffen befasst. Auch für diese Thematik muss – wie auch etwa für die Piraterie und das Verbot des Sklaventransports – eine Grundlage für ein Vorgehen gegen solche Schiffe geschaffen werden. Empfehlenwert wäre hier das Einfügen eines lit f) in Art. 110 SRÜ, der wie folgt lauten könnte:

> „f) das Schiff Massenvernichtungswaffen (hierunter fallen alle ABC-Waffen) transportiert oder als Waffe gegenüber Menschen, anderen Schiffen, Hafenanlagen oder sonstigen Objekten eingesetzt werden soll.“

Somit wäre auch für diese Schiffe über Art. 110 Abs. 1, 2 SRÜ ein Recht zum Anhalten und Durchsuchen auf Hoher See gewährleistet.

bb. Formelle Voraussetzungen

Bei den formellen Voraussetzungen stellt sich auch hier die Problematik des vorgesehenen Änderungsverfahrens für das Seerechtsübereinkommen. Die Wahrscheinlichkeit, hier zu einem Konsens aller Mitgliedstaaten zu gelangen, ist ebenso wenig gegeben wie im Rahmen einer Änderung der Vorschriften über die Piraterie.

VI. Recht der Nacheile (“Hot Pursuit”)

1. Allgemeines

Das Recht der Nacheile in Richtung Hohe See besteht gemäß Art. 111 SRÜ immer dann, wenn ein Schiff die nationalen Gesetze des Küstenstaates in seinen inneren Gewässern, seinem Küstenmeer oder seiner Ausschließlichen Wirtschaftszone respektive seinem Festlandsockel verletzt hat. Das Recht der Nacheile dient im Gegensatz zu den oben genannten Eingriffsbefugnissen nicht der Allgemeinheit, sondern vielmehr der Wahrung der Interessen des Küstenstaates[1289] und ist als Gewohnheitsrecht anerkannt[1290]. Der Küstenstaat kann unter den folgenden Voraussetzungen von diesem Recht Gebrauch machen.

[1289] Allen, ODIL, Vol. 20 (1989), S. 309 (315); vgl. schon die Ausführungen von Dickinson, Harvard Law Review, Vol. 40 (1926), S. 1 (21 ff.).

2. Vorliegen einer Rechtsverletzung

Der Küstenstaat hat gemäß Art. 111 SRÜ[1291] ein Recht der Nacheile, wenn *„die zuständigen Behörden des Küstenstaats guten Grund zu der Annahme haben, daß das Schiff gegen die Gesetze und sonstigen Vorschriften dieses Staates verstoßen hat."* Es kommen somit grundsätzlich Rechtsverletzungen in den inneren Gewässern und dem Küstenmeer in Frage, sowie unter bestimmten Voraussetzungen auch Rechtsverletzungen in der Ausschließlichen Wirtschaftszone, sofern der Küstenstaat über den entsprechend verletzten Bereich die Jurisdiktion ausübt[1292].

3. Unverzügliche Aufnahme der Nacheile

Für das Recht der Nacheile ist es nicht erforderlich, dass das jeweilige Schiff auf frischer Tat betroffen wird[1293]. Allerdings sollte die Nacheile schnellstmöglich erfolgen, da jede Verzögerung an der Rechtmäßigkeit der Nacheile Zweifel erwecken kann[1294]. *Menefee* bestätigt mit einer einprägsamen Formulierung: *"'warm pursuit' is not good enough".*[1295] Die Verfolgung des Schiffes darf nur mit Kriegsschiffen oder solchen, die deutlich als im Staatsdienst stehend gekennzeichnet sind, erfolgen (Art. 111 Abs. 5 SRÜ)[1296]. Die Verfolgung selbst muss in den Küstengewässern (innere Gewässer oder Küstenmeer) oder in der Anschlusszone begonnen werden (Art. 111 Abs. 1 SRÜ) und in Richtung Hohe See erfolgen. Sofern ein Gesetz in der Ausschließlichen Wirtschaftszone verletzt

---

1290 Wolfrum, in: Vitzthum, Handbuch des Seerechts, Kapitel 4 Rn. 72. Dieser verweist jedoch in Fn. 156 auch auf diese Frage ablehnende Entscheidungen.

1291 Dieses Recht stand dem Küstenstaat auch bereits in der "Convention on the High Seas", Art. 23, zur Seite.

1292 Allen, ODIL, Vol. 20 (1989), S. 309 (314). Vgl. hierzu auch die Regelung in Art. 111 Abs. 2 SRÜ: *„Das Recht der Nacheile gilt sinngemäß für die in der ausschließlichen Wirtschaftszone oder auf dem Festlandsockel einschließlich der Sicherheitszonen um Anlagen auf dem Festlandsockel begangenen Verstöße gegen die Gesetze und sonstigen Vorschriften des Küstenstaats, die in Übereinstimmung mit diesem Übereinkommen auf die ausschließliche Wirtschaftszone oder den Festlandsockel einschließlich dieser Sicherheitszonen anwendbar sind."*

1293 Wolfrum, in: Vitzthum, Handbuch des Seerechts, Kapitel 4 Rn. 73.

1294 Sherlock, Revue de droit pénal militaire et de droit de la guerre, Tome 7/8 (1968/1969), S. 11 (64/65); vgl. auch: Hasselmann, Die Freiheit der Handelsschiffahrt, S. 105.

1295 Menefee, IJMCL, Vol. 14 (1999), S. 353 (360).

1296 Es soll hier nicht auf die Möglichkeiten der Nacheile durch Militärluftfahrzeuge oder sonstige Luftfahrzeuge, welche in Art. 111 Abs. 5 und 6 SRÜ geregelt sind, eingegangen werden.

wurde, zu dessen Erlass der Küstenstaat befugt war, kann mit der Nacheile auch dort noch begonnen werden[1297]. Für die Kriegs- und Staatsschiffe anderer Nationen besteht gemäß Art. 95 und 96 SRÜ Immunität.

4. Ununterbrochene Nacheile

a. Merkmal „ununterbrochen"

Das Recht der Nacheile erlischt grundsätzlich dann, wenn die Verfolgung unterbrochen wird[1298]. Typische Unterbrechungen sind solche wegen natürlicher Gründe wie der Unmöglichkeit der Beobachtung des Schiffes aufgrund von schlechten Wetterverhältnissen oder Dunkelheit, Unterbrechungen aus mechanischen Gründen und sonstigen Unterbrechungen, wie sie entstehen, wenn Beweise aufgesammelt werden sollen, die das fliehende Schiff hinterlassen hat[1299]. Doch führen diese Unterbrechungen automatisch und in jedem Fall zu einem Verlust des Rechts der Nacheile? Im Schrifttum und in der Praxis haben sich verschiedene Lösungsansätze herausgebildet, wann man davon ausgehen kann, dass eine Nacheile ununterbrochen ist.

aa. Schrifttum

Wolfrum ist wohl der Auffassung, dass kurze (vorübergehende) Unterbrechungen zulässig sind, da er formuliert: *„Nicht nur vorübergehende Unterbrechungen beendigen das Recht auf Verfolgung."*[1300]

bb. Auffassung der USA

Die USA haben zu Unterbrechungen, die auf natürliche Gründe zurückzuführen sind, klar Stellung bezogen[1301]. Sie führten zutreffend aus, dass der Küstenstaat seines Rechts der Nacheile nicht dann verlustig ginge, wenn er vorübergehend den Sicht- oder Radarkontakt zu dem verfolgten Schiff verliert, er das Schiff aber positiv identifizieren kann[1302]. Diese Ansicht wird eingebettet in eine Entscheidung des U.S. State Departments, in welcher zu Recht nach Abwägung aller Umstände bereits eine 13-minütige Unterbrechung als zu lang und somit als

---

1297 So wohl im Ergebnis auch: Hasselmann, Die Freiheit der Handelsschiffahrt, S. 105.
1298 Wolfrum, in: Vitzthum, Handbuch des Seerechts, Kapitel 4 Rn. 73.
1299 Vgl. hierzu: Allen, ODIL, Vol. 20 (1989), S. 309 (320); hierzu auch: Poulantzas, The Right of Hot Pursuit, S. 212 ff.
1300 Wolfrum, in: Vitzthum, Handbuch des Seerechts, Kapitel 4 Rn. 73.
1301 Vgl. hierzu: Allen, ODIL, Vol. 20 (1989), S. 309 (320).
1302 Ausgeführt bei: Allen, ODIL, Vol. 20 (1989), S. 309 (320).

eine das Recht der Nacheile ausschließende Unterbrechung erachtet worden war[1303].

cc. Ergebnis

Die Auffassung *Wolfrums* kann nicht überzeugen, weil sie mangels zeitlicher Begrenzung des pauschalen Begriffes der „vorübergehenden Unterbrechung“ zu unsubstantiiert und der Ermessensspielraum für die Küstenstaaten dadurch zu groß ist. Sinn und Zweck der Voraussetzung der ununterbrochenen Nacheile ist nämlich, dass mit ihrer Hilfe sichergestellt werden soll, dass es nicht durch eine Unterbrechung der Nacheile zu einer Fehlidentifizierung eines Schiffes und somit zu einer ungerechtfertigten Vorgehensweise gegen ein sich rechtmäßig verhaltendes Schiff kommt[1304]. Die Auffassung *Wolfrums* führt dazu, dass Sinn und Zweck dieses Erfordernisses missachtet zu werden droht und sich dadurch bedingt eine zu großzügige Anwendung des Rechtes der Nacheile auch bei deutlichen Unterbrechungen einschleichen kann. Die Auffassung der USA hingegen vermag zu überzeugen, weil sie einerseits die besonderen Verhältnisse auf dem Meer angemessen berücksichtigt und andererseits durch die Notwendigkeit der „positiven Identifikation“ dem nacheilenden Schiff klare Grenzen setzt. Die Wetterverhältnisse auf dem Meer sind oftmals sehr schwierig, und würde bei jedem Sichtverlust das Recht der Nacheile enden, käme der Nacheile kein allzu großer Stellenwert zu.

Dieses Ergebnis kann auf den Fall von sonstigen Unterbrechungen analog übertragen werden. Auch hier ist die Nacheile immer noch ununterbrochen, wenn das verfolgende Schiff das verfolgte Schiff positiv identifizieren kann[1305]. Im

---

[1303] Dieses zutreffende Beispiel ist zitiert nach Allen, ODIL, Vol. 20 (1989), S. 309 (336 Fn. 167), welcher jedoch hierzu keine Stellung nimmt: *"For example, in August 1988, a Coast Guard aircraft observed the Soviet trawler MYS Zolotoy fishing without a permit in the United States EEZ. The vessel immediately fled to the Canadian EEZ. Two Coast Guard cutters were diverted to intercept the vessel while the aircraft kept the vessel under surveillance. The aircraft which had originally sighted the MYS Zolotoy had nearly exhausted its fuel, however, and summoned a relief. A helicopter from the nearest Coast Guard air station was launched. The aircraft that originally sighted the vessel had to depart 13 minutes before the helicopter arrived and was unable to maintain radar contact with the MYS Zolotoy after it turned away. Even though the offending vessel was positively identified and photographed by the first aircraft, because no enforcing craft had observed the vessel for a 13-minute period, the U.S. State Department determined that the pursuit was interrupted and could not be resumed by the relieving helicopter or cutters. Coast Guard case file, MYS Zolotoy."*

[1304] Allen, ODIL, Vol. 20 (1989), S. 309 (319).

[1305] Allen, ODIL, Vol. 20 (1989), S. 309 (319).

Fall eines technischen Defekts (mechanische Gründe) ist immer dann nicht von einer relevanten Unterbrechung auszugehen, wenn ein anderes Schiff unverzüglich die Verfolgung übernimmt[1306]. Dauert dies jedoch zu lange, schließt also das neue verfolgende Schiff nicht binnen weniger Minuten an das verfolgte Schiff auf, so ist wohl von einer relevanten Unterbrechung auszugehen, da anderenfalls Sinn und Zweck der Vorschrift entgegenstünden. Eine darauffolgende Wiederaufnahme der Nacheile ist nicht möglich[1307].

b. Ablösung der Verfolgung durch ein anderes Schiff

Grundsätzlich ist die Nacheile auch dann noch ununterbrochen, wenn ein anderes Schiff des Küstenstaates – aus welchen Gründen auch immer – das ursprünglich verfolgende Schiff ablöst und selbst die Verfolgung aufnimmt[1308].

5. Aufforderung zum Anhalten

Aus Art. 111 Abs. 1 Satz 2, Abs. 4 SRÜ ergibt sich, dass das verfolgte Schiff zum Stoppen aufgefordert worden sein muss. Dies kann durch Licht- oder Schallsignale erfolgen[1309].

6. Ende der Berechtigung zur Nacheile

a. Allgemeines

Das Recht der Nacheile endet nach Art. 111 Abs. 3 SRÜ, *„sobald das verfolgte Schiff das Küstenmeer seines eigenen oder eines dritten Staates erreicht."* Dies folgt aus der küstenstaatlichen Souveranität und der alleinigen Eingriffsbefugnis des Küstenstaates in seinem Küstenmeer[1310]. Unstreitig besteht die Möglichkeit, dass Staaten bi- oder multilaterale Übereinkommen schließen und dem jeweils anderen Staat das Recht der Nacheile auch in die jeweiligen eigenen Küstengewässern zusagen[1311].

1306 Allen, ODIL, Vol. 20 (1989), S. 309 (319).

1307 Hasselmann, Die Freiheit der Handelsschiffahrt, S. 105.

1308 Gidel, Le Droit international public de la Mer, Tome III, S. 355; wohl bejahend, eine endgültige Entscheidung aber offenlassend: Churchill/Lowe, The Law of the Sea, S. 215.

1309 Wolfrum, in: Vitzthum, Handbuch des Seerechts, Kapitel 4 Rn. 73.

1310 So auch: Hasselmann, Die Freiheit der Handelsschiffahrt, S. 105/106. Vgl. auch die Ausführungen hierzu im Kapitel über das Küstenmeer.

1311 So auch: Churchill/Lowe, The Law of the Sea, S. 215 Fn. 25.

b. Wiederaufnahme des Rechts der Nacheile

Nach einer vertretenen Auffassung darf das Recht der Nacheile auch nicht wieder aufgenommen werden, wenn das ursprünglich verfolgte Schiff das Küstengewässer seines eigenen bzw. eines dritten Staates wieder verlässt[1312]. Diese Auffassung kann jedoch nicht überzeugen. Vielmehr darf es nicht möglich sein, dass ein Schiff sich in die „rettenden" Küstengewässer seines oder eines dritten Staates zurückziehen kann und dann automatisch das Recht der Nacheile erloschen ist. Genau genommen würde dies bedeuten, dass die kürzeste Zeitspanne, die sich das verfolgte Schiff in Küstengewässern aufhält, zu einer unmittelbaren Beendigung der Verfolgung führen würde. Es wäre also ausreichend, wenn das jeweilige Schiff kurz über die Linie fährt, welche das Küstenmeer begrenzt, und sodann wieder Kurs auf die Hohe See nimmt und das verfolgende Schiff damit zwingen könnte die Verfolgung einzustellen. Dieses Ergebnis ist unhaltbar, was dazu führt, dass die Verfolgung des Schiffes auch nach Verlassen der Küstengewässer wieder möglich sein muss[1313]. Auch eine zeitliche Begrenzung dahingehend, dass das Recht der Nacheile dann noch bestehen soll, wenn das ursprünglich verfolgte Schiff nach wenigen Stunden die Küstengewässer wieder verlässt, nicht aber, wenn das Schiff eine Woche oder länger in den Küstengewässern verweilt[1314], erscheint nicht sinnvoll. Vielmehr sollte das Recht der Nacheile grundsätzlich – ungeachtet der Zeitspanne – bestehen, sofern das verfolgende Schiff nicht von sich aus die Verfolgung abbricht und damit eine Unterbrechung herbeiführt. Es erscheint höchst unwahrscheinlich, dass sich ein verfolgendes Schiff eine Woche „auf die Lauer legt", um sodann dem verfolgten Schiff wieder „nachzueilen". Aus diesem Grunde dürften die Fälle der zeitlichen Begrenzung bereits an der Voraussetzung „ununterbrochen" scheitern. „Lauert" das verfolgende Schiff dem verfolgten Schiff aber tatsächlich über einen langen Zeitraum auf, so muss auch das Recht der Nacheile wieder aufleben, wenn dieses die Küstengewässer verlässt.

1312 Colombos, Internationales Seerecht, S. 130/131 § 173; Sherlock, Revue de droit pénal militaire et de droit de la guerre, Tome 7/8 (1968/1969), S. 11 (71/72); Williams, BYIL, Vol. 20 (1939), S. 83 (91); Gidel, Le Droit international public de la Mer, Tome III, S. 357/358; Wolfrum, in: Vitzthum, Handbuch des Seerechts, Kapitel 4 Rn. 73.

1313 So im Ergebnis auch: McDougal/Burke, The Public Order of the Oceans, S. 898; differenzierend, aber doch eher der hier vertretenen Auffassung folgend: Poulantzas, The Right of Hot Pursuit, S. 231.

1314 So Hasselmann, Die Freiheit der Handelsschiffahrt, S. 106.

7. *Verhältnismäßigkeit der Maßnahmen*

Die Maßnahmen, die im Rahmen der Rechts der Nacheile gestattet werden, müssen grundsätzlich verhältnismäßig sein, umfassen jedoch in der letzten Konsequenz – mangels anderer wirksamer Maßnahmen – auch das Versenken des Schiffes[1315]. Hierbei ist allerdings auf die überzeugende Auffassung von *Wolfrum* zu verweisen, welcher betont, dass Gewalt gegen das verfolgte Schiff nur in dem Maße angewendet werden darf, *„als dies zur Aufbringung notwendig ist und der Bedeutung der Sache entspricht“*[1316].

8. *Schadensersatzanspruch*

Sofern ein Schiff außerhalb des Küstenmeeres aus Gründen gestoppt wurde, die ein Recht der Nacheile nicht begründen, steht diesem Schiff gemäß Art. 111 Abs. 8 SRÜ ein Schadensersatzanspruch zu.

9. *“Constructive Presence”*

Ferner existiert ein weiteres völkergewohnheitsrechtlich anerkanntes Recht, welches den Arrest solcher Schiffe gestattet, die ihre Boote losschicken, um mit diesen im Hoheitsgebiet eines Staates Rechtsverletzungen zu begehen, während sie selbst auf Hoher See bleiben. Diese Doktrin wird als “Constructive Presence” bezeichnet[1317].

VII. Jurisdiktion

1. *Grundsatz des Art. 92 SRÜ*

Als Konsequenz der Staatszugehörigkeit legt Art. 92 SRÜ fest, dass sich die Schiffe auf Hoher See unter der ausschließlichen Jurisdiktion des Flaggenstaates befinden (sog. „Flaggenstaatsprinzip“[1318]). Dies ergibt sich aus der allgemeinen Regelung des Art. 92 SRÜ[1319]:

1315 Churchill/Lowe, The Law of the Sea, S. 215; Wooldridge, in: Bernhardt, EPIL, Vol. II (1995), S. 881 (883).

1316 Wolfrum, in: Vitzthum, Handbuch des Seerechts, Kapitel 4 Rn. 75.

1317 Churchill/Lowe, The Law of the Sea, S. 215/216. Siehe zu Beispielsfällen: Gilmore, Marine Policy, Vol. 12 (1988), S. 105 (107 ff.); Gilmore, ICLQ, Vol. 44 (1995), S. 949 ff.

1318 Wolfrum, in: Vitzthum, Handbuch des Seerechts, Kapitel 4 Rn. 28.

1319 Art. 92 Abs. 1 SRÜ lautet: *„Schiffe fahren unter der Flagge eines einzigen Staates und unterstehen auf Hoher See seiner ausschließlichen Hoheitsgewalt, mit Ausnahme der*

„Schiffe fahren unter der Flagge eines einzigen Staates und unterstehen auf Hoher See seiner ausschließlichen Hoheitsgewalt, mit Ausnahme der besonderen Fälle, die ausdrücklich in internationalen Verträgen oder in diesem Übereinkommen vorgesehen sind."

Hieraus folgt, dass es – in der Regel[1320] – unzulässig ist, in irgendeiner Art und Weise auf ein Schiff auf Hoher See einzuwirken[1321]. Auch und gerade die Vornahme von Zwangsmaßnahmen obliegt dem Flaggenstaat[1322]. Welches nationale Recht an Bord eines Schiffes gilt, richtet sich also nach der Staatszugehörigkeit eines Schiffes[1323].

2. Besondere Regelung für die Strafgerichtsbarkeit bei Zusammenstößen

Art. 97 SRÜ regelt die Strafgerichtsbarkeit in Bezug auf Zusammenstöße oder andere mit der Führung eines Schiffes zusammenhängende Ereignisse. Hiernach sind die Justiz- und Verwaltungsbehörden des Flaggenstaates zuständig, wenn durch ein Ereignis auf Hoher See eine strafrechtliche oder disziplinarische Verantwortlichkeit des Kapitäns oder einer sonstigen im Dienst des Schiffes stehenden Person möglich sein könnte (Art. 97 Abs. 1 SRÜ). Wahlweise kann auch der Staat, dessen Staatsangehörigkeit die jeweilige Person besitzt, ein solches Verfahren einleiten. Art. 97 Abs. 3 SRÜ legt ferner folgendes fest:

„Ein Festhalten oder ein Zurückhalten des Schiffes darf, selbst zu Untersuchungszwecken, nur von den Behörden des Flaggenstaats angeordnet werden."

---

besonderen Fälle, die ausdrücklich in internationalen Verträgen oder in diesem Übereinkommen vorgesehen sind. Ein Schiff darf seine Flagge während einer Fahrt oder in einem angelaufenen Hafen nicht wechseln, außer im Fall eines tatsächlichen Eigentumsübergangs oder eines Wechsels des Registers." – Abs. 2: *„Ein Schiff, das unter den Flaggen von zwei oder mehr Staaten fährt, von denen es nach Belieben Gebrauch macht, kann keines dieser Staatszugehörigkeiten gegenüber dritten Staaten geltend machen; es kann einem Schiff ohne Staatszugehörigkeit gleichgestellt werden."*

1320 Ausführungen zu den hier lediglich angedeuteten Ausnahmen erfolgen weiter unten.

1321 Dieser Grundsatz bildete sich bereits im 19. Jahrhundert heraus, vgl. Wolfrum, in: Vitzthum, Handbuch des Seerechts, Kapitel 4 Fn. 83.

1322 Diena, RdC, Tome 51 (1935 I), S. 409 (424); wohl auch: Gidel, Le Droit international public de la Mer, Vol. I, S. 73/74.

1323 Breuer, in: Festschrift Schlochauer, S. 215 (216); Wolfrum, in: Vitzthum, Handbuch des Seerechts, Kapitel 4 Rn. 37.

3. Schiffe ohne Staatszugehörigkeit

Sofern ein Schiff über keine Staatszugehörigkeit verfügt, wird ihm der Schutz vor drittstaatlicher Einwirkung auf Hoher See – gerade in Bezug auf das „An-Bord-gehen" und die Beschlagnahme durch Drittstaaten – nicht zuteil[1324]. Staatenlos ist ein Schiff etwa dann, wenn ihm sein ursprünglicher Flaggenstaat das Recht entzogen hat, unter seiner Flagge zu fahren oder gemäß Art. 92 Abs. 2 SRÜ, wenn es unter zwei oder mehr Flaggen fährt[1325]:

> *„Ein Schiff, das unter den Flaggen von zwei oder mehr Staaten fährt, von denen es nach Belieben Gebrauch macht, kann keine dieser Staatszugehörigkeiten gegenüber dritten Staaten geltend machen; es kann einem Schiff ohne Staatszugehörigkeit gleichgestellt werden."*

In der Konsequenz dürfen Schiffe ohne Staatszugehörigkeit gemäß Art. 110 Abs. 1 lit. d) SRÜ durch ein Kriegsschiff angehalten und auch von dessen Besatzung betreten werden. Dennoch ist die Besatzung staatenloser Schiffe nicht vollständig rechtlos gestellt[1326], da elementare humanitäre Erwägungen nach wie vor zu berücksichtigen sind[1327].

4. Deutsche Umsetzung

Nach dem soeben Gesagten gilt auf deutschen Schiffen deutsches Recht. Hiervon umfasst sind sowohl zivilrechtliche Ansprüche als auch die strafrechtlichen Konsequenzen des Handelns an Bord.

a. Seemannsgesetz

Beispielhaft soll hier auf die Geltung des Seemannsgesetzes (SeemG) auf deutschen Schiffen eingegangen werden[1328]. Das Seemannsgesetz beinhaltet unter anderem arbeitsrechtliche Vorschriften (Begründung und Inhalt des Heuerverhältnisses [§§ 23–38], Verpflegung, Unterbringung und Krankenfürsorge [§§ 39–52a], Urlaub und Landgang [§§ 53–61] und Beendigung des Heuerver-

---

1324 Oppenheim/Lauterpacht, International Law, § 261; Brownlie, Principles of Public International Law, 2. Aufl., S. 237; Hasselmann, Die Freiheit der Handelsschiffahrt, S. 84.

1325 Churchill/Lowe, The Law of the Sea, S. 213.

1326 So auch: Hasselmann, Die Freiheit der Handelsschiffahrt, S. 84.

1327 So auch: Brownlie, Principles of Public International Law, 2. Aufl., S. 237.

1328 Dieses wurde am 26.07.1957 ausgefertigt und befindet sich in der im Bundesgesetzblatt Teil III, Gliederungsnummer 9513-1 veröffentlichten bereinigten Fassung. Das SeemG wurde zuletzt geändert durch Art. 324 der Neunten Zuständigkeitsanpassungsverordnung vom 31.10.2006, BGBl. 2006 I, S. 2407 (2450).

hältnisses [§§ 62–77]), sowie andere für ein Heuerverhältnis relevante Vorschriften, die auf einem Schiff unter deutscher Flagge gelten. Nach § 48 SeemG ist der Reeder beispielsweise auch verpflichtet, die Heuer im Krankheitsfall weiterzubezahlen.

b. Ausnahmen bei ausländischen Arbeitnehmern

Ist ein ausländisches Besatzungsmitglied auf einem Schiff unter deutscher Flagge, welches in das internationale Seeschifffahrtsregister (ISR) eingetragen ist, beschäftigt, gilt deutsches Arbeitsrecht (und auch deutsches Tarifvertragsrecht) gemäß § 21 Abs. 4 FlaggRG nur dann, wenn es ausdrücklich vereinbart wurde. Das ausländische Besatzungsmitglied kann in diesem Fall gemäß § 21 Abs. 4 FlaggRG auch nach dem Recht seines Heimatlandes in Bezug auf Heuern und die Geltung von Arbeits- und Tarifvertragsrecht behandelt werden. Deutschland führte 1989 das ISR als Zweitregister ein[1329]. Dies bedeutet im Ergebnis, dass ein unter deutscher Flagge fahrendes Schiff seine Besatzung nicht dem deutschen Arbeits- und Tarifrecht unterstellen muss. Hierdurch besteht für den Reeder in der Regel eine erhebliche Kosteneinsparung. Die Charakteristika des Zweitregisters sind jedoch solche, die auch für die „Billigflaggenpraxis“ typisch sind.

VIII. Fazit

Auf Hoher See genießen die Schiffe grundsätzlich gemäß Art. 87 SRÜ die Freiheit der Schifffahrt. Die Annehmlichkeiten des Art. 87 SRÜ können Schiffe nur dann in Anspruch nehmen, wenn sie berechtigt sind, unter der Flagge eines Staates zu fahren. Wann ein Schiff hierzu befugt ist, wird im Seerechtsübereinkommen nicht geregelt. Der lapidare Hinweis des Art. 91 Abs. 1 Satz 3 SRÜ auf das Erfordernis einer „echten Verbindung“ (“genuine link”) zwischen Staat und Schiff kann wegen seiner Unbestimmtheit nicht weiterhelfen. Aus diesem Grunde ist es den Vertragsstaaten des Seerechtsübereinkommens selbst überlassen, welche Kriterien sie normieren. Deutschland hat hierzu das Flaggenrechtsgesetz erlassen, in welchem dezidiert die Voraussetzungen für die Flaggenführungsberechtigung niedergelegt wurden. Zu diesem Zweck hat Deutschland zwei Schiffsregister mit einer entsprechenden Schiffsregisterordnung. Das sog. „Zweitregister“ beinhaltet die Möglichkeit für Reeder, unter bestimmten Umständen ausländische Besatzungsmitglieder nach deren Arbeitsrecht und Heuer-

---

[1329] BGBl. 1989 I, S. 550; hierzu ausführlich: Dörr, AVR, Bd. 26 (1988), S. 366 ff.

bedingungen zu beschäftigen. Dies ist eine Maßnahme, die die Attraktivität des Standorts Deutschland verbessern soll, jedoch auch ein Merkmal der heftig umstrittenen „Billigflaggen“.

Das Phänomen der „Billigflaggen“ resultiert aus der – oben angesprochenen – mangelnden Normierung einer einheitlichen und für alle Vertragsstaaten verbindlichen Regelung im Seerechtsübereinkommen zur Flaggenführungsberechtigung. Dies führt dazu, dass einige Staaten (beispielsweise Panama, Liberia) viel geringere Anforderungen an Schiffe und ihre Reeder stellen als andere Staaten. Dadurch entstehen Einsparungen in Bezug auf Steuern, Löhne, Sozial- und sonstige Abgaben. Deutschlands Handelsflotte ist zu mehr als 80 % unter die Flaggen dieser „Billigflaggenländer“, die im Vergleich zu einer Einflaggung unter die deutsche Flagge enorme Einsparungen bringen, ausgeflaggt. Dem deutschen Staat entgehen durch diese Vorgehensweise große Summen an Steuergeldern, jedoch geben auch die Arbeitsbedingungen der ausländischen Arbeitnehmer – für die dann automatisch nicht das deutsche SeemG gilt – mit geringen bis keinen Sozialleistungen und niedrigem Lohn Anlass zu Bedenken. Hier wäre eine Gewährleistung von Grundvoraussetzungen zur Flaggenführungsberechtigung durch das Seerechtsübereinkommen wünschenswert, damit die Schere zwischen den Billigflaggenländern und anderen Staaten schrumpft und auch eine Ausflaggung unter eine billige Flagge an Reiz verliert bzw. nicht mehr möglich ist.

Die Freiheit der Schifffahrt ist umfassend und gewährleistet ferner auch die militärische Nutzung der Hohen See.

Die Freiheit der Hohen See kann nur durch wenige Ausnahmen beschränkt werden. Als Ausnahme ist gemäß Art. 87 Abs. 2 SRÜ anerkannt, dass die auf Hoher See gewährten Freiheiten auf eine Art und Weise ausgeübt werden müssen, die auch anderen Staaten eine solche Ausübung ermöglicht (“due-regard rule”). Über Art. 87 Abs. 1 SRÜ finden weiterhin auch die SOLAS- und MARPOL-Übereinkommen als einschränkende Vorschriften Anwendung.

Eine weitere Beschränkung, welche fremden Kriegs- und Staatsschiffen gemäß Art. 110 SRÜ eine Reihe von Rechten, etwa das Anhalten (Abs. 1), Betreten oder Durchsuchen (Abs. 2) des Schiffes zugesteht, ist dann gegeben, wenn das Schiff der Seeräuberei, des Sklavenhandels, der Verbreitung nicht genehmigter Rundfunksendungen, mangelnder Staatszugehörigkeit oder der Weigerung, seine Flagge zu zeigen, verdächtig ist. Die Rechte des Art. 110 Abs. 1 und 2 SRÜ bestehen auch dann, wenn ein Schiff eine fremde Flagge führt oder sich weigert, seine Flagge zu zeigen, es aber verdächtig ist, dieselbe Staatszugehörigkeit wie das Kriegs- oder Staatsschiff zu haben.

Die weitestgehenden Rechte stehen den Staaten gegenüber Piraten zu. Dies folgt daraus, dass die Piraterie ein stetig wachsendes Problem ist. Für die Bejahung eines Piratenangriffs muss – im Gegensatz zur Geiselnahme – ein anderes Schiff involviert sein. Schiffsinterne Meutereien oder Machtübernahmen sind nicht ausreichend. Alle Eingriffsbefugnisse gegen Piraten bestehen nur für Kriegs- und Staatsschiffe und grundsätzlich nur auf Hoher See und in der Ausschließlichen Wirtschaftszone. Sobald sich das Piratenschiff im Küstenmeer oder den inneren Gewässern eines fremden Staates befindet, hat einzig dieser Staat eine Eingriffsbefugnis gegenüber dem Piratenschiff. Diese Regelung vereitelt jedoch eine wirkungsvolle Eindämmung der Piraterie, da nicht alle Küstenstaaten effektiv gegen Piraten vorgehen können oder wollen. Aus diesem Grunde finden die meisten Piratenattacken mittlerweile auch in den Küstengewässern statt. Um dieses Problem zu lösen, wäre einerseits eine Änderung der Pirateriesvorschriften des Seerechtsübereinkommens gemäß Art. 312, 313 dahingehend hilfreich, dass Eingriffsbefugnisse in restriktiv auszulegenden klar definierten Einzelfällen im Falle eines Piratenangriffs und bei Nichteingreifen des Küstenstaates auch in den Küstengewässern bestehen.

Eine gute Lösung wäre auch die Vereinbarung einer “IMO Convention on Piracy”. Diese sollte nach dem Vorbild der SUA-Konvention, welche einerseits nicht eindeutig auf die Piraterie anwendbar ist und darüber hinaus auch keine dringend notwendigen Eingriffsbefugnisse in den Küstengewässern verleiht, ausgestaltet werden. In einer IMO Convention on Piracy sollten ausdrücklich die Voraussetzungen normiert werden, unter denen Eingriffsbefugnisse in den Küstengewässern fremder Staaten bestehen (Melden eines Piratenangriffes bei einem küstenstaatlichen “Point of Contact” mit einer anschließenden Entscheidung des Küstenstaates über sein Einschreiten oder einem grundsätzlichen Aufbringungsrecht in fremden Küstenmeeren). Als hervorragendes Beispiel hierfür kann die Anti-Piratenmission der EU „Atalanta“ dienen, nach welcher – allerdings kraft VN-Resolutionen – fremden Kriegs- und Staatsschiffen auch das Aufbringen von Piratenschiffen in den Küstengewässern Somalias gestattet ist.

Allerdings dürfte der Änderung des Seerechtsübereinkommens und auch einer “IMO Convention on Piracy” mit der Legitimierung eines Einsatzes von Kriegs- oder Staatsschiffen in fremden Küstengewässern und der damit einhergehenden Einschränkung der küstenstaatlichen Souveranität starker Protest einiger Küstenstaaten entgegenstehen. Deshalb sollte in jedem Fall den Küstenstaaten das Recht zugesichert werden, bei einem Aufbringen von Piraten durch fremde Kriegs- oder Staatsschiffe in ihren Küstengewässern auf eigenen Wunsch (und bei Vorhandensein entsprechender Strafgesetze) das Strafverfahren gegen die Piraten durchzuführen zu können.

Sicherlich sollte auch das Bestreben vorangetrieben werden, mit denjenigen Küstenstaaten, in denen die Piraterie sehr ausgeprägt ist, bi- oder multilaterale Verträge abzuschließen, d. h. sicherzustellen, dass die oben dargestellten Maßnahmen in deren Küstengewässern vorgenommen werden dürfen und dass somit bei keiner Änderung des Seerechtsübereinkommens oder keinem Zustandekommen einer "IMO Convention on Piracy" die Eingriffsbefugnisse wenigstens etwas vergrößert werden. Sofern das Ziel jedoch eine wirksame Eindämmung der Piraterie ist, sollten alle Schlupflöcher geschlossen und eine harte Vorgehensweise gewählt werden.

In Deutschland existiert kein Tatbestand der „Piraterie“. Vielmehr sind hier der „Erpresserische Menschenraub“ (§ 239a StGB) oder der „Angriff auf den Seeverkehr“ (§ 316c StGB) einschlägig.

Vor dem Hintergrund der stetig wachsenden Gefahr der Terrorismus sollte das Seerechtsübereinkommen im Übrigen in Art. 110 um einen lit. f) erweitert werden, damit auch gegen solche Schiffe, welche Massenvernichtungswaffen transportieren, die entsprechenden Befugnisse des Art. 110 SRÜ bestehen. Die für diesen Fall grundsätzlich einschlägige SUA-Konvention verlangt vor jeder Kontrolle eines verdächtigen Schiffes die vorherige Einholung des Einverständnisses des Flaggenstaates. Gerade die Länder, die sowieso der Verbreitung und Herstellung von Massenvernichtungswaffen verdächtig sind, werden dieses Einverständnis jedoch nicht geben. Hier kann auch die "Proliferation Security Initiative" nicht weiterhelfen, da in dieser zwischen den Parteien gerade keine Eingriffsbefugnisse auf Hoher See gegenüber fremden Schiffen vereinbart wurden und daher wirksame und – unbefangene – Kontrollen immer noch nicht sichergestellt werden können. Jeglicher Änderung und Vergrößerung der Eingriffsbefugnisse dürften jedoch auch hier wieder massive Proteste einiger Staaten entgegenstehen.

Die letzte Ausnahme, die eine Eingriffsbefugnis gegen Schiffe auf Hoher See gewährleistet, ist das Recht der Nacheile, Art. 111 SRÜ. Dieses Recht besteht immer dann, wenn das Schiff in den inneren Gewässern, im Küstenmeer oder auf einem der Gebiete in der Ausschließlichen Wirtschaftszone, für die dem

Küstenstaat eine Jurisdiktion zusteht, ein Gesetz verletzt hat. Um dieses Recht nicht zu verwirken, muss das nacheilende Schiff die Nacheile unverzüglich aufnehmen. Die Nacheile darf auch nicht unterbrochen werden, wobei anerkannt ist, dass kurze Unterbrechungen – die jedoch nicht zu einem Verlust der Identifizierbarkeit des vefolgten Schiffes führen – nicht schädlich sind. Auch kann ein anderes Schiff dasjenige Schiff ablösen, das ursprünglich die Verfolgung begonnen hat. Sodann muss das verfolgte Schiff durch Licht- und Schallsignale zum Anhalten aufgefordert werden. Tut es dies nicht, so ist es zulässig, das Schiff manövrierunfähig zu machen. Das Recht der Nacheile endet wegen der küstenstaatlichen Souveranität, wenn das verfolgte Schiff in das Küstenmeer seines eigenen oder eines dritten Staates einläuft. Allerdings kann – entgegen anderslautender Auffassungen – die Nacheile immer dann wieder aufgenommen werden, wenn das Schiff das Küstenmeer wieder verlässt und nach wie vor eindeutig identifiziert werden kann, wenn es also „überwacht" wurde. Jedes andere Ergebnis wäre unbillig.

Über Schiffe auf Hoher See übt der Flaggenstaat die Jurisdiktion aus (sog. „Flaggenstaatsprinzip"), es gilt also das Recht des Flaggenstaates an Bord.

Nach alledem zeigt sich, dass das Seerechtsübereinkommen für die aktuellen und drängenden Probleme oftmals nicht die richtige und wirksame Lösung bietet. Es stammt aus einer Zeit, wo andere Probleme akut und vordringlich waren. Es wäre daher dringend erforderlich, das Seerechtsübereinkommen an die neuen Bedrohungen und Herausforderungen der Schifffahrt anzupassen, da es sonst an Bedeutung und Einfluss verliert.

Bis dahin kann Flaggen- und Küstenstaaten nur geraten werden, bi- oder multilaterale Verträge zu schließen, um die Wahrung ihrer Interessen sicherzustellen. Auch vor diesem Hintergrund muss beachtet werden, dass ein Küstenstaat regelmäßig auch ein Flaggenstaat ist und daher alle Staaten einer ordentlichen Vereinbarung ihrer Interessen offen gegenüber stehen sollten.

Schlussbetrachtung

Das Seerechtsübereinkommen hat viele Probleme, mit denen Seefahrer und Küstenstaaten täglich konfrontiert werden, aufgegriffen und geregelt. Sowohl der Seeschifffahrt als auch den Küstenstaaten wurden probate Lösungen und Vorgaben für die jeweiligen Rechte und Pflichten an die Hand gegeben. Auch das Verhältnis von Schiff und Küstenstaat ist dadurch näher ausgestaltet und mit Leben gefüllt worden. Bedauerlicherweise ist das Seerechtsübereinkommen jedoch gerade bei relevanten Punkten oftmals nicht eindeutig gefasst. Dies gilt etwa für die bedeutende Frage, ob die Auflistung der nicht-friedlichen Tätigkeiten bei Durchfahrt des Küstenmeers in Art. 19 Abs. 2 SRÜ beispielhaft oder abschließend ist. Auch die ebenso erheblichen Vorschriften der Art. 27 und 28 SRÜ, welche das Maß der Ausübung der küstenstaatlichen Jurisdiktion über fremde Schiffe im Küstenmeer regeln sollen, entbehrt einer unzweifelhaften Regelung. Diese mangelnde Eindeutigkeit der Regelungen im Seerechtsübereinkommen führt in der Praxis immer wieder zu Unklarheiten, die das Verhältnis zwischen Schiff und Küstenstaat belasten. Solche unklaren Regelungen sollten durch eine Überarbeitung des Seerechtsübereinkommens behoben werden.

Darüber hinaus ist zu berücksichtigen, dass die Probleme, die zu Zeiten der Verhandlungen zum Seerechtsübereinkommen als vordringlich wahrgenommen wurden, andere waren als heutzutage. Ein aktuelles Problem ist die Ausflaggung (deutscher) Schiffe unter Billigflaggen zum Zwecke der Gewinnmaximierung der Reeder. Durch die damit einhergehende Anwendung des Rechts der Billigflagge entstehen teilweise unhaltbare Arbeits- und Sozialbedingungen für die angeheuerte Schiffsbesatzung. Auch die Tatsache, dass bei Ausflaggung unter eine Billigflagge unter Umständen die Möglichkeit besteht, gewisse Übereinkommen (etwa Meeresumweltschutzübereinkommen) nicht beachten zu müssen, weil das Billigflaggenland nicht Partei eines solchen Übereinkommens ist, kann nicht hingenommen werden. Es bedarf hier dringend einer Überarbeitung des Seerechtsübereinkommens, um die Ausflaggungen so weit wie möglich zu reduzieren. Auch hinsichtlich der akuten Problematik der Piraterie ist das Seerechtsübereinkommen nicht auf einem angemessenen Stand. Die Eingriffsbefugnisse, die das Seerechtsübereinkommen für Piratenangriffe zur Verfügung stellt, sind im Vergleich zu den sich rapide weiter entwickelnden und ausgefeilten Methoden der Piraten nahezu antiquiert. Der Tatsache, dass die meisten Piratenangriffe zwischenzeitlich in den inneren Gewässern, wo Drittstaaten bislang keine Eingriffsbefugnisse haben, stattfinden, muss dringend Rechnung getragen werden.

Nach alledem ist abschließend festzuhalten, dass das Seerechtsübereinkommen aus einer Zeit stammt, in welcher die großen Probleme unserer heutigen Zeit entweder noch gar keine Probleme oder aber nicht derart erheblich waren. Das Seerechtsübereinkommen stellt grundsätzlich eine gute und relativ breite Basis an hilfreichen Regelungen zur Verfügung, es muss aber – um wieder zeitgemäß und somit auch für die Parteien sinnvoll zu sein – dringend angepasst und erweitert werden.

Deutschland hat von den Möglichkeiten, die das Seerechtsübereinkommen in territorialer Hinsicht eröffnet hat, in weitem Umfang Gebrauch gemacht. Dies wird daran deutlich, dass Deutschland etwa in der Nordsee ein 12-sm-Küstenmeer und zudem eine große Ausschließliche Wirtschaftszone beansprucht. Auch die detaillierten und sehr ausführlichen Regelungen Deutschlands in Gesetzen und Verordnungen hinsichtlich diverser schifffahrtsrelevanter Sachverhalte ist positiv hervorzuheben. Zu nennen sind hier etwa die Voraussetzungen, die an die Qualifikation der Besatzung zu stellen sind sowie die Vorgaben über eine ordnungsgemäße Unterbringung, Krankenfürsorge und Beschäftigung der Besatzung. Deutschland hat ferner das Sicherheitskonzept Deutsche Küste entwickelt, in welchem klar und ausführlich die einzelnen Zuständigkeiten herausgearbeitet und verschiedene Annehmlichkeiten (etwa das Vorhalten verschiedener Wassertiefen) für die Schifffahrt zur Verfügung gestellt werden. Positiv hervorzuheben ist ferner die Beteiligung Deutschlands an der EU-Antipiratenmission Atalanta. Durch Atalanta und den deutschen Einsatz konnte zumindest die Anzahl der Piratenangriffe auf Schiffe, die Hilfslieferungen transportieren, massiv eingedämmt werden.

Ein Schwachpunkt Deutschlands ist bislang, dass Deutschland das Problem der zunehmenden Ausflaggungen unter Billigflaggen nicht lösen konnte und sich hierfür auch zum jetzigen Zeitpunkt keine Lösung abzeichnet. Eine solche Lösung sollte jedoch im Interesse des Wirtschaftsstandortes Deutschland dringend vorangetrieben werden.

Abschließend ist daher festzuhalten, dass Deutschland ein wertvolles Regelwerk in Bezug auf die Rechte und Pflichten der Seeschifffahrt unter Berücksichtigung der Rechte und Pflichten Deutschlands als Küstenstaat erarbeitet hat.

Literaturverzeichnis

Abhyankar, Jayant:
Piracy, Armed Robbery and Terrorism at Sea: A Global and Regional Outlook, in: Ong-Webb, Graham Gerard (ed.), Piracy, Maritime Terrorism and Securing the Malacca Straits, Singapur 2006, S. 1–22.

Alexander, Louis M. / Hodgson, R. D.:
The Impact of the 200-Mile Economic Zone on the Law of the Sea, in: San Diego Law Review, Vol. 12 (1975), S. 569–600.

Allen, Craig H.:
Doctrine of Hot Pursuit: A Functional Interpretation Adaptable to Emerging, Maritime Law Enforcement Technologies and Practices, in: ODIL, Vol. 20 (1989), S. 309–341.

Allot, Philip:
Power Sharing in the Law of the Sea, in: AJIL, Vol. 77 (1983), S. 1–30.

Amerasinghe, C. F.:
The Problem of Archipelagoes in the International Law of the Sea, ICLQ, Vol. 23 (1974), S. 539–575.

Anand, R. P.:
Navigation through Territorial Sea and Straits-Revisited, in: IJIL, Vol. 36 (1996), S. 13–38.

Andrew, Dale:
Archipelagos and the Law of the Sea, in: Marine Policy, Vol. 2 (1978), S. 46–64.

Anyanova, Ekaterina:
The EC and Enhancing Ship and Port Facility Security, in: Ehlers, Peter / Lagoni, Rainer (Hrsg.), Maritime Policy of the European Union and Law of the Sea, Hamburg 2008, S. 101–126.

Attard, David J.:
The Exlusive Economic Zone in International Law, Oxford 1987.

Badura, Peter:
Ports, in: Bernhardt, EPIL, Vol. III (1997), S. 1068–1072.

Barton, G. P.:
Foreign Armed Forces: Immunity from Supervisory Jurisdiction, in: BYIL, Vol. 26 (1949), S. 318–413.

Barton, G. P.:
Foreign Armed Forces: Immunity from Criminal Jurisdiction, in: BYIL, Vol. 27 (1950), S. 186–234.

Barton, G. P.:
Foreign Armed Forces: Qualified Jurisdictional Immunity, in: BYIL, Vol. 31 (1954), S. 341–370.

Beazley, P. B.:
Baselines, in: Bernhardt, EPIL, Vol. I (1992), S. 354–357.

Becker, Gordon L.:
The Exclusive Economic Zone as Seen by a Shipowner, in: Miles, Edward / Gamble, John King jr. (ed.), Law of the Sea: Conference Outcomes and Problems of Implementation, Cambridge Massachusetts 1977, S. 113–119.

Beckert, Erwin / Breuer, Gerhard:
Öffentliches Seerecht, Berlin 1991.

Berber, Friedrich:
Lehrbuch des Völkerrechts, Bd. 1 (Allgemeines Friedensrecht), 2. Auflage, München 1975.

Bernhardt, Rudolf:
Die Auslegung völkerrechtlicher Verträge, Köln, Berlin 1963.

Bernhardt, Rudolf:
Rechtsfragen Historischer Buchten, in: Blumenwitz, Dieter / Randelzhofer, Albrecht (Hrsg.), Festschrift für Friedrich Berber, München 1973, S. 47–60.

Bernhardt, Rudolf:
Verfall und Neubildung von Gewohnheitsrecht im Meeresvölkerrecht, in: Ipsen, Hans-Peter / Necker, Karl-Hartmann (Hrsg.), Recht über See, Festschrift für Rolf Stödter zum 70. Geburtstag, Hamburg, Heidelberg 1979, S. 155–166.

Bernhardt, Rudolf:
Encyclopedia of Public International Law, Vol. I (1992), II (1995), III (1997) und IV (2000), Amsterdam.

Bleckmann, Albert:
Völkerrecht, Baden-Baden 2001.

Boczek, Boleslaw Adam:
Peacetime Military Activities in the Exclusive Economic Zone of Third Countries, in: ODIL, Vol. 19 (1988), S. 445–468.

Borchard, Edwin M.:
The United States-Panama Claims Arbitration, in: AJIL, Vol. 29 (1935), S. 99–105.

Bouchez, Leo J.:
Bays and Gulfs, in: Bernhardt, EPIL, Vol. I (1992), S. 357–359.

Breuer, Gerhard:
Gegenwartsfragen des Verhältnisses Reeder – Staat – Flagge – in: von Münch, Ingo (Hrsg.): Festschrift für Hans-Jürgen Schlochauer, Berlin 1981, S. 215–225.

Briggs, Herbert W.:
The Law of Nations, 2. Auflage, New York 1952.

Briggs, Herbert W.:
Amsterdam Session of L'Institut de Droit International, in: AJIL, Vol. 52 (1958), S. 100–107.

Brown, Edward Duncan:
The International Law of the Sea, Vol. I and II, Aldershot 1994.

Brown, Edward Duncan:
The Exclusive Economic Zone: Criteria and Machinery for the Resolution of International Conflicts Between Different Users of the EEZ, in: Maritime Policy and Management, Vol. 4 (1977), S. 325–350.

Brownlie, Ian:
Principles of Public International Law, 2. Auflage, Oxford 1973.

Brownlie, Ian:
Principles of Public International Law, 4. Auflage, Oxford 1990.

Brüel, Erik:
Some Observations on two of the Statements Concerning the Legal Position of International Straits, in: Constantopoulos, D.S. / Wehberg, Hans (Hrsg.), Gegenwartsprobleme des Internationalen Rechts und der Rechtsphilosophie, Festschrift für Rudolf Laun zum 70. Geburtstag, Hamburg 1953, S. 259–278.

Bruha, Thomas:
Gewaltverbot und humanitäres Völkerrecht nach dem 11. September 2001, in: AVR, Bd. 40 (2002), S. 383–421.

Burke, William T.:
Submerged Passage Through Straits: Interpretations of the Proposed Law of the Sea Treaty Text, in: Washington Law Review, Vol. 52 (1976/1977), S. 193–225.

Burke, William T.:
Contemporary Law of the Sea: Transportation, Communication and Flight-Occasional Paper No. 28, Law of the Sea Institute, University of Rhode Island Kingston 1975.

Burke, William T.:
National Legislation of Ocean Authority Zones and the Contemporary Law of the Sea, in: ODIL, Vol. 9 (1981), S. 289–322.

Butler, William E.:
The Legal Regime of Russian Territorial Waters, in: AJIL, Vol. 62 (1968), S. 51–77.

Butler, William E.:
Innocent Passage and the 1982 Convention: The Influence of Soviet Law and Policy, in: AJIL, Vol. 81 (1987), S. 331–347.

Caminos, Hugo:
The Legal Regime of Straits in the 1982 United Nations Convention on the Law of the Sea, in: RdC, Tome 205 (1987), S. 1–245.

Caron, David D.:
Ships, Nationality and Status, in: Bernhardt, EPIL, Vol. IV (2000), S. 400–408.

Charney, Jonathan I.:
The Exclusive Economic Zone and Public International Law, in: ODIL, Vol. 15 (1985), S. 233–288.

Charteris, A.H.:
The Legal Position of Merchantmen in Foreign Ports and National Waters, in: BYIL, Vol. 1 (1920), S. 45–96.

Churchill, Robin R. / Lowe, A. W.:
The Law of the Sea, 3. Auflage, Manchester 1999.

Clingan, Thomas A.:
The Law of the Sea: Ocean Law and Policy, San Francisco 1994.

Cohen, Maxwell:
Espionage and Immunity – some recent problems and developments, in: BYIL, Vol. 25 (1948), S. 404–414.

Cohen-Jonathan, Gérard / Kovar, Robert:
L'espionnage en temps de paix, in: AFDI, Tome 6 (1960), S. 239–255.

Colombos, Constantine John:
The International Law of the Sea, 6. Auflage, London 1967.

Colombos, C. John:
Internationales Seerecht, München und Berlin 1963.

Constantinople, George R.:
Towards a New Definition of Piracy: The Achille Lauro Incident, in: VJIL, Vol. 26 (1986), S. 723–753.

Czybulka, Detlef:
Zur Geltung des nationalen Rechts in der AWZ, in: Ehlers, Peter / Erbguth, Wilfried (Hrsg.), Aktuelle Entwicklungen im Seerecht, Bd. II, Baden-Baden (2003), S. 43–60.

Dahm, Georg:
Völkerrecht, Bd. I, Berlin 1958.

Dahm, Georg / Delbrück, Jost / Wolfrum, Rüdiger:
Völkerrecht, Bd. I/1, 2. Auflage, Berlin 1989.

Dean, Arthur H.:
The Geneva Conference on the Law of the Sea: What was Accomplished?, in: AJIL, Vol. 52 (1958), S. 607–628.

Degan, V. D.:
Internal Waters, in: NYIL, Vol. 17 (1986), S. 3–44.

Delbrück, Jost:
Das neue Seerecht, Berlin 1984.

De la Fayette, Louise:
Access to Ports in International Law, in: IJMCL, Vol. 11 (1996), S. 1–22.

De Lapradelle, A. Geouffre:
Le Droit de l'Etat sur la Mer Territoriale, in: RGDIP, Tome 5 (1898), S. 264–284 und S. 309–347.

De Vries Lentsch, P.:
The Right of Overflight over Strait States and Archipelagic States: Developments and Prospects, in: NYIL, Vol. 14 (1983), S. 165–225.

Delupis, Ingrid:
Foreign Warships and Immunity for Espionage, in: AJIL, Vol. 78 (1984), S. 53–75.

Dickinson, Edwin D.:
Jurisdiction at the Maritime Frontier, in: Harvard Law Review, Vol. 40 (1926), S. 1–29.

Diena, Giulio:
Principes du Droit International Maritime Privé, in: RdC, Tome 51 (1935 I), S. 409–479.

Doehring, Karl:
Völkerrecht, 2. Auflage, Heidelberg 2004.

Dörr, Dieter:
Das Zweitregistergesetz, in: AVR, Bd. 26 (1988), S. 366–386.

Dupuy, René-Jean / Vignes, Daniel:
Traité du nouveau droit de la mer, Paris 1985.

Egiyan, G. S.:
"Flag of Convenience" or "Open Registration" of Ships, in: Marine Policy, Vol. 14 (1990), S. 106–111.

Eitel, Tono:
Völkerrecht und Meeresnutzung, in: JZ 1980, S. 41–48.

El Baradei, Mohamed:
The Egyptian-Israeli Peace Treaty and Access to the Gulf of Aqaba: A New Legal Regime, in: AJIL, Vol. 76 (1982), S. 532–554.

Epping, Volker:
in: Ipsen, Knut (Hrsg.), Völkerrecht, 5. Auflage, München 2004, §§ 4–8, §§ 22–26 und §§ 31–34.

Extavour, Winston Conrad:
The Exclusive Economic Zone, Institut Universitaire de Hautes Etudes Internationales, Genf 1978.

Fastenrath, Ulrich:
Servitudes, in: Bernhardt, EPIL, Vol. IV (2000), S. 387–390.

Fenn Jn. / Percy Thomas:
Origins of the Theory of Territorial Waters, in: AJIL, Vol. 20 (1926), S. 465–482.

Fenwick, C. G.:
"Piracy" in the Caribbean, in: AJIL, Vol. 55 (1961), S. 426–428.

Fischer, Horst:
in: Ipsen, Knut (Hrsg.), Völkerrecht, 5. Auflage, München 2004, §§ 35–38, §§ 55–56 und §§ 59–62.

Fischer, Thomas:
Strafgesetzbuch und Nebengesetze, 56. Auflage, München 2009.

Fitzmaurice, Sir Gerald G.:
Some Results of the Geneva Conference on the Law of the Sea, in: ICLQ, Vol. 8 (1959), S. 78–121.

Fitzmaurice, Sir Gerald G.:
The Foundations of the Authority of International Law and the Problem of Enforcement, in: The Modern Law Review, Vol. 19 (1986), S. 1–13.

Fleischer, Carl August:
The Right to a 200-Mile Exclusive Economic Zone or a Special Fishery Zone, in: San Diego Law Review, Vol. 14 (1977), S. 548–583.

Francioni, Francesco:
Peacetime Use of Force, Military Activities, and the New Law of the Sea, in: Cornell International Law Journal, Vol. 18 (1985), S. 203–226.

Francioni, Francesco:
Criminal Jurisdiction over Foreign Merchant Vessels in Territorial Waters: a New Analysis, in: The Italian Yearbook of International Law, Vol. 1 (1975), S. 27–51.

Franckx, Erik:
Innocent Passage of Warships: Recent Developments in US-Soviet Relations, in: Marine Policy, Vol. 14 (1990), S. 484–490.

Franckx, Erik:
Coastal State Jurisdiction with Respect to Marine Pollution – Some Recent Developments and Future Challenges, in: IJMCL, Vol. 10 (1995), S. 253–280.

Frommer, Allan M.:
The British Hovering Acts: a Contribution to the Study of the Contiguous Zone, in: RBDI, Tome 16 (1981), S. 434–458.

Gadow-Stephani von, Inken:
Der Zugang zu Nothäfen und sonstigen Notliegeplätzen für Schiffe in Seenot, Berlin 2006.

Garvey, Jack I.:
The International Institutional Imperative for Countering the Spread of Weapons of Mass Destruction: Assessing the Proliferation Security Initiative, in: Journal of Conflict and Security Law, Vol. 10 (2005), S. 125–147.

Geck, Wilhelm Karl:
Die Schiffahrtsfreiheit von Kriegsschiffen nach UNCLOS III, in: Bernhardt, Rudolf / Geck, Wilhelm Karl / Jaenicke, Günther / Steinberger, Helmut (Hrsg.), Völkerrecht als Rechtsordnung, Internationale Gerichtsbarkeit, Menschenrechte, Festschrift für Hermann Mosler, Heidelberg 1983, S. 281–349.

Ghosh, Shekhar:
The Legal Regime of Innocent Passage through the Territorial Sea, in: Caminos, Hugo (ed.), Law of the Sea, Aldershot 2001, S. 37–63.

Gidel, Gilbert:
Le Droit International Public de la Mer, Tome I-III, Paris (1932–1934).

Gilmore, William C.:
Hot Pursuit: The Case of R. v. Mills and Others, ICLQ 44 (1995), 949–958.

Gilmore, William C.:
Hot Pursuit and Constructive Presence in Canadian Law Enforcement, in: Marine Policy, Vol. 12 (1988), S. 105–111.

Gilmore, William C.:
Narcotics Interdiction at Sea, in: Marine Policy, Vol. 13 (1989), S. 218–230.

Gioia, A.:
The Law of Multinational Bays and the Case of the Gulf of Fonseca, in: NYIL, Vol. 24 (1993), S. 81–137.

Gloria, Christian:
in: Ipsen, Knut (Hrsg.), Völkerrecht, 5. Auflage, München 2004, §§ 22–24, §§ 43–47 und §§ 51–54.

Goldie, L. F. E.:
Archipelagos, in: Bernhardt, EPIL, Vol. I (1992), S. 239–244.

Gornig, Gilbert-Hanno / Despeux, Gilles:
Seeabgrenzungsrecht in der Ostsee: Eine Darstellung des völkerrechtlichen Seeabgrenzungsrechts unter besonderer Berücksichtigung der Praxis der Ostseestaaten, Frankfurt am Main 2002.

Green, L. C.:
The Santa Maria: Rebels or Pirates?, in: BYIL, Vol. 37 (1961), S. 496–505.

Greig, D. W.:
International Law, 2. Auflage, London 1976.

Gross, Leo:
The Geneva Conference on the Law of the Sea and the Right of Innocent Passage through the Gulf of Aqaba, in: AJIL, Vol. 53 (1959), S. 564–594.

Guggenheim, Paul:
Lehrbuch des Völkerrechts, Band I, Basel 1947.

Gündling, Lothar:
Die 200-Seemeilen-Wirtschaftszone, Heidelberg 1983.

Gündling, Lothar:
Die exklusive Wirtschaftszone, ZaöRV, Bd. 38 (1978), S. 616–658.

Hakapää, Karl / Molenaar, Erik Jaap:
Innocent passage – past and present, in: Marine Policy, Vol. 23 (1999), S. 131–145.

Hall, William Edward:
A Treatise on the Foreign Powers and Jurisdiction of the British Crown, Oxford 1894.

Hasselmann, Cord-Georg:
Die Freiheit der Handelsschiffahrt, Kehl am Rhein 1987.

Heintschel von Heinegg, Wolff:
in: Ipsen, Knut (Hrsg.), Völkerrecht, 5. Auflage, München 2004, §§ 9–21 und §§ 57–58.

Heintschel von Heinegg, Wolff:
Seekriegsrecht und Neutralität im Seekrieg, Berlin 1995.

Hill, Clarence A. Jr.:
U.S. Law and the Sea Position and its Effect on the Operating Navy: A Naval Officer's View, in: ODIL, Vol. 3 (1975), S. 341–359.

Hobe, Stephan:
Einführung in das Völkerrecht, 9. Auflage, Tübingen 2008.

Hofmann, Björn:
Das Küstenmeer im Völkerrecht, Baden-Baden 2008.

Holmes Smith II, Wilbur:
The Duty to Render Assistance at Sea: is it Effective or Adrift?, in: California Western International Law Journal, Vol. 2 (1971), S. 146–163.

Hoog, Günter:
Die Genfer Seerechtskonferenzen von 1958 und 1960, Frankfurt am Main 1961.

Hoog, Günter:
in: Hecker, Hellmuth (Hrsg.), Gutachten zum internationalen Recht, Werkhefte, Bd. 28 (1975), Frankfurt am Main 1975, S. 155–168.

Hudson, Carolyn:
Fishery and Economy Zones as Customary International Law, in: San Diego Law Review, Vol. 17 (1980), S. 661–689.

Ipsen, Hans-Peter:
EWG über See, in: Ipsen, Hans-Peter / Necker, Karl-Hartmann, Recht über See, Festschrift für Rolf Stödter zum 70. Geburtstag, Hamburg, Heidelberg 1979, S. 167–207.

Jaenicke, Günther:
Die Dritte Seerechtskonferenz der Vereinten Nationen, in: ZaöRV, Bd. 38 (1978), S. 438–511.

Jaguttis, Malte:
Freier Hafenzugang für Flüchtlingsschiffe?, in: AVR, Bd. 43 (2005), S. 90–128.

Jarass, Hans D.:
Naturschutz in der ausschließlichen Wirtschaftszone, Baden-Baden 2002.

Jenisch, Uwe:
Sicherheitskonzept für die deutschen Küsten, in: Ehlers, Peter / Erbguth, Wilfried, Aktuelle Entwicklungen im Seerecht, Bd. I, Baden-Baden 2000, S. 155–170.

Jennings, Sir Robert:
Oppenheim's International Law, Vol. I (Peace), 9. Auflage, Harlow 1992.

Jennings, R. Y.:
The Caroline and McLeod Cases, in: AJIL, Vol. 32 (1938), S. 82–99.

Jennings, R. Y.:
Extradition and Asylum, in: BYIL, Vol. 26 (1969), S. 468.

Jessup, Philip C.:
The Law of Territorial Waters and Maritime Jurisdiction, New York 1927.

Jessup, Philip C.:
Civil Jurisdiction over Ships in Innocent Passage, in: AJIL, Vol. 27 (1933), S. 747–750.

Jia, Bing-Bing:
The Regime of Straits in International Law, Oxford 1998.

Jin, Shao:
The Question of Innocent Passage of Warships – After UNCLOS III, in: Marine Policy, Vol. 13 (1989), S. 56–67.

Johnson, B. / Middlemiss, D.:
Canada's 200-Mile Fishing Zone: The Problem of Compliance, in: ODIL, Vol. 4 (1977), S. 67–110.

Juda, Lawrence:
The Exclusive Economic Zone and Ocean Management, in: ODIL, Vol. 18 (1987), S. 305–331.

Juda, Lawrence:
Innocent Passage by Warships in the Territorial Seas of the Soviet Union: Changing Doctrine, in: ODIL, Vol. 21 (1990), S. 111–116.

Kent, H. S. K.:
The Historical Origins of the Three-Mile Limit, in: AJIL, Vol. 48 (1954), S. 537–553.

Keyuan, Zou:
Innocent Passage für Warships – The Chinese Doctrine and Practice, in: ODIL, Vol. 29 (1998), S. 195–223.

King, Archibald:
Jurisdiction over Friendly Foreign Armed Forces, in: AJIL, Vol. 36 (1942), S. 539–567.

King, Archibald:
Further Developments Concerning Jurisdiction over Friendly Foreign Armed Forces, in: AJIL, Vol. 40 (1946), S. 257–279.

Knauss, John A.:
The Military Role in the Oceans and its Relations to the Law of the Sea, in: Alexander, Lewis M.(ed.), The Law of the Sea: A New Geneva Conference, Kingston 1972, S. 77–86.

Koh, Kheng Lian:
Straits in International Navigation, New York 1982.

König, Doris:
Durchsetzung internationaler Bestands- und Umweltvorschriften auf Hoher See im Interesse der Staatengemeinschaft, Berlin 1990.

Kunz, Josef L.:
Continental Shelf and International Law: Confusion and Abuse, in: AJIL, Vol. 50 (1956), S. 828–853.

Kwiatkowska, Barbara:
The Archipelagic Regime in Practice in the Philippines and Indonesia – Making or Breaking International Law?, in: International Journal of Estuarine and Coastal Law, Vol. 6 (1991), S. 1–32.

La Fontaine, H.:
Pasicrisie International 1794 – 1900, The Hague 1997.

Lachaume, Jean-François:
Jurisprudence Française Concernant le Droit International Public – Année 1980, in: AFDI, Tome 26 (1980), S. 809–869.

Lagoni, Rainer:
Der Hamburger Hafen, die internationale Handelsschiffahrt und das Völkerrecht, in: AVR, Bd. 26 (1988), S. 261–365.

Lagoni, Rainer:
Internal Waters, in: Bernhardt, EPIL, Vol. II (1995), S. 1036–1036.

Lagoni, Rainer:
Internal Waters, Seagoing Vessels In, in: Bernhardt, EPIL, Vol. II (1995), S. 1036–1041.

Lagoni, Rainer:
Interim Measures Pending Maritime Delimitation Agreements, in: AJIL, Vol. 78 (1984), S. 345–368.

Lane, Robert C.:
Cabotage, in: Bernhardt, EPIL, Vol. I (1992), S. 519–521.

Lapidoth, Ruth:
The Strait of Tiran, the Gulf of Aqaba, and the 1979 Treaty of Peace between Egypt and Israel, in: AJIL, Vol. 77 (1983), S. 84–108.

Lapidoth, Ruth:
Freedom of Navigation and the New Law of the Sea, in: Israel Law Review, Vol. 10 (1975), S. 456–502.

Larson, David L.:
Innocent, Transit, and Archipelagic Sea Lanes Passage, in: ODIL, Vol. 18 (1987), S. 411–444.

Laun, Rudolf:
Le Régime International des Ports, in: RdC, Tome 15 (1926 V), S. 1–143.

Lay, S. Houston / Churchill, Robin R. / Nordquist, Myron:
New Directions in the Law of the Sea, New York 1973.

Lee, Luke T.:
Jurisdiction Over Foreign Merchant Ships in the Territorial Sea: An Analysis on the Geneva Convention on the Law of the Sea, in: AJIL, Vol. 55 (1961), S. 77–96.

Leifer, Michael:
Malacca, Singapore, and Indonesia, Alpe aan den Rijn 1978.

Lenoir, James J.:
Criminal Jurisdiction Over Foreign Merchant Ships, in: Tulane Law Review, Vol. 10 (1935), S. 13–35.

Lowe, A.W.:
The Right of Entry into Maritime Ports in International Law, in: San Diego Law Review, Vol. 14 (1977), S. 597–622.

Marston, Geoffrey:
United Kingdom Materials on International Law 1982, in: BYIL, Vol. 53 (1982), S. 337–569.

Marston, Geoffrey:
United Kingdom Materials on International Law 1982, in: BYIL, Vol. 66 (1995), S. 583–757.

Marston, Geoffrey:
Hovering Acts, in: Bernhardt, EPIL, Vol. II (1995), S. 884–886.

McConnell, Moira L.:
„Business as usual“ – An Evaluation of the 1986 United Nations Convention on Conditions for Registration of Ships, in: Journal of Maritime Law and Commerce, Vol. 18 (1987), S. 435–449.

McDougal, Myres S. / Burke, William T.:
The Public Order of the Oceans, New Haven 1962.

Menefee, Samuel Pyeatt:
Foreign Naval Intervention in Cases of Piracy: Problems and Strategies, in: The International Journal of Marine and Coastal Law, Vol. 14 (1999), S. 353–370.

Milbradt, Claudia:
Liberalisierung der Seekabotage unter völkerrechtlichen und europarechtlichen Aspekten, Hamburg 1999.

Miles, Edward / Gamble, John King Jr.:
Law of the Sea: Conference Outcomes and Problems of Implementation, Cambridge, Massachusetts 1977.

Moore, John Norton:
The Regime of Straits and the Third United Nations Convention on the Law of the Sea, in: AJIL, Vol. 74 (1980), S. 77–121.

Morrison, Stanley:
Part V A Collection of Piracy Laws of Various Countries, in: AJIL, Vol. 26 (1932), Supplement, S. 887–1013.

Mössner, Jörg Manfred:
Spionage und Immunität von Kriegsschiffen, in: NJW 1982, S. 1196–1198.

Münch von, Ingo:
Freedom of Navigation and the Trade Unions, in: GYIL, Vol. 19 (1976), S. 128–142.

Münch von, Ingo:
Völkerrecht, 2. Auflage, Berlin 1982.

Münch, Wolfgang:
Die Régime internationaler Meerengen vor dem Hintergrund der III. UN-Seerechtskonferenz, Berlin 1982.

Murphy, Martin N.:
Small Boats, Weak States, Dirty Money – Piracy & Maritime Terrorism in the Modern World, London 2009.

Nandan, S.N. / Anderson, D.H:
Straits Used for International Navigation: a Commentary on Part III of the United Nations Convention on the Law of the Sea 1982, in: BYIL, Vol. 60 (1989), S. 159–204.

Nash Leich, Marian:
Contemporary Practice of the United States Relating to International Law, in: AJIL, Vol. 78 (1984), S. 884–893.

Nash Leich, Marian:
Contemporary Practice of the United States Relating to International Law, in: AJIL, Vol. 80 (1986), S. 612–644.

Neuhaus, Rupert Klaus:
Das Rechtsmissbrauchsverbot im heutigen Völkerrecht, Berlin 1985.

Neumeyer, Karl:
Internationales Verwaltungsrecht, Dritter Band: Erste Abteilung (Innere Verwaltung), München 1926.

Ngantcha, Francis:
The Right of Innocent Passage and the Evolution of the International Law of the Sea, London 1990.

Niemann, Ingo:
Die Befugnisse des Küstenstaats zur Verhinderung von Öltankerunfällen, in: Tomuschat, Christian (Hrsg.), Schutz der Weltmeere gegen Öltankerunfälle: das rechtliche Instrumentarium, Berlin 2005, S. 79–92.

Nolte, Nico:
Nutzungsansprüche und Raumordnung auf dem Meer, in: HANSA International Maritime Journal, Vol. 9 (2010), S. 79–83.

Nordquist, Myron H.:
United Nations Convention on the Law of the Sea 1982. A Commentary, Bd. II, Dordrecht 1993.

Núñez-Müller, Marco:
Die Staatszugehörigkeit von Handelsschiffen im Völkerrecht, Berlin 1994.

Oda, Shigeru:
The Concept of the Contiguous Zone, in: ICLQ, Vol. 11 (1962), S. 131–153.

Oda, Shigeru:
Exclusive Economic Zone, in: Bernhardt, EPIL, Vol. II (1995), S. 305–312.

O'Connell, Daniel P.:
The International Law of the Sea, Vol. I & II, Oxford 1984.

O'Connell, Daniel P.:
The Equivalence of the Nautical League and the Cannon-Shot in the Law of Nations, in: Blumenwitz, Dieter / Randelzhofer, Albrecht (Hrsg.), Festschrift für Friedrich Berber, München 1973, S. 367–375.

Oeter, Stefan:
Geneva Convention and Statute on the International Régime of Maritime Ports, in: Bernhardt, EPIL, Vol. II (1995), S. 528–529.

Ong-Webb, Graham Gerard:
Introduction Southeast Asian Piracy: Research and Developments, in: Ong-Webb, Graham Gerard (ed.), Piracy, Maritime Terrorism and Securing the Malacca Straits, Singapur 2006, S. xi–xxxviii.

Orrego Vicuña, Francisco:
The Exclusive Economic Zone, Cambridge 1989.

Oppenheim, L. / Lauterpacht, H.:
International Law, Vol. I (Peace), 8. Auflage, London 1955.

Oxman, Bernard H.:
The Third United Nations Conference on the Law of the Sea: The 1976 New York Sessions, in: AJIL, Vol. 71 (1977), S. 247–269.

Oxman, Bernard H.:
The Third United Nations Conference on the Law of the Sea: The 1977 New York Session, in: AJIL, Vol. 72 (1978), S. 57–83.

Oxman, Bernard H.:
The Third United Nations Conference on the Law of the Sea: The Eighth Session (1979), in: AJIL, Vol. 74 (1980), S. 1–47.

Oxman, Bernard H.:
The Regime of Warships under the United Nations Convention on the Law of the Sea, in: VJIL, Vol. 24 (1984), S. 809–863.

Pallas, Nadine Christina:
Maritimer Kulturgüterschutz, Berlin 2004.

Pathak, R. S.:
The General Theory of the Sources of Contemporary International Law, in: IJIL, Vol. 19 (1979), S. 483–495.

Pazarci, Hüseyin:
Le Concept de Zone Contiguë dans la Convention sur le Droit de la Mer de 1982, in: RBDI, Tome 18 (1984/5), S. 249–271.

Peters, Christian H.:
Innere Gewässer im neuen Seerecht: Aspekte der fortschreitenden Entwicklung im Staats-, Europa- und Völkerrecht, Tübingen 1999.

Plant, G.:
International Legal Aspects of Vessel Traffic Services, in: Marine Policy, Vol. 14 (1990), S. 71–81.

Platz, Klaus Wilhelm:
Internationale Konvention gegen Geiselnahme, in: ZaöRV, Bd. 40 (1980), S. 276–311.

Platzöder, Renate:
Meerengen, in: ZaöRV, Bd. 38 (1978), S. 710–744.

Platzöder, Renate:
Third United Nations Conference on the Law of the Sea: Documents of the Geneva Session, in: Werkhefte des Instituts für Internationale Angelegenheiten der Universität Hamburg, Vol. 27, Hamburg 1975.

Pohl, Reynaldo Galindo:
The Exclusive Economic Zone in the Light of Negotiations of the Third United Nations Conference on the Law of the Sea, in: Orrego Vicuña, Francisco, The Exclusive Economic Zone: A Latin American Perspective, Boulder 1984, S. 31–59.

Poulantzas, Nicholas M.:
The Right of Hot Pursuit in International Law, Leyden 1969.

Proelß, Alexander:
Meeresschutz im Völker- und Europarecht: das Beispiel im Nordostatlantik, Berlin 2004.

Pueyo Losa, Jorge:
La Libertad de Navegacion par la Zona Economica Exclusiva, in: Revista Española de Derecho Internacional, Vol. 30 (1977), S. 265–288.

Rajan, H. P.:
The Legal Regime of Archipelagos, in: GYIL, Vol. 29 (1986), S. 137–153.

Rauch, Elmar:
Military Uses of the Oceans, in: GYIL, Vol. 28 (1985), S. 229–267.

Rauch, Elmar:
Politische Konsequenzen und Möglichkeiten der Seerechtsentwicklung aus der Sicht der UdSSR VI, in: Berichte des Bundesinstituts für ostwissenschaftliche und internationale Studien, Bd. 36 (1977), S. 1–171.

Rauch, Elmar:
Politische Konsequenzen und Möglichkeiten der Seerechtsentwicklung aus der Sicht der UdSSR VI, in: Berichte des Bundesinstituts für ostwissenschaftliche und internationale Studien, Bd. 38 (1980), S. 1–61.

Reismann, Michael:
The Regime of Straits and National Security: an Appraisal of International Lawmaking, in: AJIL, Vol. 74 (1980), S. 48–76.

Richter, Roland:
Giftmüllexporte nach Afrika, in: Africa Spectrum, Bd. 23 (1988), S. 315–350.

Riphagen, Willem:
La Navigation dans le Nouveau Droit de la Mer, in: RGDIP, Tome 84 (1980), S. 144–177.

Roach, J. Ashley / Smith, Robert W:
United States Responses to Excessive Maritime Claims, 2. Auflage, The Hague 1996.

Robertson, Horace B.:
Passage through International Straits: A Right preserved in the Third United Nations Conference on the Law of the Sea, in: VJIL, Vol. 20 (1980), S. 801–857.

Robertson, Horace B.:
Navigation in the Exclusive Economic Zone, in: VJIL, Vol. 24 (1984), S. 865–915.

Rojahn, Ondolf:
Die Ansprüche der lateinamerikanischen Staaten auf Fischereivorrechte jenseits der Zwölfmeilengrenze, Hamburg 1972.

Rose, Stephen:
Naval Activity in the Exclusive Economic Zone – Troubled Waters Ahead?, in: ODIL, Vol. 20 (1989), S. 123–145.

Rousseau, Charles:
Droit International Public, Tome IV (Les Relations Internationales), Paris 1980.

Rousseau, Charles:
Chronique des Faits Internationaux, in: RGDIP, Tome 78 (1974), S. 1096–1198.

Rubin, Alfred P.:
Piracy, in: Bernhardt, EPIL, Vol. III (1997), S. 1036–1039.

Rudolph, Lydia:
Die Maritime Politik der Europäischen Union, in: Ehlers, Peter / Lagoni, Rainer (Hrsg.), Maritime Policy of the European Union and Law of the Sea, Hamburg 2008, S. 11–29.

Schachte, William L. / Bernhardt, J. Peter A.:
International Straits and Navigational Freedoms, in: VJIL, Vol. 33 (1997), S. 527–556.

Schachter, Oscar / Joyner, Christopher C.:
United Nations Legal Order, Bd. II, Cambridge 1995.

Schneider, Hartmut:
Die gemeinsame Fischereipolitik der Europäischen Gemeinschaften: Rechtsgrundlage durch Verfassungswandel, Bestandserhaltung u. Rechtsprechung, Köln, Berlin 1988.

Schönke, Adolf / Schröder, Horst:
Strafgesetzbuch, München 2010.

Schweisfurth, Theodor:
Völkerrecht, Tübingen 2006.

Scovazzi, Tullio:
Bays and Straight Baselines in the Mediterranean, in: ODIL, Vol. 19 (1988), S. 401–420.

Shaw, Malcolm N.:
International Law, 6. Auflage, Cambridge 2008.

Shearer, I. A.:
Problems of Jurisdiction and Law Enforcement against Delinquent Vessels, in: ICLQ, Vol. 35 (1986), S. 320–343.

Sherlock, Douglas Grant:
The Doctrine of Hot Pursuit in the International Law, in: Revue de droit pénal militaire et de droit de la guerre, Tome 7/8 (1968/1969), S. 11–107.

Shubber, Sami:
The International Convention against the Taking of Hostages, in: BYIL, Vol. 52 (1981), S. 205–239.

Shuttleworth Wiegand, Jane:
Law Note: Seizures of United States Fishing Vessels-The Status of the Wet War, in: San Diego Law Review, Vol. 6 (1969), S. 428–446.

Skourtos, Nikolaos St.:
Die Billig-Flaggen-Praxis und die staatliche Flaggenverleihungsfreiheit, Köln 1990.

Steinert, Karl-Friedrich:
Die internationale Stellung des Schiffes im fremden Küstenmeer im Frieden, Frankfurt 1970.

Stevenson, John R. / Oxman, Bernard H.:
The Third United Nations Conference on the Law of the Sea: The 1974 Caracas Session, in: AJIL, Vol. 69 (1975), S. 1–30.

Stiel, Paul:
Geschichte des Piraterierechts, in: Beiträge zum internationalen Seerecht / Historische Schiffahrt, Band LV, Bremen 2009.

Stöcker, Hans-Jürgen:
Die „Freiheit der Meere“ und die Dritte Seerechtskonferenz der Vereinten Nationen, in: Ipsen, Hans-Peter / Necker, Karl-Hartmann (Hrsg.), Recht über See, Festschrift für Rolf Stödter zum 70. Geburtstag, Hamburg, Heidelberg 1979, S. 315–353.

Strupp, Karl / Schlochauer, Hans-Jürgen:
Wörterbuch des Völkerrechts, Band 1, Berlin 1960.

Symonides, Janusz:
Origin and Legal Essence of the Contiguous Zone, in: ODIL, Vol. 20 (1989), S. 203–211.

Szurek, Sandra:
Zones Exemptes d'Armes Nucléaires et Zones de Paix dans le Tiers-Monde, in: RGDIP, Tome 88 (1984), S. 114–203.

Telfer, Grant Richard:
Maritime Insurgency and the Law of the Sea: An Analysis using the Doctrine of Distress, in: San Diego Law Review, Vol. 20 (1983), S. 625–657.

Timagenis, Gregorios J.:
International Control of Marine Pollution, Bd. II, USA 1980.

Treves, Tullio:
Military Installations, Structures, and Devices on the Seabed, in: AJIL, Vol. 74 (1980), S. 808–857.

Treves, Tullio:
La Notion d'Utilisation des Espaces Marins à des Fins Pacifiques dans le Nouveau Droit de la Mer, in: AFDI, Tome 26 (1980), S. 687–699.

Treviranus, Hans-Dietrich:
Der deutsch-niederländische Ems-Dollart-Vertrag, in: ZaöRV, Bd. 23 (1963), S. 536–553.

Valencia, Mark J.:
The Politics of Anti-Piracy and Anti Terrorism Responses in Southeast Asia, in: Ong-Webb, Graham Gerard (ed.), Piracy, Maritime Terrorism and Securing the Malacca Straits, Singapur 2006, S. 84–102.

Van Reenen, W.:
Rules of Reference in the new Convention on the Law of the Sea, in Particular in Connection with the Pollution of the Sea by Oil from Tankers, in: NYIL, Vol. 12 (1981), S. 3–44.

Vatankhah, Sara:
The Contribution of the EC to Maritime Safety in View of the „Third Maritime Safety Package" of the European Commission, in: Ehlers, Peter / Lagoni, Rainer (Hrsg.), Maritime Policy of the European Union and Law of the Sea, Hamburg 2008, S. 41–69.

Verdross, Alfred / Simma, Bruno:
Universelles Völkerrecht, 3. Auflage, Berlin 1984.

Vitzthum Graf, Wolfgang:
Völkerrecht, 5. Auflage, Berlin 2010.

Vitzthum Graf, Wolfgang:
Handbuch des Seerechts, München 2006.

Vitzthum Graf, Wolfgang / Talmon, Stefan:
Alles fließt, Baden-Baden 1998.

Wedgewood, Ruth:
The Fall of Saddam Hussein: Security Council Mandates and Preemptive Self-Defence, in: AJIL, Vol. 97 (2003), S. 576–585:

Wefers Bettink, H. W.:
Open Registry, The Genuine Link and the 1986 Convention on Registration Conditions for Ships, in: NYIL, Vol. 18 (1987), S. 69–119.

Wengler, Wilhelm:
Völkerrecht, Band II, Berlin 1964.

Werbke, Axel:
Germany's Proclamation of an Exclusive Economic Zone, in: IJMCL, Vol. 11 (1996), S. 79–86.

Wiefelspütz, Dieter:
Bewaffnete Einsätze der Bundeswehr auf See, in: NZWehrR 2005, S. 146–163.

Williams, Glanville L.:
The Juridical Basis of Hot Pursuit, in: BYIL, Vol. 20 (1939), S. 83–97.

Wolfrum, Rüdiger:
Germany and the Law of the Sea, in: Treves, Tullio (ed.), The Law of the Sea (The European Union and its Member States), Publications on Ocean Development, Vol. 28, The Hague 1997, S. 199–224.

Wolfrum, Rüdiger:
Restricting the Use of the Sea to Peaceful Purposes: Demilitarization in Being?, in: GYIL, Vol. 24 (1981), S. 200–241.

Wolfrum, Rüdiger:
Recht der Flagge und „Billige Flaggen". Neuere Entwicklungen im Völkerrecht, in: Berichte der deutschen Gesellschaft für Völkerrecht, Bd. 31 (1990), S. 121–147.

Wooldridge, Frank:
Hot Pursuit, in: Bernhardt, EPIL, Vol. II (1995), S. 881–884.

Wooldridge, Frank:
Contiguous Zone, in: Bernhardt, EPIL, Vol. I (1992), S. 779–783.

Wynne, William:
The life of Sir Leoline Jenkins, judge of the High-Court of Admiralty, And Prerogative Court of Canterbury, & c. Ambassador and plenipotentiary for the general peace at Cologn and Nimeguen, And Secretary of State to K. Charles II. And a compleat series of letters, from the Beginning to the End of those Two Important Treaties. Wherein are related The most Remarkable Transactions of those Times, both Foreign and Dome stick. Together with Many valuable Papers and Original Letters, relating to the Rights and Privileges of the Universities, and other weighty Subjects. And the Resolution of many difficult and curious Points in the Common and Civil Law, Laws of Merchants and of Nations, that arose within the Time of his Ministry, Vol. 1, London 1724.

Yang, Haijiang:
Jurisdiction of the Coastal State over Foreign Merchant Ships in Internal Waters and the Territorial Sea, Heidelberg 2006.

Yoo, John:
International Law and the War in Iraq, in: AJIL, Vol. 97 (2003), S. 563–576.

Young, Elizabeth:
The EEZ: International enforcement problems, in: Maritime Policy and Management, Vol. 4 (1977), S. 315–324.

Zimmerman, James Michael:
The Doctrine of Historic Bays: applying an Anachronism in the Alabama and Mississippi Boundary Case, in: San Diego Law Review, Vol. 23 (1986), S. 763–790.

Zwanenberg van, Anna:
Interference with Ships on the High Seas, in: ICLQ, Vol. 10 (1961), S. 785–817.

Schriften zum internationalen und zum öffentlichen Recht

Herausgegeben von Gilbert Gornig

Band 1 Michael Waldstein: Das Asylgrundrecht im europäischen Kontext. Wege einer europäischen Harmonisierung des Asyl- und Flüchtlingsrechts. 1993.

Band 2 Axel Linneweber: Einführung in das US-amerikanische Verwaltungsrecht. Kompetenzen, Funktionen und Strukturen der „Agencies" im US-amerikanischen Verwaltungsrecht. 1994.

Band 3 Tai-Nam Chi: Das Herrschaftssystem Nordkoreas unter besonderer Berücksichtigung der Wiedervereinigungsproblematik. 1994.

Band 4 Jörg Rösing: Beamtenstatut und Europäische Gemeinschaften. Eine Untersuchung zu den gemeinschaftsrechtlichen Anforderungen an die Freizügigkeit der Arbeitnehmer im Bereich des öffentlichen Dienstes. 1994.

Band 5 Wolfgang Wegel: Presse und Rundfunk im Datenschutzrecht. Zur Regelung des journalistischen Umgangs mit personenbezogenen Daten. 1994.

Band 6 Sven Brandt: Eigentumsschutz in europäischen Völkerrechtsvereinbarungen. EMRK, Europäisches Gemeinschaftsrecht, KSZE – unter Berücksichtigung der historischen Entwicklung. 1995.

Band 7 Alejandro Alvarez: Die verfassunggebende Gewalt des Volkes unter besonderer Berücksichtigung des deutschen und chilenischen Grundgesetzes. 1995.

Band 8 Martin Thies: Zur Situation der gemeindlichen Selbstverwaltung im europäischen Einigungsprozeß. Unter besonderer Berücksichtigung der Vorschriften des EG-Vertrages über staatliche Beihilfen und der EG-Umweltpolitik. 1995.

Band 9 Rolf-Oliver Schwemer: Die Bindung des Gemeinschaftsgesetzgebers an die Grundfreiheiten. 1995.

Band 10 Holger Kremser: „Soft Law" der UNESCO und Grundgesetz. Dargestellt am Beispiel der Mediendeklaration. 1996.

Band 11 Michael Silagi: Staatsuntergang und Staatennachfolge: mit besonderer Berücksichtigung des Endes der DDR. 1996.

Band 12 Reinhard Franke: Der gerichtliche Vergleich im Verwaltungsprozeß. Auch ein Beitrag zum verwaltungsrechtlichen Vertrag. 1996.

Band 13 Christoph Eichhorn: Altlasten im Konkurs. 1996.

Band 14 Dietrich Ostertun: Gewohnheitsrecht in der Europäischen Union. Eine Untersuchung der normativen Geltung und der Funktion von Gewohnheitsrecht im Recht der Europäischen Union. 1996.

Band 15 Ulrike Pieper: Neutralität von Staaten. 1997.

Band 16 Harald Endemann: Kollektive Zwangsmaßnahmen zur Durchsetzung humanitärer Normen. Ein Beitrag zum Recht der humanitären Intervention. 1997.

Band 17 Jochen Anweiler: Die Auslegungsmethoden des Gerichtshofs der Europäischen Gemeinschaften. 1997.

Band 18 Henrik Ahlers: Grenzbereich zwischen Gefahrenabwehr und Strafverfolgung. 1998.

Band 19 Heinrich Hahn: Der italienische Verwaltungsakt im Lichte des Verwaltungsverfahrensgesetzes vom 7. August 1990 (Nr. 241/90). Eine rechtsvergleichende Darstellung. 1998.

Band 20 Christoph Deutsch: Elektromagnetische Strahlung und Öffentliches Recht. 1998.

Band 21 Cordula Fitzpatrick: Künstliche Inseln und Anlagen auf See. Der völkerrechtliche Rahmen für die Errichtung und den Betrieb künstlicher Inseln und Anlagen. 1998.

Band 22 Hans-Tjabert Conring: Korporative Religionsfreiheit in Europa. Eine rechtsvergleichende Betrachtung. Zugleich ein Beitrag zu Art. 9 EMRK. 1998.

Band 23 Jörg Karenfort: Die Hilfsorganisation im bewaffneten Konflikt. Rolle und Status unparteiischer humanitärer Organisationen im humanitären Völkerrecht. 1999.

Band 24 Matthias Schote: Die Rundfunkkompetenz des Bundes als Beispiel bundesstaatlicher Kulturkompetenz in der Bundesrepublik Deutschland. Eine Untersuchung unter besonderer Berücksichtigung natürlicher Kompetenzen und der neueren Entwicklung im Recht der Europäischen Union. 1999.

Band 25 Hermann Rothfuchs: Die traditionellen Personenverkehrsfreiheiten des EG-Vertrages und das Aufenthaltsrecht der Unionsbürger. Eine Gegenüberstellung der vertraglichen Gewährleistungen. 1999.

Band 26 Frank Alpert: Zur Beteiligung am Verwaltungsverfahren nach dem Verwaltungsverfahrensgesetz des Bundes. Die Beteiligtenstellung des § 13 Abs. 1 VwVfG. 1999.

Band 27 Matthias Reichart: Umweltschutz durch völkerrechtliches Strafrecht. 1999.

Band 28 Nikolas von Wrangell: Globalisierungstendenzen im internationalen Luftverkehr. Entwicklung der Regulierung und Liberalisierung unter Berücksichtigung strategischer Allianzen und des Code-Sharing. 1999.

Band 29 Marietta Hovehne: Ein demokratisches Verfahren für die Wahlen zum Europäischen Parlament. Legitimation gemeinschaftlicher Entscheidungsstrukturen im europäischen Integrationsprozeß. 1999.

Band 30 Nina Kaden: Der amerikanische Clean Air Act und das deutsche Luftreinhalterecht. Eine rechtsvergleichende Untersuchung. 1999.

Band 31 Brigitte Daum: Grenzverletzungen und Völkerrecht. Eine Untersuchung der Rechtsfolgen von Grenzverletzungen in der Staatenpraxis und Folgerungen für das Projekt der International Law Commission zur Kodifizierung des Rechts der Staatenverantwortlichkeit. 1999.

Band 32 Andreas Fürst: Die bildungspolitischen Kompetenzen der Europäischen Gemeinschaft. Umfang und Entwicklungsmöglichkeiten. 1999.

Band 33 Gilles Despeux: Die Anwendung des völkerrechtlichen Minderheitenrechts in Frankreich. 1999.

Band 34 Michael Reckhard: Die rechtlichen Rahmenbedingungen der Sanktionierung von Beitragsverweigerung im System der Vereinten Nationen. 1999.

Band 35 Carsten Pagels: Schutz- und förderpflichtrechtliche Aspekte der Religionsfreiheit. Zugleich ein Beitrag zur Auslegung eines speziellen Freiheitsrechts. 1999.

Band 36 Bernhard Mehner: Die grenzüberschreitende Wirkung direktempfangbaren Satellitenfernsehens aus völkerrechtlicher Sicht. 2000.

Band 37 Karl-Josef Ulmen: Pharmakologische Manipulationen (Doping) im Leistungssport der DDR. Eine juristische Untersuchung. 2000.

Band 38 Jochen Starke: Die verfassungsgerichtliche Normenkontrolle durch den Conseil constitutionnel. Zum Kompetenztitel des Art. 61 der französischen Verfassung. 2000.

Band 39 Marco Herzog: Rechtliche Probleme einer Inhaltsbeschränkung im Internet. 2000.

Band 40 Gilles Despeux: Droit de la délimitation maritime. Commentaire de quelques décisions plutoniennes. 2000.

Band 41 Christina Hackel: Der Untergang des Landes Braunschweig und der Anspruch auf Restitution nach der Wiedervereinigung Deutschlands. 2000.

Band 42 Peter Aertker: Europäisches Zulassungsrecht für Industrieanlagen. Die Richtlinie über die integrierte Vermeidung und Verminderung der Umweltverschmutzung und ihre Auswirkungen auf das Anlagenzulassungsrecht der Bundesrepublik Deutschland. 2000.

Band 43 Karsten Bertram: Die Gesetzgebung zur Neuregelung des Grundeigentums in der ersten Phase der Französischen Revolution (bis 1793) und deren Bedeutung für die deutsche Eigentumsdogmatik der Gegenwart. 2000.

Band 44 Ulrike Hartmann: Die Entwicklung im internationalen Umwelthaftungsrecht unter besonderer Berücksichtigung von *erga omnes*-Normen. 2000.

Band 45 Thomas Jesch: Die Wirtschaftsverfassung der Sonderverwaltungsregion Hongkong. Eine Darstellung vor dem Hintergrund der Wiedereingliederung in die Souveränität der Volksrepublik China. 2001.

Band 46 Sven Gottschalkson: Der Ausschluß des Zivilrechtsweges bei Eigentumsverlusten an Immobilien in der ehemaligen DDR. 2002.

Band 47 Gilbert Hanno Gornig / Gilles Despeux: Seeabgrenzungsrecht in der Ostsee. Eine Darstellung des völkerrechtlichen Seeabgrenzungsrechts unter besonderer Berücksichtigung der Praxis der Ostseestaaten. 2002.

Band 48 Andreas Zühlsdorff: Rechtsverordnungsersetzende Verträge unter besonderer Berücksichtigung des Umweltrechts. 2003.

Band 49 Katja Schmitz: Durchgriffswirkung von Maßnahmen der UN und ihrer Sonderorganisationen unter besonderer Berücksichtigung von Resolutionen des UN-Sicherheitsrates – Die Entwicklung supranationaler Strukturen. 2003.

Band 50 Stefanie Rothenberger: Die angemessene Nutzung gemeinschaftlicher Ressourcen am Beispiel von Flüssen und speziellen Ökosystemen. Eine vergleichende Betrachtung zum modernen Verständnis eines klassischen völkerrechtlichen Nutzungsprinzips. 2003.

Band 51 Christoph von Burgsdorff: Die Umsetzung der EG-Datenschutzrichtlinie im nicht-öffentlichen Bereich. Möglichkeit einer zukunftsorientierten Konzeption des Datenschutzes in der Privatwirtschaft unter besonderer Berücksichtigung des BDSG. 2003.

Band 52 Frank Reinhardt: Powerline. Verfassungs-, verwaltungs- und telekommunikationsrechtliche Probleme. 2003.

Band 53 Chie Sato: Immunität Internationaler Organisationen. 2004.

Band 54 Johannes Thoma: EU-Recht und Schranken hoheitlicher Staatstätigkeit. 2004.

Band 55 Wolf Peterhoff: Rechtsansprüche enteigneter Volksgruppen und ihre Durchsetzbarkeit. 2004.

Band 56 Do-Hyub Kim: Das deutsche parlamentarische Regierungssystem als mögliches Modell für Korea. 2004.

Band 57 Alexander Koberg: Die Exilregierung im Völkerrecht. Eine Untersuchung ihrer rechtlichen Klassifikation. 2005.

Band 58 Nils Christian Carstensen: Das Verhältnis des Seerechtsübereinkommens der Vereinten Nationen von 1982 zu fischereirechtlichen Übereinkommen und deren Streitbeilegungsvorschriften. 2005.

Band 59 Oliver Franz: Osttimor und das Recht auf Selbstbestimmung. Eine Untersuchung zur Anwendung des Selbstbestimmungsrechts der Völker am Beispiel Osttimors. 2005.

Band 60 Michael Kadgien: Das Habsburgergesetz. 2005.

Band 61 Felix Wolf: Terrorversicherungen und europäisches Wettbewerbsrecht. Verschiedene Modelle staatlicher Beteiligung an einer Terrorversicherung für Wirtschaftsbetriebe und ihre Vereinbarkeit mit dem europäischen Wettbewerbsrecht. 2005.

Band 62 Heiko Bertelmann: Die Europäisierung des Staatshaftungsrechts. Eine Untersuchung zum Einfluss des Europäischen Gemeinschaftsrechts auf das deutsche Staatshaftungsrecht unter besonderer Berücksichtigung der Haftung für judikatives Unrecht. 2005.

Band 63 Cedric Christian Meyer: Konkretisierung unbestimmter Rechtsbegriffe im deutschen und französischen Anlagenzulassungsrecht. 2005.

Band 64 Philippe Gréciano: Die Gerichtsbarkeit der Europäischen Gemeinschaften. Rechtsprechung und Rechtssprache Europas aus französischer Perspektive. Mit einem Vorwort von Theodor Öhlinger. 2007.

Band 65 Anne-Louise Schümer: Die Stellung des Ministerpräsidenten in den Bundesländern im Vergleich. 2006.

Band 66 Helen Ghebrewebet: Identifying Units of Statehood and Determining International Boundaries. A Revised Look at the Doctrine of *Uti Possidetis* and the Principle of Self-Determination. 2006.

Band 67 Arne Hertel: Beihilfen an kleine und mittlere Unternehmen. 2006.

Band 68 Markus Günther: Europol. Rechtsschutzmöglichkeiten und deren Vereinbarkeit mit nationalen und internationalen Anforderungen. 2006.

Band 69 Christian Wicker: The Concepts of Proportionality and State Crimes in International Law. An Analysis of the Scope of Proportionality in the Right of Self-Defence and in the Regime of International Countermeasures and an Evaluation of the Concept of State Crimes. 2006.

Band 70 Hauke Stöwsand: Zyperns Beitritt zur Europäischen Union. Vom Antrag auf Mitgliedschaft bis zum Protokoll der Beitrittsakte. 2007.

Band 71 Natalie Rowohl: Weltbank und Internationaler Währungsfonds: Ihre Mandate und deren Abgrenzung. Stand und Reformvorschläge. 2007.

Band 72 Ru-Huei Liu: Europäisierung des deutschen Umweltrechts. 2008.

Band 73 Katja Lange: Der Status der Aufständischen im modernen humanitären Völkerrecht. 2007.

Band 74 Tarik El-Shabassy: Die Durchsetzung finanzieller Sanktionen der Europäischen Gemeinschaften gegen ihre Mitgliedstaaten. 2008.

Band 75 Karsten Seifert: Das interamerikanische System zum Schutz der Menschenrechte und seine Reformierung. 2008.

Band 76 Nora Graaff: Staatenverantwortlichkeit. Vom „völkerrechtlichen Verbrechen" zur „schwerwiegenden Verletzung einer zwingenden Völkerrechtsnorm" anhand der ILC-Kodifikationsarbeit. 2008.

Band 77 Aldona Szczeponek: Die Umsetzung des Völkerrechts und des europäischen Gemeinschaftsrechts in Polen. Unter Berücksichtigung verfassungsrechtlicher Lösungen anderer europäischer Staaten. 2008.

Band 78 Christian Friedrich Fonk: Europäische Luftqualitätsziele und nationale Erfüllungsverantwortung. 2009.

Band 79 Christina Prinzhorn: Der Grundsatz des öffentlichen Zugangs zu amtlichen Dokumenten aus der Perspektive des internationalen Rechts. Materiell-rechtliche Vorgaben durch das internationale Recht für Informationszugangsrechte in den nationalen Rechtsordnungen Europas. 2009.

Band 80 Steffen Eicker: Der Deutsch-Herero-Krieg und das Völkerrecht. Die völkerrechtliche Haftung der Bundesrepublik Deutschland für das Vorgehen des Deutschen Reiches gegen die Herero in Deutsch-Südwestafrika im Jahre 1904 und ihre Durchsetzung vor einem nationalen Gericht. 2009.

Band 81 Niels Beisinghoff: Corporations and Human Rights. An Analysis of ATCA Litigation against Corporations. 2009.

Band 82 Gesine Wolf-Zimper: Zielgerichtete Sanktionen des Sicherheitsrates der Vereinten Nationen und effektiver Rechtsschutz. 2009.

Band 83 David Bergius: Die offene Frage des Privateigentums der Vertriebenen im deutsch-polnischen Verhältnis. 2009.

Band 84 Axel Rolf Schneider: Petitionen zum Europäischen Parlament mit Berücksichtigung des Bürgerbeauftragten. 2009.

Band 85 Tobias Nord: Rechtsnachfolge bei zwischenstaatlichen Organisationen. 2010.

Band 86 Marcel Bongard: Emissionshandel und effektiver Rechtsschutz: Ein unvereinbarer Gegensatz? Eine Untersuchung zu den Auswirkungen marktwirtschaftlicher Umweltschutzinstrumente auf den Individualrechtsschutz am Beispiel des Emissionshandelssystems. 2010.

Band 87 Armin Huhn: Amtshaftung im bewaffneten Auslandseinsatz. Anwendbarkeit und Leistungsfähigkeit des Amtshaftungsrechts bei Verletzung des *ius in bello*. 2010.

Band 88 Johannes Mosters: Ethische Beschaffung. Sekundärzwecke im Zeitalter der Globalisierung. 2010.

Band 89 Thomas Herntrich: Thüringen. Von den thüringischen Kleinstaaten nach Zerfall des Alten Reiches bis zum Freistaat Thüringen. Eine völkerrechtliche und verfassungsrechtliche Betrachtung. 2010.

Band 90 Marcelo Antonio Villagrán Abarzúa: Verfassungsrechtliche Grundlagen der Gemeindeverwaltung in Chile. Auch ein Beitrag zur Dezentralisierung und Dekonzentration. 2010.

Band 91 Manfred Hechtl: Die offensive Defensive: Das Recht der präventiven Selbstverteidigung? Lösungsansätze für (scheinbare) Bedrohungen durch einzelne Staaten und internationale Terrornetzwerke. 2011.

Band 92 Christian Grüner: Quantität und Qualität der europäischen Rechtsetzung. 2011.

Band 93 Anna Keller: Der neue Rechtsrahmen für den öffentlichen Rundfunk in Frankreich. 2011.

Band 94 Jörn Eschment: Musterprozesse vor dem Europäischen Gerichtshof für Menschenrechte. Probleme und Perspektiven des Piloturteilsverfahrens. 2011.

Band 95 Marija Dietrich: Staatliches Souveränitätsverständnis im Wandel der gesellschaftspolitischen Strukturen. Eine Perspektive der Europäischen Union nach Inkrafttreten des Vertrags von Lissabon. 2011.

Band 96 Philipp Austermann: Die Anrechnungsbestimmungen im Abgeordnetenrecht des Bundes und der Länder. Eine verfassungsrechtliche und verfassungspolitische Untersuchung unter besonderer Berücksichtigung des Abgeordnetenstatus. 2011.

Band 97 Gilbert Gornig (Hrsg.): Krisengebiete der Welt. Völkerrechtliche und politische Aspekte. 2011.

Band 98 Jörg Brackmann: Genehmigung, Anmeldung und Anzeige gentechnischer Arbeiten und Anlagen. Nach den Änderungen des Gentechnikrechts 2002, 2005 und 2008. 2011.

Band 99 Giuseppe de Vergottini / Valeria Piergigli (eds.): Topographical Names and Protection of Linguistic Minorities. 2011.

Band 100 Nevzat Kirkagac: Verdachtsausweisungen im deutschen Rechtsstaat. 2011.

Band 101 Karlheinz Rode: Verfassungsidentität und Ewigkeitsgarantie. Anmerkungen zu einem Mythos der Deutschen Staatsrechtslehre. 2012.

Band 102 Markus Kühnl: Enteignung und Mediation. Ansätze mediativer Konfliktlösung hinsichtlich einer Enteignung zur Realisierung planfeststellungsbedürftiger Großvorhaben. 2012.

Band 103 Max Fischer: Das System konsistenter Entgeltregulierung im deutschen Telekommunikationsrecht. 2012.

Band 104 Jennifer Satish: Nationale Handlungsspielräume beim Anbau von gentechnisch veränderten Organismen (GVO). Europa- und welthandelsrechtliche Implikationen. 2012.

Band 105 Eva Marie Lischka: Völkerrechtliches und nationales Schifffahrtsrecht. 2013.

www.ingramcontent.com/pod-product-compliance
Ingram Content Group UK Ltd.
Pitfield, Milton Keynes, MK11 3LW, UK
UKHW021834290926
8980IPUK00004B/448

9 783631 624760